JURISTAS EM RESISTÊNCIA

memória das lutas contra o autoritarismo no Brasil

Antonio Pedro Melchior

JURISTAS EM RESISTÊNCIA

memória das lutas contra o autoritarismo no Brasil

SÃO PAULO
2023

Copyright © EDITORA CONTRACORRENTE
Alameda Itu, 852 | 1º andar |
CEP 01421 002
www.loja–editoracontracorrente.com.br
contato@editoracontracorrente.com.br

EDITORES
Camila Almeida Janela Valim
Gustavo Marinho de Carvalho
Rafael Valim
Walfrido Warde
Silvio Almeida

EQUIPE EDITORIAL
COORDENAÇÃO DE PROJETO: Juliana Daglio
PREPARAÇÃO DE TEXTO E REVISÃO: Douglas Magalhães
REVISÃO TÉCNICA: Amanda Dorth e Ayla Cardoso
DIAGRAMAÇÃO: Pablo Madeira
CAPA: Marina Avila

EQUIPE DE APOIO
Fabiana Celli
Carla Vasconcellos
Valéria Pucci
Regina Gomes
Nathalia Oliveira

Dados Internacionais de Catalogação na Publicação (CIP)
(Câmara Brasileira do Livro, SP, Brasil)

Melchior, Antonio Pedro
   Juristas em resistência: memória das lutas contra o
autoritarismo no Brasil / Antonio Pedro Melchior.
–– 1. ed. –– São Paulo: Editora Contracorrente, 2023.

   ISBN 978–65–5396–100–5

   1. Autoritarismo – Brasil – História 2. Ciências
sociais 3. Justiça criminal – Brasil 4. Justiça
social – Brasil 5. Memórias I. Título.

23-149192   CDD–981

Índices para catálogo sistemático:
1. Autoritarismo : Brasil : História   981
Aline Graziele Benitez – Bibliotecária – CRB–1/3129

@editoracontracorrente
Editora Contracorrente
@ContraEditora

Ana Damasio, meu amor.

Martim Damasio Melchior, meu filho, que a luta por liberdades contra os autoritarismos do nosso tempo lhe sirva de exemplo e inspiração.

Nos cárceres infectos e deprimentes, apesar de todas as grandezas e renúncias, de baixezas, de tibiezas e de egoísmo tão próprios do recalcamento de sentimento inatingidos, deve-se frisar, em nome da verdade histórica, que a maioria, constituída de operários e de pequenos burgueses, revelou estoicismo e coragem que nenhum estudioso poderá negar, desde que procure situá-la no tempo e no ambiente opressivo moldado nos processos da Gestapo, por um governo avesso à prática democrática.

Herondino Pereira Pinto,
Nos subterrâneos do Estado Novo.

Através de mim muitas são as vozes de longa data
[caladas,]
Vozes de intermináveis gerações de prisioneiros e
[escravos.]

Walt Whitman,
Folhas de relva.

SUMÁRIO

INTRODUÇÃO 13

CAPÍTULO I – MEMÓRIAS EM RESISTÊNCIA 23

    1.1 Memória e sistema de justiça criminal 23

        1.1.1 A construção social da memória 29

        1.1.2 Memória individual e memória coletiva 37

        1.1.3 Memória coletiva e memória histórica 45

    1.2 A memória como espaço de lutas políticas 50

        1.2.1 Dos abusos ao uso exemplar da memória 56

        1.2.2 Memórias contra a barbárie 66

CAPÍTULO II – A DÉCADA DO HORROR NO
BRASIL (1935/1945) 71

    2.1 Retratos de uma tragédia 71

        2.1.1 Imaginário anticomunista e a construção da
             máquina repressiva 83

        2.1.2 Perseguição e prisão de juristas acadêmicos: o
             caso do professor Hermes Lima 101

    2.2 Horizonte de permanências 123

        2.2.1 Antiautoritarismo e sistema de justiça criminal ... 123

2.2.2 Crimes políticos: uma categoria em permanente extensão ... 146

2.2.3 A engrenagem dos julgamentos políticos ... 165

CAPÍTULO III – PRODUÇÃO DE RESISTÊNCIAS NO ESTADO NOVO ... 183

3.1 Juristas parlamentares contra a Lei de Segurança Nacional (1935/1937) ... 183

3.1.1 Estratégias da Frente Pró-Liberdades Democráticas para impedir a Lei Monstro ... 184

3.1.2 Oposição ao estado de guerra e à suspensão das garantias constitucionais ... 214

3.1.3 Prisões de Octavio da Silveira e dos juristas parlamentares João Mangabeira, Domingos Vellasco, Abguar Bastos e Abel Chermont ... 233

3.2 Defesa criminal e o Tribunal de Segurança Nacional (1936/1942) ... 238

3.2.1 Embates contra a criação do TSN ... 242

3.2.2 A defesa dos juristas parlamentares no Processo n. 01-A do TSN ... 251

3.2.3 Enfrentamentos na trincheira: a tradição dos advogados criminais contra ditaduras ... 271

3.2.3.1 Sobral Pinto, o símbolo da resistência ... 271

3.2.3.2 O exemplo do jovem Evandro Lins e Silva ... 306

CAPÍTULO IV – TENSÕES EM TORNO DA REFORMA DA LEGISLAÇÃO CRIMINAL (1938/1941) ... 319

4.1 Francisco Campos e a consolidação jurídica do Estado autoritário ... 323

4.1.1 A comissão de juristas entre a repressão política e o novo Código de Processo Penal ... 348

4.2 Doutrina antiautoritária no Brasil ... 375

4.2.1 Os debates das revistas jurídicas ... 376

4.2.1.1 Insurgências democráticas na academia: o
saber dos juristas a serviço das liberdades 396

CONSIDERAÇÕES FINAIS – TEMPOS DIFÍCEIS NO
BRASIL DO SÉCULO XXI 417

BIBLIOGRAFIA 425

ANEXO – IMAGENS DA RESISTÊNCIA 451

INTRODUÇÃO

En las épocas de aguda crisis social es cuando el ambiente cobra toda su fuerza como factor determinante de la reacción de la gente ante los acontecimientos. En efecto, por muy intangible que sea, el ambiente nunca es abstrato o distante. Es lo que siente la gente. Y este sentir constituye la base de sus actos.

Ronald Fraser, *Recuérdalo Tú y Recuérdalo a Otros.*

Estava desaparecido há dois dias e meio, quando encontraram o seu corpo caído no poço do elevador do edifício Duque de Caxias, nº 48, ao começo da Avenida Rui Barbosa, Praia de Botafogo, Rio de Janeiro. Anísio Teixeira teria ido ao apartamento de Aurélio Buarque de Holanda, numa das visitas protocolares que, como candidato à Academia Brasileira de Letras, estava impelido a fazer. Ouvido, Aurélio disse que não esteve com ele. Seis operários que trabalham no prédio, dois porteiros, um faxineiro e o síndico também tiveram as declarações colhidas pelo Comissário Limoeiro e pelo Delegado Mário César, ambos da 10ª Delegacia de Polícia Civil. Ninguém viu Anísio entrar no prédio. Viram como saiu: retirado do platô do elevador, o jurista e educador, um dos maiores intelectuais do país, estava de cócoras, com a cabeça sobre os joelhos e as mãos segurando as pernas. Entre os pés havia poças de sangue, assim como na parede, bem no canto, abaixo de duas pilastras. A porta que dava para a casa de força, ao lado da portinhola que, aberta, dava acesso ao platô em que estava o cadáver, foi encontrada escancarada. Ali, havia sangue. O chão, em volta da portinhola, lavado. Os óculos, parecendo cuidadosamente encostados em uma das pilastras, estavam com uma das hastes abertas e as lentes viradas para cima, enquanto a outra, guardava um punhado de cabelos castanhos.[1]

A notícia veiculada no jornal *Última Hora*, em 15 de março de 1971, quatro dias após o seu sumiço, dava conta de que o corpo fora colocado no poço do elevador, alimentando a hipótese de que tenha sido morto pela ditadura deflagrada anos antes, em 1964. "Agora temos de aprender a viver sem Anísio", conclusão dura que Péricles Madureira de Pinho ditara a Hermes Lima, enquanto voltavam do enterro na Capela da Real Grandeza, cemitério São João Batista.[2]

Embora tenha se formado pela Faculdade de Direito da Universidade do Rio de Janeiro em 1922, Anísio Teixeira foi mais filósofo e educador que jurista. Sua morte prematura, suspeita, interessa pela memória que suscita. Anísio havia sido perseguido no início do Estado Novo, taxado de esquerdista e alvo de uma intensa campanha de discriminação ideológica, como conta Hermes Lima, seu amigo desde os bancos da escola primária na Bahia.[3] "Era apenas um liberal preocupado em educar o povo e abrir caminhos

---

[1] Reprodução da reportagem "Emoção no sepultamento do mestre", do jornal *A Última Hora*. O caso foi retomado em CARTA CAPITAL. "O assassinato de Anísio Teixeira". *Carta Capital*, 13 jan. 2014. Disponível em: https://www.cartacapital.com.br/sociedade/o-assassinato-de-anisio-teixeira-2603/. Acessado em: 03.12.2017.

[2] LIMA, Hermes. *Travessia*: memórias. Rio de Janeiro: J. Olympio, 1974, p. 108.

[3] LIMA, Hermes. *Travessia*: memórias. Rio de Janeiro: J. Olympio, 1974, p. 105. À frente de todos, Hermes Lima foi o primeiro a falar em seu sepultamento. Amigo de Anísio desde a infância na Bahia, escreveu sobre sua obra e personalidade no sexto capítulo de suas *Notas à vida brasileira*, publicada em 1945.

INTRODUÇÃO

a mudanças. Jamais se doutrinou no marxismo, antes, bebera em Dewvey e Kilpatrick, os rumos essenciais do seu pensamento".[4] Fugiu para sua cidade natal em 1935 e por lá ficou até o fim da Segunda Guerra Mundial. Um ano antes, em 1934, promoveu a instalação da Universidade do Distrito Federal e foi, a partir daí, objeto de hostilidades violentas por integralistas e católicos que acusavam a Universidade de ser comunista, "qualificação mágica pela qual o primarismo integralista e a cegueira ultramontana obstruíam qualquer iniciativa, qualquer atitude julgada inconveniente ou prejudicial ao predomínio da reação, que comandavam".[5]

A Universidade do Distrito Federal não durou um ano aberta. Foi atingida em cheio pelas consequências turbulentas de novembro de 1935, mês e ano das revoltas em Natal, Recife e Rio de Janeiro. Seguiram-se perseguições, prisões e torturas. Nada diferente, talvez em grau, do que viria ocorrer trinta anos depois, tombando Anísio Teixeira e tantos outros, durante a ditadura civil e militar de 1964/1985.

As experiências sociais dos abusos causados por agências de repressão no Brasil, seja em 1935 ou 1964, não foram capazes de alterar a cultura institucional dos órgãos estatais, tampouco sensibilizar a maior parte dos cidadãos a respeito do funcionamento da justiça penal na democracia.[6] As práticas de resistência

---

[4] LIMA, Hermes. *Travessia*: memórias. Rio de Janeiro: J. Olympio, 1974. John Dewey (1859-1952) e Willian Kilpatrick (1871-1965) foram teóricos norte-americanos do campo da educação, responsáveis basicamente pela criação de um método pedagógico de máxima integração curricular. A respeito, conferir a referência disponível em: http://www.mi-knoll.de/145401. html. Acessado em: 05.12.2017.

[5] LIMA, Hermes. *Travessia*: memórias. Rio de Janeiro: J. Olympio, 1974, p. 103.

[6] Um exemplo pode ser extraído do resultado das pesquisas realizadas pelo Núcleo de Estudos da Violência da Universidade de São Paulo (USP), realizadas em 2010. O levantamento utilizou a pergunta: "os tribunais podem aceitar provas obtidas através de tortura?" Apenas 52,5% dos entrevistados discordaram, o que significa dizer que metade dos brasileiros a apoiam.

ao autoritarismo no país, orientadas a denunciar o arbítrio judicial e fortalecer os instrumentos de garantia individual e controle do poder não são recordadas pela sociedade brasileira. É como se as lutas por liberdades públicas no campo da justiça criminal tivessem sido silenciadas.

A recuperação da atuação dos juristas em resistência ao autoritarismo no sistema de justiça brasileiro do Estado Novo, período em que se concentra o livro, cumpre a função de recuperar essas memórias. Essa orientação insere o trabalho em uma dimensão mais ampla, das *políticas de justa memória*,[7] responsáveis por alimentar a consciência coletiva das vivências e recursos empregados por um povo para resistir à ditadura, ao autoritarismo e à repressão política no sistema de justiça criminal. Essa investigação permite ampliar a capacidade analítica do jogo de forças que envolve os juristas do presente, igualmente envolvidos com as lutas contra a neofascistização das instituições políticas e jurídicas brasileiras. Tal compreensão, como insiste Geraldo Prado,

> é decisiva para ditar que pensamentos, sofisticados ou pobres, segundo certos critérios, foram (e são decisivos) para a determinação das formas de pensar (jurídico) dominantes, em um campo (político) em que a adoção de uma posição específica (escolha) implica, necessariamente, a exclusão de outras possibilidades de ação, em detrimento de grupos sociais precisos.[8]

Disponível em: https://www.conjur.com.br/2012-jun-06/metade-brasileiros--concorda-tortura-criminosos-pesquisa. Acessado em: 16.12.2017.

[7] Cf. AGUILAR FERNÁNDEZ, Paloma. *Políticas de la memoria y memorias de la política*. Madrid: Alianza Editorial, 2008.

[8] PRADO, Geraldo. "Crônicas da Reforma do Código de Processo Penal brasileiro que se inscreve na disputa política pelo sentido e função da Justiça Criminal". *In*: _____. *Em torno da jurisdição*. Rio de Janeiro: Lumen Juris, 2010, p. 118.

INTRODUÇÃO

O primeiro capítulo do livro está dedicado a desenvolver um único ponto: a memória coletiva e os contornos da abordagem histórica que se propõe a empregar como método de investigação.[9] Perguntas: existe uma dimensão coletiva da memória? Como se opera a transmissão das experiências? De que maneira se conflagram as disputas nesse campo, de onde se estruturam memórias dominantes e se reprimem memórias dissidentes? Qual é o peso dos esquecimentos e silenciamentos para a construção de uma efetiva consciência histórica? Enfim, como extrair das "memórias subterrâneas" uma aprendizagem política que permita romper, no campo social e político, com o compulsivo retorno da experiência autoritária?

Essas problematizações constituem o primeiro passo para compreender por que a memória política das ditaduras no Brasil não produziu transformações no funcionamento concreto do sistema de justiça penal e, igualmente, o ponto de partida para trazer à tona o conjunto de memórias de resistência ao autoritarismo, cuja evocação parece indispensável à construção de novas práticas no sistema de justiça criminal.

Convém registrar que a abordagem histórica não se propõe a descrever uma pretensa história geral sobre a justiça penal no Estado Novo, mas, antes, produzir uma micro-história, assim entendida como uma prática historiográfica concentrada na luta em torno dos recursos simbólicos, atenta às contradições, escolhas e decisões dos indivíduos e grupos que se analisam.[10] Essa junção de micro experiências, como insiste Ronald Fraser, não dá por resultado uma macro totalidade objetiva: *"el ambiente no explica*

---

9   Na definição de Geraldo Prado, o método deve ser compreendido como ferramenta conceitual de que se vale o estudioso para conhecer algo, o objeto da sua atenção científica. Cf. PRADO, Geraldo. *Transação penal*. Coimbra: Almedina, 2015, p. 90.

10   LEVI, Giovanni. Sobre a micro-história. *In*: BURKE, Peter (Coord.). *A escrita da história*: novas perspectivas. São Paulo: Unesp, 2011, pp. 136/137.

el subsuelo, sino que es más bien al contrário".[11] É verdade que a micro-história, na qual estão incluídos os instrumentos da história oral, mais frequentemente se dirige a tratar da experiência daquelas pessoas que não dispuseram de meios para contar suas vivências e práticas. "Gente comum", como se costuma dizer, pessoas que não escreveram suas memórias e que não tiveram reputação pública ou política que defender.[12] Os juristas de que trato, dentre eles, os juristas parlamentares, não se enquadram nessa classe. Eram pessoas que integravam a elite intelectual, política e jurídica do país. Por outro lado, não se pode considerá-los líderes ou governantes, porque estavam no polo oposto à posição de dominância nas relações de poder que caracterizavam o campo político da justiça criminal.[13]

Em suma, a mediação histórica que se pretendeu realizar no primeiro capítulo não pode ser inserida nos moldes da historiografia tradicional, que aposta na cronologia pura e simples dos acontecimentos e se funda em grandes narrativas. O trabalho se apoia em uma micro-história, como explorado pela Escola dos Annales,[14] só que narrada por dentro da justiça criminal e experimentada por seus atores, no caso, os juristas contrários ao discurso oficial das instituições que interagiam no sistema.[15]

---

[11] FRASER, Ronald. *Recuérdalo tú y recuérdalo a otros*: historia oral de la Guerra Civil Española. Barcelona: Editora Planeta, 2016, p. 2.

[12] FRASER, Ronald. *Recuérdalo tú y recuérdalo a otros*: historia oral de la Guerra Civil Española. Barcelona: Editora Planeta, 2016, p. 3.

[13] Alguns desses juristas, identificados pelas redes de poder como insubmissos ao discurso oficial, foram presos pelo Estado Novo (por exemplo, Hermes Lima) ou, no caso do contexto contemporâneo, foram ou estão sendo perseguidos, ainda que administrativamente (exemplos: Rubens Casara, André Nicolitt, Cristiana Cordeiro, Simone Nacif, Marcos Peixoto, Jacson Zilio, Rômulo Moreira, Kenarik Boujikian etc.).

[14] Cf. BURKE, Peter. *A Escola dos Annales, 1929-1989*: a Revolução Francesa da historiografia. São Paulo: Fundação Editora da UNESP, 1997.

[15] O sistema de administração da justiça criminal abriga uma engrenagem institucional em que atuam várias agências públicas e privadas. Não apenas as

INTRODUÇÃO

O segundo capítulo está dirigido ao desenvolvimento objetivo de determinados conceitos. Após mapear as formações discursivas que integram o pensamento autoritário brasileiro, assim como a linguagem antiautoritária que define posturas teóricas e práticas de resistência democrática no sistema de justiça penal, problematizei o conceito de crime político, a partir de uma investigação concentrada no processo histórico de transfiguração desse conceito. O seu emprego distorcido para atingir uma ampla gama de pessoas, identificadas como inimigos convenientes do governo, é um problema grave e permanente no país. Em seguida, tratei de colocar em análise a engrenagem dos julgamentos políticos, o que foi realizado fundamentalmente a partir da obra de Otto Kirchheimer, *Justicia Politica: empleo del procedimiento legal para fines políticos*.[16]

O capítulo subsequente dá início ao processo de imersão nas memórias subterrâneas dos juristas em resistência ao autoritarismo no sistema de justiça penal brasileiro. Em primeiro lugar, a descrição do sofrimento de quem viveu encarcerado nas masmorras do regime varguista, trocando contatos íntimos com a fome, tortura e demais formas de violência praticadas pela polícia e justiça política do governo. No terceiro capítulo, também enfrentei as lutas contra a aprovação da lei de segurança nacional, os difíceis movimentos contrários à imposição dos estados de guerra, aprovação do Tribunal de Segurança Nacional, além da prisão e julgamento, justamente dos juristas parlamentares que compunham a Frente Pró Liberdades Populares, opositora ao regime. Nesse capítulo, a investigação foi ao âmago da defesa penal no Tribunal de Segurança Nacional, trazendo à tona o repertório empregado por advogados criminais nas lutas que travaram contra o arbítrio no sistema de justiça. A responsabilidade de agir em defesa das liberdades, cuja

---

instituições do Estado realizam um papel no controle social e punitivo que conta, igualmente, com o apoio da grande mídia corporativa, por exemplo.

[16] KIRCHHEIMER, Otto. *Justicia política*: empleo del procedimiento legal para fines políticos. Trad. R. Quijano. [S.l.]: UTHEA, 1968.

tradição reserva especialmente aos defensores penais, foi representada neste livro nas pessoas de Heráclito Fontoura Sobral Pinto e Evandro Lins e Silva.

O quarto e último capítulo trata das disputas acadêmicas envolvendo a reforma da legislação criminal, com ênfase no Código de Processo Penal. "Insurgências democráticas na Academia" foi o título do item destinado a tratar das manifestações do saber penal e processual penal a serviço das liberdades públicas. A imersão na doutrina antiautoritária brasileira apresentou desafios adicionais, mas que, superados, trouxeram um vasto conjunto de abordagens antiautoritárias, de importância na formação da cultura democrática e acusatória no sistema de justiça criminal brasileiro.

Durante todo o trabalho, colocou-se em prática a orientação de se dar relevo, sempre e em primeiro lugar, aos juristas – parlamentares, advogados/promotores/juízes ou professores – que se opuseram ao arbítrio no campo da justiça penal no Estado Novo. Não houve um critério objetivo para a eleição desses nomes. O movimento consistente em mapear a atuação dos juristas foi, de certa forma, tão vivo quanto a própria resistência nos anos 1930, 1960, ou hoje.

Sem dúvida, os juristas em resistência ao autoritarismo integram uma *comunidade afetiva*, no sentido conferido por Maurice Halbwachs,[17] cujas linhas de convergência se identificam na oposição que fizeram (e ainda fazem) à repressão criminal e política, à violência do sistema penal e sua necessidade de forte controle. A resistência ao autoritarismo implica uma determinada postura política e doutrinária, em última análise, contrária aos discursos de emergência e exceção, apelo à segurança e ordem, perseguições políticas e, no âmbito das reformas institucionais, contrária à restrição das liberdades públicas em matéria penal.

---

[17] HALBWACHS, Maurice. *Los marcos sociales de la memoria*. Barcelona: Anthropos Editorial, 2004.

INTRODUÇÃO

Nenhum espaço social se constrói do nada, como concluiu Alberto Binder.[18] Se essa assertiva é aplicável a qualquer campo, com maior razão se aplica à justiça penal, profundamente estruturada pelo inquisitorialismo e marcada por uma memória coletiva, mais centrada no "medo dos subversivos" e "combate aos delinquentes" que nas práticas de resistência aos abusos que a repressão criminal e política gerou e ainda gera. A investigação das "memórias subterrâneas", identificada nas lutas travadas contra os fundamentos do pensamento autoritário e fascista no Brasil dos anos 1930/1940 e que parece retomar-se vigorosamente, previne dessa dolorosa tradição e permite ir além. Ao partir da recuperação da memória em defesa das liberdades, a história política do sistema de justiça penal brasileiro e de suas ideias se converte em algo vivo, em uma disputa pela determinação dos sentidos atuais, mas profundamente históricos.[19]

Não tomar partido nesse espaço de lutas sociais é pensar que se possa produzir um saber penal e processual penal pretensamente técnico, apolítico, que sirva, ao mesmo tempo, como instrumento de eficiência punitiva e defesa de garantias. Esse pensamento, entretanto, é ilusório e pernicioso à tutela das liberdades públicas que protegem as pessoas da violência repressiva do Estado brasileiro. Nesta obra, portanto, assume-se a posição política e jurídica que aqui se define como a *resistência ao autoritarismo no sistema de justiça penal*, lugar da defesa intransigente das liberdades democráticas, controle rigoroso do poder e luta contra todas as formas de manifestação do fascismo estatal ou molecular.[20] O objetivo é

---

18 BINDER, Alberto. *Derecho Procesal Penal:* hermenéutica del proceso penal. tomo I. Buenos Aires: Ad hoc, 2013, p. 163.

19 BINDER, Alberto. *Derecho Procesal Penal:* hermenéutica del proceso penal. tomo I. Buenos Aires: Ad hoc, 2013.

20 "O conceito de estado totalitário só vale para uma escala macropolítica, para uma segmentaridade dura e para um modo especial de totalização e de centralização; mas o fascismo é inseparável de focos moleculares que pululam e saltam de um ponto para o outro, em interação, *antes* de ressoar

fornecer repertórios para a ação política dos juristas no campo dos tribunais, das reformas institucionais e da produção do saber, preparando-os para as disputas sobre o sentido e função da justiça criminal na atualidade.[21]

---

todos juntos" (DELEUZE, Gilles. *Mille plateaux*. Paris: Édition de Minuit, 1982, p. 285).

[21] Ann Swidler descreveu a categoria *repertório* como criações culturais que emergem da luta, integrando noções, habilidades, conceitos, recursos estilísticos, de linguagem, enfim, esquemas que são postos em prática através de um processo deliberado de escolha. *"Culture influences action not by providing the ultimate values toward which action is oriented, but by shaping a repertoire or 'tool kit' oh habits, skills, and styles from which people construct to 'strategies of action'"* (SWIDLER, Ann. "Culture in action: symbols and strategies". *American Sociological Review*, vol. 51, n° 02, abr. 1986, p. 1). Ângela Alonso tratou do conceito de repertório para descrever os recursos empregados por intelectuais da geração de 1870 durante o que ela chamou de "crise do Brasil-Império". Em suas palavras, os *repertórios* podem ser simplesmente entendidos como o conjunto de recursos intelectuais disponíveis numa sociedade em certo tempo (ALONSO, Ângela. *Ideias em movimento*: a geração 1870 na crise do Brasil-Império. São Paulo: Paz e Terra, 2002, pp. 39-44). Cf. TILLY, Charles. "Contentious repertoires in Great Britain, 1758-1834". *Social Science History*, vol. 17, n° 2, 1993, p. 264.

CAPÍTULO I

MEMÓRIAS EM RESISTÊNCIA

1.1 Memória e sistema de justiça criminal

A análise da experiência dos juristas pela via da memória incorpora ao estudo das ideias e ações políticas desses intelectuais um conhecimento vivo que nos aproxima da subjetividade do sujeito (desejos, medos, angústias etc.), ao mesmo tempo que revela um emaranhado de questões sociais e políticas que o transcendem. A memória, assim concebida, não se esgota em uma perspectiva retrospectiva, de acesso puro e simples ao passado. Não pode ser reduzida à reprodução de determinados eventos, em detrimento de outros, em uma espécie de reconstrução seletiva do que se passou, tampouco pode ser vista apenas como efeito das construções sociais, sem considerar a subjetividade. Memória não tem a ver com revelação. Ao ser evocada, está mais próxima do desvelamento, no sentido de trazer à tona algo que está por baixo. Remete à *verdade* do que foi *reprimido*, tanto subjetiva quanto socialmente.[22]

---

[22] Cf. FREUD, Sigmund. "Recordar, repetir e elaborar (novas recomendações sobre a técnica da psicanálise II)". *In*: _____. *O Caso Schreber*: artigos

ANTONIO PEDRO MELCHIOR

O emprego da memória, enquanto método e objeto de investigação, deve ser capaz de provocar a crítica e suscitar reflexões sobre a construção das identidades pessoais e coletivas, além de oferecer subsídios para equilibrar o peso das cargas do passado. Dívidas, perdão e ressentimento são, simultaneamente, posição subjetiva e política.[23] Decorrem dos traumas, individuais ou sociais, a que qualquer pessoa ou sociedade está sujeita.[24]

A memória é aqui pensada como travessia, um meio para chegarmos às situações políticas e jurídicas contemporâneas que se relacionam com o exercício autoritário da justiça penal: qual o

---

sobre técnica e outros trabalhos (1911-1913). Rio de Janeiro: Imago, 2006, pp. 163-171.

[23] Há uma passagem em Ruth Gauer sobre esse ponto que merece destaque: "a história e a memória dos ressentimentos estão geralmente ligadas a hostilidades praticadas historicamente contra determinados padrões culturais, religiosos, políticos, entre outros. A repetição de hostilidade gera uma memória social que se manifesta como ressentimento que mantém o sistema socioafetivo de determinadas sociedades ou grupos. O ressentimento se manifesta como um conjunto de sentimentos difusos de ódio e hostilidade na busca de justiça contra o que se considera injusto" (GAUER, Ruth M. Chittó; SAAVEDRA, Giovani Agostini; GAUER, Gabriel J. Chittó. *Memória, punição e justiça*: uma abordagem interdisciplinar. Porto Alegre: Livraria do Advogado, 2011, p. 39).

[24] Paul Ricoeur, um dos maiores expoentes da filosofia francesa do pós-guerra, tratou das questões envolvendo a memória em alguns dos seus mais importantes trabalhos, referidos ao longo dessa investigação. Convém acrescer às nossas considerações inaugurais a seguinte passagem sobre o caráter não apenas retrospectivo da memória: "*si hemos de aprender del futuro es al precio de escribir el pasado y, entonces, inventar no es un mero acopio de ocurrencias, sino el venir a dar en algo. Es dicha aportación, esta creación de la memoria que co(i)mplica la responsabilidad del recordar. Y ahí no todo se reduce a un depósito de huellas, vestigios para una lectura con sabor arqueológico. La carga del pasado recae en el futuro insta a incorporar la noción de deuda, que ya no es pura carga, sino recurso, necesidad de relato. Y, además, su posibilidad. Gracias a aquello por lo que podemos ser, no todo reduce a lo que ya ha sido*" (RICOUER, Paul. *La lectura del tiempo pasado*: memoria y olvido. Trad. Gabriel Aranzueque. Madri: Arrecife, 1999, p. 9). Cf. RICOUER, Paul. *A memória, a história, o esquecimento*. Trad. Alain François *et al*. Campinas: Editora Unicamp, 2007.

CAPÍTULO I – MEMÓRIAS EM RESISTÊNCIA

problema propriamente jurídico que as questões sobre memória suscitam? Em outras palavras, por que a memória interessa ao atual funcionamento do sistema de justiça criminal? Essa resposta pode ser construída em diversas direções. Pode-se, entretanto, respondê-la diretamente, porque há um ponto sensível a ambos os campos: o exercício do poder.

A memória pode ser uma forma específica de dominação ou violência simbólica, como insistiu Michael Pollak.[25] Pode ser imposta e defendida por um trabalho de enquadramento, como denunciado por Henry Rousso,[26] voltado a garantir estabilidade às estruturas institucionais e definir consensos sociais a respeito de acontecimentos relevantes à história política de um país. Elegendo-se testemunhos autorizados, opera-se uma espécie de controle da memória, organizando-se discursos em torno de determinados personagens, cujos rastros são deixados em monumentos, museus, em *lugares de memória*, para usar a expressão que ficou conhecida a partir do trabalho de Pierre Nora.[27] Assim entendida, a memória poderá identificar-se com a memória oficial, servindo-se para fomentar sentimentos de pertencimentos a grupos, ao mesmo tempo que reforça movimentos de marginalização. O lugar ocupado por elementos simbólicos torna-se, assim, crucial para todos aqueles que procuram mostrar tanto a formação de sentimentos de pertencimento a esferas amplas de poder quanto a invisibilidade dos que não se adaptam à linguagem estabelecida.[28]

---

25 POLLAK, Michael. *Memoria, olvido, silencio*: la producción social de identidades frente a situaciones límite. Trad. Christian Gebauer, Renata Oliveira Rufino e Mariana Tello. Buenos Aires: Ediciones Al Margen, 2006, p. 17.

26 ROUSSO, Henry. *The Vichy Syndrome*: history and memory in France since 1944. Cambridge: Harvard University Press, 1991.

27 NORA, Pierre. *Pierre Nora en les lieux de mémoire*. Trad. Laura Masello. Montevideo: Ediciones Trilce, 2008.

28 Myrian Sepúlveda dos Santos dedicou-se exclusivamente ao tema memória e construção das identidades coletivas. Doutora em Sociologia pela New School for Social Research, a professora adjunta do Departamento de

ANTONIO PEDRO MELCHIOR

A compreensão da memória nesses termos causa impactos significativos na construção do saber jurídico penal e práticas relacionadas ao poder repressivo, ele próprio, igualmente, uma forma específica de dominação, violência material e simbólica. A manipulação da memória pode servir para forçar a coesão social sobre determinadas práticas (tortura e perseguições políticas, por exemplo), além de moldar a visão que as pessoas podem ter sobre graves episódios da vida nacional, como a "conveniência" conjuntural de uma ditadura. Apoderar-se da memória, como alertou Jacques Le Goff, é, portanto, uma das grandes preocupações das classes, grupos ou indivíduos que dominaram e dominam as sociedades históricas: "os esquecimentos e os silêncios da história são reveladores desses mecanismos de manipulação da memória coletiva".[29]

A luta pela democratização da memória, como defendeu Le Goff,[30] interessa ao sistema de justiça penal em particular porque permite desvelar um conjunto de ideias e representações que falam não apenas sobre o horror e sofrimento impostos por regimes e práticas autoritárias, mas dos recursos empregados para produzir espaços de liberdade. Essas memórias foram relegadas ao silenciamento por políticas dirigidas a fortalecer uma determinada memória como oficial, dotar discursos, narrativas e instituições de duração e estabilidade. Recuperá-las é uma questão vital para lidarmos com o presente contexto brasileiro, além de servir a um projeto de funcionamento democrático da justiça criminal.

Ciências Sociais da Universidade do Estado do Rio de Janeiro explorou a multiplicidade das experiências identificadas à memória social em sua tese de doutoramento *Memory: social construction and critique*, defendida em 1993. Cf. SANTOS, Myrian Sepúlveda dos. *Memória coletiva e teoria social*. São Paulo: Annablume, 2003, p. 22.

29 LE GOFF, Jacques. *História e memória*. vol. 2. Trad. Ruy Oliveira. Lisboa: Edições 70, p. 12.

30 LE GOFF, Jacques. *História e memória*. vol. 2. Trad. Ruy Oliveira. Lisboa: Edições 70, p. 58.

CAPÍTULO I – MEMÓRIAS EM RESISTÊNCIA

Não é excessivo afirmar que as disputas envolvendo a memória interessam ao funcionamento do próprio Estado de Direito, na medida em que ele se caracteriza, como demonstrou Geraldo Prado,[31] por evocar o problema da relação entre sujeitos, o Direito e o poder, de modo a controlá-lo e direcioná-lo à realização das plenas potencialidades dos seres humanos. Se o que está em jogo é a construção da liberdade, seja individual ou de um grupo contra a opressão de outro, o centro nervoso, sobre o qual gravita a memória, é mesmo sobre poder, dominação e sujeição e, portanto, revela um problema genuinamente democrático e, ainda, uma preocupação jurídica-criminal.[32] No âmbito das lutas travadas contra o autoritarismo no Brasil, em especial a repressão penal e política, isso significará muita coisa, uma vez que a insurgência de memórias dissidentes, não institucionalizadas, poderá provocar práticas políticas capazes de ocasionar rupturas e criar obstáculos ao arbítrio, próprio ao exercício concreto da competência punitiva do Estado brasileiro. A memória, arrancada das amarras do *stablishment*, poderá cumprir o objetivo proposto por Herbert Marcuse, qual seja o de possibilitar um conhecimento crítico, capaz de romper com a alienação do homem moderno e trazer para o presente verdades que estariam sendo reprimidas pela sociedade.[33] Em suas palavras:

> O verdadeiro valor da memória está na sua função específica de preservar promessas e potencialidades que foram traídas

---

[31] PRADO, Geraldo. *Prova penal e sistema de controles epistêmicos*: a quebra da cadeia de custódia das provas obtidas por meios ilícitos. São Paulo: Marcial Pons, 2014, p. 17.

[32] Pertinente citar a advertência de Luigi Ferrajoli: "e qualquer poder, por mais democrático que seja, é submetido, pelo paradigma da democracia constitucional, a limites e vínculos, como são os direitos fundamentais, destinados a impedir a sua degeneração, segunda a sua intrínseca vocação, em formas absolutas e despóticas" (FERRAJOLI, Luigi. *Garantismo*: uma discussão sobre Direito e democracia. Rio de Janeiro: Lumen Juris, 2012, p. 80).

[33] Cf. SANTOS, Myrian Sepúlveda dos. *Memória coletiva e teoria social*. São Paulo: Annablume, 2003, pp. 100-104.

e até rejeitadas pelo indivíduo maduro e civilizado, mas que um dia já foram satisfeitas no obscuro passado, sem nunca terem sido totalmente esquecidas.[34]

O saber penal e processual penal estão historicamente vinculados às promessas da modernidade, incumpridas e traídas em seu objetivo de constranger a violência pública. Concebidos como ferramentas de proteção da pessoa em face do poder estatal, esse campo do Direito representa o próprio estatuto jurídico-político das liberdades e, por essa razão, expressa a parte central de um pacto civilizatório que a realidade brasileira insiste em colocar cotidianamente em xeque.

A abordagem do conhecimento jurídico-criminal e das práticas sociais a ele relacionadas, pela via da memória, cumpre a função específica de recuperar o movimento que esteve (e está) por trás de todas as lutas por humanidades. É assim que a dimensão política do Direito Criminal e o valor da memória se cruzam. A mediação da memória permite o desvelamento das ideias e ações políticas silenciadas pela experiência autoritária (e seus desdobramentos institucionais), assim, oxigena o surgimento de práticas de resistência no sistema de justiça penal, dirigidas a reforçar os mecanismos de controle do poder repressivo. Essa abordagem contribui significativamente ao campo penal, porque é nele que se desenvolve o saber responsável por conferir à proteção contra o arbítrio o essencial de suas garantias.[35] É onde corre o sangue do sistema, para usar da expressão de Rui Cunha Martins.[36]

---

[34] MARCUSE, Herberth. *Eros e civilização*: uma interpretação filosófica do pensamento de Freud. Rio de Janeiro: Zahar Editores, 1975, p. 18.

[35] RIVERO, Jean; MOUTOUH, Hugues. *Liberdades públicas*. São Paulo: Martins Fontes, 2006, p. 4.

[36] MARTINS, Rui Cunha. *A Hora dos cadáveres adiados*: corrupção, expectativa e processo penal. São Paulo: Atlas, 2013.

CAPÍTULO I – MEMÓRIAS EM RESISTÊNCIA

Em síntese, a memória pode ser empregada para acessar e problematizar o conhecimento jurídico e suas práticas concretas por diversos meios. Como a entendo, entretanto, os estudos, que importam à democracia da justiça penal brasileira, devem privilegiar a linguagem dos juristas que se confundem com a memória dissidente, assim entendida como aquela que desafia a memória oficial e a subjetividade das elites dominantes, identificada nas demandas cada vez mais excessivas por ordem, exercício abusivo da violência pública e restrição das liberdades fundamentais.

A investigação jurídica-criminal sobre a memória deve, portanto, estar orientada ao reforço dos vínculos que ela possui com a liberdade, se o objetivo a ser alcançado for enfrentar as novas formas de manifestação do fascismo nas sociedades contemporâneas e transformar a memória de sofrimentos causados pelo autoritarismo brasileiro, no campo da justiça penal, em possibilidades criativas de vida e resistência.[37]

1.1.1 A construção social da memória

As pessoas não estão acostumadas a conceber uma memória que transcenda o indivíduo em suas experiências concretas de vida. Por outro lado, a ideia de memória individual, com a qual geralmente se concebe o registro das "recordações", não resolve vários problemas vinculados às experiências que uma determinada comunidade ou grupo tenha vivenciado.

---

[37] *Recordar*, como enfatiza Paul Ricoeur, não se esgota na satisfação de alguma espécie de possessão do passado. Com ele se propicia a densidade, que é, por sua vez, justiça com os espaços de decisão. A memória nos situa em um espaço de confrontação de diversos testemunhos e com diferentes graus de fiabilidade. A questão não se reduz, tampouco, a assistir o conflito. É preciso intervir e decidir. Palavras de RICOUER, Paul. *La lectura del tiempo pasado*: memoria y olvido. Trad. Gabriel Aranzueque. Madri: Arrecife, 1999, pp. 9/10.

Essa constatação não resulta concluir, de plano, que exista uma "memória coletiva". Uma coisa é supor a existência de um sujeito coletivo da memória, outra é aplicar à memória coletiva de um grupo as mesmas funções de conservação, organização, de rememoração ou de evocação atribuídas à memória individual.[38] Não enfrentei a fundo esse problema. Apesar das complexas questões epistemológicas que suscita, a noção de memória coletiva é fundamental para pensar inúmeras situações sociais e políticas. Resolvi o dilema, como proposto por Paul Ricoeur, limitando-se a atribuir à ideia de "memória coletiva" o sentido de um conceito operativo.[39]

Maurice Halbwachs foi o precursor do termo. A memória, a partir dele, passou a ser concebida como a presença do passado que assegura a identidade dos indivíduos e dos grupos sociais.[40] Há distintas possibilidades de aproximação interdisciplinar quando se trata de refletir sobre memória, mas nenhuma delas pode prescindir totalmente dos seus estudos. A teoria da memória de Maurice Halbwachs está articulada a uma abordagem epistemológica que concebe a estrutura material dos grupos como chave à leitura das mais variadas questões sociais.

O decidido vínculo político e ideológico de Halbwachs com o socialismo orientou suas teses ao compromisso de tratar dos

---

38 Os dilemas decorrem da tentativa de relacionar uma sociologia da memória com a fenomenologia da consciência subjetiva (RICOUER, Paul. *La lectura del tiempo pasado*: memoria y olvido. Trad. Gabriel Aranzueque. Madri: Arrecife, 1999, p. 18).

39 Fica esclarecido, de plano, que se está diante de uma analogia e que, a respeito da consciência individual e sua memória, a memória coletiva consiste apenas no conjunto de pegadas deixadas pelos acontecimentos que afetaram o curso da história dos grupos implicados (RICOUER, Paul. *La lectura del tiempo pasado*: memoria y olvido. Trad. Gabriel Aranzueque. Madri: Arrecife, 1999, p. 19).

40 LAVABRE, Marie-Claire. "Maurice Halbwachs y la sociologia de la memoria". *Historizar el pasado vivo en America Latina*, p. 5. Disponível em: http://www.historizarelpasadovivo.cl/downloads/lavabre.pdf. Acessado em: 10.11.2017; LAVABRE, Marie-Claire. "Maurice Halbwachs et la sociologie de la mémoire", *Raison Présente*, out. 1998, pp. 47-56.

CAPÍTULO I – MEMÓRIAS EM RESISTÊNCIA

problemas sociais que afetavam a população, incorporando tanto o conceito de solidariedade quanto a crença no progresso democrático.[41] Em razão da intervenção política-intelectual dentro do socialismo, após a ocupação nazista de Paris, ele foi deportado para o campo de concentração de Buchenwld,[42] onde teve o mesmo destino de Marc Bloch, historiador com quem polemizou, torturado e fuzilado pela Gestapo em 16 de junho, igualmente em 1944.

Cidadão francês nascido em Reims, no dia 11 de março de 1877, Maurice Halbwachs foi um intelectual reconhecido entre os pensadores de sua época. A influência de Emile Durkheim em sua vida não é pouca. Durkheim, intelectual que fazia fortes defesas em nome do socialismo,[43] foi seu orientador ainda em 1905. Maurice apresentou sua tese de doutorado em Direito em 1909, oportunidade em que tratou das expropriações e preços de terrenos em Paris. Em 1913, publicou um trabalho aplaudido pela academia sobre os padrões da classe trabalhadora. Em 1919, foi nomeado professor de sociologia na Universidade de Estrasburgo. Escreveu uma obra sobre a memória coletiva dos músicos em 1939. No ano de 1944, o mesmo em que foi morto pelos nazistas, obteve a cátedra em Psicologia Social no Collège de France.[44]

Henri Bergson foi outro pensador que teve presença determinante nas reflexões de Halbwachs. Bergson não foi apenas seu

---

[41] SANTOS, Myrian Sepúlveda dos. *Memória coletiva e teoria social*. São Paulo: Annablume, 2003, p. 36.

[42] Disponível em: https://www.ebiografia.com/maurice_halbwachs/. Acessado em: 12.12.2016.

[43] Para Durkheim, o socialismo (...) é um grito de dor e, por vezes, de cólera, dado por homens que sentem mais vivamente nosso mal-estar coletivo. Ele é para os fatos que o suscitam o que são os gemidos do doente para o mal de que sofre e as necessidades que o atormentam (DURKHEIM, Émile. *O Socialismo*: definição e origens. A Doutrina Saint-Simoniana. Trad. Sandra Guimarães. São Paulo: EDIPRO, 2016).

[44] SANTOS, Myrian Sepúlveda dos. *Memória coletiva e teoria social*. São Paulo: Annablume, 2003, p. 36.

professor de filosofia entre 1884 e 1901, mas também seu guia e orientador, como assinalado por Gérard Namer.[45] Há, inclusive, quem veja na obra de Halbwachs uma tentativa de desmontar a concepção de memória individual e a distinção entre memória pura e memória hábito que Henri Bergson realizara no livro *Matéria e memória*, publicado em 1896 e reeditado cinco anos depois.[46] Em síntese, os trabalhos de Halbwachs expressam continuidades, rupturas e críticas, tanto à obra de Durkheim quanto de Bergson, o que lhe permitiu construir uma perspectiva sociológica sobre a memória e o próprio conceito que hoje segue sendo chamado de *memória coletiva*.[47]

Uma das caraterísticas fundamentais da tese de Halbwachs é a defesa da memória como um fato social, tal qual Durkheim havia concebido ao tratar do suicídio.[48] Para ambos, as diversas esferas da vida social constituem fatos passíveis de serem anali- sados objetivamente, a partir de vínculos de solidariedade entre as pessoas e grupos. Esteve influenciado pelas teses positivistas, como todo durkheimniano da época. Construiu um método de pesquisa fundado basicamente em critérios empíricos "passíveis de comprovação material".[49]

---

[45] NAMER, Gérard. "Posfacio". *In*: HALBWACHS, Maurice. *Los marcos sociales de la memoria*. Barcelona: Anthropos Editorial, 2004, pp. 345-428.

[46] BERGSON, Henri. *Matéria e memória*: ensaio sobre a relação do corpo com o espírito. Trad. Paulo Neves. São Paulo: Martins Fontes, 1999.

[47] ALBERTO, Diego. "Maurice Halbwachs y los marcos sociales de la memoria (1925). Defensa y actualización del legado durkheimniano: de la memoria bergsoniana a la memória coletiva". *X Jornadas de Sociologia*, Facultad de Ciencias Sociales, Universidad de Buenos Aires, Buenos Aires, 2013, p. 4. Disponível em: http://cdsa.aacademica.org/000-038/660.pdf. Acessado em: 04.09.2017.

[48] DURKHEIM, Émile. *El suicídio*. Buenos Aires: Akal, 1998 [1897].

[49] Myrian Sepúlveda dos Santos sustenta que a abordagem de Halbwachs, não obstante os méritos e a originalidade da tese, aproxima-se ainda de teorias funcionalistas e interacionistas, hegemônicas à época. Cf. SANTOS, Myrian

CAPÍTULO I – MEMÓRIAS EM RESISTÊNCIA

A ideia de memória como um fato social será criticada por Marc Bloch, que respondeu a isso em um artigo em que criticou a tentativa de aplicar os critérios de objetividade e comprovação empírica aos estudos sobre o passado. Para Bloch, os fatos históricos eram produto da construção ativa do historiador. As memórias coletivas não estariam necessariamente associadas às práticas aferíveis empiricamente, pois, no mais das vezes, indicam apenas construções simbólicas munidas de dinâmica própria.[50] Pollack retomará essas críticas mais à frente. Dirá, com razão, que o mais importante não é tratar os fatos sociais como coisas, mas *investigar como os fatos sociais são tornados coisas, como e por quem são solidificados, dotados de duração e estabilidade.*[51] Seguirei pelo caminho descrito por Michael.

Dentre as quatro principais obras que Maurice Halbwachs publicou sobre esse tema, a pioneira foi *Lex cadres sociaux de la mémorie*, escrita em 1925. Halbwachs dirigiu sua teoria à demonstração de que não é possível dar conta dos problemas da recordação e localização das lembranças quando não se toma, como ponto de referência, os contextos sociais reais que servem de baliza a essa evocação que denominamos *memória*.[52] Há uma passagem, no prólogo da obra de 1925, em que Halbwachs sintetiza parte do seu pensamento. Nele, defende que o mais frequente é que as pessoas se recordem daquilo que os outros lhe induzem a recordar, como se suas memórias viessem ao encontro da nossa. Não se trataria, nesse caso, de perquirir se tais recordações estão

---

Sepúlveda dos. *Memória coletiva e teoria social*. São Paulo: Annablume, 2003, p. 22.

50 SANTOS, Myrian Sepúlveda dos. *Memória coletiva e teoria social*. São Paulo: Annablume, 2003, pp. 39 e 42.

51 POLLAK, Michael. *Memoria, olvido, silencio*: la producción social de identidades frente a situaciones límite. Trad. Christian Gebauer, Renata Oliveira Rufino e Mariana Tello. Buenos Aires: Ediciones Al Margen, 2006, p. 18.

52 DUVIGNAUD, Jean. "Prefácio". *In*: HALBWACHS, Maurice. *Memória coletiva*. Trad. Beatriz Sidou. São Paulo: Centauro, 2003, p. 8.

conservadas ou escondidas em algum lugar do cérebro ou do espírito, porque seriam evocadas desde fora, tendo como influência os grupos de que fazemos parte (que a cada momento apresentam os meios que favorecem esta evocação). É nesse sentido que Halbwachs sustenta a ideia de que existem marcos sociais de memória, chegando à conclusão de que a capacidade de recordar depende do atravessamento dos pensamentos individuais nesses marcos, responsáveis por auxiliar na organização das lembranças de uns em relação aos outros.[53] Nas expressões de Halbwachs:

> *Estos marcos colectivos de la memoria no son simples formas vacías donde los recuerdos que vienen de otras partes se encajarían como em un ajuste de piezas; todo lo contrario, estos marcos son – precisamente – los instrumentos que la memoria colectiva utiliza para reconstruir una imagen del pasado acorde con cada época y en sintonía con los pensamientos dominantes de la sociedad ... podemos perfectamente decir que el individuo recuerda cuando asume el punto de vista del grupo y que la memoria del grupo se manifiesta y realiza em las memorias individuales.*[54]

---

53 HALBWACHS, Maurice. *Los marcos sociales de la memoria*. Barcelona: Anthropos Editorial, 2004, pp. 10/11.

54 HALBWACHS, Maurice. *Los marcos sociales de la memoria*. Barcelona: Anthropos Editorial, 2004, pp. 10/11. O conceito de marco social é uma das heranças que Durkheim deixou na obra de Maurice. Durkheim buscou assentar a sua teoria das representações coletivas em determinados conceitos fundamentais que, por sua vez, revelariam *marcos* permanentes da vida mental. Foi desenvolvido, no texto "Las formas elementales de la vida religiosa", oportunidade em que passa a incluir os aspectos morfológicos inerentes à constituição das representações coletivas. Os marcos sociais expressariam formas específicas em que as condições, pelas quais se estrutura materialmente a sociedade, se expressam em categorias de entendimento cujo traço principal é o de ordenar o mundo para que se possa interagir com eles. (Cf. ALBERTO, Diego. "Maurice Halbwachs y los marcos sociales de la memoria (1925). Defensa y actualización del legado durkheimniano: de la memoria bergsoniana a la memória coletiva". *X Jornadas de Sociologia*, Facultad de Ciencias Sociales, Universidad de Buenos Aires, Buenos Aires, 2013, p. 15. Disponível em: http://cdsa.aacademica.org/000-038/660.pdf. Acessado em:

CAPÍTULO I – MEMÓRIAS EM RESISTÊNCIA

Grande parte dos argumentos de Maurice Halbwachs está dirigida a defender a tese de que a memória não é um atributo unicamente individual. Nunca nos lembramos sozinhos, da mesma forma que a memória se esvai quando nos afastamos do grupo a que ela estava ligada.[55] Trocando as palavras: sem o suporte social que confronta a nossa consciência com as memórias dos outros, toda recordação seria impossível, porque a constituição da memória individual nada mais é, para Halbwachs, do que a combinação aleatória das memórias que atravessam os diferentes grupos em que a pessoa, inserida, sofre influências. Entendida dessa forma, as memórias não estariam inscritas na subjetividade, materializadas em corpos e mentes, mas espalhadas pelo tecido social e por ele circulando, por meio dos diversos grupos de pertencimento. É assim que a memória pode se considerar sujeita a suportes, marcos ou quadros sociais.[56]

Em *Memória coletiva*, obra póstuma publicada em 1950, Halbwachs retoma todas essas questões. Volta a inserir a rememoração

---

04.09.2017). Nas palavras de Durkheim: "*la sociedad no ha sido simplemente un modelo sobre el que el pensamiento clasificatorio habría trabajado, sino que son sus propios cuadros los que han servido de marcos al sistema. Las primeras categorías lógicas fueran categorías sociales, de igual modo que las primeras cosas han sido clases de seres humanos em los que las cosas han sido integradas. Es porque los hombres estaban agrupados y se pensaban bajo la forma de grupos que han agrupado idealmente a los demás seres, y ambos modos de agrupamiento empezaron a confundirse al punto de hacerse indistinto* (DURKHEIM, Émile; MAUSS, Marcel. "Sobre algunas formas primitivas de clasificación" [1903]. *In*: DURKEHEIM, Émile. *Clasificaciones primitivas y otros ensayos de antropología positiva*. Barcelona: Ariel, 1996, p. 98.

55 CASADEI, Eliza Bechara. "Maurice Halbwachs e Marc Bloch em torno do conceito de memória coletiva". *Revista Espaço Acadêmico*, nº 108, maio 2010, p. 155. Disponível em: http://eduem.uem.br/ojs/index.php/%20 EspacoAcademico/article/viewFile/9678/5607. Acessado em: 10.10.2017.

56 CASADEI, Eliza Bechara. "Maurice Halbwachs e Marc Bloch em torno do conceito de memória coletiva". *Revista Espaço Acadêmico*, nº 108, maio 2010, p. 156. Disponível em: http://eduem.uem.br/ojs/index.php/%20 EspacoAcademico/article/viewFile/9678/5607. Acessado em: 10.10.2017.

pessoal na encruzilhada das *redes de solidariedade* em que estamos envolvidos e evoca, para tanto, o depoimento da testemunha.
Para ele, o testemunho é um exemplo privilegiado porque só tem
sentido enquanto tal, em relação a um grupo do qual se faz parte.
O depoimento da testemunha pressupõe um evento real vivido em
comum, que, por sua vez, depende do contexto de referência no
qual atualmente transitam o grupo e o indivíduo que o atestam.[57]
Na análise de Jean Duvignaud, isso quer dizer que:

> (...) o "Eu" e sua duração se localizam no ponto de encon-
> tro de duas séries diferentes e às vezes divergentes: a que
> se liga aos aspectos vivos e materiais da lembrança, a que
> reconstrói o que é apenas passado. O que seria desse "eu",
> se não fizesse parte da uma "comunidade afetiva" de um
> "meio efervescente" – do qual tenta se livrar no momento
> em que se lembra?[58]

A memória coletiva remete a uma memória compartilhada de
um acontecimento passado vivido em comum por uma coletividade,
ampla ou restrita. Comunidade afetiva é o termo de Halbwachs,
ao qual Duvignaud se referiu. A premissa de que parte para fundar
sua teoria poderia ser traduzida de forma relativamente simples:
jamais estamos sós. Nossas lembranças permanecem coletivas e
nos são evocadas por outros, ainda que se trate de eventos em que
somente nós estivemos envolvidos e objetos que só nós vimos.[59]

---

57 DUVIGNAUD, Jean. "Prefácio". *In*: HALBWACHS, Maurice. *Memória coletiva*. Trad. Beatriz Sidou. São Paulo: Centauro, 2003, p. 8.

58 DUVIGNAUD, Jean. "Prefácio". *In*: HALBWACHS, Maurice. *Memória coletiva*. Trad. Beatriz Sidou. São Paulo: Centauro, 2003, p. 12.

59 São as palavras de Halbwachs: "contudo, mesmo não tendo caminhado ao lado de alguém, bastaria que eu houvesse lido as descrições da cidade, compostas por todos esses variados pontos de vista, bastaria que alguém me houvesse aconselhado a ver tais ou quais aspectos dela ou, ainda mais simplesmente, que eu houvesse estudado seu mapa. Suponhamos que eu passeie sozinho. Será que se poderá dizer que deste passeio guardei apenas

CAPÍTULO I – MEMÓRIAS EM RESISTÊNCIA

1.1.2 Memória individual e memória coletiva

A memória coletiva é o verdadeiro lugar da humilhação, da reivindicação, da culpabilidade, das celebrações, portanto, tanto da veneração como da execração.

Paul Ricoeur

Halbwachs preocupou-se em demonstrar que a memória individual sempre decorre de um marco social, e que cada um de nós se recorda, por assim dizer, em comum com outras pessoas. A primazia da memória que, antes dele, se resolvia em favor de uma memória pessoal, foi invertida. A hipótese de constituição mútua, simultânea e convergente entre memória individual e coletiva, entretanto, é a mais condizente com o fenômeno da memória, como se concluirá ao final.

A memória está inserida no jogo da linguagem, em que se leva a cabo sua exteriorização, sua expressão. Esse jogo é de caráter narrativo, como insistiu Paul Ricoeur em seus trabalhos.[60] A mediação linguística não pode inscrever-se em um processo de derivação a partir de uma consciência originalmente privada, pois a linguagem é estruturalmente social e pública. Antes de expressar um relato histórico ou literário, a narração se pratica primeiro na conversação ordinária, em um marco de intercâmbio recíproco. A língua, em que ela se revela, também é comum.[61] Para Ricoeur, a mediação linguística e narrativa deve, enfim, pesar em favor

---

lembranças individuais, só minhas?" (DUVIGNAUD, Jean. "Prefácio". *In*: HALBWACHS, Maurice (1877-1945). *Memória coletiva*. Trad. Beatriz Sidou. São Paulo: Centauro, 2003, p. 30).

[60] RICOUER, Paul. *La lectura del tiempo pasado*: memoria y olvido. Trad. Gabriel Aranzueque. Madri: Arrecife, 1999, p. 20.

[61] RICOUER, Paul. *La lectura del tiempo pasado*: memoria y olvido. Trad. Gabriel Aranzueque. Madri: Arrecife, 1999.

da conciliação entre memória individual e coletiva, conforme se adiantou acima.

A respeito da teoria de Maurice Halbwachs, Marie-Claire Lavabre pontua que há uma oscilação entre as concepções de memória coletiva que ele descreve: uma coloca ênfase no grupo como tal e concebe a memória coletiva como memória deste, diferente das memórias individuais; outra põe relevo nos indivíduos que integram o grupo e as memórias individuais cuja harmonia supõe a existência de uma memória coletiva.[62]

É preciso situá-lo nas discussões do seu tempo. O salto de Halbwachs é pioneiro e dirige-se a absorver a oposição entre individual e coletivo na interpenetração das consciências, embora o tenha feito por meio da defesa de uma perspectiva em que as realidades sociais se tornavam fundamentos das realidades individuais. Essa perspectiva dialoga com os estudos de Durkheim, para quem a ordem social deve ser entendida como uma ordem lógico-simbólica que se impõe ao indivíduo e é construída em torno de suas práticas sociais motivadas afetivamente.[63]A teoria pretende explicar como os indivíduos estão ligados a sociedades e, de certa forma, controlados por elas, como as crenças e sentimentos coletivos chegam a ser incorporados, como se alteram, afetam e são afetados por outros traços da vida social.[64] A me-

---

[62] LAVABRE, Marie-Claire. "Maurice Halbwachs y la sociologia de la memoria". *Historizar el pasado vivo en America Latina*, p. 7. Disponível em: http://www.historizarelpasadovivo.cl/downloads/lavabre.pdf. Acessado em: 10.11.2017.

[63] ALBERTO, Diego. "Maurice Halbwachs y los marcos sociales de la memoria (1925). Defensa y actualización del legado durkheimniano: de la memoria bergsoniana a la memória coletiva". *X Jornadas de Sociologia*, Facultad de Ciencias Sociales, Universidad de Buenos Aires, Buenos Aires, 2013, p. 10. Disponível em: http://cdsa.aacademica.org/000-038/660.pdf. Acessado em: 04.09.2017.

[64] LUKES, Steven. *Émile Durkheim*: su vida y su obra. Estudio histórico-crítico. Trad. Alberto Cardín Garay e Isabel Martínez. Madrid: Centro de

CAPÍTULO I – MEMÓRIAS EM RESISTÊNCIA

mória não é exatamente um atributo da condição humana. Para Halbwachs, tal como os demais fatos sociais, expressa o resultado das representações coletivas construídas no presente, destinadas a estabelecer os vínculos sociais.[65]

Os *marcos sociais da memória*, em síntese, colocam entre aspas a ideia de memória como função psíquica individual e, assim, submetem os mecanismos mentais do sujeito ao terreno do coletivo. A visão de Maurice Halbwachs é radical nesse sentido. Para ele, toda a recordação do sujeito decorre de estruturas sociais que o antecedem, o que é um problema quando encaramos a complexidade dos fenômenos subjetivos que o autor, contemporâneo de Freud, recusa. A tese dos *quadros sociais* é, antes de tudo, uma crítica às concepções que o pai da psicanálise defendia sobre o inconsciente e, consequentemente, trauma, esquecimento e fragmentação da memória. Halbwachs não aceitava que a memória tivesse algo a ver com isso e, portanto, apontasse para qualquer coisa distinta

---

Investigaciones Sociologicas, 1984.

[65] SANTOS, Myrian Sepúlveda dos. *Memória coletiva e teoria social*. São Paulo: Annablume, 2003, p. 21. A autonomia das representações coletivas frente à subjetividade teve grande peso na obra de Durkheim, desde sua postura em *La división del trabajo social*, de 1893, em que, segundo Diego Alberto, havia caído na tentação de escrever que tudo sucede mecanicamente ou, ainda, de como o pensamento simbólico é a condição e o princípio explicativo da sociedade. Na obra *Las formas elementales de la vida religiosa*, a objetivação das representações sociais é incluída em um amplo processo de simbolização. Na síntese de Alberto, a ordem social em Durkheim (também em Halbwachs) deixa de ser entendida como unanimidade moral independente e externa ao indivíduo e passa a ser pensada como uma ordem lógico-simbólica que se impõe ao indivíduo e o habita, além de ser construída em torno de suas práticas sociais motivadas afetivamente. As regras sociais contêm representações que carecem de autonomia e quase mecanicamente expressam o que se sucede no meio social interno, subordinando-se a elas (ALBERTO, Diego. "Maurice Halbwachs y los marcos sociales de la memoria (1925). Defensa y actualización del legado durkheimniano: de la memoria bergsoniana a la memória coletiva". *X Jornadas de Sociologia*, Facultad de Ciencias Sociales, Universidad de Buenos Aires, Buenos Aires, 2013, p. 8. Disponível em: http://cdsa.aacademica.org/000-038/660.pdf. Acessado em: 04.09.2017).

das estruturas sociais que a determinavam. Corpo, mente e subjetividade não tinham espaço em suas reflexões.

Myrian Sepúlveda[66] pondera que, para Maurice Halbwachs, mesmo os sonhos seriam determinados a partir das convenções sociais previamente estabelecidas e nada teriam a ver com materiais recalcados no inconsciente. Imagens presentes em sonhos seriam imagens coletivas desconexas. Em síntese, para ele, a memória não poderia ser explicada a partir do conflito entre matéria e espírito, nem consciente e inconsciente. Halbwachs negou, ao mesmo tempo, Bergson e Freud.

As teses de Maurice Halbwachs foram questionadas por diversos flancos. Há, de fato, um problema, quando se prega a autonomia do ator social em face das representações coletivas, tanto quanto nos casos em que se nega a influência da subjetividade na constituição do sujeito, logo, no próprio conceito operacional de memória. Quanto a esse último aspecto, são válidas as provocações de Myrian Sepúlveda dos Santos: e se a redução da memória à construção social excluir aspectos importantes relativos às experiências passadas? E se nós formos capazes de guardar, na memória, traços de gerações passadas que não se realizam no presente, como acreditou Marcuse? E se aspectos relativos à subjetividade não tiverem expressão nas práticas analisadas?[67]

Apesar dessas questões, a concepção de memória coletiva segue sendo importante para compreendermos como o grupo, seja ele uma classe social ou profissional, família ou nação, interage com a nossa capacidade individual de recordar os acontecimentos políticos e sociais. Essa capacidade depende da existência de uma base comum, dados e noções compartilhadas que estejam em nossos

---

[66] SANTOS, Myrian Sepúlveda dos. *Memória coletiva e teoria social*. São Paulo: Annablume, 2003, pp. 50/51.

[67] SANTOS, Myrian Sepúlveda dos. *Memória coletiva e teoria social*. São Paulo: Annablume, 2003, p. 30.

CAPÍTULO I – MEMÓRIAS EM RESISTÊNCIA

espíritos e também no dos outros, para recorrer às expressões do próprio Halbwachs.[68]

> Para que a nossa memória se aproveite da memória dos outros, não basta que estes nos apresentem seus testemunhos: também é preciso que ela não tenha deixado de concordar com as memórias deles e que existam muitos pontos de contato entre uma e outras para que a lembrança que nos fazem recordar venha a ser reconstruída sobre uma base comum. (...).
>
> Que importa que os outros estejam ainda dominados por um sentimento que outrora experimentei com eles e já não tenho? Não posso mais despertá-lo em mim porque há muito tempo não há mais nada em comum entre mim e meus antigos companheiros. Não é culpa da minha memória nem da memória deles. Desapareceu uma memória coletiva mais ampla, que ao mesmo tempo compreendia a minha e a deles.[69]

Pode-se supor, a partir dessas questões, que as experiências de dor produzidas pela repressão penal e política no Brasil desapareceram da memória coletiva. Ou não, a memória está simplesmente em disputa, sujeita a fenômenos de dominação, como descreve Pollak, a propósito da clivagem entre memória oficial e memórias subterrâneas.[70] Há, de qualquer forma, um problema a ser enfrentado para a emergência dessas últimas se não conseguimos encontrar, no grupo, aquela base comum que permite à recordação fazer-se plenamente viva. A hipótese mais provável é

---

[68] HALBWACHS, Maurice. *Memória coletiva*. Trad. Beatriz Sidou. São Paulo: Centauro, 2003, p. 39.

[69] HALBWACHS, Maurice. *Memória coletiva*. Trad. Beatriz Sidou. São Paulo: Centauro, 2003.

[70] POLLAK, Michael. *Memoria, olvido, silencio*: la producción social de identidades frente a situaciones límite. Trad. Christian Gebauer, Renata Oliveira Rufino e Mariana Tello. Buenos Aires: Ediciones Al Margen, 2006, p. 18.

a de que a definição das circunstâncias sociais recrie essas condições, com o alto custo humano que lhes são inerentes, afinal, os mesmos ambientes exercem sobre nós o mesmo gênero de ação.[71]

Quando estamos tratando de uma base ou identidade comum compartilhada sobre os graves acontecimentos que atingiram um país ou grupo, não se supõe que exista uma única e fechada interpretação sobre os fatos passados. Há uma interpretação a respeito de um acontecimento passado, a partir da qual as pessoas parecem dispor de um sentimento comum sobre ele. Isso não significa, como advertiu Paloma Aguilar Fernández, que não exista uma multiplicidade de interpretações do passado dentro de um mesmo grupo. Há diversidade, mas sem que se perca a referência de um denominador comum que, como tal, unifica o sentimento das pessoas, orientando-as a compartilhar uma mesma percepção do acontecimento.

Em definitivo: a presença de uma memória coletiva sobre acontecimentos políticos de grave intensidade, como guerras civis, ditaduras ou genocídios, depende do compartilhamento de determinados pontos de referências sociais: "só nos lembraremos se nos colocarmos no ponto de vista de um ou muitos grupos e se nos situarmos em uma ou muitas correntes do pensamento coletivo".[72] O esquecimento se produz precisamente por isso, quando perdemos os vínculos que nos ajudavam a evocar e a reelaborar, periódica e coletivamente, essas recordações.[73] É por isso que os períodos posteriores às experiências autoritárias e ditatoriais de um país exigem das instituições democráticas que se erguem a execução de uma série de políticas destinadas a intervir no campo da memória. Essas políticas estão dirigidas a difundir e consolidar

---

71 HALBWACHS, Maurice. *Memória coletiva*. Trad. Beatriz Sidou. São Paulo: Centauro, 2003, p. 63.

72 HALBWACHS, Maurice. *Memória coletiva*. Trad. Beatriz Sidou. São Paulo: Centauro, 2003, p. 41.

73 AGUILAR FERNÁNDEZ, Paloma. *Políticas de la memoria y memoria de la política*. Madrid: Alianza Editorial, 2008, p. 46.

CAPÍTULO I – MEMÓRIAS EM RESISTÊNCIA

uma determinada interpretação daquele acontecimento passado, a quem se reconhece uma grande relevância para o conjunto de um país.[74] São os indivíduos que recordam em sentido físico, mas são os grupos que determinam o que é "memorável" e como será recordado.[75] As políticas de memória, quando não estão dirigidas a enaltecer a memória oficial, institucional, mas voltadas a privilegiar a memória dos excluídos e marginalizados, no caso, os que sofreram ou lutaram contra o autoritarismo, voltam-se à criação desse ambiente social que funciona como condição das possibilidades de não esquecimento.[76]

Em última análise, o ambiente atua na reconstrução dos vínculos que ligam os indivíduos àquele grupo, recriando o tecido social que permite às pessoas assumirem o ponto de vista do outro. É assim que a própria noção de memória coletiva interage com o estado de consciência individual, que Halbwachs chamou de *intuição sensível* e que, segundo defende, está na base de qualquer lembrança. Vale aproveitar a clareza dessa passagem:

> Não contestamos o fato de que, ao nos referirmos aos dados do que é chamado de *observação interior*, é exatamente assim que tudo parece acontecer; mas aqui somos vítimas

---

[74] AGUILAR FERNÁNDEZ, Paloma. *Políticas de la memoria y memoria de la política*. Madrid: Alianza Editorial, 2008, p. 53.

[75] AGUILAR FERNÁNDEZ, Paloma. *Políticas de la memoria y memoria de la política*. Madrid: Alianza Editorial, 2008, p. 47.

[76] "Uma pessoa, um fato, uma ideia, uma sensação, e bem sabemos que se pensamos neles é porque, efetivamente ou na imaginação, atravessamos um ou muitos ambientes em cuja consciência essas representações tiveram e mantiveram (pelo menos por algum tempo) um lugar definido, uma realidade muito substancial. Sabemos também que se esses pensamentos penetram de fora em nossa consciência individual em tal momento e tal ordem, é algo que se explica pelas relações que existiam entre muitos deles em tal ambiente e também pelas relações que se estabeleceram entre ambientes diferentes dos quais fazíamos parte ao mesmo tempo e sucessivamente ainda, outros nos ocorreram" (HALBWACHS, Maurice. *Memória coletiva*. Trad. Beatriz Sidou. São Paulo: Centauro, 2003, p. 63).

de uma ilusão bastante natural. Já dissemos que enquanto sofremos docilmente a influência de um meio social, não a sentimos. Ao contrário, ela se manifesta quando em nós um ambiente é cotejado com o outro. Quando muitas correntes sociais se cruzam e se chocam em nossa consciência, surgem esses estados a que chamamos de intuições sensíveis e que tomam a forma de estados individuais porque não estão ligados inteiramente a um e a outro ambiente, e então os relacionamos com nós mesmos.[77]

Conquanto a preocupação deste trabalho esteja voltada a tratar de uma específica memória – de *resistência ao autoritarismo e lutas por liberdades* –, é necessário advertir que memória coletiva, em si, não expressa sempre uma dimensão "positiva". A advertência se justifica porque coexistem, no ambiente, diversas influências, dentre as quais as que remetem ao patrimônio ideológico do nazismo, do fascismo e outras formas de opressão social. A memória coletiva abrange tudo isso e ainda outras. É ingenuidade supor que essa *intuição sensível*, de que fala Halbwachs, dirige-se à criação de vínculos sociais pautados no respeito à alteridade e, do ponto de vista político, alinhados às ideias democráticas. Há tantas memórias coletivas quanto grupos sociais espalhados por uma sociedade. É por essa razão que o problema fundamental estará vinculado aos fenômenos de dominação que subjugam determinadas memórias em detrimento de outras. São as forças sociais que, em disputa, as evocam e as silenciam.

A esta altura, podemos resumir as ideias de Halbwachs em três proposições:[78] a) o passado não se conserva, se reconstrói a

---

[77] HALBWACHS, Maurice. *Memória coletiva*. Trad. Beatriz Sidou. São Paulo: Centauro, 2003, p. 58.

[78] A síntese é de LAVABRE, Marie-Claire. "Maurice Halbwachs y la sociologia de la memoria". *Historizar el pasado vivo en America Latina*, p. 8. Disponível em: http://www.historizarelpasadovivo.cl/downloads/lavabre.pdf. Acessado em: 10.11.2017.

CAPÍTULO I – MEMÓRIAS EM RESISTÊNCIA

partir do presente; b) a memória do passado só é possível por obra dos marcos sociais de referência com que contam os indivíduos; c) existe uma função social da memória, qual seja a de convocar o passado apenas para justificar uma representação social presente. Ainda: memórias só podem ser pensadas em termos de convenções sociais (quadros sociais da memória); a abordagem dessas convenções deve ser feita a partir da análise do mundo empírico, pretensamente distante da intervenção/intenção do indivíduo.[79] Essas proposições põem em relevo os *interesses do presente* como elemento-chave que orienta os grupos a evocar e selecionar determinados aspectos do passado, e não outros. As exigências do presente regulariam, dessa forma, a possibilidade de se recordar ou esquecer um acontecimento, ao mesmo tempo que poderá impor uma deformação do passado.[80]

1.1.3 Memória coletiva e memória histórica

Superada a distinção rígida entre uma memória individual e outra coletiva, convém diferenciar, ainda, entre esta última e a chamada memória histórica. Halbwachs concebe a história de maneira muito diversa daquela que será desenvolvida pela Escola dos Annales, de onde Marc Bloch, historiador com quem polemizou várias vezes, veio a ser diretor. Maurice Halbwachs, como observado por Elisa Casadei, entende a história como a "representação de um passado sob uma forma resumida e esquemática".[81] Relaciona

---

[79] SANTOS, Myrian Sepúlveda dos. *Memória coletiva e teoria social*. São Paulo: Annablume, 2003, p. 44.

[80] LAVABRE, Marie-Claire. "Maurice Halbwachs y la sociologia de la memoria". *Historizar el pasado vivo en America Latina*, p. 9. Disponível em: http://www.historizarelpasadovivo.cl/downloads/lavabre.pdf. Acessado em: 10.11.2017.

[81] CASADEI, Eliza Bechara. "Maurice Halbwachs e Marc Bloch em torno do conceito de memória coletiva". *Revista Espaço Acadêmico*, nº 108, maio 2010, p. 157. Disponível em: http://eduem.uem.br/ojs/index.php/%20EspacoAcademico/article/viewFile/9678/5607. Acessado em: 10.10.2017.

o conhecimento produzido pela história com os signos reproduzidos através dos tempos, "nomes próprios, fórmulas que resumem uma longa sequência de detalhes".[82] Chega a dizer, enfim, que "a história parece um cemitério em que o espaço é medido e onde a cada instante é preciso encontrar lugar para novas sepulturas".[83] Os fatos históricos, para ele, não desempenhariam um papel diferente das divisões de tempo ou determinadas pelo calendário.

A história, assim caracterizada, é empobrecida, vista como algo exterior aos indivíduos e voltada a produzir um saber universal, acima dos grupos sociais. Em nada se pareceria com a memória coletiva, marcada por uma corrente de pensamento contínuo, não artificial e que retém o passado vivo na consciência das comunidades.[84]

> Os quadros coletivos da memória não conduzem a datas, nomes e a fórmulas – eles representam correntes de pensamento e de experiência, em que reencontramos nosso passado apenas porque ele foi atravessado por tudo isso. A história não é todo passado e também não é tudo o que resta do passado. Ou, por assim dizer, ao lado de uma história escrita há uma história viva, que se perpetua ou se renova através do tempo, na qual se pode encontrar novamente um

---

[82] HALBWACHS, Maurice. *Memória coletiva*. Trad. Beatriz Sidou. São Paulo: Centauro, 2003, p. 74.

[83] HALBWACHS, Maurice. *Memória coletiva*. Trad. Beatriz Sidou. São Paulo: Centauro, 2003.

[84] Halbwachs retoma as mesmas críticas de diversas formas. Em definitivo, podem ser resumidas na seguinte passagem: "a memória coletiva se distingue da história por dois aspectos. Ela é uma corrente de pensamento contínuo, de uma continuidade que nada tem de artificial, pois não retém do passado senão o que ainda está vivo ou é capaz de viver na consciência do grupo que a mantém. Por definição, não ultrapassa os limites deste grupo. (....) A história divide a sequência dos séculos em períodos, como distribuímos a matéria de uma tragédia em muitos atos" (HALBWACHS, Maurice. *Memória coletiva*. Trad. Beatriz Sidou. São Paulo: Centauro, 2003, pp. 102/103).

CAPÍTULO I – MEMÓRIAS EM RESISTÊNCIA

grande número dessas correntes antigas que desapareceram apenas em aparência.[85]

Não se pode ignorar que o discípulo de Bergson insurgiu-se contra uma determinada concepção de história que se esgota na escritura e se apoia em uma análise linear, esquemática e incompleta dos acontecimentos. Visto por aí, não aparenta estar errado. É em face dessa concepção, refratada pelos próprios historiadores, especialmente a partir da Escola dos Annales, que Halbwachs opõe a memória, concebida como um passado que não pode ser apreendido pela história escrita. A memória, enquanto história vivida, se distinguiria porque "tem tudo o que é necessário para constituir um panorama vivo e natural sobre o qual se possa basear um pensamento para conservar e reencontrar a imagem de seu passado".[86]

Halbwachs, concluindo que a memória coletiva não se confunde com a história, refrata, consequentemente, a ideia de que se possa existir uma memória histórica, expressão tida como "não muito feliz". A história começaria justamente no ponto em que se decompõe a memória social, quando a distância do passado é tão grande que não há chance de encontrar em sua volta uma única testemunha que conserve qualquer lembrança. Diante disso, "o único meio de preservar essas lembranças é fixá-las por escrito em uma narrativa, pois os escritos permanecem, enquanto as palavras e pensamentos morrem".[87]

Halbwachs, em suma, questionava se é possível reconstituir o contexto histórico de algo que efetivamente ocorreu, mas que não guardamos nenhuma impressão para constituir uma lembrança. A

---

85 HALBWACHS, Maurice. *Memória coletiva*. Trad. Beatriz Sidou. São Paulo: Centauro, 2003, p. 86.

86 HALBWACHS, Maurice. *Memória coletiva*. Trad. Beatriz Sidou. São Paulo: Centauro, 2003, p. 90.

87 HALBWACHS, Maurice. *Memória coletiva*. Trad. Beatriz Sidou. São Paulo: Centauro, 2003, p. 101.

isso responde negativamente, considerando que a noção histórica, sem que o grupo social exista ou conserve vivo o acontecimento, é apenas um contexto vazio, um saber abstrato que não pode se enquadrar no conceito de memória.[88] É assim que basicamente separa o domínio de um e outro.

Como se pode concluir, a vinculação entre possibilidade de recordação e presença de pessoas e grupos capazes de lembrar, traz uma dificuldade adicional aos estudos envolvendo a memória daqueles acontecimentos, cujas eventuais testemunhas morreram em razão do tempo transcorrido. Para Halbwachs, a investigação se converteria em história, por decorrência, alheia ao campo da memória coletiva. O seu entendimento, contudo, não é incoerente com a teoria que se propôs a defender, já que o grupo exerce papel central na capacidade individual da recordação. Se a comunidade afetiva a que o indivíduo se vinculava não existe mais (família, profissionais, grupos étnicos, etc.), não há condição de se evocar a lembrança, porque a memória da sociedade só pode alcançar até onde a memória dos grupos que ela compõe se estende.[89] Por outro lado, Halbwachs sugere que, mesmo diante do desaparecimento das pessoas mais velhas, é difícil dizer em que momento se esvai uma memória coletiva e se, de fato, ela desaparece definitivamente do grupo ou não. Conservada, ainda que em parte limitada dos grupos sociais, está aberta a possibilidade de reencontrá-la.[90]

---

[88] HALBWACHS, Maurice. *Memória coletiva*. Trad. Beatriz Sidou. São Paulo: Centauro, 2003, pp. 91-93.

[89] "Se a condição necessária para que exista a memória é que o sujeito que lembra, indivíduo ou grupo, tenha a sensação de que ela remonta a lembranças de um movimento contínuo, como poderia a história ser uma memória, se há uma interrupção entre a sociedade que lê essa história e os grupos de testemunhas ou atores, outrora, de acontecimentos que nela são retratados?" (HALBWACHS, Maurice. *Memória coletiva*. Trad. Beatriz Sidou. São Paulo: Centauro, 2003, p. 101).

[90] HALBWACHS, Maurice. *Memória coletiva*. Trad. Beatriz Sidou. São Paulo: Centauro, 2003, p. 105.

CAPÍTULO I – MEMÓRIAS EM RESISTÊNCIA

Apesar do posicionamento de Maurice Halbwachs a respeito das distinções entre o que ele chamou de memória coletiva e o que se convencionou denominar de memória histórica, com frequência, as expressões tomam significados intercambiáveis. Isso não significa afirmar que memória e história façam parte do mesmo domínio. Como pondera Paloma Aguillar, estamos no campo da memória não individual, portanto, coletiva, social ou histórica, sempre que a recordação estiver vinculada a um acontecimento cuja relevância ultrapassa a experiência particular da pessoa ou, em outros termos, quando o fato recordado tiver uma transcendência pública, relacionada às vivências de um grupo cujos membros, pela própria condição de fazerem parte dele, compartilhem de uma identidade comum. Considerando útil a distinção, pode-se reservar a expressão "memória coletiva" ao sujeito que viveu de forma pessoal o fato de que se está tratando e "memória histórica" para os sujeitos que não o experimentaram, mas tiveram experiências pessoais que, de certa forma, contribuíram à homogeneização de suas recordações e, justo por isso, compartilham laços de identidade.[91] Assim, pode-se concordar com Paloma Aguilar, no sentido de que, ao lado da memória coletiva, há uma "memória de relatos que chegaram ao sujeito através de gerações de antepassados ou testemunhos dos acontecimentos. Nesses casos, o sujeito não se recorda do "fato em si", senão o que lhe contaram sobre ele: não recorda uma experiência própria, mas alheia.[92]

Concluir, a partir daí, que a fronteira entre memórias coletivas e memórias históricas é frágil. Não são poucos os momentos em que as primeiras, sustentadas por quem viveu o acontecimento, coexistem com as históricas, mantidas por quem as herdou de

---

91 AGUILAR FERNÁNDEZ, Paloma. *Políticas de la memoria y memoria de la política*. Madrid: Alianza Editorial, 2008, p. 59.

92 AGUILAR FERNÁNDEZ, Paloma. *Políticas de la memoria y memoria de la política*. Madrid: Alianza Editorial, 2008, p. 64.

gerações anteriores.[93] Especialmente se se está perto dos períodos de "transição democrática",[94] a geração que viveu o acontecimento (no caso, a experiência autoritária) e a seguinte, isto é, os portadores da memória coletiva e da memória histórica, referidos ao mesmo fato, se sobrepõem no tempo.[95]

1.2 A memória como espaço de lutas políticas

> *A memória, à qual a história chega, que por sua vez a alimenta, procura salvar o passado apenas para servir o presente e o futuro. Devemos trabalhar de forma a que a memória coletiva sirva para libertar e não para escravizar os homens.*
>
> Jacques Le Goff

Há uma luta pelo domínio da recordação que se expressa em distintas maneiras de manipulação da memória.[96] A memória encontra-se em, numa só palavra, disputa. Em torno dela, as forças sociais se agrupam, ora fazendo uso excessivo, ora insuficiente. Excesso, portanto, abuso de memória. Insuficiência, logo, abuso de

---

93 AGUILAR FERNÁNDEZ, Paloma. *Políticas de la memoria y memoria de la política*. Madrid: Alianza Editorial, 2008, p. 64.

94 Antecipe-se a advertência de Rui Cunha Martins, para quem a transição é um operador fraco de mudança tendo, nessa condição, dificuldade de lidar com a descontinuidade, "isto é, com a presença, naquilo que devém, daquilo que permanece, daquilo que regressa, daquilo que se repete. Por isto tende a desembocar mais na negação e na contrariedade do que verdadeiramente na diferença" (Cf. MARTINS, Rui Cunha. *A hora dos cadáveres adiados*: corrupção, expectativa e processo penal. São Paulo: Atlas, 2013, p. 86).

95 MARTINS, Rui Cunha. *A hora dos cadáveres adiados*: corrupção, expectativa e processo penal. São Paulo: Atlas, 2013, p. 59. O que se requer dos investigadores, como advertiu Aguilar, é esclarecer quem são os sujeitos em quem vão concentrar a análise: se são os que viveram o acontecimento, ou aqueles para quem se transmitiram os relatos destes mesmos acontecimentos.

96 LE GOFF, Jacques. *História e memória*. vol. 2. Trad. Ruy Oliveira. Lisboa: Edições 70, p. 57.

CAPÍTULO I – MEMÓRIAS EM RESISTÊNCIA

esquecimento.[97] Essa manipulação se relaciona com as numerosas fontes de vulnerabilidade da identidade coletiva e, de um modo direto, com o esquecimento implicado na instrumentalização da memória.[98]

A memória, como um espaço de lutas políticas, revela um conjunto de ações e reações que se manifestam em torno das operações coletivas dos acontecimentos e interpretações do passado que se quer salvaguardar.[99] Essa disputa repercute no funcionamento da justiça penal cuja permanência de práticas autoritárias parece responder, sob um dos seus aspectos, à forma com que as pessoas veem e se relacionam com o modelo de repressão experimentado no país, nas décadas de 1930/1940 ou 1960/1980. A perda da memória dos regimes autoritários no Brasil ou, em melhores termos, o silenciamento da memória das lutas por liberdade, interfere diretamente nas práticas de um sistema de justiça penal orientado à proteção dos direitos humanos.

Quando trato da memória dos juristas, refiro-me a uma perspectiva de exclusão/marginalização que considera o âmbito do próprio grupo e, consequentemente, as relações de poder que, dentro dele, se estabelecem. Os juristas em geral, acadêmicos ou

---

[97] RICOUER, Paul. *A memória, a história, o esquecimento*. Trad. Alain François *et al*. Campinas: Editora Unicamp, 2007, p. 97.

[98] Na hipótese de Ricoeur, à qual aderimos, os usos contraditórios da memória (excessivo ou insuficiente) estão relacionados à fragilidade das identidades, tanto pessoal quanto coletiva. A questão da identidade gira em torno das respostas que se podem dar à pergunta *quem sou?*, questionamento que se coloca no âmbito na linguagem, da ação, da narrativa e da imputação moral. A contemporaneidade estaria, na concepção de Paul Ricoeur, marcada por uma crise das identidades que se caracterizaria pela incidência simultânea de três fatores: o primeiro está relacionado à permanência diante do tempo; a segunda fonte de abusos se deve à competição com os outros; finalmente, a terceira fonte de vulnerabilidade seria o lugar da violência na fundação das identidades, principalmente as coletivas (Cf. RICOUER, Paul. *La lectura del tiempo pasado*: memoria y olvido. Trad. Gabriel Aranzueque. Madri: Arrecife, 1999, p. 32).

[99] POLLAK, Michael. *Memoria, olvido, silencio*: la producción social de identidades frente a situaciones límite. Trad. Christian Gebauer, Renata Oliveira Rufino e Mariana Tello. Buenos Aires: Ediciones Al Margen, 2006, p. 25.

práticos, integram parte da elite intelectual e política de um país e não podem ser inseridos na genérica condição de marginalizados. Ao me referir às memórias marginalizadas, considero, especificamente, o espaço judicial e de como as relações de força interagem nesse campo, definindo posições de domínio e resistência em torno do saber jurídico. Os juristas perseguidos ou severamente criticados por ideias e ações em defesa das liberdades penais são portadores e construtores desse tipo de memória.

Em suma: a memória que deve ser desvelada se encontra, no contexto das relações de poder que atravessam o campo da justiça penal, em resistência à memória oficial. A essa memória oficial corresponde uma determinada posição de poder e, consequentemente, a defesa de um certo saber a ele referido. Esse saber identifica-se com o discurso autoritário, fundado, dentre outras características, numa concepção inquisitorial sobre a pessoa do acusado, o lugar dos sujeitos processuais, o valor das garantias, além de outras questões envolvendo demandas por ordem, segurança e defesa social.

Como observou Peter Novick, na oportunidade em que tratou das razões pelas quais os estadunidenses ignoraram o holocausto por longos anos, a memória coletiva, quando merece esse nome, é objeto de um embate político em que se enfrentam e negociam relatos contraditórios sobre os símbolos capitais do passado e a relação da coletividade com esse passado, com o fim de redefinir o presente comum.[100] Como qualquer disputa, esse embate revela fenômenos de

---

100 Em suas próprias palavras: *"The politicizing of the memory of the holocaust in often deplored. But collective Memory, when it is consequential, when it is worthy of the name, is characteristically an arena of political contestation in which competing narratives about central symbols in the collective past, and collectivity's relationship to that past, are disputed and negotiated in interest of redefining the collective present. In the United State, memory of holocaust is so banal, so inconsequential, not memory at all, precisely because it is so uncontroversial, so unrelated to real divisions in American society, so apolitical"* (NOVICK, Peter. *The Holocaust in American life*. Boston: A Mariner Book, 2000, p. 279). No transcorrer da obra, Peter Novick explora

CAPÍTULO I – MEMÓRIAS EM RESISTÊNCIA

dominação e submissão, em que a memória coletiva é manipulada e imposta por grupos que estão em condições materiais de fazê-lo, em razão da posição de dominância que ocupam nas relações de poder.

Uma das críticas mais contundentes à concepção de memória coletiva, em Maurice Halbwachs, diz respeito à falta de uma análise que tomasse as relações de poder como centro das questões envolvendo a construção dessa memória. Pollak insistiu nesse ponto, remetendo a insuficiência da teoria de Halbwachs à tradição metodológica durkheimiana que consiste em tratar os fatos sociais como coisas e enfatizar uma função quase institucional da memória coletiva, voltada a conferir continuidade, estabilidade, além de construir uma visão positiva da coesão social a respeito das interpretações do passado, o que se daria por uma voluntária adesão afetiva ao grupo.[101]

Maurice Halbwachs não viu como a memória coletiva pode ser usada para forçar sentimentos de pertencimento e obter consensos sociais sobre determinadas práticas institucionais que se identifiquem, por exemplo, com as próprias de regimes autoritários. A memória coletiva, assim concebida, não é problematizada enquanto tentativa mais ou menos consciente de produzir subjetividades, tampouco considera relevante identificar os processos e atores que intervêm no trabalho de construção e formalização dessas memórias. A abordagem defendida por Michael Pollak, ao privilegiar a análise dos excluídos, marginalizados e das minorias, ressalta a importância de memórias subterrâneas como parte integrante das culturas dominadas, a que se opõe a chamada memória oficial.

---

a absorção da questão do holocausto para dentro do espaço público e da vida social dos norte-americanos, especialmente a posição assumida pelos judeus estadunidenses a partir de certo momento. O holocausto, aparentemente distante das divisões reais da sociedade norte-americana, foi movido para o centro das políticas de memória, justificando altos investimentos em museus, o que não foi feito para tratar do passado escravagista dessa mesma sociedade.

101 POLLAK, Michael. *Memoria, olvido, silencio*: la producción social de identidades frente a situaciones límite. Trad. Christian Gebauer, Renata Oliveira Rufino e Mariana Tello. Buenos Aires: Ediciones Al Margen, 2006, pp. 17/18.

Essa abordagem acentua o caráter destruidor, uniformizante e opressivo da memória coletiva, especialmente aquela relacionada aos acontecimentos mais graves da vida social e política nacional.

A memória institucional ou oficial, tradicionalmente explicada, alinhar-se-ia àquela promovida pelos governos ou quaisquer dos Poderes do Estado. Claro que, em qualquer caso, trata-se de pessoas e grupos integrados aos quadros institucionais. No caso especial dos juristas, não foram poucos os que se dedicaram à formação dessa memória. Francisco Campos teve contribuição teórica decisiva à construção da ideologia autoritária do Estado brasileiro na reformulação de instituições jurídicas, além da definição direta de políticas públicas. A atuação dos chamados ideólogos do autoritarismo brasileiro dos anos 1930/1940 foi, em grande parte, responsável pela construção dessa memória oficial que responde pelo exercício da justiça penal no Brasil até os dias atuais. O conceito de memória oficial ou institucional, contudo, precisa ser alargado para que não se exclua a participação de grupos sociais alheios ao Estado na formulação e difusão dessa espécie de memória coletiva. A memória oficial frequentemente é introduzida na agenda política por grupos não governamentais, como ocorre, quase sempre, pela atuação da grande mídia no Brasil. Os conglomerados midiáticos brasileiros respondem por significativo espaço nas posições de dominância nas relações de poder. Exercem papel fundamental nas práticas de dominação, inerentes ao campo de forças em que se constroem as memórias coletivas. Considere-se, entretanto, para fins de precisão conceitual, que a produção de memória por grupos exógenos ao Estado se converterá em memória institucional sempre que ganhar uma visibilidade tal no espaço público que seja incorporada pelo discurso oficial.

É importante que se registre, em atenção aos trabalhos de Henry Rousso,[102] que nem sempre a interpretação coletiva do passado que

---

102 ROUSSO, Henry. *The Vichy Syndrome*: history and memory in France since 1944. Cambridge: Harvard University Press, 1991, p. 4.

CAPÍTULO I – MEMÓRIAS EM RESISTÊNCIA

alcança *status* oficial, embora domine os meios de difusão, torna-se hegemônica. Pode ocorrer, como ele alertou, que essas memórias não sejam acolhidas e aceitas pelo conjunto da sociedade "cujas memórias, em todo o caso sempre plurais, se encontram severamente reprimidas".[103] O grau de difusão e penetração na sociedade, entretanto, explica porque a memória oficial quase sempre coincide com a *memória dominante*, o que se conclui em razão da força e presença da engenharia institucional em todos os espaços da vida social.[104]

Há uma segunda questão, também trazida por Henry Rousso, que diz respeito a um termo mais específico que memória coletiva, nominado por ele de memória enquadrada.[105] A expressão revela um trabalho, de enquadramento, voltado a reforçar os marcos de referência e pontos comuns dos grupos, com o objetivo de assegurar maior grau de coesão interna. O enquadramento da memória deve satisfazer determinadas exigências de justificação que servem, por assim dizer, como condição de possibilidade e duração da memória que se pretende impor. O trabalho político, como observa Pollak a partir do trabalho de Pierre Bourdieu,[106] aparece como a expressão mais sensível e visível desse trabalho de enquadramento da memória. Nele, interagem vários atores, chamados por Pollak de *empreendedores da memória*, para aproveitar

---

103 AGUILAR FERNÁNDEZ, Paloma. *Políticas de la memoria y memoria de la política*. Madrid: Alianza Editorial, 2008, p. 24.

104 Em suma, as memórias dominantes, coincidam ou não com as oficiais, são as que estão mais representadas e contam com maiores meios de proliferação na sociedade, enquanto as memórias hegemônicas refletem aquela que prevalece de forma majoritária no grupo que se investiga.

105 ROUSSO, Henry. "Vichy, Le Grand Fossé". *Vingtième Siècle*: Revue d'histoire, 1985, pp. 55-80. Disponível em: http://www.persee.fr/doc/xxs_0294-1759_1985_num_5_1_1115. Acessado em: 14.02.2018.

106 BOURDIEU, Pierre. "La representación política: elementos para una teoría del campo político". Trad. David Velasco. Disponível em: https://davidvelasco.files.wordpress.com/2009/01/la-representacion-politica.pdf. Acessado em: 14.02.2018. (Texto original: BOURDIEU, Pierre. "La Représentation politique". *Actes de la Recherche en Sciences Sociales*, n° 36-37, 1982, pp. 3-24).

o conceito central de Becker, quando se referiu aos empreende-dores morais.[107] Os empreendedores da memória representariam aqueles atores profissionalizados, envolvidos em grupos mais ou menos definidos, autointitulados "guardiões da verdade" e, nessa condição, responsáveis por eleger os testemunhos autorizados a interpretar o passado.[108]

A memória nacional, ou seja, aquela que envolve a inter-pretação dos mais graves acontecimentos de um país, dada a sua dimensão, ocupa maior visibilidade no espaço público e na vida de cada uma das pessoas. Pela sua própria natureza, frequentemente se confunde com a memória oficial e institucional, sendo, por excelência, objeto de maior disputa política e, como tal, passível de maior manipulação e abusos. Os abusos da memória, aliás, refletem um aspecto fundamental dessa interseção que liga recor-dação coletiva e política.

1.2.1 Dos abusos ao uso exemplar da memória

> *Sem dúvida, todos tem direito a recuperar seu passado, mas não há razão para erigir um culto à memória pela memória: sacralizar a memória é outro modo de fazê-la estéril. Uma vez reestabelecido o passado, a pergunta deve ser: para que pode servir e com que fim?*
>
> Tzvetan Todorov

A memória pode exercer um papel central na aprendizagem coletiva sobre o passado, auxiliando na construção de novas prá-ticas sociais e no reforço dos elos comunitários. A memória deve

---

[107] Cf. BECKER, Howard. *Outsiders*: estudos de sociologia do desvio. Trad. Maria Luiza Borges. Rio de Janeiro: Jorge Zahar, 2008.

[108] POLLAK, Michael. *Memoria, olvido, silencio*: la producción social de iden-tidades frente a situaciones límite. Trad. Christian Gebauer, Renata Oliveira Rufino e Mariana Tello. Buenos Aires: Ediciones Al Margen, 2006, p. 26.

CAPÍTULO I – MEMÓRIAS EM RESISTÊNCIA

ser um instrumento de enfrentamento à barbárie e, nesse sentido, é importante para lidar com o atual contexto social, cultural e político no Brasil. Não se pode deixar de pontuar, entretanto, que o culto à memória pode, ele próprio, ser utilizado de forma destrutiva. Nietzsche, em um conhecido trabalho sobre a *utilidade e os inconvenientes da história para a vida*, adiantou essas críticas, insistindo sobre a carga liberalizante que o esquecimento é capaz de trazer às pessoas, aliviando as cargas do passado que recaem sobre cada um de nós.[109] O esquecimento é, numa só palavra, necessário.

Uma das principais questões envolvendo a memória coletiva não diz respeito a ela em si, mas tem a ver com o seu uso. A exigência de recuperar o passado, de recordá-lo, não diz nada sobre qual emprego se fará dele.[110] Tanto o emprego abusivo da memória quanto as tentativas de suprimi-la por completo estão associados ao desejo de homogeneizar as interpretações do passado, canalizando-as em uma única direção. Em uma sociedade plural, isso não pode ser positivo. Não por outro motivo, uma das características dos regimes autoritários é a de executar políticas orientadas a tornar dominante a memória oficial, monopolizando a presença dessa narrativa no espaço público. As ditaduras, como demonstrou Paloma Aguilar,[111] exercem forte poder de dominação sobre a informação que circula, o que explica porque a memória oficial se torna homogênea, produzindo uma espécie de consenso social, talvez falso, mas existente, a respeito da justificação de suas práticas.

---

[109] Cf. NIETZSCHE, Friedrich. *Consideraciones intempestivas*: 1873-1876. Buenos Aires: Alianza, 2002. Como ponderou Paul Ricoeur, o esquecimento, à exceção de Nietzsche, foi ignorado pelos filósofos e considerado o inimigo que combate a memória, o abismo da qual ela extrai a lembrança (RICOUER, Paul. *La lectura del tiempo pasado*: memoria y olvido. Trad. Gabriel Aranzueque. Madri: Arrecife, 1999, p. 13).

[110] TODOROV, Tzvetan. *Los abusos de la memoria*. Barcelona: Ediciones Paidós Ibérica, 2000, p. 16.

[111] AGUILAR FERNÁNDEZ, Paloma. *Políticas de la memoria y memoria de la política*. Madrid: Alianza Editorial, 2008, p. 24.

As noções de uso e abuso da memória remetem à sua instrumentalização. Uma manipulação que se torna possível a partir do caráter seletivo da memória. O esquecimento é positivo à vida individual e coletiva, mas o seu uso, deliberado e estratégico, nos leva a um ponto delicado, como sugeriu Ricoeur.[112] Para ele, as manipulações da memória devem-se à intervenção de um fator que se intercala entre a reivindicação de identidade e as expressões públicas de memória. Trata-se do fenômeno da ideologia, pensado em três níveis operatórios: distorção da realidade, legitimação do sistema de poder, integração com o mundo comum por meio de sistemas simbólicos imanentes à ação. Em qualquer um desses níveis, entretanto, se pode dizer que a ideologia se mantém em torno da ordem e do poder, uma vez que, em última análise, busca neles a sua autoridade. A manipulação da memória, para Ricoeur, deve ser articulada a cada um dos diversos níveis operatórios da ideologia. No plano das mediações simbólicas da ação, a memória é incorporada à constituição de identidade por meio da função narrativa. É precisamente a função seletiva da narrativa que permitiria modelar a identidade dos protagonistas da ação. Ela oferece à manipulação a oportunidade de uma estratégia, tanto de esquecimento quanto de rememoração.[113]

> A dominação não se limita à coerção física. Até o tirano precisa de um retórico, de um sofista, para transformar em discurso sua empreitada de sedução e intimidação. Assim, a narrativa imposta se torna o instrumento privilegiado dessa dupla operação. (...) A memória imposta está armada por uma história ela mesma "autorizada", a história oficial, a história

---

112 RICOUER, Paul. *La lectura del tiempo pasado*: memoria y olvido. Trad. Gabriel Aranzueque. Madri: Arrecife, 1999, p. 39.

113 RICOUER, Paul. *A memória, a história, o esquecimento*. Trad. Alain François *et al.* Campinas: Editora Unicamp, 2007, p. 98.

CAPÍTULO I – MEMÓRIAS EM RESISTÊNCIA

aprendida e celebrada publicamente. De fato, uma memória exercida é, no plano institucional, uma memória ensinada.[114]

Tzvetan Todorov se dedicou a tratar dos problemas decorrentes da apropriação da memória e, tal como Aguilar, enfrentou a relação entre as tiranias políticas e o emprego da memória como instrumento de opressão. É no nível em que a ideologia opera como discurso justificador do poder, de dominação, para voltar a Ricoeur, que se serão mobilizados os recursos de manipulação que a narrativa oferece. Nazismo, fascismo, stalinismo, no exemplo de Tzvetan, se notabilizaram pela forma com que sistematizaram o controle da informação, chegando, em alguns casos, a suprimir, maquiar ou mesmo transformar a memória coletiva dos acontecimentos.[115] Foi em reação a essa forma de manipulá-la que a memória passou a gozar de prestígio entre os "inimigos do totalitarismo". A reconstrução do passado, percebida como um ato de oposição ao poder, associou-se à ideia de resistência antiautoritária.

Para Todorov, entretanto, o elogio à memória, importante historicamente como forma de contraposição às práticas totalitárias, generalizou-se a tal ponto que, antes de servir como solução, agravou o problema. A memória se encontraria numa encruzilhada, ameaçada, seja pela sua supressão por regimes autoritários, seja pela superabundância de informação e recriminação exagerada ao esquecimento, típica dos Estados democráticos. Isso leva a outro esclarecimento feito por ele e que merece registro, apesar da citação relativamente longa:

---

[114] RICOUER, Paul. *A memória, a história, o esquecimento*. Trad. Alain François *et al*. Campinas: Editora Unicamp, 2007.

[115] Todorov complementa o argumento com o seguinte exemplo: "*los cadáveres de los campos de concentración son exhumados para quemarlos y dispersar las cenizas; las fotografías, que supuestamente revelan la verdad, son hábilmente manipuladas a fin de evitar recuerdos molestos; la Historia se reescribe con cada cambio del cuadro dirigente y se pide a los lectores de la enciclopedia que eliminen por sí mismos aquellas páginas convertidas en indeseables*" (TODOROV, Tzvetan. *Los abusos de la memoria*. Barcelona: Ediciones Paidós Ibérica, 2000, p. 12).

La memoria no se opone en absoluto al olvido. Los dos términos para contrastar son la supresión (el olvido) y la conservación; *la memoria es, en todo momento y necesariamente, una interacción de ambos. El restablecimiento integral del pasado es algo por supuesto imposible (pero que Borges imaginó en su historia de* Funes el memorioso*) y, por otra parte, espantoso; la memoria como tal, es forzosamente una selección: algunos rasgos del suceso serán conservados, otros inmediata o progresivamente marginados, y luego olvidados. Por ello resulta profundamente desconcertante cuando se oye llamar para conservar la información: a esta última operación le falta un rasgo constitutivo de la memoria, esto es, la selección.*[116]

O que está em questão não é, portanto, o esquecimento. Sem ele, como Nietzsche havia indicado, a vida seria insuportável. A memória pressupõe a ideia de que não se pode conservar algo sem eleger o que entra e o que sai. Ainda que essa eleição se dê de forma inconsciente, como demonstrou Freud. O problema apontado por Todorov é a ação política dirigida a selecionar o que pode ou não ser lembrado. Que nazistas e fascistas retenham determinados elementos do passado em detrimento de outros não é o problema fundamental, pois a memória implica, mesmo em sua dimensão individual, a retenção de algumas coisas em detrimento de outras. O que está em jogo, portanto, é a capacidade de controlar a seleção de elementos que devem ser conservados. Como definir os critérios que nos permitem fazer uma boa seleção?[117] Como fazer um bom uso desse terrível poder de seleção?[118]

---

[116] TODOROV, Tzvetan. *Los abusos de la memoria*. Barcelona: Ediciones Paidós Ibérica, 2000, p. 17.

[117] TODOROV, Tzvetan. *Los abusos de la memoria*. Barcelona: Ediciones Paidós Ibérica, 2000, p. 16.

[118] RICOUER, Paul. *La lectura del tiempo pasado*: memoria y olvido. Trad. Gabriel Aranzueque. Madri: Arrecife, 1999, p. 40.

CAPÍTULO I – MEMÓRIAS EM RESISTÊNCIA

Tanto Ricoeur quanto Todorov fizeram o mesmo questionamento. Para Paul Ricoeur, a instrumentalização da memória, que, necessariamente, atravessa à seleção das recordações, planta um problema epistemológico que decorre do anseio de veracidade da memória. Um problema moral e político. Moral, porque se expressa em termos de imposição, imperativo – dever de memória. É proibido esquecer! A manipulação da memória dirige-se, assim, a enfrentar aquelas fontes de vulnerabilidade da identidade pessoal e coletiva a que nos referimos antes. Há ainda que se salvar os vestígios em que se encontram as feridas infligidas às vítimas do curso violento da história. O caráter cominatório, de que resulta quase um castigo pelo esquecimento, se explicaria, portanto, pelo desejo de resistir às ameaças de apagamento dos vestígios deixados pelos acontecimentos, conservar as raízes da identidade e manter viva a possibilidade de inovar, a partir das pegadas deixadas pela tradição.[119]

O dever de memória remete a uma determinada condição histórica, na qual foi requerido. Vincula-se às experiências de horror, vivenciadas pelo nazismo e fascismo na Europa ocidental. Lembrar da barbárie e dos sofrimentos impostos não seria uma opção, mas uma necessidade de cura social e política. Vista por aí, parece justificável. Mesmo no âmbito da cura terapêutica, entretanto, o desvelamento da memória não pode surgir como uma obrigação. Ela decorre do compromisso do analisando com os efeitos da análise. Não há imperativo, como algo que se determine de fora. O trabalho de recordação é expressão do desejo e não se exerce como coerção sentida subjetivamente.[120]

Ricoeur busca resolver essas questões, remetendo o dever de memória ao domínio da Justiça, pensada como a única virtude que agrega, em sua própria constituição, o valor da alteridade. É

---

[119] RICOUER, Paul. *La lectura del tiempo pasado*: memoria y olvido. Trad. Gabriel Aranzueque. Madri: Arrecife, 1999.

[120] RICOUER, Paul. *La lectura del tiempo pasado*: memoria y olvido. Trad. Gabriel Aranzueque. Madri: Arrecife, 1999.

a Justiça que, ao extrair das lembranças traumatizantes seu valor exemplar, transforma a memória em projeto; e é esse mesmo projeto de Justiça que dá ao dever de memória a forma do futuro e do imperativo. Pode-se dizer que a Justiça constitui o componente de alteridade de todas as virtudes. O dever de memória é o de fazer Justiça, pela lembrança, a um outro que não a si.[121]

O inverso do dever, do ponto de vista político, remete ao uso perverso do poder de seleção que se viu nos regimes totalitários: total censura da memória. É possível, entretanto, dar-lhe outra destinação, positiva, que é onde Todorov pretende chegar. O cultivo político da memória justa, em que a seleção se realiza colocando-se o assento, não exatamente no passado, mas nas implicações futuras que produz. Para chegar a esse raciocínio, ele propõe que sejam utilizadas as diversas formas de reminiscência para se distinguir entre o que seriam bons ou maus usos da memória.[122] Na proposta do filósofo e linguista búlgaro, o acontecimento recuperado pode ser visto de duas formas: literal ou exemplar.

No primeiro caso, o uso da memória prende-se à experiência singular do acontecimento, o que implica restringi-lo na tarefa de estabelecer analogias e obter aprendizados. Para ser mais preciso, a "memória literal" circunscreve-se ao âmbito próprio daquele acontecimento e não permite que se faça dele um exemplo que se possa comparar com outras situações. Tomemos o genocídio dos judeus pelo regime nazista. Não é incomum a alegação de que o evento de que estamos tratando é absolutamente singular, perfeitamente único, e se alguém tenta compará-lo a outros, isso só

---

[121] RICOUER, Paul. *La lectura del tiempo pasado*: memoria y olvido. Trad. Gabriel Aranzueque. Madri: Arrecife, 1999.

[122] TODOROV, Tzvetan. *Los abusos de la memoria*. Barcelona: Ediciones Paidós Ibérica, 2000, p. 30.

CAPÍTULO I – MEMÓRIAS EM RESISTÊNCIA

poderia ser explicado pelo desejo de profaná-lo ou atenuar a sua gravidade.[123] Nos termos de Todorov:

> *Para el individuo, la experiencia es forzosamente singular y, además, la más intensa de todas. Hay cierta arrogancia de la razón, insoportable para el individuo al verse desposeído, en nombre de consideraciones que le son ajenas, de su experiencia y del sentido que le atribuía. Se comprende también que quien se halle inmerso en una experiencia mística rechace, por principios, cualquier comparación aplicada a su experiencia, incluso, cualquier utilización del lenguaje con esa intención. A experiencia así es, y debe permanecer, inefable e irrepresentable, incomprensible e incognoscible, por ser sagrada. En sí mismas, tales actitudes merecen respeto, pero son ajenas al debate racional.[124]*

Essa espécie de uso da memória, *literal* e que não se pode transcender para alcançar a interpretação de outros acontecimentos, não parece expressar um bom emprego. A decisão de utilizar a recordação do evento como uma categoria geral, que sirva como modelo para se refletir sobre situações novas, não significa negar a singularidade da experiência. Quando se faz da memória um exemplo, extrai-se dela uma lição. O passado se converte, portanto, em princípio de ação para o presente.[125]

Essa é a questão central. Justifica porque é importante desvelar a memória política do sistema de justiça penal a partir da memória dissidente, e não da memória oficial. A mudança de um regime político autoritário/totalitário para a democracia, assim

---

[123] TODOROV, Tzvetan. *Los abusos de la memoria.* Barcelona: Ediciones Paidós Ibérica, 2000, p. 34.

[124] TODOROV, Tzvetan. *Los abusos de la memoria.* Barcelona: Ediciones Paidós Ibérica, 2000, p. 35.

[125] TODOROV, Tzvetan. *Los abusos de la memoria.* Barcelona: Ediciones Paidós Ibérica, 2000, p. 31.

como a superação das antigas práticas institucionais, depende da associação entre memória e aprendizagem, o que somente será atingido com o uso exemplar da primeira.[126] Esta é a ideia-força que sustenta o que se convencionou chamar de "transição para a democracia". A aprendizagem política, conforme descreve Nancy Bermeo, aparece como um dos dispositivos dessa reconstrução. A experiência de uma ditadura ou de um conflito político de larga intensidade deixa um lastro de lições e pode provocar as pessoas a reavaliar os comportamentos passados e atualizar os objetivos políticos conforme essas novas diretrizes. Em sua definição:

> *El aprendizaje político es el proceso mediante el cual la gente modifica sus creencias políticas y estrategias como resultado de crisis severas, frustraciones y cambios radicales en el entorno. (...) El concepto de aprendizaje político está basado em la premisa que las creencias no quedan establecidas, de forma inalterable, en la infancia y que pueden resultar influidas por acontecimientos políticos.*[127]

Se se trata de crimes contra a humanidade, ditaduras e outras expressões do fascismo, toda a coletividade está em condições de aprender com as experiências individuais ou dos grupos, mesmo aqueles dos quais não se fazia parte. O uso da memória como exemplo generaliza o acontecimento, mas disso não resulta que se faça desaparecer a sua identidade. É preciso, para que se extraiam lições efetivas, relacionar as coisas, destacar semelhanças e diferenças, enfim, expandir a outros contextos e momentos da vida social, à memória da resistência e das lutas por liberdade que as experiências sociais e políticas autoritárias suscitam.

---

[126] AGUILAR FERNÁNDEZ, Paloma. *Políticas de la memoria y memoria de la política*. Madrid: Alianza Editorial, 2008, p. 22.

[127] BERMEO, Nancy. "Democracy and the lessons of dictatorship". *Comparative Politics*, vol. 24, nº 3, 1992, p. 274.

CAPÍTULO I – MEMÓRIAS EM RESISTÊNCIA

A aprendizagem que decorre do valor exemplar da memória produz um conhecimento reflexivo que se projeta para frente. Essa talvez seja a sua mais fecunda consequência. Ao extrair-se das lembranças traumáticas o seu exemplo, a memória se torna um projeto, um caleidoscópio que permite antecipar perigos e construir repertórios, linhas de fuga. Esse caminho conduz ao que Koselleck chamou de consciência histórica,[128] e que Paul Ricoeur fez questão de valorizar.

O indivíduo está inserido na polaridade que se estabelece entre "espaço de experiência" e "horizonte de espera". Esse espaço consiste no conjunto de vestígios do passado que, sedimentados, constituem um solo em que descansam os desejos, os medos, as previsões, os projetos, em suma, todas as antecipações que nos projetam ao futuro. A partir da ideia de consciência histórica, o passado não se encontra separado do futuro. Ele não se esgota em si mesmo e, portanto, só adquire o duplo sentido de "haver sido" e de "já não ser" em sua relação com ele.[129]

As pessoas absorvem as crenças e valores do seu tempo quando se veem conscientes do jogo político em que estão imersas.[130] Uma geração que não vivenciou o trauma, no caso, a repressão em um regime autoritário, interpreta esse acontecimento e se vê afetado por ele de forma distinta. A memória dos outros pode reforçar e completar a nossa, quando as lembranças desses grupos não deixam de ter alguma relação com os acontecimentos que constituem o meu presente e, consequentemente, com o futuro que pretendo ter.

---

[128] KOSELLECK, Reinhart. *Futuro passado*: contribuição à semântica dos tempos históricos. Trad. Wilma Patrícia Massa e Carlos Almeida Pereira. Rio de Janeiro: Contraponto: Ed. PUC-Rio, 2006, pp. 305-327.

[129] RICOUER, Paul. *La lectura del tiempo pasado*: memoria y olvido. Trad. Gabriel Aranzueque. Madri: Arrecife, 1999, p. 23.

[130] Cf. JERVIS, Robert. *Perception and misperception in international politics*. Princeton: Princeton University Press, 1976.

O esforço deve ser dirigido a demonstrar que o exemplo se aplica agora e que está em jogo o porvir.

O uso exemplar da memória permite, portanto, utilizar o passado com vistas ao presente, aproveitar as lições das injustiças sofridas e preparar os que não experimentaram os acontecimentos para enfrentar as práticas autoritárias dos novos tempos.[131] Enquanto o traumatismo remete ao passado, o valor exemplar orienta ao futuro.[132] Esta é a chave, a única capaz de desencadear o processo de câmbio cognitivo para a reconstrução democrática.[133]

1.2.2 Memórias contra a barbárie

> *La frontera entre lo decidible y lo indecidible, lo confesable y lo inconfesable, separa, en nuestros ejemplos, una memoria colectiva subterránea de la sociedad civil dominada o de grupos específicos, de una memoria colectiva que resume la imagen que una sociedad mayoritaria o el Estado desean transmitir e imponer.*

Michael Pollak

Guerras civis, ditaduras ou experiências políticas, que, em geral, levaram a perseguições, torturas ou extermínios, constituem marcos sociais presentes na vivência individual e coletiva e que são transmitidos por quem os viveu, não apenas por seus escritos, mas frequentemente através de relatos passados a membros da família ou a outros círculos afetivos. Tais assuntos estão marcados por

---

[131] TODOROV, Tzvetan. *Los abusos de la memoria*. Barcelona: Ediciones Paidós Ibérica, 2000, p. 32.

[132] RICOUER, Paul. *La lectura del tiempo pasado*: memoria y olvido. Trad. Gabriel Aranzueque. Madri: Arrecife, 1999, p. 99.

[133] Cf. BERMEO, Nancy. "Democracy and the lessons of dictatorship". *Comparative Politics*, vol. 24, nº 3, 1992, p. 273; e MARAVALL, José Maria. *Los resultados de la democracia*. Madrid: Alianza Editorial, 1995.

CAPÍTULO I – MEMÓRIAS EM RESISTÊNCIA

seus não ditos, silêncios, sussurros, subentendidos, porque, no mais das vezes, suscitam, para aqueles que os sofreram, toda sorte de indignação. A sobrevivência de uma recordação traumática revela, ao mesmo tempo, algo sobre o que se fala e o que não se deve, não se quer ou não se pode dizer.[134]

O silêncio sobre o passado, longe de conduzir ao esquecimento, pode ser, ele próprio, a resistência que uma sociedade civil, impotente, opõe ao excesso de discursos oficiais.[135] É importante que não se perca isso de vista, já que os efeitos de recordações do passado podem ser extremamente dolorosos. Do ponto de vista do perseguido, torturado ou preso, o silêncio sobre o passado é, simplesmente, um *modus vivendi*. Para relatar sofrimentos, antes de mais nada, é preciso encontrar uma escuta. Nem sempre existe uma.[136]

O silêncio de que trato não é dessa ordem. A memória das lutas por liberdade contra o autoritarismo no Brasil, desvelada a partir da experiência dos juristas, não foi silenciada como estratégia de sobrevivência deles. Salvo, claro, durante o próprio regime.

Em geral, o silenciamento decorre do campo de forças, da pressão exercida pelos grupos que ocupam posição de dominância nas relações de poder, para quem a conservação da memória oficial

---

[134] A propósito, cf. MARTÍN, Irene. *Significados y orígenes del interés por la política em dos nuevas democracias*: España y Grecia. Madrid: Centro de Estudios Avanzados del Instituto Juan March, 2004.

[135] São os precisos termos de POLLAK, Michael. *Memoria, olvido, silencio*: la producción social de identidades frente a situaciones límite. Trad. Christian Gebauer, Renata Oliveira Rufino e Mariana Tello. Buenos Aires: Ediciones Al Margen, 2006, p. 20.

[136] Pollak trata dessas questões em detalhes. O silêncio, enquanto *modus vivendi*, pode ser uma forma de não provocar sentimento de culpa que as próprias vítimas eventualmente recalquem, mas, especialmente, no conjunto da sociedade em que se inserem. Ausência de escuta, desejo de seguir a vida, não provocar novos e permanentes conflitos. Esses silêncios correspondem a razões muito complexas que não estou em condições de levantar. De certo, apenas a exigência de respeitá-las.

deve ser mantida sob controle. Estado, corporações midiáticas, empresariais e financeiras, em suma, as elites política, social e econômica do país, trabalham em conjunto na consolidação do discurso oficial que, no campo da justiça penal, visa à legitimação de práticas de exceção, além de conferir primazia à defesa da ordem e segurança em detrimento dos direitos de liberdade. O trabalho de enquadramento da memória, nesse caso, visa relegar ao esquecimento, tanto a recordação do sofrimento causado no Brasil por esse discurso quanto o repertório utilizado pelos grupos sociais (dentre eles, os juristas), para resistir a ele, furá-lo e produzir os desvios que conduzem às aberturas democráticas. Essa memória corresponde a uma recordação marginalizada, subterrânea, oprimida, uma memória em resistência à memória oficial.

Todo campo é um campo de lutas orientadas a transformar as relações de força que o atravessam em um momento dado.[137] Há contextos em que convergem razões políticas e sociais favoráveis a romper silêncios. É quando a resistência, uma das forças, se encontra mais apta a pressionar por alterações nas relações de poder, dinâmicas, por definição. Pretendo dizer, como ressaltado por Pollak, que há conjunturas favoráveis ou desfavoráveis às memórias marginalizadas. Reconhecer isso permite considerar até que ponto o presente detém do passado, assim como o quanto há de interação entre o vivido e o aprendido, o vivido e o transmitido.[138]

A memória oficial é construída para ter uma aparência de credibilidade, goza de organização e conta com meios de difusão favoráveis a obter maior aceitação. As memórias coletivas impostas e defendidas por um trabalho especializado de enquadramento são ferramentas dirigidas a conferir perenidade ao tecido social e

---

[137] BOURDIEU, Pierre. "La Représentation politique". *Actes de la Recherche en Sciences Sociales*, nº 36-37, 1982, p. 1.

[138] POLLAK, Michael. *Memoria, olvido, silencio*: la producción social de identidades frente a situaciones límite. Trad. Christian Gebauer, Renata Oliveira Rufino e Mariana Tello. Buenos Aires: Ediciones Al Margen, 2006, p. 24.

CAPÍTULO I – MEMÓRIAS EM RESISTÊNCIA

às estruturas institucionais.[139] Os contextos de radicalização do autoritarismo, entretanto, irrompem ressentimentos acumulados no tempo, desencadeando a retomada, prática das memórias de luta por liberdades.

Uma das características das memórias clandestinas, subterrâneas, está na capacidade de se conservarem em silêncio, em alguns casos imperceptíveis, até que aflorem em momentos de crise através de sobressaltos bruscos e exacerbados.[140] Conseguem se conservar dessa maneira porque vivem em estruturas informais de comunicação, até que se proliferem. Expressam essa presença do passado no presente porque foram transmitidas por gerações, permitindo, a quem não viveu a experiência de um regime abertamente totalitário, compartilhar da mesma interpretação e empreender o mesmo repertório de luta.[141]

---

[139] POLLAK, Michael. *Memoria, olvido, silencio*: la producción social de identidades frente a situaciones límite. Trad. Christian Gebauer, Renata Oliveira Rufino e Mariana Tello. Buenos Aires: Ediciones Al Margen, 2006, p. 28.

[140] POLLAK, Michael. *Memoria, olvido, silencio*: la producción social de identidades frente a situaciones límite. Trad. Christian Gebauer, Renata Oliveira Rufino e Mariana Tello. Buenos Aires: Ediciones Al Margen, 2006, p. 18.

[141] As experiências transmitidas a outras gerações acabam constituindo uma interpretação do passado, que pode desempenhar uma função similar para quem os viveu e quem não. Cf. AGUILAR FERNÁNDEZ, Paloma. *Políticas de la memoria y memoria de la política*. Madrid: Alianza Editorial, 2008, p. 60.

CAPÍTULO II

A DÉCADA DO HORROR NO BRASIL (1935/1945)

2.1 Retratos de uma tragédia

Os homens doentes da Colônia Correcional de Dois Rios, depositados em um curral de arames, gemiam e arquejavam, implorando por injeções de morfina.[142] Perto do curral, onde uma grade contornava o caminho que lhe dava acesso, pairavam outros detentos, despejando hemoptises em bandas de lençóis que se mantinham presas em suas coxas. Conta Graciliano Ramos que estes pedaços de pano se agitavam sem parar, como asas feridas, enquanto as criaturas, sem fôlego, se desfaziam gradativamente na esteira da

---

[142] RAMOS, Graciliano. *Memórias do cárcere*. vol. II. Rio de Janeiro: Record, 2008, pp. 83/84. Graciliano Ramos foi preso em 3 de março de 1936, no estado de Alagoas, e assim mantido, sem nenhuma acusação formal, até 13 de janeiro de 1937, quando foi colocado em liberdade. Foi conduzido de Alagoas para um quartel em Pernambuco e, logo a seguir, conduzido até o Rio de Janeiro, onde ficou na Casa de Detenção (pavilhão dos primários), a bordo do navio Manaus, terminando na Colônia Correcional Dois Rios, em Ilha Grande. Somente ingressou oficialmente no Partido Comunista em 18 de agosto de 1945, no final do Estado Novo.

cama coberta de manchas vermelhas. O suor corria nos sulcos da pele cor de enxofre, os bugalhos sumiam-se nas órbitas profundas, e a caveira vivia como se expusesse um ossuário.[143]

O trabalho forçado e a fome faziam parte do espetáculo de miséria humana a que os detentos da Colônia estavam submetidos.[144] Quatrocentos presos políticos viviam com mais trezentos presos comuns, num total de setecentos homens amontoados em um barracão infecto e de repugnante impressão.[145] Expostos propositadamente a doenças como parte da prática policial, multiplicavam-se os corpos chagados, com purulência repugnante, fedorentos, dando a impressão de que apodreciam em vida. Não é por outro motivo que a Colônia Correcional de Dois Rios era sinônimo de barbárie e morte. Quando alguma autoridade pretendia vingar-se de um detento, alegava indisciplina e mandava para a Ilha Maldita, como era igualmente conhecida.

Deitados, sentados uns por sobre os outros na escotilha da prôa engaxada pelos cabos das lingadas, os escravos da

---

143 RAMOS, Graciliano. *Memórias do cárcere*. vol. II. Rio de Janeiro: Record, 2008, pp. 83/84.

144 CANCELLI, Elizabeth. *O mundo da violência*: a polícia da Era Vargas. Brasília: Editora Universidade de Brasília, 1993, p. 189.

145 PINTO, Herondino Pereira. *Nos subterrâneos do Estado Novo*. Rio de Janeiro: Editora Germinal, 1950. "No intuito de fornecer detalhes inéditos ao povo carioca, talvez do Brasil, a propósito do que se passou na noite trevosa da nossa história política, com a implantação do nebuloso estado de guerra, o mais covarde instrumento de coartação das liberdades públicas, que, por eufemismo, se denominou defesa do regímen, apresentamos *Nos subterrâneos do Estado Novo*, cuja narrativa é dos fatos desenrolados nos próprios cubículos infectos e desumanos da Casa de Detenção, com suas apavorantes galerias e Colônia Correcional de Dois Rios, com seus trabalhos forçados, maus-tratos, fomes, castigo. O autor, jornalista profissional que, apesar dos rigores suplantáveis do estado de guerra, conseguiu sair com vida dessas masmorras medievais, conta ao povo brasileiro, por intermédio desta coletânea, os horrores perpetrados a sombra de uma medida só compatível em caso de agressão estrangeira. Os editores, 1950".

CAPÍTULO II – A DÉCADA DO HORROR NO BRASIL (1935/1945)

ditadura seguiam para um mundo desconhecido, sentindo, é claro, uma dúvida atroz corroer-lhes o pensamento.

Qual seria o destino daqueles homens que tiveram a veleidade de pensar, de discordar dos potentados?[146]

A Colônia, localizada na Ilha Grande, estava a uma distância de umas oito horas do Rio de Janeiro, então capital federal, em transporte marítimo regular. Do porto de Abraão à Colônia Dois Rios, a locomoção era feita a cavalo ou a pé, por uns quatro quilômetros em caminho acidentado e primitivo. Circundada de morros pequenos e grandes, verdejantes e assimétricos, a realidade dali, como a descreve Herondino Pereira Pinto,[147] é mais dura, pavorosa, cruel e vingativa. A repressão na Colônia é simplesmente desumana, brutal, senão sádica:

---

[146] PINTO, Herondino Pereira. *Nos subterrâneos do Estado Novo*. Rio de Janeiro: Editora Germinal, 1950, p. 36.

[147] Heron Pereira Pinto era um jornalista e líder sindical. Foi preso em 1935 e solto no episódio que ficou conhecido como "macedada", referente à soltura de mais de 400 presos sem acusação formal por ordem do ministro da Justiça e Negócios Interiores, Macedo Soares, em 1937. Muito criticada pela "linha dura" do governo, liderada pelo chefe de polícia, a libertação dos presos políticos acabou motivando novas reformas institucionais do sistema de justiça criminal, especialmente o recrudescimento da Lei de Segurança Nacional e no procedimento do Tribunal de Segurança Nacional. O livro de Heron é uma das principais denúncias contra a violência política do governo Vargas e foi escrito com o aparente objetivo de alertar a população a respeito desta figura, para ele, tão ignóbil quanto Mussolini ou Hitler. Em 1950, quando foi publicado, Getúlio Vargas estava prestes a voltar ao poder, o que justificaria o tom extremamente severo das denúncias. Quanto à editora, Giovvana de Abreu aponta que foi fundada três anos antes, em 1947, por Roberto das Neves, um português anarquista e funcionou pelo menos até 1981. Cf. ANTONACI, Giovanna de Abreu. "Remoendo o passado: livro de memórias de militantes esquerdistas na Era Vargas". *XXVII Simpósio Nacional de História*, Natal, 22-26 jul. 2013. Disponível em: http://www.snh2013.anpuh.org/resources/anais/27/1364667536_ARQUIVO_Anpuh2013.Remoendoopassado.pdf. Acessado em: 27.03.2019.

Só mesmo nos campos de concentração da Alemanha, ou da Itália, países líderes do fascismo, cujo lema é oprimir espiritual, moral e materialmente os povos, se reproduzem os dramas de escravismo, em pleno século XX, desenrolados ali, assistidos e vividos por milhares de cidadãos cativos, de cabeças raspadas, braços cruzados e atirados em celas frias que, em poucos dias, inutilizam o homem mais robusto.[148]

Os castigos físicos, tão frequentes e intensos, chegavam às manchetes e ilustravam relatos deprimentes de presidiários colados nus e obrigados a andar em marcha, um após o outro, enquanto eram chicoteados na presença do administrador da prisão e de centenas de correcionais que, empilhados nas janelas gradeadas, assistiam ao martírio dos companheiros. Até mesmo a família dos funcionários da prisão, residentes na Ilha, preferiam fechar suas portas e janelas para afastar os gritos dos suplicados.[149]

O café da manhã era considerado tão intragável que até os famintos frequentemente dele abriam mão. O pão não tinha mais do que 30 gramas: "— Vende-se uma casca de banana por cigarros, ou por 400 réis — gritava um detento, em meio do sussurrante vozerio do barracão sempre envolvido em nuvens de poeira e moscas".[150] Heron lembra que os porcos eram alimentados com "sobras" do rancho dos presos, mas tais sobras eram tiradas das caldeiras antes das refeições, o que permite deduzir que eram os presos que comiam, na verdade, a "sobra" dos suínos.

— Fome! Estou com fome! — era a palavra lúgubre e apavorante que se ouvia em todos os recantos do presídio e em

---

[148] PINTO, Herondino Pereira. *Nos subterrâneos do Estado Novo*. Rio de Janeiro: Editora Germinal, 1950, p. 39.

[149] CANCELLI, Elizabeth. *O mundo da violência*: a polícia da Era Vargas. Brasília: Editora Universidade de Brasília, 1993, p. 187.

[150] PINTO, Herondino Pereira. *Nos subterrâneos do Estado Novo*. Rio de Janeiro: Editora Germinal, 1950, p. 45.

CAPÍTULO II – A DÉCADA DO HORROR NO BRASIL (1935/1945)

todas as bocas dos espectros ambulantes. Grupos aqui, ali, acolá, só falavam em comer. Fome! Era preciso ser dotado de ânimo forte, possuir a têmpera de um ideal, para não despresar, chorar, esbravejar, enlouquecer!

"Fome" – era a palavra que reboava pelo presídio e que dansava macabra, alucinante, no cérebro dos cativos da ditadura, ali, na Ilha dos Suplícios.[151]

Pelados, sem alimentação, sem agasalhos, quase nus e obrigados a dormir sobre a areia molhada propositalmente, os escravos da ditadura só tenham o direito de sufocar, recalcar, odiando.[152] "— Mil vezes o fuzilamento do que este martírio — diziam muitos".[153]

A partir de fevereiro de 1935, com a decisão do chefe de polícia do governo Vargas, Filinto Müller, de mandar, para a Colônia de Dois Rios, o maior número de presos aptos ao trabalho, a situação ficou ainda pior.[154] De 150 encarcerados em 1934, passou a ter 1.200 presos no início de 1937. Pelas contas de Graciliano Ramos, solto em janeiro de 1937, novecentos homens viviam promiscuamente abarroados em condições mais próximas a um campo de extermínio lento do que a uma colônia agrícola.[155]

---

[151] PINTO, Herondino Pereira. *Nos subterrâneos do Estado Novo*. Rio de Janeiro: Editora Germinal, 1950, p. 68.

[152] PINTO, Herondino Pereira. *Nos subterrâneos do Estado Novo*. Rio de Janeiro: Editora Germinal, 1950, p. 43.

[153] PINTO, Herondino Pereira. *Nos subterrâneos do Estado Novo*. Rio de Janeiro: Editora Germinal, 1950, p. 44.

[154] Essa decisão consta em ofício enviado por Filinto Müller ao Ministério da Justiça (PINTO, Herondino Pereira. *Nos subterrâneos do Estado Novo*. Rio de Janeiro: Editora Germinal, 1950).

[155] CANCELLI, Elizabeth. *O mundo da violência*: a polícia da Era Vargas. Brasília: Editora Universidade de Brasília, 1993, p. 188.

As principais penitenciárias do Distrito Federal, Rio de Janeiro, eram estas: a Colônia Correcional de Dois Rios, em Ilha Grande,[156] seguida da Casa de Correção[157] e a Casa de Detenção.[158] As três prisões estavam fortemente ligadas à estrutura repressiva, concentrada nas mãos da polícia política varguista. Todas elas se encontravam em condições precárias e desumanas de funcionamento.[159]

---

[156] A Colônia Correcional de Dois Rios foi criada em setembro de 1894 e extinta três anos depois. Em 1903, volta a funcionar e, em 1938, passou a subordinar-se à Penitenciária Agrícola do Distrito Federal. Ressalta Cancelli que, entre 1903 e 1934, a Colônia Correcional de Dois Rios esteve absolutamente subjugada ao poder de mando da Chefia da Polícia e, entre 1934 e 1938, à Inspetoria Geral (CANCELLI, Elizabeth. *O mundo da violência*: a polícia da Era Vargas. Brasília: Editora Universidade de Brasília, 1993).

[157] Criada em 6 de julho de 1850, destinava-se à execução da pena com trabalho recluso. Em 24 de dezembro de 1941, passou a chamar-se Penitenciária Central do Distrito Federal e, em 19 de julho de 1957, Penitenciária Prof. Lemos Brito. Cf. CANCELLI, Elizabeth. *O mundo da violência*: a polícia da Era Vargas. Brasília: Editora Universidade de Brasília, 1993, p. 183.

[158] Criada em 2 de julho de 1856, destinou-se à reclusão dos presos encaminhados pelas autoridades policiais, judiciárias e administrativas. Até 1941, estava diretamente subordinada ao Chefe da Polícia e, consequentemente, ao Ministério da Justiça.

[159] Por sua relevância à repressão política, acrescente-se, dentre os principais centros de encarceramento do país, as casas de detenção do Ceará, Rio Grande do Norte, Pernambuco, Rio Grande do Sul e Niterói, além, é claro, do Presídio Especial de Fernando de Noronha, transformado em 22 de agosto de 1938, por ordem de Francisco Campos, em Colônia Agrícola de Fernando de Noronha, "destinada à concentração de indivíduos como perigosos à ordem pública ou suspeitos de atividade extremista" (CANCELLI, Elizabeth. *O mundo da violência*: a polícia da Era Vargas. Brasília: Editora Universidade de Brasília, 1993, p. 181). Elizabeth acrescenta que, até 1938, a jurisdição de Fernando de Noronha era do estado de Pernambuco, mas, após 22 de agosto, passou a ser administrada pelo governo federal e, em 9 de fevereiro de 1942, a Colônia passou a localizar-se na Ilha Grande. Francisco Campos e Marcondes Filho, quando ministros da Justiça, promoveram grande ampliação do sistema penitenciário brasileiro. A penitenciária Central do Distrito Federal, antiga Correção, foi integrada a uma penitenciária para homens e mulheres, em Bangu. Além da reforma da penitenciária de Ilha Grande, ergueu-se ainda, em Bangu, um Sanatório Penal.

CAPÍTULO II – A DÉCADA DO HORROR NO BRASIL (1935/1945)

Em 1933, na Casa de Correção do Rio de Janeiro, chegaram a ser instaladas pias e banheiros, mas, de acordo com o seu diretor, não adiantou muito, porque a água não tinha pressão suficiente para chegar ao reservatório. Em 1935, quando a penitenciária começava a superlotar pela intensificação da repressão, ainda não havia água encanada nas galerias, e tudo que era de alvenaria tendia a ruir.[160] Havia, ainda, um isolamento na Casa de Correção do Rio de Janeiro, onde os presos eram depositados para que contraíssem tuberculose.[161]

Já a Casa de Detenção acusava a permanência de 911 presos em novembro de 1935.[162] No mês seguinte, após a repressão ao levante da ANL em Natal, Pernambuco e Rio de Janeiro, os números pularam para 1.480 pessoas. Localizava-se na rua Frei Caneca, com pesados portões e altos muros maltratados pelo tempo. Para homens, mulheres e menores entregues à desgraça aviltante de ali se encontrar, a Casa de Detenção era conhecida como "Túmulo

---

[160] CANCELLI, Elizabeth. *O mundo da violência*: a polícia da Era Vargas. Brasília: Editora Universidade de Brasília, 1993, p. 189.

[161] BARATA, Agildo. *Vida de um revolucionário (memórias)*. Rio de Janeiro: Editora Melso, 1978, p. 203. Elizabeth Cancelli relata que o Conselho Penitenciário alertara o governo, em 1935, que era "inconveniente para a Casa de Correção a estadia de condenados tuberculosos, que permanecem na enfermaria, mantendo deletério foco de infecção e impedindo maior que seja o número de sentenciados válidos, que, em grande quantidade, aguardam vaga na Casa de Detenção". Ainda segundo CANCELLI, Elizabeth. *O mundo da violência*: a polícia da Era Vargas. Brasília: Editora Universidade de Brasília, 1993, p. 202, não havia qualquer preocupação de isolar-se os doentes contagiosos, nem mesmo dentro da enfermaria.

[162] Os dados disponibilizados pelo Conselho Penitenciário e Estatístico do Brasil, para o ano de 1934, apontam que cumpriam pena no país 6.212 pessoas, em uma população que girava em torno de quarenta e seis milhões. Esses números são francamente imprecisos, já que não se computavam os presos sem condenação definitiva, além da falta de condições para o recolhimento das informações. Cf. ALMEIDA, Cândido Mendes de. *Cadastro Penitenciário e Estatístico Criminal do Brasil*. Rio de Janeiro: Imprensa Nacional, 1937.

dos Vivos".[163] O sol era sonegado aos presos, serviam-se comidas estragadas, não havia água para as necessidades higiênicas, roupa de cama, tampouco material para limpeza dos cubículos. Além da superlotação, chovia dentro do pavilhão, e as receitas proscritas aos doentes eram solenemente ignoradas. Da Casa de Detenção também saíam denúncias de pessoas mantidas presas dentro de porões na Polícia Central e na Polícia Especial.[164]

As celas eram imundas e antiquadas, tamanho 5x5, e alojavam de 20 a 30 detentos, numa horripilante promiscuidade.[165] Heron Pereira Pinto conta que, em 1936, os presos políticos passaram a ser amontoados nas galerias aos magotes de 50 a 60, dormindo alternadamente 25 e 30, algumas horas, porque era impossível respirar.[166] Cimento duro e gelado, alimentação deficiente, fornecida uma única vez, a cada 24 horas. "Nem mesmo água havia nos cubículos! Bebia-se água de descarga do *water-closer*".[167]

> De início, há resistência contra a "boia" malcheirosa, gosmenta, repelente e vários dias, visto que o organismo do cidadão ainda não consumiu de todo as últimas energias. Além de servidas em marmitas amassadas cujo estado de conservação por si só bastava para repugnar à menos

---

[163] PINTO, Herondino Pereira. *Nos subterrâneos do Estado Novo*. Rio de Janeiro: Editora Germinal, 1950, p. 25.

[164] As denúncias de subalimentação infecta e de outros horrores foram feitas em 12 de agosto de 1937 pelo capitão Agildo Vieira de Azevedo, em ofício dirigido ao ministro da Justiça, que o arquivou. Outras acusações vinham diretamente de presos políticos e eram direcionadas ao diretor da Casa de Detenção, Aloysio Neiva. Cf. CANCELLI, Elizabeth. *O mundo da violência*: a polícia da Era Vargas. Brasília: Editora Universidade de Brasília, 1993, p. 186.

[165] PINTO, Herondino Pereira. *Nos subterrâneos do Estado Novo*. Rio de Janeiro: Editora Germinal, 1950, p. 39.

[166] PINTO, Herondino Pereira. *Nos subterrâneos do Estado Novo*. Rio de Janeiro: Editora Germinal, 1950.

[167] PINTO, Herondino Pereira. *Nos subterrâneos do Estado Novo*. Rio de Janeiro: Editora Germinal, 1950.

CAPÍTULO II – A DÉCADA DO HORROR NO BRASIL (1935/1945)

> exigente criatura. Ainda o seu conteúdo, em poucas horas, ficava putrefato, como aconteceu com uma porção vista pelo Sr. ministro da Justiça, Sr. José Carlos de Macedo Soares, quando de sua visita aos presídios desta Capital.[168]

A introdução da tortura nas prisões impregnou-se de tal forma nas práticas judiciárias do regime varguista, que a sua utilização já não cumpria, como insiste Elizabeth Cancelli, qualquer propósito relacionado à obtenção de informação.[169]

> A tortura existia para esclarecer aos presos que o homem das prisões vivia agora em um mundo sem qualquer individualidade, onde toda sua impotência como ser humano estava exposta. (...) Na prisão, os indivíduos eram levados a perder todos os contornos de civilidade, assumindo cada vez mais sua condição animal.[170]

Veja a lista de torturas praticadas pela polícia de Vargas:

> Arrancar unhas com alicate, enfiar alfinetes sob as unhas, espancar esposas ou o próprio prisioneiro, introduzir duchas de mostarda em vagina de mulheres, queimar testículos com

---

168 PINTO, Herondino Pereira. *Nos subterrâneos do Estado Novo*. Rio de Janeiro: Editora Germinal, 1950.

169 É claro que a tortura contra presos e processados não está restrita aos dissidentes políticos, mas atinge todas as pessoas que, enquadradas no papel de inimigos preferenciais, estão sujeitas ao sistema de justiça criminal. Essas pessoas estão mais sujeitas a torturas, tratamentos cruéis, desaparecimentos e homicídios do que outros acusados em geral. A afirmação vale tanto para os inimigos que, em geral, são preferencialmente perseguidos nos Estados contemporâneos (pessoas pretas e pobres, imigrantes, comerciantes ilegais de drogas, movimentos sociais de esquerda etc.) quanto para os perseguidos durante a década de 1930 e 1940 (judeus, estrangeiros, comunistas, movimentos de trabalhadores etc.).

170 CANCELLI, Elizabeth. *O mundo da violência*: a polícia da Era Vargas. Brasília: Editora Universidade de Brasília, 1993, p. 194.

maçarico, extrair dentes com alicates, introduzir arame na uretra depois de tê-lo esquentado com maçarico, introduzir arame nos ouvidos, utilizar a cadeira americana (com mola oculta, que joga o preso contra a parede), colocar máscara de couro que impedia a respiração, queimar as pontas dos seios com charutos ou cigarros etc.[171]

De dentro das celas, via-se, de vez em quando, presos que a custo se locomoviam, outros eram empurrados como fardos humanos entre paredes sombrias. Também é de Heron Pereira a memória da agitação que isso causava entre os encarcerados. Todos por ali corriam aos recém-chegados, ansiosos por saber quem eram, de onde vinham, por que dificilmente se locomoviam: "— Venho dos 'caixões da Polícia Central'— respondia o recém-chegado. — E não posso andar porque apanhei muito de 'cassetete de borracha' para confessar o que não sou. Deixei, lá na rua da Relação, outros que morreram de espancamentos bárbaros".[172] O relato não para por aí:

> — Vi também outros por não confessarem o que, de fato, não podiam confessar ou não sabiam, ser impiedosamente empurrados para a sala dos massacres, a conhecida "sessão espírita". Ali, então, era apavorante o espetáculo. Empunhando charutos acêsos, no lusco-fusco de uma precária claridade, os algozes sorriam com imensa volúpia, antegosando o instante de queimarem a região glútea ou a planta dos pés dos inermes cidadãos, cativos do estado de guerra, caindo aqui, acolá, sofrendo insultos e dores atrozes.[173]

---

[171] CANCELLI, Elizabeth. *O mundo da violência*: a polícia da Era Vargas. Brasília: Editora Universidade de Brasília, 1993, p. 193.

[172] PINTO, Herondino Pereira. *Nos subterrâneos do Estado Novo*. Rio de Janeiro: Editora Germinal, 1950, p. 31.

[173] Heron acrescenta que vários cidadãos passaram por estas torturas, inclusive moças indefesas que tiveram os bicos dos seios queimados! Cf. PINTO, Herondino Pereira. *Nos subterrâneos do Estado Novo*. Rio de Janeiro: Editora Germinal, 1950, p. 31/32.

CAPÍTULO II – A DÉCADA DO HORROR NO BRASIL (1935/1945)

A partir do ano de 1935, as prisões se sucediam nos meios proletários, no jornalismo, na advocacia. Há um retraimento na massa. A imprensa, reduzida a pequenos jornais, continua no campo da luta, mas sem vigor. Recrudesce a opressão planificada e violenta, já com as luzes de um técnico da Gestapo.[174] A tortura, como instrumento de obtenção de informação e, ainda, produção de subjetividades acovardadas, foi empregada durante todo o regime. No processo em que foi acusado Luiz Carlos Prestes, julgado em 7 de novembro de 1940, o advogado Lauro Fontoura, que defendia o acusado Lauro Reginaldo da Rocha, abandonou a tribuna, sob protesto, por ter o juiz Maynard Gomes indeferido o seu requerimento de apresentação do cliente, que teria sido torturado pela polícia. Ele próprio havia sido preso pelo regime e podia, como de fato o fez, realizar uma viva descrição dos acontecimentos que precederam ao julgamento:

> No dia 4 de setembro de 1940, fui detido em minha residência, à meia noite. Naquela época a polícia divertia-se prendendo-me de quando em vez. Fui detido pela simples coincidência de ter visitado pela manhã no Hospital da Polícia Militar, onde se encontrava em tratamento, o capitão Antonio Bento Tourinho, um dos participantes do movimento do 3º R.I, em 1935, e ter ele fugido à tarde. Tourinho, além de ex-oficial, como eu, fora meu companheiro de prisão em Fernando de Noronha. Nada mais compreensível, pois, que eu o visitasse sempre. Mas a polícia assim não entendeu. Ouvido pelos Srs. Clodomir Colaço Veras e Serafim Braga, fiz-lhes ver que nenhuma responsabilidade me cabia na fuga de Tourinho, visto como eu não era, nem nunca fora carcereiro. Resultado: às duas horas da madrugada estava eu novamente num cubículo da minha velha conhecida sala de detidos da Polícia Central.

---

[174] Palavras de PINTO, Herondino Pereira. *Nos subterrâneos do Estado Novo.* Rio de Janeiro: Editora Germinal, 1950, p. 21.

Em frente ao meu, num outro cubículo, alguém não cessava em gemer: era Lauro Reginaldo da Rocha. Perguntei-lhe o que tinha e ele me respondeu que não encontrava posição para ficar na cama, pois o seu corpo estava em carne viva, em virtude dos espancamentos que sofrera. Disse-me que suas unhas haviam sido arrancadas e que ele as conservava numa caixa de fósforo. Que fora queimado com um maçarico.[175]

É igualmente conhecido, a ponto de dispensar maiores digressões, o episódio em que Heráclito Sobral Pinto, em defesa de Harry Berger, exigiu do governo a aplicação do artigo 14 da Lei de Proteção aos Animais para denunciar o famigerado estado em que seu cliente se encontrava pelas torturas sofridas e, com isso, sustentar a necessidade de tratamento humanitário do prisioneiro.[176]

Após os acontecimentos de novembro de 1935, São Paulo, Pernambuco, Rio Grande do Norte, Rio Grande do Sul, Maranhão, Minas Gerais, Rio de Janeiro e outros estados executaram coordenadamente as mais tremendas perseguições. E, assim, os militantes sindicais, os aliancistas e os comunistas viram-se arremessados

---

[175] PINTO, Herondino Pereira. *Nos subterrâneos do Estado Novo*. Rio de Janeiro: Editora Germinal, 1950, p. 86.

[176] A tortura dos presos políticos foi objeto de forte crítica da Minoria Parlamentar. Em março de 1936, Octavio da Silveira dirigiu um ofício diretamente a Vargas cobrando explicações a respeito das arbitrariedades cometidas: "Sr. Presidente da República, como deputado federal, comunico a V. Ex. que os brasileiros Adalberto Fernandes e Clóvis Araújo Lima, presos há mais de 30 dias como extremistas, estão sendo barbaramente torturados, tendo este último baixado em estado grave à enfermaria. Isto sei por fontes seguras bem como que o soldado Abesguardo Martins morreu vítima de espancamentos na Polícia Especial (DPL, 04.03.36)". Onze dias depois, não obtendo resposta, Octávio da Silveira enviou novo telegrama a Getúlio Vargas, informando-lhe da impetração de *habeas corpus* em favor de Adalberto Fernandes e Clóvis Araújo Lima, torturados pela polícia. Nesse documento, Octávio da Silveira registra que está aguardando providências do presidente da República. Hélio Silva diz que ambos os telegramas chegaram a Getúlio e foram reencaminhados a Filinto Müller. Cf. SILVA, Hélio. *Todos os golpes se parecem*. São Paulo: Civilização Brasileira, 1970, pp. 136 e 146.

CAPÍTULO II – A DÉCADA DO HORROR NO BRASIL (1935/1945)

nas enxovias onde passaram as mais terríveis provações e os mais cruéis e desumanos sofrimentos.[177]

A Época do Horror vivenciada no Brasil, intensificada a partir da aprovação da Lei de Segurança Nacional em 1935, tornada mais agressiva com a criação do Tribunal de Segurança Nacional no ano seguinte, não foi muito diferente do que se experimentou em todo e qualquer lugar em que floresceu o nazifascismo e o autoritarismo de Estado.

Este é o retrato do ambiente encontrado pelos presos políticos durante o estado de guerra implantado pela ditadura, do regime penitenciário imposto pelas autoridades aos supostos inimigos da ordem.[178] É igualmente o contexto em que se organizaram as resistências e o incansável trabalho dos juristas comprometidos com a defesa intransigente das liberdades democráticas no país.

2.1.1 Imaginário anticomunista e a construção da máquina repressiva

É conhecida a assertiva de que o anticomunismo, seja como parte ativa de um determinado modo de produção subjetividade ou como plataforma política e judicial, foi empregado como justificativa à sistemática repressão da dissidência política no Brasil. De fato, a perseguição promovida pela polícia contra os ditos "comunistas" durou toda a década de 1930, foi implacável após 1942, mas particularmente intensa entre 1935 e 1938.

Uma das mais proeminentes características do discurso anticomunista reside na sua propensão para enquadrar, dentro da mesma categoria, qualquer forma de expressão das lutas operárias.

---

[177] PINTO, Herondino Pereira. *Nos subterrâneos do Estado Novo*. Rio de Janeiro: Editora Germinal, 1950, p. 23.

[178] PINTO, Herondino Pereira. *Nos subterrâneos do Estado Novo*. Rio de Janeiro: Editora Germinal, 1950, p. 29.

Todo o conjunto de ideologias de esquerda com pretensão de disseminação entre os trabalhadores passou a ser objeto de intenso "cuidado policial".[179] O discurso anticomunista serviu como elemento mobilizador e de coesão de diferentes setores sociais em torno da implementação de determinadas ideias de ordem, família e moral. Tais ideias expressavam uma visão de mundo que negava as diferenças e pregava a conciliação social. Dentro desse contexto, foi quase natural que os comunistas se prestassem ao papel de "inimigos evidentes". Além de se autoproclamarem a principal força política dos proletários, defendiam, como consequência da adesão ao materialismo histórico, uma sociedade conflituosa, tensionada pelas diferenças de classes. Os comunistas negavam a cooperação social apregoada pelo imaginário totalitário,[180] o que desestabilizara as estruturas subjetivas da elite dominante no Brasil.

Com a proximidade dos trabalhos constituintes de 1934, as notícias, que tratavam de associar a defesa de direitos dos trabalhadores a pregações comunistas, não paravam de rodar.[181] Somente em São Paulo, de 1930 a 1934, ocorreram mais de cinquenta greves que não se caracterizavam exclusivamente por reivindicações salariais. Pelo lado das elites empresariais e políticas, esses movimentos eram recebidos com descrédito e ilegitimidade. Os jornais denunciavam o aparecimento "brusco e inesperado de líderes proletários de última hora, alheios à classe" e, principalmente, acusavam severamente aqueles que "procuram, a pretexto de defenderem os direitos proletários, de criar uma situação de odiosidade entre trabalhadores e patrões".[182]

---

[179] CANCELLI, Elizabeth. *O mundo da violência*: a polícia da Era Vargas. Brasília: Editora Universidade de Brasília, 1993, p. 79.

[180] CANCELLI, Elizabeth. *O mundo da violência*: a polícia da Era Vargas. Brasília: Editora Universidade de Brasília, 1993, p. 82.

[181] SILVA, Carla Luciana. *Onda vermelha*: imaginários anticomunistas brasileiros (1931-1934). Porto Alegre: EDIPUCRS, 2001, p. 35.

[182] CORREIO DO POVO. "O proletário e seus falsos defensores". *Correio do Povo*, 22 mar. 1933.

CAPÍTULO II – A DÉCADA DO HORROR NO BRASIL (1935/1945)

Não há dúvida de que as elites brasileiras compartilhavam de uma disposição totalitária-fascistizante cuja perspectiva buscava a construção de uma sociedade una, livre das tensões de classe. A mesma reportagem do *Correio do Povo* deixa isso às claras:

> A solução da questão social reside justamente no contrário: restaurar a confiança entre as duas classes, porque capital e trabalho dependem um do outro e não podem viver em desavença permanente. Sem essa diretriz, o resultado será contínua luta inglória e improdutiva, dando à questão um caráter alarmante, que o nosso patriotismo e o nosso bom senso devem evitar a todo custo.[183]

Antecipando um certo padrão institucional do Estado brasileiro, que é, ao mesmo tempo, um discurso permanente no país, equiparou-se o comunismo a todo e qualquer tipo de protesto social. As ideias políticas, que, em geral, se orientavam à emancipação de parcela pobre da população e pregavam a subversão de privilégios sociais, foram identificadas como perigosas.

Antes de Getúlio Vargas tomar o poder, a chamada questão social e seus eventuais riscos políticos não eram diretamente associados ao comunismo.[184] O crescimento dessa relação surge apenas na década 1930, com o aumento exponencial das lutas

---

[183] CORREIO DO POVO. "O proletário e seus falsos defensores". *Correio do Povo*, 22 mar. 1933.

[184] MARQUES, Raphael P. de P. Marques. *Repressão política e usos da Constituição no Governo Vargas (1934-1937)*. Curitiba: Editora Prismas, 2015, p. 29. Alguns fatores aparentemente balançaram as estruturas subjetivas e socioculturais da elite política brasileira, e isso explicaria o processo de introjeção da ideia anticomunista: agitação social, grandes greves operárias, polarização entre "esquerda e direita", aumento dos quadros do PCB, adesão de conhecidos líderes políticos às concepções comunistas, como Luís Carlos Prestes, finalmente, a criação da Aliança Nacional Libertadora, que, como será visto, não era um braço do Partido Comunista, mas foi assim tratada pelo regime constituído.

operárias e, consequentemente, com o fortalecimento do Partido Comunista, recém-criado (1922), em detrimento da influência exercida por anarquistas entre os trabalhadores. Não tivesse sido o comunismo, certamente o antianarquismo se manteria como centro dos dispositivos oficiais de repressão política, voltados a perseguir e controlar os efeitos da questão social. A simbiose, sempre existente no Brasil, entre repressão estatal, movimento operário e anticomunismo, também foi explorada por Raphael Peixoto de Paula Marques. Não vem ao caso, entretanto, valorar os avanços, sem dúvida importantes, estabelecidos pela legislação trabalhista de Getúlio Vargas. Interessa perceber a coexistência entre a aparente proteção social e a efetiva repressão política, a expressar uma determinada estratégia de governamentalidade das classes subdominantes do país. Esta é a opinião de John French sobre o assunto, em artigo cujo título não poderia ser mais sugestivo, "Proclamando leis, metendo o pau e lutando por direitos: a questão social como caso de polícia":

> Para o regime de Vargas e para todos os seus sucessores, as leis trabalhistas, supostamente paternalistas e altamente protetoras, não se opunham à repressão policial, mas atuavam como seu complemento necessário, seu duplo inalienável. As violentas, corruptas e arbitrárias ações policiais, que os sindicalistas, militantes e trabalhadores sindicalizados tinham de enfrentar, ajudam a explicar por que as classes populares brasileiras nunca acreditaram em noções ilusórias sobre a "bondade" essencial da lei como uma expressão de seus direitos inalienáveis como cidadãos.[185]

---

[185] FRENCH, John D. "Proclamando leis, metendo o pau e lutando por direitos: a questão social como caso de polícia (1920-1964)". *In*: LARA, Silvia Honold; MENDONÇA, Joseli Maria Nunes. *Direitos e Justiça no Brasil*: ensaios de história social. Campinas: Unicamp, 2006, pp. 409/410.

CAPÍTULO II – A DÉCADA DO HORROR NO BRASIL (1935/1945)

É legítima a hipótese defendida igualmente por Raphael Peixoto de que a incorporação do proletariado fazia parte de uma estratégia política de cooptação lenta e gradual dos trabalhadores, com o intuito de afastá-los da luta política considerada radical (greves) e das mãos de determinados partidos (PCB) ou movimentos (do anarquismo à Aliança Nacional Libertadora, por exemplo). Essa incorporação não foi neutra, nem desinteressada, como ele insiste, e não vejo razões para discordar.[186] A questão social, notadamente da década de 1920 em diante, atravessou as discussões políticas e se confundiu completamente com o imaginário anticomunista. Um protesto, feito da tribuna pelo deputado Vasco de Toledo em 3 de janeiro de 1935, oferece esta dimensão:

> Aliás, o comunista tem a coragem moral e dignidade bastante para afirmar as suas ideias, como eu teria, se professasse esse credo. Como, porém, ao Governo é mais cômodo, convém mais dizer que qualquer um de nós, defendendo direitos de classe, é comunista, para nos colocar na ilegalidade; até um pobre monge que tivesse a ideia de defender os interesses do proletariado, seria punido como comunista.[187]

---

[186] MARQUES, Raphael P. de P. Marques. *Repressão política e usos da Constituição no Governo Vargas (1934-1937)*. Curitiba: Editora Prismas, 2015, p. 56.

[187] DCD, 03.01.1935, p. 33. Vasco Carvalho de Toledo foi um dos fundadores do Sindicado dos Auxiliares do Comércio de João Pessoa, tendo sido seu presidente. Nessa condição, foi eleito deputado classista à Assembleia Nacional Constituinte de 1934. Defendeu nos debates a inclusão de diversas reivindicações dos trabalhadores, como o direito à greve pacífica – vetado pela Assembleia – e a liberdade de organização sindical. Com a promulgação da Constituição e eleição de Getúlio Vargas para presidente, em julho de 1934, teve o mandato prorrogado até maio de 1935. O discurso citado foi proferido em 3 de janeiro daquele ano. Cf. FGV-CPDOC. *Verbete biográfico TOLEDO, Vasco Carvalho de*. Disponível em: http://www.fgv.br/cpdoc/ acervo/dicionarios/verbete-biografico/toledo-vasco-carvalho-de. Acessado em: 21.01.2019.

A via do dispositivo *anticomunismo* foi empregada para enfrentar os problemas decorrentes das questões sociais em geral. A tríade trabalhador-comunista-estrangeiro marcou a República Velha e, seguindo em frente, estruturou o aparato normativo da repressão política no Brasil por um bom tempo. Impossível discordar de Stanley Hilton quando afirmou que

> parece mais que simples coincidência que Pedro Salgado Filho, chefe do DOPS, tenha sido nomeado ministro do trabalho, permanecendo nesse cargo até julho de 1934. (...) A classe operária, sendo o alvo primordial da agitação comunista, era logicamente um dos principais focos do enfoque do programa anticomunista do regime.[188]

Em suma, o que estava em jogo, e ainda está, é a perda do sentido original da palavra comunista, para atingir quem quer que seja visto como perigoso à ordem social e política constituída. Trata-se de um *modus operandi* das agências repressivas, a quem cumpre executar uma determinada função vinculada às Razões de Estado.[189] A posição de inimigo privilegiado ocupada pelos comunistas se justifica pela flexibilidade com que se pode manejá-la para controlar os movimentos operários, mas também pela perda que os estrangeiros e judeus tiveram em suas funcionalidades como inimigos do regime.[190] A ideia de internacionalização do comunismo russo facilitou a aderência da figura do comunista ao "mito da conspiração",[191] cumprindo a função, descrita por Casara,[192] de

---

[188] HILTON, Stanley. *A Rebelião vermelha*. Rio de Janeiro: Record, 1986, p. 38.

[189] Cf. PINTO, Jaime Nogueira. *Ideologia e razão de Estado*: uma história do Poder. Lisboa: Civilização Editora, 2013.

[190] CANCELLI, Elizabeth. *O mundo da violência*: a polícia da Era Vargas. Brasília: Editora Universidade de Brasília, 1993, p. 81.

[191] CANCELLI, Elizabeth. *O mundo da violência*: a polícia da Era Vargas. Brasília: Editora Universidade de Brasília, 1993.

[192] CASARA, Rubens. *Mitologia processual penal*. São Paulo: Saraiva, 2015.

CAPÍTULO II – A DÉCADA DO HORROR NO BRASIL (1935/1945)

fundar uma racionalidade autoritária propícia à justificação da violência estatal.

Essas condições foram fortalecidas pelo papel da imprensa como dispositivo de produção de subjetividade.[193] Dedicada à produção imagética do suposto perigo vermelho, a mídia foi evidentemente decisiva no processo de introjeção da subjetividade anticomunista. Ainda em 1931, portanto, antes da escalada repressiva, que começa agressivamente com a instituição do estado de sítio e, depois, com o estado de guerra, sucessivamente prorrogado,[194] já se viam

---

[193] A partir de Gilles Deleuze e Félix Guattari, por exemplo, podemos pensar um plano subjetivo como um *mapa*, composto por um emaranhado de linhas heterogêneas (econômicas, políticas, sociais, tecnológicas etc.). Essas linhas se conectam, modulando funcionamentos, processo que tais autores chamam de *agenciamento*. Os processos de subjetivação, portanto, abarcam agenciamentos coletivos de enunciação. As instituições simbólicas, os códigos morais e de conduta contribuem na produção de subjetividades, o que nos leva a problematizar a ideia de um sujeito livre e arbitrário. No entanto, isso não significa dizer que os sujeitos são totalmente passivos e submissos; seus atos e suas relações não podem ser reduzidos aos impactos culturais, uma vez que *poderá haver sempre movimentos de resistência e afirmação de sino desenvolvimento de modos de subjetivação singulares* (grifo nosso). Cf. DELEUZE, Gilles; PARNET, Claire. *Diálogos (1977)*. Lisboa: Relógio d'água, 2004, p. 151; DELEUZE, Gilles. "O que as crianças dizem". *In*: _____. *Crítica e Clínica*. São Paulo: Editora 34, 2012, p. 86; GUATTARI, Félix. *Revolução molecular:* pulsações políticas do desejo. São Paulo: Editora Brasiliense, 1981.

[194] Em 25 de novembro de 1935, Vargas requereu, ao Congresso, autorização para declarar o estado de sítio, durante 30 dias, em todo o território nacional, o que foi aprovado (Decreto n. 457). Em 16 de dezembro, o Decreto n. 501 suspendeu o estado de sítio por dois dias, para que o Congresso aprovasse a proposta de Emenda Constitucional n. 01. Essa emenda equiparou o estado de sítio ao estado de guerra no caso de "comoção intestina grave, com finalidades subversivas das instituições políticas e sociais". Em 24 de dezembro, o estado de sítio foi prorrogado por mais 90 dias, obtendo-se autorização do Poder Legislativo para equipará-lo ao estado de guerra, nos termos da Emenda n. 01, então recentemente aprovada. O estado de guerra foi instaurado em 21 de março de 1936, ao fim da vigência do sítio, pelo prazo de 90 dias. (Decreto n. 702). Getúlio Vargas prorrogou o estado de guerra por diversas vezes, sempre pelo prazo de 90 dias, vigorando até 18 de junho de 1937, quando foi suspenso. A suspensão durou apenas três meses,

referências sobre uma suposta implantação do comunismo no Brasil. A atmosfera social anticomunista foi, portanto, costurada gradativamente. Othelo Rodrigues Rosa, então promotor público em 1911, foi um dos jornalistas que se manifestavam quase cotidianamente sobre a "ameaça declarada e urgente" que o comunismo trazia. Em artigo publicado no *Correio do Povo*, em 2 de abril de 1931, sob o título "A onda vermelha", Othelo escreveu:

> Nós já sabemos suficientemente o que significa a expressão socialismo para os criadores impiedosos da ditadura proletária na Rússia. Por mais que tenham procurado abafar e constringir os clamores do povo russo, não raro temos recuado de horror diante das violências inauditas, da fria ferocidade desse regime que assenta na força brutal, na eliminação sistemática, na negação de todas as garantias e de todas as liberdades, na supressão de todas as grandes conquistas morais da humanidade; regime que é, em última análise, um pavoroso recuo a eras escuras de barbaria e fereza.[195]

A avaliação do jornal *A Federação* não era diferente. Vargas Neto, advogado, jornalista e sobrinho de Getúlio Vargas, frequentemente alertava aos seus leitores a respeito da ilusão comunista, destruidora da família e das liberdades individuais. No artigo intitulado "No país dos soviets", disparou:

> Não amparou a infância que anda vagando faminta e maltrapilha pelas ruas de suas cidades. Maltrata os velhos e massacra os mendigos sem o menor sentimento humano.

---

sendo novamente decretada a medida em 2 de outubro de 1937. Em 10 de novembro, foi finalmente instaurada a ditadura varguista do Estado Novo.

[195] ROSA, Othelo. "A onda vermelha". *Correio do Povo*, 2 abr. 1931, p. 3.

CAPÍTULO II – A DÉCADA DO HORROR NO BRASIL (1935/1945)

Acabou o conforme individual, extinguiu a família, combateu a religião, destruiu a moral privada e pública.[196]

O que importa verdadeiramente considerar é o seguinte: a mídia é um dispositivo de produção de subjetividade. Tal como hoje, a imprensa joga um papel fundamental na construção de consensos sociais e tem uma capacidade incontrolável de formular pretextos que, no espaço das disputas políticas, são manejados por determinadas forças para perseguir opositores. A associação entre imprensa e controle punitivo institucionalizado aparece, assim, como um mecanismo indispensável da repressão penal e política.

O avanço comunista pelo mundo foi um dos temas mais explorados pelos jornais brasileiros do início da década de 1930. Documentos em que se planejavam complôs, envolvendo Brasil, Argentina, Uruguai, Peru e outros países da América do Sul, pululavam nas páginas dos principais periódicos do país. Em 6 de agosto de 1931, o *Correio do Povo* falava em "descoberta de uma ramificação comunista sob disfarce de agência comercial na Argentina",[197] seguindo a tendência do jornal *A Federação*, que, meses antes, alardeava que as ideias socialistas no Uruguai "vem de cima, são uma aspiração do próprio governo; são seus partidos os detentores do poder; o seu maior pregoeiro é o presidente da República".[198] As notícias do interesse soviético no Brasil, alimentadas pela fantasia da infiltração comunista em todos os países do mundo, foram constantemente exploradas pela imprensa do período. Como relatado por Carla Luciana Silva, o *Correio*, um dos jornais mais incisivos em suas denúncias, chegou a dizer que "as autoridades brasileiras que estão encarregadas de vigiar a ordem social do país, talvez ainda não observassem que o comunismo russo, de

---

196 VARGAS NETO, Manuel do Nascimento. "No país dos soviets". *A Federação*, 6 mar. 1931, p. 3.

197 CORREIO DO POVO. "Os soviets em cena". *Correio do Povo*, 6 ago. 1933.

198 VERGARA, Pedro. "O socialismo no Uruguai". *A Federação*, 23 jun. 1931.

maneira mais intensa, e com um pouco de habilidade, tenta uma infiltração generalizada no Brasil".[199] O jornal O Globo, na investigação empreendida por André Alexandre Valentini,[200] também fazia frequentes manchetes sensacionalistas em que explorava a associação entre movimentos sociais e a presença de comunistas soviéticos no Brasil.[201]

O aparato policial estava mergulhado na caça aos comunistas e encontrava, na maior parte dos artigos publicados, uma posição favorável à repressão. Um dos argumentos que alimentavam o imaginário anticomunista passava pelo "sentimento e caráter dos brasileiros" cuja índole do povo "constituiria um antídoto natural contra a infiltração dos tóxicos comunistas".[202] A busca no domicílio de suspeitos e a apreensão de documentos, boletins ou qualquer coisa que fosse interpretada como propaganda comunista eram cotidianamente comemoradas na imprensa. A defesa da repressão policial não poupou o Correio do Povo, entretanto, de ponderar a necessidade de evitar o constrangimento a "algumas pessoas

---

[199] SILVA, Carla Luciana. *Onda vermelha*: imaginários anticomunistas brasileiros (1931-1934). Porto Alegre: EDIPUCRS, 2001, p. 209.

[200] VALENTINI, André Alexandre. *Os levantes armados de 1935 na visão do O Globo, como prática de uma campanha anticomunista.* Disponível em: http://www.uel.br/grupo-pesquisa/gepal/terceirosimposio/andrealexandre. pdf. Acessado em: 03.02.2019.

[201] Na manchete de 12 de dezembro de 1935, uma semana após o levante comunista no Rio de Janeiro, *O Globo* destacava: "*Ataque ao Guanabara! Era essa a intenção dos amotinados da Praia Vermelha*". No dia seguinte, publicou: "*De Moscou à Praia Vermelha! Encontrados boletins de propaganda soviética no próprio quarto do chefe da rebelião do 3º Regimento Interno*". A mensagem do último dia do ano de 1935 veio em letras garrafais: "*Moscou confessa! O órgão oficial do Komitern confirma que foram os comunistas que fizeram a rebelião no Brasil*". O jornal O Globo foi fundado por Irineu Marinho em 25 de julho de 1925. O acervo digital do jornal está disponível em: https://acervo.oglobo.globo.com/. Acessado em: 03.02.2019.

[202] CORREIO DO POVO. "Contra a expansão das doutrinas subversivas". *Correio do Povo*, 9 jul. 1932.

CAPÍTULO II – A DÉCADA DO HORROR NO BRASIL (1935/1945)

inocentes" que "não estão em condições de passar vexames".[203] Para resolver o problema, o jornal recomendava que os patrões fornecessem aos empregados "uma espécie de passaporte, de modo a que a identidade individual logo se verifique".[204]

O empenho dos intelectuais em legitimar o regime político autoritário e suas práticas foi igualmente decisivo. Além de recorrerem a aparatos ideológicos sofisticados e tratarem de conferir cientificidade às posições conservadoras em torno da família e da moral, os próprios intelectuais se autoatribuíam a função de revelar os melhores caminhos da vida pública brasileira. Escreviam livros, estavam periodicamente presentes em jornais, assinando colunas ou participando de entrevistas. Engajados ardorosamente na transformação dos nossos costumes, parte considerável da intelectualidade brasileira partilhava de uma visão elitista sobre o seu próprio papel no processo histórico, o que se expressava também quando falavam do comunismo e do porquê ele deveria ser combatido.[205] Carla Luciana Silva aponta que a maioria desses intelectuais eram políticos, bacharéis em Direito, pertencentes à Igreja Católica e simpatizantes da Ação Integralista Brasileira.

O anticomunismo, como não poderia deixar de ser, permeou a produção teórica e a prática de inúmeros juristas. Disso não resulta concluir que todos eles aderiram à defesa da repressão política para tratar da questão social ou das perseguições a quem se atribuía ser um ou uma comunista. A observação se justifica para que a resistência ao autoritarismo no sistema de justiça criminal não seja identificada apenas em atores pretensamente afins ao pensamento político comunista ou socialista. Apesar de claramente liderada por juristas de viés progressista, houve *resistências* à repressão da oposição política

---

203 CORREIO DO POVO. "A escola perigosa". *Correio do Povo*, 29 abr. 1931, p. 3.

204 CORREIO DO POVO. "A escola perigosa". *Correio do Povo*, 29 abr. 1931.

205 SILVA, Carla Luciana. *Onda vermelha*: imaginários anticomunistas brasileiros (1931-1934). Porto Alegre: EDIPUCRS, 2001, p. 55.

e, consequentemente, à criação da Lei e do Tribunal de Segurança Nacional por pessoas que, à primeira vista, não se imaginaria. Não é de se desprezar, contudo, que o grupo a que faziam parte também estava sendo perseguido por Getúlio Vargas.[206]

Dentre os juristas colaboracionistas da repressão política iniciada em 1935, notadamente depois dos levantes em Natal, Pernambuco e Rio de Janeiro, Vicente Rao e Francisco Campos merecem especial atenção, já que participaram ativamente do governo, atuaram na formulação legal e institucional da estrutura repressiva e, no que interessa agora, eram anticomunistas declarados. Vicente Rao, jurista colaboracionista do regime, foi ministro da Justiça entre 1934 e 1937, um dos períodos de maior recrudescimento das perseguições políticas do governo Vargas. Inquirido em 1976 por Maria Victoria de Mesquita Benevides sobre a sua participação na construção dos aparatos institucionais da repressão política e envolvimento direto em ordens de prisão de dissidentes políticos do governo, tergiversou. Lembrou que não esteve no governo durante o Estado Novo e concluiu: "só exerci cargos ministeriais ou cargos políticos dentro de regimes constitucionais. (...) Não fui ministro da ditadura; só fui ministro da ordem constitucional".[207]

---

[206] É o caso, por exemplo, do professor San Tiago Dantas. Provavelmente motivado pela repressão política também sofrida pelos integralistas, grupo do qual fazia parte, San Tiago era um crítico feroz da Lei e do Tribunal de Segurança Nacional. Entrevista sobre a Lei de Segurança Nacional ao jornal *A Offensiva*, em 14 de fevereiro de 1935, San Tiago declarou: "criminalizar condutas políticas contrárias, subversivas, como tão exatamente se diz – é sinal precoce do desaparecimento do antigo espírito republicano que muitos julgam tão profundo no país. (...) Há, disse S.S., dois conceitos de segurança nacional em confronto: o dos deputados subscritores do projeto e o do povo brasileiro, que não que segurança lhe oferece o regime, para cuja defesa as prisões do Estado querem se abrir" (DANTAS, San Tiago. *Escritos políticos*: 1929-1945. Org. Pedro Dutra. São Paulo: Singular, 2016, p. 397).

[207] RAO, Vicente. *Vicente Rao*: depoimento (1976). Entrevistadora: Maria Victoria de Mesquita Benevides. Rio de Janeiro: FGV/CPDOC – História Oral, 1979.

CAPÍTULO II – A DÉCADA DO HORROR NO BRASIL (1935/1945)

A presença de Vicente Rao no desenho institucional da repressão era tão grande que a própria Lei de Segurança Nacional, chamada por muitos de Lei Monstro, era também conhecida como "Lei Rao". Sobre o tema do anticomunismo, chegou a escrever um livro chamado *Direito de Família do Soviets*, publicado em 1931, em que "alertava sobre o mal que o veneno habilmente distribuído pelos agentes de Moscou vem semeando por toda parte".[208] Rao tratou do mesmo tema dois anos antes, em 21 de setembro de 1929, em uma conferência pronunciada no Instituto da Ordem dos Advogados Brasileiros, no Rio de Janeiro. A partir de uma análise sistemática do código recém-criado, defendeu a tese de que os legisladores russos buscaram encobrir os seus "propósitos de destruição da família", fomentando um tipo de crítica que irá, ao longo do tempo, reforçar o imaginário anticomunista em nome da moralidade cristã, da salvação da pátria e do núcleo familiar. Convém constar as palavras do professor da Universidade do Largo de São Francisco:

> Eis desfeito o paradoxo: – o indivíduo deve integrar-se na comunidade; ora, a família é um obstáculo que se interpõe e impede essa integração; logo, preciso é destruir a família. Por que forma? Pela legislação pomposamente rotulada de "Código da Família", até que as circunstâncias permitiam a declaração formal e franca dessa destruição...[209]

---

[208] RAO, Vicente. *Direito de Família dos Soviets*. São Paulo: Nacional, 1931, p. 5. A indicação do trecho inteiro oferece leitura mais aguda do anticomunismo de Vicente Rao. Veja-se: "se restritos fossem à legislação dos Soviets os princípios que animam aquele código, por certo eu não me atreveria a esta obra de crítica e vulgarização. Infelizmente, porém, vejo alastrar-se entre patrícios menos avisados esse mesmo mal que o veneno habilmente distribuído pelos agentes de Moscou vem semeando por toda a parte. Faça-o na certeza de prestar um bom serviço".

[209] RAO, Vicente. *Conferência pronunciada no Instituto da Ordem dos Advogados Brasileiros*. Rio de Janeiro, 21 set. 1929. Disponível em: http://www.revistas.usp.br/rfdsp/article/download/65241/67846. Acessado em: 24.01. 2019.

O crescimento do anticomunismo no Brasil teve, no exemplo privilegiado de Vicente Rao, a contribuição decisiva de juristas que se propuseram a conferir ares de cientificidade a ele, denunciando as suas "monstruosas reformas" legislativas e institucionais.

Dentro do contexto preparatório às lutas em resistência à aprovação da Lei de Segurança Nacional e de instalação do Tribunal, uma das coisas que não pode deixar de ser registrada é a reforma institucional da polícia. Esta é a hipótese central de Elizabeth Cancelli, com a qual não apenas concordo, como reconheço uma questão absolutamente atual. Desde o início de 1930, foi montada uma violenta máquina repressiva, no caso, orientada a varrer inicialmente as várias organizações de esquerda (anarquistas e comunistas), sindicatos e oposição liberal.[210]

Dentro dessa máquina, a mais atuante para o controle criminal e político foi a polícia do Distrito Federal (DF), que, desde os primeiros dias do golpe de 1930, passou formalmente ao Ministério da Justiça, subordinada, diretamente, ao presidente da República. A polícia do Distrito Federal se transformou, na definição de Cancelli, no braço armado da ditadura varguista.[211] Prova o fato, também lembrado por ela, de que, entre 1933 e 1942, houve seis diferentes ministros da Justiça e dos Negócios do Interior, mas somente um chefe de polícia do Distrito Federal, "o temido futuro senador da República, Filinto Müller".[212] Seria inoportuno aprofundar a digressão agora, mas um dos problemas contemporâneos

---

210 CANCELLI, Elizabeth. "Entre prerrogativas e regras: justiça criminal e controle político no regime Vargas (1930–1945)". *Cadernos do Tempo Presente*, nº 15, abr./maio 2014, p. 4.

211 CANCELLI, Elizabeth. "Entre prerrogativas e regras: justiça criminal e controle político no regime Vargas (1930–1945)". *Cadernos do Tempo Presente*, nº 15, abr./maio 2014.

212 CANCELLI, Elizabeth. "Entre prerrogativas e regras: justiça criminal e controle político no regime Vargas (1930–1945)". *Cadernos do Tempo Presente*, nº 15, abr./maio 2014.

CAPÍTULO II – A DÉCADA DO HORROR NO BRASIL (1935/1945)

do sistema de justiça criminal, e que passa pelo tema da repressão política, diz respeito à atuação da polícia federal e seus limites.[213]

Na terminologia de Cancelli, o regime varguista se consolidou como uma espécie de Estado dual, dividido entre o normativo, representado pelas atividades do governo em acordo aparente com as formalidades legais, e o de prerrogativas, em que estavam ancorados o círculo do poder e a polícia: "era uma esfera intangível pelas normas e pelas leis. A este círculo, tudo era permitido, em termos penais e em termos políticos".[214] A polícia atua como a ponta do controle social punitivo institucionalizado,[215] mas, no

---

[213] Apesar das graves acusações sobre direcionamento político de investigações realizadas por membros do Partido dos Trabalhadores (PT), o próprio grupo reivindica ter sido o responsável pelo fortalecimento da Polícia Federal a partir de 2003, a quem reputa ter "acumulado no governo do ex-presidente Lula, 1.060 operações contra apenas 48 registradas nos oitos anos da Administração anterior" (AGÊNCIA SENADO. "Fortalecimento da Polícia Federal começou no governo Lula, afirma Angela Portela". *Senado Notícias*, 24 ago. 2011. Disponível em: https://www12.senado.leg.br/noticias/materias/2011/08/24/fortalecimento-da-policia-federal-comecou-no-governo-lula-afirma-angela-portela. Acessado em: 27.01.2019). As suspeitas de uso político do processo criminal que recaem sobre o ex-juiz Sérgio Moro não o impediram de registrar, na sentença que condenou Luiz Inácio Lula da Silva a 12 anos de prisão, que "certo não se trata de exclusiva iniciativa presidencial (...), o mérito da liderança política não pode ser ignorado" (GARCIA, Daniela. "Moro parabeniza Lula pela atuação de seu governo no combate à corrupção". *UOL*, 12 jul. 2017. Disponível em: https://noticias.uol.com.br/politica/ultimas-noticias/2017/07/12/moro-parabeniza-lula-pela-atuacao-de-seu-governo-no-combate-a-corrupcao.htm. Acessado em: 01.02.2019). Assim como a máquina repressiva foi sendo erguida até que a polícia varguista ocupasse uma função nuclear na repressão política, desavisadamente ou não, a Polícia Federal foi instrumentalizada, aparentemente, sem a construção simultânea de efetivos instrumentos de controle.

[214] CANCELLI, Elizabeth. "Entre prerrogativas e regras: justiça criminal e controle político no regime Vargas (1930–1945)". *Cadernos do Tempo Presente*, nº 15, abr./maio 2014, p. 5.

[215] O controle social, grosso modo, expressa o conjunto de dispositivos jurídicos, políticos e morais orientados a submeter o indivíduo a códigos ou modelos normativos comunitários. Como insistem Michel Foucault, Eugenio Raul Zaffaroni e muitos outros autores, esse controle é exercido por micropoderes,

caso especial da repressão política, tem a responsabilidade acentuada pela importância que as medidas extralegais assumem no contexto desse sistema repressivo, de que são exemplos as longas prisões para averiguação de elementos considerados nocivos à ordem pública, sessões de tortura e outros expedientes.

O aparecimento agressivo do Integralismo contribuiu à intensificação da campanha anticomunista a partir de 1934. Havia um clima de agitação social decorrente da constitucionalização do país e uma considerável organização de esquerda em torno das lutas antifascistas. Em alguns momentos, a tensão entre integralistas e comunistas descambou em embates violentos de rua. Isso foi usado como pretexto para a escalada cada vez mais dura da repressão policial.

Em 23 de agosto de 1934, a polícia dissolveu à bala o I Congresso Nacional contra a Guerra Imperialista, a Reação e o Fascismo que ocorria no Teatro João Caetano, no Rio de Janeiro. A ação deixou três mortos e vinte feridos, motivando a deflagração de movimentos grevistas que chegaram a juntar 40 mil pessoas no Rio e em São Paulo, Santos, Belo Horizonte e Salvador. Como resposta, organizou-se ainda um Comitê Jurídico Popular de Investigação para apurar a atuação da polícia no acontecimento cujo lançamento, aproximadamente um mês após, contou com a presença de grande número de democratas antifascistas.[216] Nas palavras de Anita Prestes,

---

portanto, de forma difusa. O agenciamento estatal exerce uma parcela significativa desse controle, mas não todo. O sistema de justiça criminal se ocupará do controle social *punitivo institucionalizado* (ou *não institucionalizado*), incluindo-se, no primeiro, as atividades dos membros do Ministério Público, magistratura e polícia, por exemplo. A bibliografia sobre o tema é farta. Cf. BATISTA, Nilo. *Introdução crítica ao Direito Penal brasileiro*. 11ª ed. Rio de Janeiro: Revan, 2007; FOUCAULT, Michel. *Vigiar e punir*. 36ª ed. Petrópolis: Vozes, 2009; ZAFFARONI, Eugenio Raúl; PIERANGELI, José Henrique. *Manual de Direito Penal brasileiro*: parte geral. 8ª ed. São Paulo: Revista dos Tribunais, 2010.

[216] VIANNA, Marly de A. Gomes. "Pela democracia, pela soberania nacional". *In:* _____. (Coord.). *A insurreição da ANL em 1935*: o relatório Bellens Porto. Rio de Janeiro: Revan, 2015, p. 10.

CAPÍTULO II – A DÉCADA DO HORROR NO BRASIL (1935/1945)

a Comissão Jurídica e Popular de Inquérito, com o apoio do Comitê Antiguerreiro e de diversas outras entidades e frentes que se criaram naquele período, foi a grande aglutinadora das forças que viriam a constituir a maior frente única já formada no Brasil – a Aliança Nacional Libertadora.[217]

Em meio aos conflitos, a Ação Integralista convocou para o dia 7 de outubro de 1934, logo após a demonstração promovida por grupos de esquerda no local, um grande comício na Praça da Sé, em São Paulo. Essa tarde de domingo transformou-se no que ficou conhecida como a Batalha da Sé. Vários camisas-verde (integralistas) foram impedidos de ascender à praça pelos manifestantes anteriores aos gritos de "anauê, anauê, haja pernas pra correr". Policiais portando metralhadoras abriram fogo contra os progressistas. Quanto tudo terminou, havia pelo menos quatro mortos (dois da polícia política, um integralista e um estudante) e trinta feridos.[218]

---

[217] PRESTES, Anita Leocádia. "70 anos da Aliança Nacional Libertadora". *Estudos Ibero-Americanos*, PUC/RS, vol 30, n° 1, jul. 2005.

[218] ROSE, Robert S. *Uma das coisas esquecidas*: Getúlio Vargas e controle social no Brasil – 1930-1954. Trad. Anna Olga de Barros Barreto. São Paulo: Companhia das Letras, 2001, p. 63. Sobre a relação da polícia política varguista com os nazistas, Rose acrescenta que o chefe do DESPS, Affonso Henrique de Miranda Correia, foi à Alemanha, em março de 1937, para estudar, em primeira mão, os esforços que o Reich fazia para lidar com o comunismo e eliminá-lo. Esteve lá por cerca de doze meses e se reuniu pessoalmente com Heinrich Himmler. Quando o chefe do DESPS voltou, suas malas estavam cheias de fotografias e pastas com informações sobre judeus e agentes do Komitern (ROSE, Robert S. *Uma das coisas esquecidas*: Getúlio Vargas e controle social no Brasil – 1930-1954. Trad. Anna Olga de Barros Barreto. São Paulo: Companhia das Letras, 2001, p. 95). A autora fornece ainda uma lista detalhada dos depoimentos ocorridos ante a Comissão de Inquérito sobre Atos da Ditadura, que começou a funcionar em novembro de 1946. A comissão ouviu dezenas de relatos, tanto de torturados quanto de torturadores. Integravam a comissão os seguintes deputados: Plínio Barreto (presidente), Glicério Alves, Segadas Viana, Amando Fontes, Manuel Vitor, José Maria Crispim, Raul Pila, Rocha Ribas, Campos Vergal, Aliomar Baleeiro e Carlos Nogueira. Diante da desistência de Aliomar Baleeiro, em dezembro de 1946, o deputado Euclides Figueiredo entrou em seu lugar.

ANTONIO PEDRO MELCHIOR

Apesar dos mortos e da quantidade de feridos, Getúlio Vargas registrou em seu diário que "a polícia sente-se timorata e vacilante na repressão dos delitos, pelas garantias dadas pela Constituição à atividade dos criminosos e o rigorismo dos juízes em favor das liberdades individuais, mas contra a segurança social".[219]

Pouco tempo após ter sido promulgada a Constituição da República de 1934, a ofensiva contra ela por parte de atores do governo, começando pelo presidente, não dava trégua. A retórica de que as leis do país eram lenientes e criavam obstáculos à ação policial contra a ameaça comunista ganhava força e foi estimulada pela campanha oficial. Em janeiro de 1935, Góes Monteiro, ministro da Guerra, chamou a atenção do exército a respeito dos "perigos e ameaças de subversão dos fundamentos da Nação e das instituições do Estado", ao mesmo tempo que reclamava da "impotência, difícil de ser remediada em face dos imperativos constitucionais que permitem a formação, o desenvolvimento e ação ininterrupta das forças negativistas e dissolventes dentro do ambiente nacional".[220] À sombra da Constituição, anotou Filinto Müller, "começaram os comunistas a desenvolver forte programa de agitação".[221] Para burocratas do governo, juristas colaboracionistas do regime e anticomunistas em geral, a causa da subversão,

---

Dentre as pessoas que prestaram depoimento à Comissão de Inquérito, sobressaem: Belmiro Valverde, Paulo Franklin de Souza Elejalde, Samuel Lopes Pereira, Odilon Vieira Galloti, Adib Jabur, Bernardino de Oliveira Carvalho, Olindo Semeraro, David Nasser, Aristophanes Barbosa Lima, Carlos Marighela, Antonio Soares de Oliveira, João Alves da Mota, José Alexandre dos Santos, Iguatemi Ramos da Silva, João Massena Melo, Abel Chermont, Luís Carlos Prestes, João Basílio dos Santos, Francisco de Oliveira Melo, Vítor Espírito Santo e Emílio Romano (DCN, 27.05.1947).

[219] VARGAS, Getúlio. *Diários*: vol. I (1930-1936). São Paulo: Siciliano; Rio de Janeiro: Fundação Getúlio Vargas, 1995, p. 319.

[220] MARQUES, Raphael P. de P. Marques. *Repressão política e usos da Constituição no Governo Vargas (1934-1937)*. Curitiba: Editora Prismas, 2015, p. 81.

[221] MARQUES, Raphael P. de P. Marques. *Repressão política e usos da Constituição no Governo Vargas (1934-1937)*. Curitiba: Editora Prismas, 2015, p. 67.

CAPÍTULO II – A DÉCADA DO HORROR NO BRASIL (1935/1945)

da desordem e da violência são as garantias constitucionais que criam obstáculos à competência repressiva do Estado.

As necessidades do contexto, estremecido por ideias que "afloram das trevas", exigem o sacrífico dessas garantias e da própria Constituição. Esse discurso esteve na base dos motivos que ensejaram a criação da Lei de Segurança Nacional, do Tribunal de Segurança Nacional e, igualmente, da reforma do Código de Processo Penal. Muitos juristas, entretanto, se opuseram à constituição desse grande engenho institucional montado para reprimir tudo que se identificasse como atentatório aos interesses do regime constituído. Ocuparam jornais, tribunas parlamentares e as trincheiras de um Poder Judiciário estruturado para legitimar os abusos policiais e referendar o controle social e político no país.

2.1.2 Perseguição e prisão de juristas acadêmicos: o caso do professor Hermes Lima

> *Agravado pelos meios de publicidade, o pânico tomou conta do Rio. Jornais pediam pena de morte. Conta minha mulher que, principalmente nas primeiras semanas, pessoas nossas conhecidas fingiam não vê-la. Ela recorda sempre o gesto de Edmundo da Luz Pinto abrindo-lhe os braços em plena Rua Gonçalves dias:*
>
> *— Minha senhora, seu marido está preso porque há uma crise de dicionário neste país!*
>
> Hermes Lima

Mal pôs os pés em casa no entardecer do dia 29, Hermes Lima foi preso e conduzido à Polícia Central. Dois dias antes, em 27 de novembro de 1935, havia estourado o levante da Aliança Nacional Libertadora na Praia Vermelha, e os principais jornais do país, mobilizados ao gosto do oficialismo, clamavam pelo recrudescimento das providências excepcionais que então se decretaram, a começar pelo estado de guerra. Explodiram-se entrevistas e artigos explicando a origem e a inviabilidade do marxismo. A versão de oficiais assassinados enquanto dormiam, pelos revoltosos, varou anos a fio e horrorizou a opinião pública.[222] Getúlio Vargas declararia, em março de 1945, que a Constituição de 10 de novembro de 1937 começou aí.[223]

Conduzido ao Navio Pedro I com os demais juristas acadêmicos, Leônidas Rezende, Edgar Castro Rebello e Luís Frederico Carpenter, companheiros da Faculdade de Direito do Rio de Janeiro, Hermes Lima encontrou ali grande parte da oficialidade revoltosa do 3º Regimento e da Aeronáutica. Havia comunistas, mas um número grande de pessoas não possuía filiação partidária alguma. Boa parte do tempo, os professores utilizavam para discutir e avaliar as condições do país. Havia conferências quase todos os dias:

> Leônidas discorreu sobre a filosofia social moderna e Augusto Comte; Castro Rebello sobre a evolução histórica do navio e seu papel na economia da humanidade; Pedro da Cunha sobre um tema de biologia; Edgar Sussekind de Mendonça sobre Euclides da Cunha; Joaquim Riberio sobre a evolução da língua portuguesa; Agildo Barata tratou do papel do

---

222 LIMA, Hermes. *Travessia*: memórias. Rio de Janeiro: J. Olympio, 1974, p. 112.

223 Nas palavras de Hermes Lima, o conturbado contexto de 1935 pode ser resumido assim: "pairando sobre a cena política, o espectro da Aliança não tardou a levar pânico aos meios oficiais. Desdobramento da sua tônica antifascista em ação política de conteúdo reivindicante de importantes medidas como reforma agrária, cancelamento da dívida externa, nacionalização de empresas estrangeiras, assumia a Aliança papel profundamente perturbador do relacionamento social e político dominante. Votou-se, então, a primeira Lei de Segurança. Em 5 de julho de 1935, no comício comemorativo do episódio do Forte de Copacabana, Luiz Carlos Prestes exagera e brada: 'Todo poder à Aliança!' Responde o governo decretando-lhe o fechamento por seis meses. Em 27 de novembro estoura o levante de Natal, Recife, Rio. Sobrevém o estado de guerra. Ao presidente concedem-se largos poderes especiais de emergência. Cai o prefeito Pedro Ernesto. Onda de prisões cobre o país" (LIMA, Hermes. *Travessia*: memórias. Rio de Janeiro: J. Olympio, 1974, p. 100).

CAPÍTULO II – A DÉCADA DO HORROR NO BRASIL (1935/1945)

latifúndio; Carpenter discorreu sobre aspectos do materialismo histórico. Eu falei do conceito e evolução da filosofia.[224]

Ficou durante um ano e vinte e dois dias preso sem acusação formal, incomunicável, ao lado dos colegas e professores. Transferidos para a Casa de Detenção do Distrito Federal, compartilharam um dos cubículos de dois metros de largura por cinco de comprimento cujas paredes, ao anoitecer, cobriam-se de uma massa circulante de percevejos, simplesmente aterrorizante.[225]

> Como podia o ser humano viver submergido naquela onda negra e repulsiva? (...) Só havia uma apelação – o fogo. Queimamos todo papel disponível e não houve como dormir naquelas camas e naqueles colchões que os percevejos emporcalhavam. Leônidas ressentiu enormemente a prisão, e desde logo, como falta de respeito pessoal. Qual o nosso crime?[226]

O crime dos professores, expulsos da cátedra e presos nos dias seguintes ao levante aliancista no Rio de Janeiro, era um

---

[224] LIMA, Hermes. *Travessia*: memórias. Rio de Janeiro: J. Olympio, 1974, p. 113.

[225] LIMA, Hermes. *Travessia*: memórias. Rio de Janeiro: J. Olympio, 1974, p. 79.

[226] LIMA, Hermes. *Travessia*: memórias. Rio de Janeiro: J. Olympio, 1974. Foi na Casa de Detenção que Hermes Lima conheceu Graciliano Ramos, um homem que "apresentava asperezas de mandacaru e era, pessoalmente, seco de físico e de maneiras: desde logo fomos metidos aos dois e aos três, em sujos cubículos, cujas grades só se abriam, pelo espaço de três semanas, por horas, para o banho de sol e a higiene do corpo. Aí, pela primeira vez, encontrei Graciliano Ramos. Disse-lhe que passara a noite naquela miséria só para satisfazer a vontade de saudá-lo. Riu, foi cordial e soltou um palavrão simpático que era bom começo de amizade". No mesmo lugar, Hermes Lima conheceu também José Lins do Rego, nordestino como Graciliano, extrovertido, telúrico. Dentre os oficiais, destacava-se Agildo Barata, de "veia sarcástica, provocante, notável vivacidade mental, que o Supremo, sendo eu o relator, passados três décadas, reintegraria em seu posto de capitão para efeito do decreto de anistia, já aplicado a casos idênticos" (LIMA, Hermes. *Travessia*: memórias. Rio de Janeiro: J. Olympio, 1974, pp. 117 e 121).

só: pensar livremente as instituições.[227] Ódio ideológico, como o definiu Hermes Lima. Especialmente no Distrito Federal, o clima político tomou conta de todos os ambientes, com mais radicalidade, nos setores universitários, intelectuais e jornalísticos. A sensação, frequentemente reiterada por ele, era de que o clima de tensão favorecia uma visão dualística e maniqueísta da conjuntura política mundial: "no simplismo das interpretações que o ardor das ideias extremava, parecia não haver escapatória possível ao desfecho do dilema ideológico que reverberava: ou Roma ou Moscou".[228]

A Faculdade de Direto ardia um dos palcos desse debate. A ambiência desses contrastes em lugar nenhum do Rio de Janeiro seria mais viva do que lá. A corrente conservadora, política e espiritual, identificava na faculdade qualquer coisa semelhante a uma célula comunista, a um foco de infecção.[229] Hermes Lima foi invariavelmente fiel à posição que via, no fascismo e no integralismo, um desafio lançado às instituições representativas brasileiras.[230] Enxergava na ideia de pátria, por exemplo, um dispositivo para nomeação de inimigos que, no plano internacional, "divide em vez

---

227 Em LIMA, Hermes. *Problemas do nosso tempo*. São Paulo: Companhia Editora Nacional, 1935, p. 60, há uma passagem importante em que Hermes Lima explora a ideia de "livre exame das instituições" como motor do "progresso social e moral do mundo", não sendo outra a razão pela qual alguns setores da sociedade, refratários a mudanças, veem a liberdade de pensamento e ideias como um horror a ser combatido.

228 LIMA, Hermes. *Travessia*: memórias. Rio de Janeiro: J. Olympio, 1974, pp. 75/76.

229 LIMA, Hermes. *Travessia*: memórias. Rio de Janeiro: J. Olympio, 1974, p. 79.

230 Hermes Lima era extremamente crítico ao "mantra" de "Deus-Pátria-Família", próprio ao integralismo: "há partidos, há correntes de ação social que vão pedir às formas, aos símbolos, aos preconceitos do nacionalismo a matéria-prima de sua propaganda contra os 'derrotistas'. E todos sabemos que derrotistas são aqueles que não se cevam nas mentiras que pululam no terreno dos prejuízos sociais em que fórmulas tradicionais e prestigiosas como Deus-Pátria-Família são manipuladas ao sabor dos interesses dominantes" (LIMA, Hermes. *Problemas do nosso tempo*. São Paulo: Companhia Editora Nacional, 1935, p. 10).

CAPÍTULO II – A DÉCADA DO HORROR NO BRASIL (1935/1945)

de aproximar os homens" e, no plano interno, foi simplesmente identificado nos comunistas.[231] O problema do nacionalismo, raiz dos movimentos nazifascistas que vicejavam no mundo, foi muito abordado por ele em seus escritos. Entendia-o desfigurado no país.[232] Em *Notas à vida brasileira*, passou a limpo o processo de formação institucional do Brasil. Hermes dizia que "não é possível escrever a história nacional sem falar do povo e das revoluções de que, ao longo dela, o povo participou. Não apenas o povo restrito à minoria socialmente qualificada de que falou Gilberto Amado, mas o povo representado pela massa dos habitantes do país".[233] Ainda por suas palavras:

---

[231] LIMA, Hermes. *Problemas do nosso tempo*. São Paulo: Companhia Editora Nacional, 1935, pp. 12 e 13: "conquistar, guerrear, dominar e impor já não exprimem dever patriótico, porém técnica dos interesses de certa classe que explora a ordem social para melhor se perpetuar no poder".

[232] Para Hermes, muitos avanços da Carta de 34 foram movidos por um sentimento nacionalista, não aquele cuja identidade resulta no expurgo e na violência contra *estrangeiros* (o diferente, o comunista, o que incomoda ao poder constituído). O nacionalismo "progressista", por assim dizer, relaciona-se a uma teoria do desenvolvimento inclusiva que "se choca com interesses e privilégios entrincheirados no relacionamento social e econômico tradicional" (LIMA, Hermes. *Lições da crise*. Rio de Janeiro: J. Olympio, 1954, pp. 19-42).

[233] Acrescentou a esse respeito que: "não são apenas os elementos dominantes que se agitam. As classes pobres participam largamente das agitações, que então se verificam. Apenas porque faltavam condições objetivas que favorecessem, como assinala Caio Prado Júnior, uma estrutura democrática e popular, e ainda porque os orientadores das correntes de tendências populares radicais 'não tinham compreensão nítida do processo social que sob suas vistas se desenrolava', o tom político das reivindicações era vago e utópico, determinando tal fato que o povo acabasse sempre se colocando a reboque das classes abastadas". A conclusão de Hermes é a de que os interesses do povo, mesmo quando defendidos por correntes de pensamento liberal e progressista, estavam nas mãos de partidos não organizados dentro da massa, como órgãos diretos dela, mas por partidos representativos da classe dominante (LIMA, Hermes. *Notas à vida brasileira*. São Paulo: Editora Brasiliense, 1945, pp. 16/17).

> O futuro pertence aos partidos que ajudarem o povo a superar as condições adversas que até aqui não permitiram criar a opinião pública militante, autônoma, politicamente organizada, cuja ausência importa no lado negativo por excelência da nossa vida constitucional.[234]

Além dos livros publicados e exposições em aulas, a objeção de Hermes a ideias autoritárias o levou a colaborar, no ano de 1935, com artigos no jornal *A Manhã*, "matutino fundado por Pedro Mota Lima, porta-voz da Aliança Nacional Libertadora e que continuou circulando por algum tempo, embora sob vigilância, depois do fechamento da Aliança".[235] Os títulos sugerem porque, no contexto anti-intelectual e refratário à liberdade de cátedra da época, Hermes terminou considerado partícipe dos acontecimentos de novembro. Escreveu, por exemplo, sobre "Que significam as liberdades democráticas", "A Teoria do materialismo histórico"; "Universidade e clericalismo",[236] "Cristianismo para banqueiros e imperialistas".[237] No artigo "A posição dos intelectuais", reproduziu uma entrevista de Gilberto Freyre e José Lins do Rego à

---

[234] LIMA, Hermes. *Notas à vida brasileira*. São Paulo: Editora Brasiliense, 1945, p. 28.

[235] LIMA, Hermes. *Travessia*: memórias. Rio de Janeiro: J. Olympio, 1974, p. 87.

[236] Hermes observa que, neste artigo, pretendeu responder aos ataques recebidos pela recém-fundada Universidade do Distrito Federal de fontes que reivindicavam, para a instituição, em lugar da liberdade de cátedra conducente à confusão de doutrinas, uma "unidade de espírito" (LIMA, Hermes. *Travessia*: memórias. Rio de Janeiro: J. Olympio, 1974, p. 88).

[237] Hermes Lima consignou que escreveu esse artigo depois de se escandalizar com a solidariedade à conquista fascista da Abissínia, testemunhada do púlpito pelo arcebispo de Porto Alegre. Em seus textos, vê-se que a preocupação com o caráter leigo do Estado e suas implicações para a tutela das liberdades era um tema central. Hermes Lima tratou, como ninguém, do que chamou de "uso político e administrativo da religião", assim entendido como a intervenção da Igreja na política e no governo, em apoio e negociação de combinações eleitorais, explorando "a onda psíquica de fé e sentimento" em favor das suas ambições temporais (LIMA, Hermes. *Problemas do nosso tempo*. São Paulo: Companhia Editora Nacional, 1935, p. 59).

CAPÍTULO II – A DÉCADA DO HORROR NO BRASIL (1935/1945)

A Plateia na qual defendiam que, diante do fascismo, a atitude dos intelectuais só podia ser de "absoluta repulsa". Ele próprio reconhece que esses textos o colocavam em uma posição política de esquerda favorável a mudanças de natureza social, mas disso se defendia dizendo que, de forma alguma, tais ideias pregavam rebelião "ou pugnavam pela violência".[238]

> Insurreição, violência, golpes são atitudes e fatos que se produzem em meios diversos, em espíritos diferentes. No mundo da política, porém, tais distinções, ainda que fundamentais, se apagam no correr dos episódios caracterizados pelos atropelos da violência, do medo, da intolerância e da paixão. Por isso, pensar o novo ou pensar diferente do contexto dominante acarreta situações de crise, repressão e castigo. No rio da história cabe tudo, a inteligência como irracionalidade, a bravura como crueldade, a justiça como injustiça, a liberdade como despotismo.[239]

A colaboração em *A Manhã*, justificada pela adesão de Hermes Lima à mobilização popular orientada a barrar o integralismo, foi provavelmente utilizada como gatilho à sua perseguição. Diz-se "provável" porque não houve processo de qualquer espécie, administrativo ou criminal, salvo, óbvio, os que decorreram das ações de *habeas corpus* impetradas em seu favor. Hermes tinha certeza de que ele e os demais juristas acadêmicos, execrados e presos ilegalmente, eram "bodes expiatórios em quem os vencedores saciam a sede de represarias": "não conspirara. Nunca conspirei em toda minha carreira pública".[240] O relatório geral do delegado

---

238 LIMA, Hermes. *Travessia*: memórias. Rio de Janeiro: J. Olympio, 1974, p. 88.

239 LIMA, Hermes. *Travessia*: memórias. Rio de Janeiro: J. Olympio, 1974.

240 LIMA, Hermes. *Travessia*: memórias. Rio de Janeiro: J. Olympio, 1974, p. 114. E prossegue na página seguinte: "apenas, de uma feita, Virgílio de Mello Franco, durante o Estado Novo, acenou-me com tal possibilidade. Noticiou-se que meu nome aparecera nos papeis recolhidos após a prisão de Harry Berger, dirigente do comunismo alemão. Notícia vaga, sensacionalista, dissolveu-se

Bellens Porto sobre os acontecimentos de novembro de 1935, base à primeira denúncia em que se debruçou o Tribunal de Segurança Nacional, fez referência tão somente a Hermes Lima, ignorando os demais professores presos. A indicação, de toda sorte, era de que o professor não havia efetivamente pertencido à Aliança, nem se achava direta ou indiretamente envolvido nos fatos. A essa altura, entretanto, o estrago estava feito.

Os efeitos da repressão política na livre circulação de ideias e crítica às instituições contrastavam com o ambiente plural da faculdade. Na perspectiva de Hermes Lima, qualquer manifestação que deslizasse para propaganda política em sala de aula "desclassificaria o professor no conceito dos colegas", porque o que vigorava no ambiente universitário era uma "posição liberal de convivência de credos e filosofia".[241] A Faculdade de Direito, contudo, foi (e ainda o é) muito sensível aos atravessamentos que a "onda fascista", nas palavras do próprio Hermes, produz contra a liberdade de cátedra, dada a aproximação que as matérias possuem com assuntos sociais e políticos.

> (...) no campo das ciências jurídicas e sociais, onde está o Estado, a propriedade, a família, o trabalho, onde se situam os direitos do homem, expor e criticar doutrinas levanta reações, aumenta a quota de polêmica do diálogo, sobretudo em períodos de instabilidade política. É o livre exame das instituições do presente que conflita a liberdade de cátedra com forças temerosas de renovação intelectual.[242]

---

ao apurar-se que de uma lista de possíveis conferencistas, organizada por Valério Konder, para um curso de extensão cultural promovido pela União Trabalhista, constava meu nome. O próprio Valério esclareceu o episódio, o curso nascera e morrera com duas conferências, uma de Edgar Sussekind de Mendonça, outra de Paschoal Leme. Valério, figura importante do Partido Comunista Brasileiro, de inabalável convicção, era aberto, tolerante, e, por isto mesmo, muito respeitado em toda área da esquerda".

241 LIMA, Hermes. *Travessia*: memórias. Rio de Janeiro: J. Olympio, 1974, p. 89.
242 LIMA, Hermes. *Travessia*: memórias. Rio de Janeiro: J. Olympio, 1974, p. 89.

CAPÍTULO II – A DÉCADA DO HORROR NO BRASIL (1935/1945)

A perseguição sofrida por professores "progressistas" e, consequentemente, a opressão à liberdade de cátedra merecem especial atenção, porque refletem uma das dimensões mais graves do processo de fascistização do sistema de justiça. Traduzem, ainda, um grave problema do tempo presente, em que novos impulsos autoritários colocam os fundamentos de uma educação democrática, livre e plural, em xeque.[243] Na revista *A Época,* oficial dos estudantes do curso de Direito, Hermes Lima tratou de conceituar a liberdade de cátedra em face da propaganda política, uma distinção que deve ser, portanto, retomada:

> Separa-se a liberdade de cátedra da propaganda política porque esta visa a arregimentar e organizar cidadãos para levar a efeito programas de natureza político-partidária, ao passo que naquela é conhecimento e discussão das doutrinas que se tem em mira. Este o ambiente intelectual que a liberdade de cátedra se destina a estabelecer. A universidade abre um mercado de ideias e o professor tem direito à sua posição como qualquer outro. O perigo do sectarismo superasse pela massa de informações, de prós e contras com que a comunidade é estabelecida. Além disso, na atividade docente, reflete-se a compostura do professor. Sempre terá pouco êxito o energúmeno, a lente de um livro só, o militante submisso. Estudantes são críticos ferozes, à mocidade falta paciência para aturar maçadores.[244]

Hermes Lima recorrentemente registra que não era, nem nunca foi, "marxista no sentido político, leninista do termo". Reconhecia, sim, que o "marxismo é uma chave indispensável para

---

243 Refiro-me aos projetos da chamada Escola Sem Partido e, igualmente, às perseguições a professores de escolas públicas ou privadas, docentes de universidades em geral, pelo Ministério Público Federal, em ações de improbidade administrativa.

244 LIMA, Hermes. *Travessia*: memórias. Rio de Janeiro: J. Olympio, 1974, pp. 89/90.

a análise e compreensão da vida em sociedade". Dizia que se trata "do mais apropriado dos métodos para inserir a razão no contexto da história. Abre janelas sobre o mundo, lança sondas nas relações humanas", mas, em nenhum momento da sua história pessoal e política, pertenceu ou fez parte do Partido Comunista.[245]

Essa não devia ser, enfim, uma questão relevante para definir sua participação nos acontecimentos de novembro de 1935. A avaliação pessoal de Hermes Lima a respeito dos levantes era, inclusive, bastante crítica.[246] Como pensavam os órgãos da repressão criminal e política, isso pouco ou nada importava. Um dos argumentos mais frequentes para fundamentar a prisão de qualquer pessoa, notadamente entre 1935 e 1937, era a qualificação como comunista. Uma das estratégias era indicar a participação do indivíduo na Aliança Nacional Libertadora[247], o que, no caso de Hermes, serviu o fato de escrever artigos no jornal *A Manhã* e de defender ideias convergentes com as do programa divulgado por

---

[245] Nas palavras de Hermes Lima: "em verdade, dentro da Escola vivia-se em plena coexistência de filosofias e políticas. Jamais houve ali opinião que não se pudesse manifestar. Da conjuntura internacional caracterizada pela maré montante do nazifascismo, o integralismo pimpão e desafiador, os comunistas alarmados com os perigos que a Rússia soviética sofria, o pensamento geral da esquerda temeroso da onda totalitária, era dessa conjuntura que emanavam os apelos às opiniões radicais, à vocação polêmica, ao julgamento simplista e sumário das personalidades. Roma ou Moscou seria o dilema, sem escapatória" (LIMA, Hermes. *Travessia*: memórias. Rio de Janeiro: J. Olympio, 1974, pp. 79/80).

[246] "Além de sangrento, um erro sangrento, o levante envenenou a vida pública, preparou o caminho do golpe de 1937, deu armas à retórica libelista do oficialismo. (...). Concluía-se desastradamente o processo de radicalização da Aliança, impelida pela imaturidade aventureira do Partido Comunista à avaliação mais fantasista das condições nacionais, sacrificada a ordem constitucional, e dispersos, batidos ou presos, os elementos mais significativos do pensamento liberal e revolucionário. Dir-se-ia também que, nem taticamente, admitir o Partido Comunista trabalhar dentro da moldura da Constituição" (LIMA, Hermes. *Travessia*: memórias. Rio de Janeiro: J. Olympio, 1974, pp. 110/111).

[247] MARQUES, Raphael P. de P. Marques. *Repressão política e usos da Constituição no Governo Vargas (1934-1937)*. Curitiba: Editora Prismas, 2015, p. 129.

CAPÍTULO II – A DÉCADA DO HORROR NO BRASIL (1935/1945)

aliancistas. A única vez em que foi ouvido, nos autos do Processo n. 35, do Juízo Especial do Estado de Sítio do Distrito Federal, Hermes Lima consignou aquela que, como observa Raphael Peixoto, seria a resposta-padrão dada pela maioria dos professores e intelectuais perseguidos pelo regime:

> Que nunca tomou parte em qualquer reunião, onde se apregoasse a necessidade de alterar a forma de Governo violentamente; que suas ideias sociais e políticas sempre foram debatidas em público; que as ideias e doutrinas que professa têm sido sempre debatidas e expostas com o maior respeito pelas ideias alheias e procurando sempre imprimir esse esforço intelectual o caráter de um esclarecimento leal e objetivo dos problemas sociais e políticos do mundo contemporâneo, tendo sempre afirmado que a liberdade de opinião dentro da lei constitui uma conquista que a democracia brasileira sempre prezou e jamais deverá perder.[248]

Os juristas acadêmicos Hermes Lima, Leônidas Rezende, Edgar Castro Rebello e Frederico Carpenter foram agressivamente expulsos da Faculdade Nacional de Direito e presos porque, na visão da polícia, eram responsáveis por intelectualmente preparar o ambiente necessário à eclosão do movimento extremista. O deputado Adalberto Corrêa, anticomunista ferrenho e defensor intransigente das medidas de exceção propostas pelo governo,[249]

---

[248] ACD/Fundo CNRC, Processo n. 35, Juízo Especial do Estado de Sítio do Distrito Federal, caixa 2, 01.12.1935.

[249] Adalberto Corrêa, grande aliado do regime, chegou a presidir a Comissão Nacional de Repressão ao Comunista. Sua participação na Câmara ficou marcada pela defesa da Lei e do Tribunal de Segurança Nacional e embates com os deputados do Grupo Pró-Liberdades Democráticas. Será tratado por ocasião da descrição das lutas travadas por juristas parlamentares com a completa institucionalização do estado de exceção no Brasil da década de 1930 (DPL, 29.08.1936, p. 16.139).

resumiu por que, na visão do governo, os professores eram os mais perigosos de todos os extremistas:[250]

> Ainda hoje, continuam a fazer propaganda da liberdade sexual mais absoluta até para as medidas de 10 anos de idade, época em que dizem, devem ser servidos voluntariamente ou violentados, porque afirmam que a natureza indica que ao começar a entumecer os seios a fêmea está preparada para receber. (...) Os intelectuais comunistas constituem, pois, uma causa permanente de corrupção da mocidade e consequentemente de todas as classes sociais. Podem os Governos prender, castigar, matar essas coletividades formadas pela cátedra, se não agirem com o máximo rigor em relação aos intelectuais será um trabalho inútil porque novas coletividades pervertidas pelos mesmos causadores do mal surgirão a ameaçar a mocidade.

Alzira Vargas do Amaral, no livro que escreveu sobre o pai, consignou que, certa vez, perguntou a ele a respeito das razões pelas quais os professores haviam sido detidos. Getúlio, após ter dito que foi uma exigência dos chefes militares, registrou que eles consideravam

---

[250] O trecho parece ter sido retirado de manifestações contemporâneas de ataque ao que conservadores e reacionários chamam de "ideologia de gênero nas escolas". É impressionante perceber que, em 1935, quando Hermes Lima tratou dos *Problemas do nosso tempo*, antecipou um contexto social muito parecido com o vivenciado no Brasil atualmente. A violência à liberdade de cátedra e sua relação com a moral religiosa foi duramente criticada pelo jurista. Veja-se: "a moral leiga transfere desse modo o peso e as responsabilidades da conduta para a inteligência. Na base moral leiga, animando o seu esforço para melhorar o indivíduo e a sociedade, está, por força, o livre exame das instituições, o desejo ardente de reformas. É por isso que a Igreja, condena a moral leiga como sendo a moral dos ateus, dos livres-pensadores, dos socialistas, dos comunistas. A moral do catecismo é a da conformidade. A moral leiga é a moral dos não conformistas, a moral cujo espírito é de permanente revisão dos valores e das instituições" (LIMA, Hermes. *Problemas do nosso tempo*. São Paulo: Companhia Editora Nacional, 1935, p. 82).

CAPÍTULO II – A DÉCADA DO HORROR NO BRASIL (1935/1945)

uma injustiça serem punidos os oficiais presos de armas na mão, enquanto os instigadores, os intelectuais que pregavam as ideias subversivas, continuavam em liberdade. Foi alegado em favor da prisão imediata o fato de se utilizarem da cátedra, da pena e da imprensa para instilarem o comunismo na cabeça não suficiente amadurecida dos jovens.[251]

Hermes acrescenta a respeito desse relato, ao qual teve acesso antes de redigir o livro de memórias, em 1974, que Getúlio Vargas teria dito à filha que "os relatórios sobre esse assunto devem estar entre os papéis" que havia entregue a ela. Alzira, que não tinha lido os tais papéis, ponderou que, "se houvesse processo, pelo menos em relação a alguns, poderia dar testemunho de que 'isso' (o que deles se alegava) não era verdade".[252]

A luta pela liberdade dos professores presos pelo regime varguista foi liderada por João Mangabeira, jurista e parlamentar, cuja resistência ao autoritarismo galopante do governo terei oportunidade de aprofundar. Ao lado do também deputado Acúrcio Torres, Mangabeira foi o responsável pela impetração do *habeas corpus* em favor de Hermes Lima, Castro Rebello, Frederico Carpenter e outros.

Depois de duas ordens denegadas em primeira instância, adotou-se a estratégia de levar o caso à Corte Suprema a partir de duas ações distintas. Na primeira, via *habeas corpus* originário,[253] pretendia-se discutir a inconstitucionalidade do Decreto n. 532, que prorrogara o estado de sítio, em caráter meramente preventivo.

---

251 PEIXOTO, Alzira Vargas do Amaral. *Getúlio Vargas, meu pai*. São Paulo: Ed. Globo, 1963, p. 141.

252 LIMA, Hermes. *Travessia*: memórias. Rio de Janeiro: J. Olympio, 1974, p. 114.

253 CORTE SUPREMA. *Autos do Habeas Corpus n. 26.067*, 19.02.1936. Impetrante: João Mangabeira e Acúrcio Torres. Pacientes: Edgard Castro Rebello, Hermes Lima, Francisco Mangabeira e outros. Coator: Presidente da República. Relator Min. Hermenegildo de Barros.

No resultado, desfavorável aos pacientes, considerou-se que cabia exclusivamente "ao Executivo e ao Legislativo" decidirem se se estava diante de uma situação que caracterizasse a "emergência de insurreição armada", e que, portanto, ao "judiciário era proibido examinar o assunto, por envolver uma questão política".[254] A segunda ação era um recurso em *habeas corpus*,[255] em que se requeria o reconhecimento da ilegalidade da prisão, uma vez que os parlamentares haviam sido presos antes da decretação do estado de sítio e, sem qualquer prova concreta, acusados de autores/cúmplices dos acontecimentos de novembro de 1935.[256]

A referência que Hermes Lima faz do trabalho de resistência liderado por João Mangabeira, por dentro das fileiras do Tribunal de Segurança Nacional, é a de um grande feito:

> Esplêndido de bravura moral, em resposta à alegação do relator, quando do primeiro *habeas corpus,* de não se haver feito prova da extinção da insurreição, apontou a normalidade da vida civil e militar, cessada a prontidão nos quartéis, abolida a exigência de salvo-conduto. E aduzia: porque, "emergência de insurreição armada" com a vida normal nos quartéis e a existência civil decorrendo tranquilamente todos os dias, é uma combinação de palavras gramaticalmente organizada,

---

[254] CORTE SUPREMA. *Autos do Habeas Corpus n. 26.067,* 19.02.1936. Impetrante: João Mangabeira e Acúrcio Torres. Pacientes: Edgard Castro Rebello, Hermes Lima, Francisco Mangabeira e outros. Coator: Presidente da República. Relator Min. Hermenegildo de Barro.

[255] CORTE SUPREMA. *Autos do Recurso em Habeas Corpus n. 26.073,* 19.02.1936. Recorrente: João Mangabeira e Acúrcio Torres. Pacientes: Edgard Castro Rebello, Hermes Lima, Francisco Mangabeira e outros. Recorrido: Juiz Federal da 2ª Vara do Distrito Federal. Relator Min. Laudo de Camarco.

[256] Essa situação, na visão do impetrante, violava o artigo 175, § 2º, da Constituição de 1934, que estabelecia: Artigo 175. § 2º – Ninguém será, em virtude do estado de sítio, conservado em custódia, senão por necessidade da defesa nacional, em caso de agressão estrangeira, ou por autoria ou cumplicidade de insurreição, ou fundados motivos de vir a participar nela.

CAPÍTULO II – A DÉCADA DO HORROR NO BRASIL (1935/1945)

mas absolutamente inacessível à compreensão humana. À figura de "uma insurreição em sigilo", levantada pelo juiz, João Mangabeira replicava mostrando a impossibilidade lógica e material de semelhante entidade, irmã gêmea de um "tumulto silencioso, um quadrado esférico ou uma amplidão estreita".[257]

A recusa dos tribunais, inclusive da Corte Suprema, em examinar as circunstâncias da prisão, passava pelo argumento, ainda muito comum, de que a ação de *habeas corpus* não constitui instrumento adequado para exame de provas. Bastava que a autoridade coautora dissesse que a prisão fora determinada pela coautoria e participação em crimes contra a ordem política e social para que a Corte rejeitasse a ordem, sob o fundamento de que falece ao Poder Judiciário "apreciar os motivos e as provas concernentes à privação da liberdade".[258] No caso dos professores presos sem acusação formal alguma, ou seja, sem que soubessem exatamente o motivo da detenção, a Corte Suprema decidiu que "não havia prova manifesta e evidente do contrário", ou seja, de que eram simples professores e juristas acadêmicos. O fato

---

[257] "Os Mangabeira, homens e mulheres, possuíam como traço comum o dom de caricaturizar pessoas, ideias e acontecimentos. Era uma delícia ouvir o velho João rememorando o medo com que, numa dessas vezes, saíra do Tribunal, ali na Cinelândia, que esperava crivada de balas pela descrição, ouvida lá dentro, das conduções justificativas do estado de guerra" (Cf. LIMA, Hermes. *Travessia*: memórias. Rio de Janeiro: J. Olympio, 1974, pp. 110/111). A avaliação de Getúlio Vargas de João Mangabeira foi exposta em uma carta em que respondeu a Oswaldo de Aranha que não conferia a ele, Mangabeira, a pecha de comunista: "quanto, entretanto, à frase: – sei que o João Mangabeira não é comunista –, discordo inteiramente desta tua afirmativa. Creio-o comunista, não pelas ideias, por despeito. Creio-o como sendo dos elementos mais perigosos, porque não trepidou em abusar do seu mandato para defender todos os elementos e todos os assuntos que interessavam a essa corrente extremista, e que foram parar à Câmara dos Deputados. Usou de sua inteligência e cultura para 'habeas corpus' em favor de todos que eram presos e, mais, empenhou toda a sua capacidade e influência na defesa de Berger, inimigo n. 01 do nosso Brasil" (FGV/CPDOC, AO cp1936.01.01, microfilme 455, 29.07.1936).

[258] CORTE SUPREMA. *Autos do Habeas Corpus n. 26.073*, 19.02.1936.

demonstra, com especial objetividade, a inversão dos princípios que regem um modelo democrático de sistema de justiça. Para a maior Corte do país, cabia ao paciente provar, de forma manifesta, que não participara de crimes contra a ordem política e social, o que equivalia dizer que devia provar não compartilhar de ideias que consideravam subversivas, nem que integrava organizações como a Aliança Nacional Libertadora ou o Partido Comunista. Como a ação de *habeas corpus* não se presta à análise de provas, na prática, a discussão era obstaculizada e o paciente mantido preso.

Ao fim de 1936, os professores Hermes Lima, Edgar, Leônidas e Carpenter foram transferidos para o Quartel de Cavalaria da Polícia Militar. Sobre o último dia na prisão, Hermes conta que foi assim:

> À noite, o estrépito das patadas dos animais na cocheira soava particularmente incômodo. Caía a tarde e Leônidas notou que alguém se dirigia para o nosso alojamento trazendo um envelope branco e logo foi garantido: é a liberdade. Era mesmo. Estar em casa depois de ano e vinte e dois dias de cadeia alegrava o coração.[259]

Em junho de 1948, quando convocado a depor na Comissão de Inquérito dos Atos Delituosos da Ditadura, instaurada sob a presidência do deputado Plínio Barreto,[260] Hermes Lima falou sobre

---

[259] CORTE SUPREMA. *Autos do Habeas Corpus n. 26.073*, 19.02.1936.

[260] A Comissão foi formada por requerimento do general Euclides Figueiredo e teria a atribuição de "proceder a profundas e severas investigações no atual Departamento de Segurança Pública, no sentido de denunciar à Nação os responsáveis pelo tratamento dado a presos políticos, na Polícia Central, Polícia Especial, Casa de Detenção e de Correção, durante o período das Ilhas Grande e de Fernando de Noronha, e estaduais, durante o período decorrente entre os anos de 1934 e 1945" (DCN, 08.11.1945, p. 694). Originalmente, os trabalhos não foram executados, sendo o órgão extinto com a dissolução da Assembleia Nacional Constituinte de 1946. Raphael Peixoto de Paula comenta que, não conformado, Euclides Figueira protocolizou novo

CAPÍTULO II – A DÉCADA DO HORROR NO BRASIL (1935/1945)

o contato com centenas de outros presos políticos: "muitos deles voltavam às celas, depois de chamados a prestar depoimento na polícia, com marcas evidentes de espancamento, principalmente, quando se tratava de elementos do Partido Comunista, ou de operários e homens do povo".[261] Publicada em uma sexta-feira pelo jornal *Correio da Manhã*, a ata da audiência na Comissão de Inquérito dos Atos Delituosos da Ditadura apresenta um Hermes Lima, agora deputado pelo Partido Socialista, preocupado em registrar sua irresignação com o caráter meramente formal do regime constitucional de 1934, que, na prática, não assegurara a ele, tampouco a qualquer outro brasileiro, garantia alguma. Reclama, com rigorosa aspereza, das condições precárias de legalidade e da absoluta falta de informações a respeito da conduta que lhe era atribuída. Diz que esteve preso por mais de um ano, sem nunca ter sido chamado para responder a inquérito ou a processo de qualquer natureza, a respeito das suas atividades políticas. Lembra que foi chamado, uma única vez, para falar sobre uma carta que sequer havia escrito e mais nada.[262]

O relatório da polícia sobre as atividades de novembro de 1935, elaborado pelo delegado Bellens Porto, não concluiu pela sua participação direta ou indireta nos acontecimentos, mas,

---

requerimento, dessa vez como membro da Câmara dos Deputados, e conseguiu que fosse criada nova comissão, com os mesmos objetivos da anterior. A Comissão de Inquérito Sobre Atos Delituosos da Ditadura começou a funcionar em novembro de 1946 com a seguinte formação: Plínio Barreto (presidente), Glicério Alves, Segadas Viana, Amando Fontes, Manuel Vitor, José Maria Crispim, Raul Pila, Rocha Ribas, Campos Vergal, Carlos Nogueira e Aliomar Baleeiro, substituído por Euclides Figueiredo em dezembro de 1946. A Comissão ouviu, segundo Raphael Peixoto, durante o ano de 1947, várias pessoas entre torturados e torturadores (Cf. MARQUES, Raphael P. de P. Marques. *Repressão política e usos da Constituição no Governo Vargas (1934-1937)*. Curitiba: Editora Prismas, 2015, p. 134).

261 CORREIO DE MANHÃ. *Nas Comissões da Câmara dos Deputados*: depuseram na Comissão de inquérito dos atos delituosos da ditadura os deputados Hermes Lima e Domingos Velasco. *Correio de Manhã*, 11 jun. 1948, p. 5.

262 Esclareceu-se ter partido do jornalista Barreto Leite Filho.

ainda assim, permaneceu preso, sem ser indiciado ou contra ele apresentado indício de culpa de qualquer espécie. Esse fato lhe causou imensa revolta. Hermes Lima ressentiu-se, perante a Comissão de Inquérito, que o ministro da Justiça à época, igualmente um jurista e reconhecido professor da Faculdade de Direito da Universidade de São Paulo, tenha assistido a tudo sem mexer um único dedo. Vicente Rao será frequentemente referido por ter sido um dos grandes arquitetos do desenho institucional da repressão política do Governo Vargas. Ele gerenciou a conhecida "caça aos comunistas", redigiu a Lei de Segurança Nacional e os decretos de estados de emergência e era responsável por prestar informações em diversas ações de impugnação, movidas por presos políticos, perante o Supremo Tribunal Federal (Corte Suprema entre 1934 e 1937), oportunidade em que justificava a legalidade das detenções. Hermes Lima assim se referiu a Vicente Rao, em seu depoimento:

> Ao pensar que mesmo um professor de Direito, professor de uma das mais gloriosas faculdades jurídicas do Brasil, não se mostrou capaz de defender os direitos mínimos que a Constituição assegurava aos cidadãos, fica-se em dúvida sem o regime constitucional tem mesmo possibilidades de ser exercido neste país! Esta conclusão, entretanto, apresso-me a considerá-la pessimista e, mesmo, bem analisada, inexata, porque, falando francamente como estou, devo acentuar que, no professor de Direito que então exercia o cargo de ministro da Justiça, havia um dos fascistas mais qualificados que a reação já tem possuído neste país, e que aí está, como uma arma no arsenal da reação, à espera de ser novamente utilizado em nova oportunidade.

Por declarar que fora preso ao tempo em que Vicente Rao era ministro da Justiça, Hermes foi questionado pelo deputado Euclydes Figueiredo se não poderia esclarecer um pouco mais, "por ordem de quem foi conservado durante um ano e 22 dias na prisão?" Respondeu que não poderia fazer tal declaração porque nunca lhe comunicaram coisa alguma a esse respeito. Hermes Lima

CAPÍTULO II – A DÉCADA DO HORROR NO BRASIL (1935/1945)

acrescentou, entretanto, que, quando seus amigos foram ao então presidente da República, Getúlio Vargas, falar sobre a detenção que julgavam ilegal, S. Exa. respondeu: "eu não mandei prender, logo não posso mandar soltar". Diante da insistência de Euclydes Figueiredo, se teria a ordem de prisão partido de algum delegado de polícia ou de uma autoridade parlamentar, Hermes Lima concluiu: "a ordem só pode ter partido de autoridade superior. (...) não posso responder também. Mas, pelo menos formalmente, a ordem deve ter vindo através do Ministério da Justiça".

A incapacidade do regime constitucional de 1934 de garantir liberdades políticas e penais, apesar do texto liberal, constitui uma chave analítica importante, trazida por Hermes Lima a partir da sua experiência, e de onde se pode extrair consequências que interessam ao funcionamento da justiça política no Brasil atual. Durante depoimento na Comissão de Inquérito, ele também foi questionado sobre o que aconteceu durante a ditadura, já que suas declarações estavam adstritas ao período em que esteve preso, logo, durante o regime "aparente ou formalmente constitucional". Foi direto ao ponto: "tive conhecimento das inúmeras prisões efetuadas, principalmente no Rio de Janeiro, ao tempo da ditadura. Estes fatos eram, aliás, conhecidos de toda a gente. E eu, pessoalmente, ouvi alguns presos se queixarem de maus tratos recebidos nas prisões".[263]

O depoimento de Hermes Lima à Comissão de Inquérito da Câmara dos Deputados serve como introdução ao tema da justiça política no Brasil, porque apresenta características de um determinado modo de funcionamento estatal brasileiro que, conquanto seja bem anterior ao Estado Novo (há leis e repressão com fins políticos desde o Império), dele parece ter herdado desenhos institucionais e, especialmente, determinadas práticas de persecução, mesmo abaixo de um regime constitucional que assegure, formalmente,

---

263 CORREIO DE MANHÃ. *Nas Comissões da Câmara dos Deputados*: depuseram na Comissão de inquérito dos atos delituosos da ditadura os deputados Hermes Lima e Domingos Velasco. *Correio de Manhã*, 11 jun. 1948, p. 5.

uma série de garantias: execução de medidas repressivas de caráter administrativo (prisões), sem qualquer revestimento legal; violência e tortura em interrogatórios policiais; ausência de informações mínimas sobre a acusação; etc.

A luta pelo domínio político pode abarcar vastos campos. O emprego de procedimentos jurídicos para esse fim assume, assim, uma grande variedade de estilos. O relato de Hermes Lima dá conta de apenas uma dessas dimensões, em que a instrumentalização de medidas para isolar supostos opositores do regime ocorre no contexto de uma ordem constitucional aparentemente democrática, cujas garantias são suspensas a partir de dispositivos jurídicos de exceção. Esse modo de funcionamento da justiça política no Brasil convive com a atuação paralegal da polícia e o recurso aos tribunais, também nos períodos em que a própria Constituição ou as leis gerais do país refletem as opções por um modelo autoritário de Estado. Foi o que ocorreu a partir da Constituição de 10 de novembro de 1937, ou após 9 de abril de 1964, com o Ato Institucional n. 01. Finalmente, há o recurso aos tribunais como mecanismo de operacionalização da repressão política, em contextos como o brasileiro pós-Constituição de 1988, em que a justiça política parece prescindir, pelo menos em certa medida, da declaração de estados de emergência previstos na Carta constitucional ou de estruturas institucionais funcionando para esse fim, como, por exemplo, um Tribunal de Segurança Nacional.

Esse é o argumento central que pretendo retomar ao longo da investigação. O emprego da repressão penal, com o fim político de neutralizar inimigos do governo, arrefecer protestos sociais ou constranger ideologias contrárias ao projeto de poder estabelecido, constitui uma reafirmação das matrizes autoritárias do país, presente tanto em períodos ditatoriais quanto formalmente democráticos. Para compreender como se movimenta esse engenho institucional no Brasil, precisa-se, em primeiro lugar, definir as bases conceituais do que se deve entender por Justiça Política, sem as quais muitas perguntas serão deixadas em aberto: por que um

CAPÍTULO II – A DÉCADA DO HORROR NO BRASIL (1935/1945)

regime ou governo se disporia a confiar sua proteção e solução de disputas com seus inimigos a um organismo que aparentemente se encontra fora do seu imediato controle? Vale a pena arriscar a perda de controle em detrimento do prestígio que seus opositores podem obter com a validação de seus argumentos no tribunal? Se a atuação dos tribunais não guarda maior transcendência do que qualquer outro organismo oficial quanto à teatralização dos postulados políticos em conflito, por que empregá-los? Qual é, então, a verdadeira função dos tribunais na luta política?[264]

A repressão política no Brasil, especialmente entre 1935 e 1945, foi operacionalizada em duas frentes complementares. A primeira, concentrada na polícia, consistia na execução de práticas de violência e intimidação, destinada a produzir um ambiente de medo e retração dos movimentos de contestação ao regime. Envolvia uma série de dispositivos persecutórios secretos, alimentados por ampla rede de recolhimento ilegal de informações, denuncismo, tortura, prisões em massa e sem acusação formal. Foram agressivamente reprimidos tudo e todos que se enquadravam no papel de inimigos do regime. A segunda, centrada na atuação dos tribunais, visava à produção de um contexto jurídico que conferisse legitimidade à repressão e passasse a impressão de que o governo tratava de combater, dentro da lei, somente extremistas que colocavam em perigo a salvação do país.

Se não bastasse a imposição de sofrimento físico aos presos, várias outras técnicas foram institucionalizadas em apoio à atuação formal dos tribunais. A condução à delegacia para averiguação, conhecida prática da ditadura civil-militar de 1964/1985 no Brasil, foi largamente utilizada a partir de 1935 no país. O encarceramento

---

[264] Essas e outras questões foram colocadas por Otto Kirchheimer naquela que pode ser considerada uma das mais importantes obras sobre o tema da justiça política no mundo: KIRCHHEIMER, Otto. *Justicia política*: empleo del procedimiento legal para fines políticos. Trad. R. Quijano. [S.l.]: UTHEA, 1968, p. 3.

sem acusação formal, algo próximo ao sequestro do indivíduo por agentes do Estado, foi empregado como expediente ordinário.[265] O professor Hermes Lima não foi evidentemente o único preso nesses termos. A associação Tribunal-Polícia era de tal forma central na repressão política no Brasil que até as penitenciárias estavam submetidas ao poder da polícia que, frequentemente, dava a última palavra sobre a soltura ou não do preso. Há relatos de que a polícia transferia arbitrariamente o detento para outra penitenciária, evitando o cumprimento do alvará que lhe colocaria em liberdade.[266]

Fato é que durante a década de 1930, o país enfrentou uma das mais profundas modificações em sua estrutura política, jurídica e institucional que, em alguns aspectos, permanece inalterada na contemporaneidade. O sistema de administração da justiça criminal sofreu forte influência do projeto de modernização político-institucional desenhado no governo Vargas, baseado na

---

[265] Elizabeth Cancelli informa que o chefe de polícia de Vargas, Filinto Müller, em 6 de junho de 1936, viu-se obrigado a convocar uma entrevista coletiva para rejeitar denúncias feitas no exterior de que o Brasil tinha 17 mil pessoas encarceradas como presos políticos, dentre elas 5 mil mulheres. Nas suas contas, o país não tinha mais do 638 presos por envolvimento comunista, incluindo apenas 10 mulheres e 212 militares (CANCELLI, Elizabeth. *O mundo da violência*: a polícia da Era Vargas. Brasília: Editora Universidade de Brasília, 1993, p. 209).

[266] José Medina Filho foi condenado a cinco anos e quatro meses pelo Tribunal de Segurança Nacional. Em 15 de setembro de 1942, em resposta à alegação de que teria cumprido sua pena, o diretor da Colônia Agrícola do Distrito Federal, Nestor Verríssimo da Fonseca, remeteu um ofício ao Ministério da Justiça pedindo esclarecimentos sobre a situação de Medina. O Ministério respondeu que, conquanto tenha recebido o alvará de soltura em 6 de julho de 1942, não foi libertado por se tratar de elemento perigoso à ordem pública, segundo informações da Chefia de Polícia do Distrito Federal. Em outro caso, igualmente relatado por Elizabeth Cancelli, Amilcar de Castro Silva e Carlos Alberto de Araújo obtiveram, em *habeas corpus* impetrado por Mario Bulhões Pedreira, alvará de soltura concedido, em razão do cumprimento de suas penas. Antes que fosse executado, o advogado recebeu a informação de que ambos foram embarcados para a Ilha de Fernando de Noronha (CANCELLI, Elizabeth. *O mundo da violência*: a polícia da Era Vargas. Brasília: Editora Universidade de Brasília, 1993, pp. 210/211).

CAPÍTULO II – A DÉCADA DO HORROR NO BRASIL (1935/1945)

reacomodação das elites nas malhas burocráticas do Estado, amplas reformas institucionais no sistema legal-criminal, implosão das instituições democráticas e sua substituição por um regime pautado na centralização dos poderes públicos na figura do chefe do Poder Executivo.[267]

2.2 Horizonte de permanências

2.2.1 Antiautoritarismo e sistema de justiça criminal

> *O Direito Penal, em vez de se alimentar das desgraças e dos sofrimentos, deve servir de instrumento de proteção da pessoa diante do Estado.*
>
> Juarez Tavares

O objetivo de detectar as bases discursivas do autoritarismo brasileiro serve, nesta obra, para auxiliar na definição do que significa resistir a ele, ou seja, o *antiautoritarismo*, significante que engloba diversos matizes. Para que isso pudesse ser feito, precisaria percorrer não apenas os eixos teóricos em que se desenvolveram as principais concepções sobre autoritarismo, como expor o processo de circulação de significantes que permite identificar a configuração de uma linguagem autoritária no Direito e processo penal

---

[267] MALAN, Diogo. "Ideologia política de Francisco Campos: influência na legislação processual penal brasileira (1937-1941)". *In*: MELCHIOR, Antonio Pedro; MALAN, Diogo; SULOCKI, Victoria-Amália de B. C. Gozdawa de. *Autoritarismo e processo penal brasileiro*. vol. 1. Rio de Janeiro: Lumen Juris, 2015, p. 35. (Coleção "Matrizes Autoritárias do Processo Penal Brasileiro", organizada por Geraldo Prado e Diogo Malan). Cf. PRANDO, Camila Cardoso de Mello. *O saber dos juristas e o controle penal*: o debate doutrinário na *Revista de Direito Penal* (1933-1940) e a construção da legitimidade pela defesa social. Rio de Janeiro: Revan, 2013, p. 13.

brasileiro.[268] Essa ampla e complexa investigação já foi conduzida com indiscutível proficiência por Ricardo Jacobsen, Christiano Falk Fragoso e Rubens Casara, cada qual a seu modo, cujas obras somam-se às históricas contribuições a respeito das raízes políticas e ideológicas do sistema penal e processual penal brasileiro.[269] Deixarei de lado, apoiado neles, uma *arqueologia* do autoritarismo, inclusive, para problematizar detidamente o que escreveram autores (indispensáveis) como Hanna Arendt, Slavoj Zizek, Adorno, Eric Froom etc., e no Brasil, Oliveira Vianna, Alberto Torres, Azevedo do Amaral, entre muitos outros.

Apesar de sua complexidade, há algo no conceito de autoritarismo que flui quase intuitivamente: abuso ilegítimo do poder, perversão da autoridade. O sentido vulgar, visto de perto, já permitiria identificar aqueles que, nas disputas travadas no campo da justiça penal, encontram-se ao lado da defesa intransigente de garantias e liberdades individuais (resistência) ou do recrudescimento ilegítimo dos dispositivos de controle e repressão. Sendo, contudo, ainda hoje, uma categoria central para a afirmação de

---

[268] "A missão, portanto, é identificar os traslados de uma cadeia de linguagem a outra, essa 'espécie de prosódia das línguas políticas'. Este processo de circulação de significantes corresponde ao 'efeito de forma' operado pela linguagem, fazendo coincidir o discurso teórico com a própria narração. Assim, uma reunião entre relato de discurso é elementar para que se possa explorar a formação das linguagens e da própria história (limitadas, em nossa abordagem, pela perspectiva processual penal. (...) Metodologicamente, se pode afirmar uma relação entre o movimento ou circulação dos significantes (ou ainda, das ideias processuais penais) na produção e na determinação efetiva da vida real (do processo penal). Também os relatos ideológicos poderão empresar sentido à definição da amplitude de sua atuação – como mascaramento – na tentativa de narrar os processos de circulação" (GLOECKNER, Ricardo Jacobsen. *Autoritarismo e processo penal*: uma genealogia das ideias autoritárias no processo penal brasileiro. vol. 1, 1ª ed. Florianópolis: Tirant Lo Blanch, 2018, p. 54). Cf. FAYE, Jean Pierre. *Los Lenguajes totalitarios*: critica de la razón y de la economía narrativa. Madrid: Taurus, 1974, pp. 9-11.

[269] Por todos, BATISTA, Nilo. *Matrizes ibéricas do sistema penal brasileiro*. 2ª ed. Rio de Janeiro: Revan/ICC, 2002.

CAPÍTULO II – A DÉCADA DO HORROR NO BRASIL (1935/1945)

um modelo democrático de justiça penal, é preciso que dele se diga mais algumas coisas.

A proposta de exame do (anti)autoritarismo no sistema de justiça criminal, como orientou Jacobsen, deve se deslocar para o das formações discursivas que amparam os institutos e práticas nesse campo. Esta investigação se assenta em uma atitude metodológica centrada na compreensão dos "mecanismos de flutuação dos significantes como elemento que permite ao discurso processual penal brasileiro definir os seus ajustes, as suas teias de significação, assim como cruzar as categorias de distintos níveis".[270] Referindo-se a Jean Pierre Fayet, quem, de fato, melhor tratou das "linguagens autoritárias", Ricardo Jacobsen investiu sobre o processo de circulação de significantes, responsáveis, em última análise, pela constituição de um saber penal (e configuração de práticas) "impregnado por categorias antiliberais, no sentido jurídico da expressão".[271]

> A tarefa é identificar as "linguagens autoritárias" codificadas na teoria processual penal brasileira e nas estruturas legais que cimentam as suas linhas limítrofes. Assim, o objetivo será identificar o processo de circulação de significantes, determinar as posições ocupadas, o deslocamento de posições, a fim de se permitir o ingresso em uma economia dos enunciados, como equiparados à produção e circulação de objetos mercantis. (...).
>
> Determinadas categorias jurídicas passam a sofrer um processo de ressignificação operado a partir de um universo de sentido – o das linguagens autoritárias capturadas pelo regime fascista italiano e mobilizadas em um sentido

---

[270] GLOECKNER, Ricardo Jacobsen. *Autoritarismo e processo penal*: uma genealogia das ideias autoritárias no processo penal brasileiro. vol. 1, 1ª ed. Florianópolis: Tirant Lo Blanch, 2018, p. 54.

[271] GLOECKNER, Ricardo Jacobsen. *Autoritarismo e processo penal*: uma genealogia das ideias autoritárias no processo penal brasileiro. vol. 1, 1ª ed. Florianópolis: Tirant Lo Blanch, 2018, p. 55.

verdadeiramente autoritário. Trata-se do processo de circulação de "palavras-chave", cuja organização subterrânea é a de um "quase-língua".[272]

Como amplamente se reconhece, a abordagem do tema *autoritarismo* encontra dificuldades por interessar simultaneamente a diversos espaços. Diogo Rudge Malan resumiu em três as acepções mais correntes da palavra: sistema político, perfil psicológico e ideologia política.[273] A crítica ao autoritarismo no Brasil, para fins de definir o campo da resistência promovida por juristas, alcança os três níveis que, na prática, encontram-se frequentemente sobrepostos.[274] A década do horror no país, como venho tratando o período de 1935 a 1945, não apenas engloba a implantação de instituições próprias a um regime político autoritário, inaugurado oficialmente em 10 de novembro de 1937 com o Estado Novo, como trouxe à tona um sistema de crenças em ideias autoritárias, defendidas por atores jurídicos e políticos, a quem se pode atribuir, sem equívoco, uma "personalidade" autoritária.

Apesar de ser a espinha dorsal na formação e sustentação de regimes e práticas antidemocráticas, não tratarei da "subjetividade

---

[272] GLOECKNER, Ricardo Jacobsen. *Autoritarismo e processo penal*: uma genealogia das ideias autoritárias no processo penal brasileiro. vol. 1, 1ª ed. Florianópolis: Tirant Lo Blanch, 2018, pp. 56/57. Cf. FAYE, Jean Pierre. *Los Lenguajes totalitarios*: crítica de la razón y de la economía narrativa. Madrid: Taurus, 1974, p. 140.

[273] Fragoso acrescenta a ideia de *autoritarismo como abuso de autoridade* para se referir à acepção mais generalista do termo. Cf. FRAGOSO, Christiano Falk. *Autoritarismo e sistema penal*. Rio de Janeiro: Lumen Juris, 2015.

[274] Um regime formalmente democrático pode ser formado por pessoas a quem se pode atribuir uma personalidade autoritária e adesão à ideologia autoritária. É o que ocorre no Brasil de Jair Messias Bolsonaro (2018-2022). Por outro lado, um sistema político autoritário é necessariamente constituído por governantes, cuja personalidade e cuja ideologia mantêm a afinidade. Nesse caso, as três acepções de autoritarismo encontram-se sobrepostas.

CAPÍTULO II – A DÉCADA DO HORROR NO BRASIL (1935/1945)

autoritária".[275] Diogo Malan a definiu como perfil, conceituando-a como a "predisposição a prestar obediência incondicional, deferência a todos os detentores do poder político e tratamento de todos os subordinados desse poder com menoscabo e petulância".[276] Christiano Fragoso, referindo-se à "mentalidade autoritária",[277] escreveu tratar-se de uma "predisposição individual, fundada em circunstâncias psicológicas, psicanalíticas, cognitivas ou decorrentes do processo de socialização, a adotar ou aceitar atitudes autoritárias no exercício do poder.[278] Desde o ponto de vista da psicanálise, muitos autores se debruçaram diretamente sobre o tema, como Eric Fromm, Theodor Adorno, Wilhelm Reich, Gilles Deleuze e Felix Guattari, e outros o fizeram indiretamente, como Sigmund Freud e Jacques Lacan.[279]

---

[275] Apenas metaforicamente se pode adjetivar a subjetividade. No caso, serve para enfatizar uma determinada economia subjetiva atravessada por alguns vetores como dominação/submissão.

[276] MALAN, Diogo. "Ideologia política de Francisco Campos: influência na legislação processual penal brasileira (1937-1941)". *In*: MELCHIOR, Antonio Pedro; MALAN, Diogo; SULOCKI, Victoria-Amália de B. C. Gozdawa de. *Autoritarismo e processo penal brasileiro*. vol. 1. Rio de Janeiro: Lumen Juris, 2015, p. 9.

[277] TIBURI, Marcia. *Como conversar com um fascista*. Rio de Janeiro: Record, 2015, p. 39.

[278] FRAGOSO, Christiano Falk. *Autoritarismo e sistema penal*. Rio de Janeiro: Lumen Juris, 2015, p. 90.

[279] As contribuições de Freud ao tema do autoritarismo a partir da subjetividade foram construídas e problematizadas nos denominados textos sociais, como *O Mal-estar na civilização, Moisés e o monoteísmo, Por que a guerra?*, dentre outros. A chave de leitura da reflexão sobre autoritarismo passaria pelo conceito de pulsão de morte. Lacan tratou do assunto a partir das reflexões em torno da estrutura dos discursos. Cf. FREUD, Sigmund. "O mal-estar na civilização/Por que a Guerra?" *In*: _____. *O mal-estar na civilização*: novas conferências introdutórias à Psicanálise e outros textos (1930-1936). São Paulo: Companhia das Letras, 2010; LACAN, Jacques. *O Seminário* – Livro 17: o avesso da Psicanálise (1969-1970). Texto estabelecido por Jacques-Alain Miller. Trad. Ari Roitman. Rio de Janeiro: Jorge Zahar, 1992.

A complexidade desses estudos explica a razão pela qual não se pode tratar de "autoritarismo e subjetividade" de maneira parcial. É certo, porém, que do ponto de vista da subjetividade, os juristas que se propuseram a lutar contra o autoritarismo no país (como regime e ideologia política), definitivamente, não compartilhavam de qualquer predisposição a se submeter a autoridades políticas, jurídicas ou morais, muito pelo contrário. A resistência implica uma "postura subjetiva" de recusa à tendência a condenar, reprovar e punir pessoas que violam valores convencionais; rejeição às medidas apoiadas na destrutividade e no cinismo, em suma, uma subjetividade voltada à crítica ao abuso do poder e à obediência cega à autoridade, além de aguda sensibilidade para a defesa das liberdades, pessoas perseguidas e marginalizadas.

A ideologia[280] política autoritária, como igualmente descreveu Fragoso, se resume a três características principais: concepção anti-igualitária dos homens; consideração da ordem e segurança como bens supremos; hipervalorização do exercício do poder em detrimento dos limites impostos pelos direitos humanos e liberdades

---

[280] Malan também indica pelo menos seis acepções distintas para a palavra *ideologia*, expostas a em ordem crescente de especificidade: *(i)* processo de produção de ideias, crenças e valores em determinado contexto histórico-social (complexo de práticas significantes e processos simbólicos); *(ii)* conjunto de ideias e crenças compartilhadas que retratam as condições e vivências de determinado grupo socialmente relevante; *(iii)* promoção e legitimação dos interesses do sobredito grupo, frente a interesses contrapostos (discurso orientado por propósitos políticos); *(iv)* imposição dos interesses do poder social dominante para assegurar a adesão das classes e grupos sociais subordinados; *(v)* conjunto de ideias e crenças usado para legitimar os interesses do grupo social dominante, pelo emprego de imposturas; *(vi)* crença de natureza falsa ou ilusória, originária da estrutura material da íntegra da sociedade. Cf. MALAN, Diogo. "Ideologia política de Francisco Campos: influência na legislação processual penal brasileira (1937-1941)". *In*: MELCHIOR, Antonio Pedro; MALAN, Diogo; SULOCKI, Victoria-Amália de B. C. Gozdawa de. *Autoritarismo e processo penal brasileiro*. vol. 1. Rio de Janeiro: Lumen Juris, 2015.

CAPÍTULO II – A DÉCADA DO HORROR NO BRASIL (1935/1945)

individuais.[281] As implicações da ideologia política autoritária no campo do Direito Processual Penal serão observadas a partir do trabalho desenvolvido por Francisco Campos no propósito de consolidação jurídica do regime estadonovista. Basta, neste momento, fixar que, *"para a ideologia autoritária, além da visão da desigualdade entre os homens, a ordem ocupa todo o espectro dos valores políticos"*.[282] Esta assertiva é suficiente para situar a resistência dos juristas no contexto dos embates travados no sistema de justiça criminal.

A ideologia autoritária em matéria criminal reflete uma concepção de mundo que compreende o sistema penal e processual penal como instrumento da repressão e controle social, não como conjunto de ferramentas dirigidas a proteger o cidadão da violência punitiva do Estado (defesa de liberdades públicas). Concebendo o juiz como órgão de segurança pública ao lado das instituições policiais e do Ministério Público, essa ideologia enxerga as garantias individuais, inscritas nos textos constitucionais, como entraves à eficiência repressiva. A ideologia autoritária se articula com os fundamentos ontológicos do delito, concebendo um modelo de responsabilidade penal orientado à personalidade da pessoa, classificada como perversa ou perigosa. Finalmente, pela exaltação da autoridade, fixação na ordem e tolerância com o abuso do poder, a ideologia autoritária aposta no sistema inquisitorial, fundando um modelo processual penal baseado na concentração de poderes na agência judicial e na fragilização dos direitos de defesa e do sistema de nulidades. Como consequência dessa engrenagem, o julgamento é abdicado de critérios objetivos de cognição, passando a depender unicamente do "livre convencimento" do juiz. O indivíduo, despido de respeito e garantias, é

---

281 FRAGOSO, Christiano Falk. *Autoritarismo e sistema penal.* Rio de Janeiro: Lumen Juris, 2015, p. 84.

282 STOPPINO, Mario. "Autoridade". *In*: BOBBIO, Norberto *et al. Dicionário de Política.* vol. I. Trad. J. Ferreira. Brasília: UNB, 1999, p. 96.

submetido ao "interesse político e social" e, assim, convertido em peça descartável da maquinaria repressiva.

Os "juristas em resistência" compartilham de uma ideologia frontalmente contrária a esta e que poderia ser definida, sem excessos, como uma *ideologia antiautoritária*. No campo das ideias e valores, a ideologia antiautoritária assenta-se na crítica ao exercício abusivo do poder e se volta para uma prática teórica em liberdade e para a liberdade. A liberdade, para esses juristas, inclusive, não se restringe à liberdade individual – embora a pressuponha –, tampouco se confunde com a mera liberdade moral. Como define Juarez Tavares, "a liberdade deve ser compreendida como elemento inerente a uma ordem social igualitária, na qual a pessoa possa ter assegurada sua individualidade, mas integrada à liberdade dos demais".[283]

Enquanto afirmação de um "pensamento pedagógico antiautoritário", a ideologia antiautoritária influenciou tanto os juristas liberais quanto socialistas e marxistas.[284] Esse dado é importante,

---

[283] TAVARES, Juarez. *Fundamentos de Teoria do Delito*. Florianópolis: Tirant lo Blanch, 2018, p. 30. A obra de Juarez Tavares expressa um dos mais claros compromissos políticos de um doutrinador brasileiro com os princípios constitucionais e internacionais do Estado de Direito e com o sistema democrático.

[284] Um dos mais importantes representantes da chamada pedagogia antiautoritária foi o educador catalão, o anarquista Francisco Ferrer y Guardia, morto por fuzilamento. Apesar de absolvido da acusação de envolvimento no atentado contra o rei Afonso XIII de Espanha, em 1906, terminou executado em 13 de outubro de 1909 na prisão de Montjuic, dessa vez acusado de instigar a revoltas populares em Barcelona. Francisco Ferrer y Guardia foi o fundador da chamada *Escola Moderna*, uma instituição que surge de um movimento pedagógico influenciado pelos textos de Freud sobre transferência (adaptado para pensar a relação interpessoal entre educador e educando) e sobre sexualidade (a partir do qual se pensou a necessidade de superarem-se os processos educativos concebidos para a normalização de crianças e adolescentes). Ferrer, pai da escola racional e libertária, pensava na educação como instrução de emancipação e formação de homens e mulheres livres. Além dele, foi destacado expoente da pedagogia antiautoritária o professor francês Célestin Freinet. Cf. GADOTTI, Moacir. *História das*

CAPÍTULO II – A DÉCADA DO HORROR NO BRASIL (1935/1945)

uma vez que – definindo-se pela negação – a ideologia e as práticas antiautoritárias comportam uma bricolagem de pensamentos políticos, unificados pela defesa de direitos individuais, emancipação do homem das injustiças sociais e construção de uma sociedade livre e igualitária.

No campo da justiça penal, a ideologia antiautoritária assenta-se na reação a todo e qualquer modelo jurídico que autorize, tolere ou induza ao exercício arbitrário do poder ou, ainda, esteja atravessado pela crença em uma "estrutura social baseada na hierarquia e instrumentalizada para fins conservadores (ideologia de ordem)".[285] A ideologia antiautoritária, em matéria criminal, assume, como premissa inegociável, a prevalência da liberdade em face do poder punitivo do Estado, orientando a construção de um saber jurídico que sirva como controle da competência repressiva estatal e produza práticas libertárias efetivas. No âmbito dogmático, portanto, a ideologia antiautoritária funda a constituição de uma teoria crítica, profundamente comprometida com a sua finalidade política e, portanto, refratária ao tecnicismo jurídico, responsável por conduzir "à neutralização da função judicial de contenção filtrante da irracionalidade" e fomentar o "desbaratamento policial do Estado de Direito".[286]

Em outras palavras, o Direito Processual Penal, desde o ponto de vista dos juristas em resistência ao autoritarismo, surge e só se justifica como limites ao poder do Estado, na redução do arbítrio

---

ideias pedagógicas. 8ª ed. São Paulo: Ática, 2008; SAFÓN, Ramón. *O racionalismo combatente de Francisco Ferrer Guardia.* São Paulo: Imaginário, 2003; FERRER Y GUARDIA, Francisco. *La Escuela Moderna.* Barcelona: Ed. Solidaridad, 1912.

[285] MALAN, Diogo. "Ideologia política de Francisco Campos: influência na legislação processual penal brasileira (1937-1941)". *In*: MELCHIOR, Antonio Pedro; MALAN, Diogo; SULOCKI, Victoria-Amália de B. C. Gozdawa de. *Autoritarismo e processo penal brasileiro.* vol. 1. Rio de Janeiro: Lumen Juris, 2015, p. 10.

[286] ZAFFARONI, Eugenio Raúl. "Prefácio". *In*: TAVARES, Juarez. *Fundamentos de Teoria do Delito.* Florianópolis: Tirant lo Blanch, 2018, pp. 17/18.

e na produção de práticas orientadas a racionalizar as respostas estatais aos desvios criminalizados.

O autoritarismo como *regime político* enuncia um modelo concentrado de poder governamental em um único órgão ou pessoa, privilegiando-se, assim, uma autoridade hierarquizada, cujo exercício se notabiliza pelo emprego de meios coercitivos contra opositores.[287] O regime político autoritário está marcado pela posição secundária das instituições representativas, crítica ao pluralismo partidário e autonomia dos sindicatos: "todos os grupos de pressão em geral são reduzidos à mínima expressão e as instituições destinadas a representar a autoridade de baixo para cima ou são aniquiladas ou substancialmente esvaziadas".[288]

Notadamente em razão do impacto produzido pelos escritos de Hanna Arendt, é importante aclarar as diferenças – se é que de fato existem – entre autoritarismo e totalitarismo. Tanto Jacobsen quanto Fragoso referem que o termo totalitarismo foi primeiramente empregado por Giovanni Amendola em artigos publicados no jornal *Il Mondo*, como forma de criticar o fascismo italiano, ou seja, é uma expressão originalmente antifascista. Indo ao primeiro texto em que abordou o assunto, publicado em 12 de maio de 1923, observa-se que Amendola definiu o "sistema totalitário", colocado entre aspas, como a tendência fascista voltada a impedir a formação de oposição às eleições administrativas, de modo a permitir o predomínio da maioria em detrimento das minorias. Ao fim de junho, a expressão retornou, dessa vez sem aspas, em um artigo sobre a reforma eleitoral. Sucessivamente, o adjetivo

---

[287] MALAN, Diogo. "Ideologia política de Francisco Campos: influência na legislação processual penal brasileira (1937-1941)". *In*: MELCHIOR, Antonio Pedro; MALAN, Diogo; SULOCKI, Victoria-Amália de B. C. Gozdawa de. *Autoritarismo e processo penal brasileiro*. vol. 1. Rio de Janeiro: Lumen Juris, 2015, p. 8.

[288] FRAGOSO, Christiano Falk. *Autoritarismo e sistema penal*. Rio de Janeiro: Lumen Juris, 2015, p. 64.

CAPÍTULO II – A DÉCADA DO HORROR NO BRASIL (1935/1945)

"totalitário" foi tornando-se central na análise amendoliana do fenômeno fascista.[289] Em artigo publicado em 2 de novembro de 1923 com o objetivo de realizar um balanço do primeiro ano do governo Mussolini, Giovanni Amendola escreveu:

> *Veramente la caratteristica più saliente del moto fascista rimarrà, per coloro chelostudieranno in futuro, lospirito "totalitario", il quale non consente all'avvenirediaverealbeche non sarannosalutatecol gesto romano, come non consente al presente dinutrire anime che non sianopiegatenellaconfessione "credo". Questasingolare "guerra di religione" che da oltre un anno imperversa in Italia non vi offre una fede (...) ma in compenso vi negail diritto di avere una coscienza – la vostra e non l'altrui – e vi preclude con una plumbeaipotecal'avvenire".[290]*

Em seu último discurso público, Amendola incluiu o "espírito de intolerância totalitária" e a "ansiosa vontade totalitária" como uma das características do fascismo que, em suas próprias palavras, *"rappresentava la totalitaria reazione al liberalismo e alla democrazia".*[291]

Na avaliação de Giovanni Belardelli, o debate historiográfico acerca da natureza totalitária do regime fascista, entretanto, ressentiu de melhor esclarecimento do uso do termo totalitário.[292]

---

[289] PETERSEN, Jens. "La nascita del concetto di 'Stato totalitário' in Italia". *Annali dell'Instituto Storico Ítalo-Germanico in Trento*, I, 1975, pp. 155-160.

[290] GRUPPO LAICO DI RICERCA. "La determinazione di um liberale: Giovanni Amendola". *Gruppo Laico di Ricerca*, 6 abr. 2017. Disponível em https://www.gruppolaico.it/2017/04/06/la-determinazione-di-un-liberale-giovanni--amendola/. Acessado em: 21.06.2019.

[291] AMENDOLA, Giovanni. *La democrazia italiana contro il fascismo*: 1922-1924. Nápoles: Ricciardi, 1960, p. 102.

[292] *"A volte infatti non si ètenuto conto di come esso non abbia los tesso significato in Amendola e in una studiosa come Hannah Arendt. Il primo, come abbiamo visto, lo usa la prima volta per definirelo 'spirito' intollerante di un partito che comunque fa ancora parte di un governo di coalizione (come è*

De qualquer forma, serviu – no contexto próprio ao fascismo dos anos 20 – para qualificar a "suspensão patológica das liberdades fundamentais",[293] assim como a violação generalizada aos princípios fundamentais da democracia constitucional, como a importância do Parlamento, do sufrágio universal, do pluralismo partidário e de outras regras básicas do liberalismo político. Os fascistas, atravessados pelo ódio à democracia liberal, incorporaram o totalitarismo à sua gramática política, especialmente para tratá-lo a partir de uma racionalidade legitimatória. A ideia de "Estado total" ou "totalitário" assumiu, ainda, um centralismo teórico absoluto para a edificação do regime nazista.

Para Hanna Arendt, o totalitarismo expressa um "regime político inovador", distinto de qualquer outra forma conhecida de opressão política.[294] Para Slavoj Zizek, por sua vez, o conceito de totalitarismo é imprestável para uma crítica desde a esquerda política

---

quello presieduto da Mussolini a un anno dalla sua costituzione); la seconda, e in generale la letteratura sul totalitarismo sviluppatasi dopo la seconda guerra mondiale, lo impiega per individuare un tipo di regime che – come quello nazionalsocialista e quello staliniano – ha una sua caratteristica specifica nel terrore di massa e nel sistema concentrazionario" (BELARDELLI, Giovanni. "La crisi della democrazia in Italia e la natura del fascismo". *Il Pensiero Politico*: Revista di Storia delle Idee Politiche e Sociali, Florença, Leo S. Olschki, 2015, ano XLVIII, nº 1-2, 2015, pp. 261-267).

[293] COSTA, Pietro. "Lo Stato totalitario: un campo semantico nella giuspubblicistica del fascismo". *Quaderni Fiorentini per la Storia del Pensiero Giurídico Moderno*, vol. 28, nº 11, 1999, p. 65.

[294] ARENDT, Hannah. *Origens do totalitarismo*. Trad. Roberto Raposo. São Paulo: Companhia das Letras, 2006, p. 512. Como se sabe, Hanna Arendt trata o nazismo e o stalinismo como os dois exemplos de regime totalitário. Ricardo Jacobsen observa que a equalização entre eles, como único fenômeno autenticamente totalitário, além de se constituir como um pensamento claramente conservador acaba por inserir o liberalismo como a única via a ser eleita. Cf. GLOECKNER, Ricardo Jacobsen. *Autoritarismo e processo penal*: uma genealogia das ideias autoritárias no processo penal brasileiro. vol. 1, 1ª ed. Florianópolis: Tirant Lo Blanch, 2018, p. 64.

CAPÍTULO II – A DÉCADA DO HORROR NO BRASIL (1935/1945)

e não passa de uma "confusão ontológica".[295] John Galbraith,[296] por outros argumentos, também insistiu que nenhum regime político existe *ontologicamente* e que toda distinção entre democrático, autoritário, totalitário etc. somente expressa uma diferença de graduação no exercício do poder. O que verdadeiramente importa aqui é definir os contornos de uma linguagem *antiautoritária*, com o que a distinção entre totalitarismo e autoritarismo pode ser, inclusive, contraproducente, mesmo que não descartada. Essa diferenciação, como colocada por Ricardo Jacobsen, promove, funcionalmente, uma "naturalização do fenômeno autoritário":

> Sempre em comparação com o que ocorrera na Alemanha, os juristas italianos negarão que tivesse existido na Itália um regime de completa ilegalidade, o que viria a garantir o enraizamento e a naturalização de práticas e discursos autoritários.[297]

A negação de um modelo totalitário (identificado no arquétipo nazista) permite, no campo do discurso jurídico-penal, um deslocamento que assegura a reconfiguração autoritária das práticas punitivas ou, em outras palavras, sua "reciclagem permanente".[298]

---

[295] ZIZEK, Slavoj. *Alguém disse totalitarismo?* São Paulo: Boitempo, 2013, p. 10.

[296] GALBRAITH, John Kenneth. *The Anatomy of power*. Boston: Houghton Mifflin, 1983, p. 36.

[297] GLOECKNER, Ricardo Jacobsen. *Autoritarismo e processo penal*: uma genealogia das ideias autoritárias no processo penal brasileiro. vol. 1, 1ª ed. Florianópolis: Tirant Lo Blanch, 2018, pp. 65 e 78.

[298] Como indica Rui Cunha Martins, para pensar a questão da permanência, é preciso abandonar o paradigma emergente, assim definido como uma situação paradigmática que nega o anterior e despreza a possibilidade do múltiplo e do simultâneo. A ele, se deve contrapor o paradigma da simultaneidade: a) o tempo apresenta como marca a articulação constante de elementos contraditórios, tornando inoperante a tentativa de pensar a *mudança* unicamente enquanto superação, isto é, como um processo em que o *novo* corresponde apenas à substituição do que existe; b) a transição, em sua ambiguidade, vela que as ideias, práticas e instituições estão inseridas no contexto do múltiplo,

ANTONIO PEDRO MELCHIOR

A hipótese aventada por John Galbraith[299] de que um regime formalmente democrático seja exercido, na prática, como um regime autoritário é, no caso brasileiro, uma contundente realidade. A manutenção do termo autoritarismo cumpre, neste contexto, o papel de "servir de base operativa através da qual se pode verificar e diagnosticar práticas que não servem à democracia".[300]

Os regimes políticos autoritários, como resumiu Christiano Fragoso, detém, em maior ou menor medida, as seguintes características: a) ausência ou debilitação do Poder Legislativo, convertido em órgão secundário ou submisso ao chefe do Poder Executivo; b) supressão do sufrágio universal e, consequentemente, eleições livres e periódicas; c) ausência de liberdade real e restrição formal dos subsistemas políticos; d) proibição ou redução do pluralismo político à mero simulacro; e) ataque à liberdade de cátedra e censura à livre circulação do pensamento e da imprensa; f) destruição da autonomia dos grupos politicamente relevantes ou sua tolerância condicionada ao colaboracionismo com o poder constituído.[301]

Essa descrição, naturalmente incompleta, fornece as chaves que permitem enquadrar o regime jurídico e político do Estado Novo em um típico regime autoritário. Algumas características descritas por Hanna Arendt para qualificar a "terrível forma de opressão política totalitária", contudo, não deixam de se adequar

---

enquanto coabitação do diverso. Disso implica, como insistiu Rui Cunha, uma "certa impossibilidade de fim; os organismos deslocam-se e fazem-no sob outras formas", em uma espécie de reciclagem permanente. Cf. MARTINS, Rui Cunha. *A Hora dos cadáveres adiados*: corrupção, expectativa e processo penal. São Paulo: Atlas, 2013, p. 86.

[299] GALBRAITH, John Kenneth. *The Anatomy of power*. Boston: Houghton Mifflin, 1983, p. 36.

[300] GLOECKNER, Ricardo Jacobsen. *Autoritarismo e processo penal*: uma genealogia das ideias autoritárias no processo penal brasileiro. vol. 1, 1ª ed. Florianópolis: Tirant Lo Blanch, 2018, p. 79.

[301] Em geral, são estas as características apontadas por FRAGOSO, Christiano Falk. *Autoritarismo e sistema penal*. Rio de Janeiro: Lumen Juris, 2015, p. 80.

CAPÍTULO II – A DÉCADA DO HORROR NO BRASIL (1935/1945)

ao que se viu no Brasil entre 1937 e 1945: figura do chefe infalível e líder das massas; pretensão de ocupar todos os espaços da organização social; introdução de inimigos políticos como política de governo, associada a forte emprego de propaganda oficial contra estes; produção de terror, perseguição policial e judicial implacável da dissidência ao regime.[302]

A estrutura narrativa do pensamento autoritário brasileiro, forjado especialmente na década de 1930, foi sintetizada por Ricardo Silva e oferece um quadro importante para identificação de suas características principais.[303] A própria luta antiautoritária no sistema de justiça criminal deve ser pensada como recusa à base operativa desse pensamento e discurso. Um aspecto central de tal estrutura, com graves implicações no sistema de justiça penal, passa pela insistência na retórica de crise iminente e de grandes proporções, uma espécie de desastre social (e político) que exige respostas imediatas e soluções urgentes.

Em toda a década de 1930, apoiado na forte propaganda anticomunista na imprensa, o discurso a que Ricardo Silva qualificou como *catastrofismo* foi insistentemente reproduzido. A emergência, como investigou ainda Fauzi Hassan Chouckr,[304] constitui uma parte sensível dos discursos autoritários, cumprindo o papel de fomentar a imposição de medidas refratárias às liberdades, especialmente no campo do controle social e político.[305] Essas medidas, "justificadas" pela necessidade de combater um perigo atual e

---

[302] ARENDT, Hannah. *Origens do totalitarismo*. Trad. Roberto Raposo. São Paulo: Companhia das Letras, 2006, pp. 393-474.

[303] Além do catastrofismo, Ricardo Silva indica outras características do pensamento autoritário brasileiro, por exemplo, o cientificismo, elitismo, nacionalismo político e antiliberalismo (SILVA, Ricardo. *A ideologia do Estado autoritário no Brasil*. Chapecó: Argos, 2004, pp. 117/118).

[304] CHOUKR, Fauzi Hassan. *Processo penal de emergência*. Rio de Janeiro: Lumen Juris, 2002.

[305] FOUCAULT, Michel. *Segurança, população e território*. São Paulo: Martins Fontes, 2008.

grave, frequentemente se convertem – pela própria urgência que o discurso convoca – em medidas tipicamente de exceção.

O catastrofismo, dentro da estrutura do discurso autoritário, serviu (e ainda serve) para promover uma espécie de economia subjetiva "submissa", orientada à aceitação da ideia de *inimigos* a serem combatidos. Alçada a paradigma de governo e apoiada sob a manipulação do medo na sociedade, o contexto de exceção se torna permanente, promovendo a institucionalização de uma "guerra suja" em que a eliminação dos tais "inimigos" se torna um imperativo. Em suma, os discursos de *emergência* funcionam como pretexto para que um regime de orientação autoritária invista contra as liberdades individuais e execute medidas em nome da ordem e da segurança, sem qualquer limitação jurídica.[306] Nas palavras de Ana Izabel Pérez Cepeda:

> *De acuerdo con el paradigma de construcción social de la realidad (del sistema penal), el riesgo que amenaza, generalmente en forma de enemigo, es presentado, y vivido, como emergencia, como peligro ante el que hay que responder de forma urgente y excepcional. Esto incentiva la aceptación social de repuestas que desconozcan los límites jurídicos previamente alcanzados.[307]*

---

[306] Na interpretação de Zaffaroni do pensamento de Schmitt, a guerra frente ao inimigo não possui qualquer limitação, nem mesmo o limite do foro íntimo construído por Hobbes, assentado na ideia de liberdade religiosa. Para Schmitt, o pensamento hobbesiano legitimava a resistência ao soberano em tais situações: "se admitirmos a existência do inimigo, mas colocarmos limites à sua indicação, não podemos negar que quando o poder definidor exceder esses limites fará surgir um direito de resistência por parte do cidadão arbitrariamente indicado como inimigo e isso negaria o próprio poder de sinalização do Estado e a própria essência da política" (ZAFFARONI, Eugenio Raúl. *O inimigo no Direito Penal*. Trad. Sérgio Lamarão. Rio de Janeiro: Revan, 2007, pp. 138-141).

[307] PÉREZ CEPEDA, Ana Isabel. "El paradigma de la seguridad en la globalización: Guerra, enemigos y orden penal". *El Derecho Penal frente a la inseguridad global*, Albacete: Bomarzo, 2002, p. 94.

CAPÍTULO II – A DÉCADA DO HORROR NO BRASIL (1935/1945)

Especialmente a partir de 1935, o Brasil foi palco de inúmeras medidas de exceção, tanto pela via da aplicação distorcida de normas constitucionais (que autorizavam a decretação de estado de sítio ou de guerra) quanto pela via obtusa das práticas policiais e judiciais. Entre ambas as manifestações, igualmente nefastas, não existe claramente uma demarcação. Mesmo a decretação de medidas de exceção com fulcro em regras constitucionais pode ser realizada de forma arbitrária, com fundamento em discursos de emergência sem lastro empírico, quando não baseados em evidências falsas (o Plano Cohen é um exemplo). Ainda que sigam ritos e estejam aparentemente justificadas, as medidas de exceção tendem a se desviar da ordem constitucional para serem empregadas como política de governo, alimentando um ambiente de "guerra permanente" que interessa aos detentores do poder político para conservação das posições de dominância.

Como demonstra a experiência brasileira dos anos 1930, retomada na década de 1960 em diante, o discurso do "perigo iminente" (de revoltas comunistas) permitiu a introjeção de uma "situação de exceção" no país, muito parecido com o que se pretende fazer atualmente por meio da narrativa moral do "combate aos graves perigos da corrupção sistêmica no Brasil". Diante de tal reciclagem, convém que fique claro o seguinte: sempre que um governo consegue, por assim dizer, "emplacar o discurso da "situação excepcional", obtém como efeito a instauração de um contexto jurídico indefinido,[308] uma espécie de espaço vazio de

---

308 O estado de exceção, na formulação de Agamben, situa-se numa zona de indeterminação, eis que não é exterior, nem interior ao ordenamento jurídico: "o estado de exceção é, nesse sentido, a abertura de um espaço em que a aplicação e norma mostram a sua separação e em que uma pura 'força de lei' realiza (isto é, aplica desaplicando) uma norma cuja aplicação foi suspensa. (...) Isso significa que, para aplicar uma norma, é necessário, em última análise, suspender sua aplicação, produzir uma exceção. Em todos os casos, o estado de exceção marca um patamar onde lógica e práxis se indeterminam e onde uma pura violência sem *logos* pretende realizar um enunciado sem nenhuma referência real" (AGAMBEN, Giorgio. *Estado de exceção*. Trad. Iraci

ANTONIO PEDRO MELCHIOR

normatividade, favorável a eclosão de práticas ilegais, sem qualquer limite. Isso vale tanto para o ambiente social governado por regimes autoritários quanto para os declaradamente democráticos.[309]

Em qualquer caso, a consequência do quadro de "uma exceção que não é exceção" é sempre a mesma, qual seja, a institucionalização de um modelo de *guerra suja*[310] que, apoiado na retórica da "necessidade imanente",[311] promove franca e descon-

---

D. Poleti. São Paulo: Boitempo, 2004, p. 13). Como indica Pedro Serrano, a exceção, na visão de Agamben, não pode ser considerada situação de fato ou de direito, pois se encontra na fronteira entre os dois conceitos. Serrano acrescenta, contudo, que tanto Agamben quanto Schmitt constatam que a exceção, enquanto anomia, "zona vazio de direito, é relevante para confirmar o direito. A existência da exceção confirma o âmbito de validade da regra, qual seja, o caso normal, a situação cotidiana" (SERRANO, Pedro Estevam Alves Pinto. *Autoritarismo e golpes na América Latina*: breve ensaio sobre jurisdição e exceção. São Paulo: Alameda, 2016, p. 64).

[309] Como se refere Pedro Serrano, Agamben, influenciado por Walter Benjamin, desenvolveu a tese de que "no interior das democracias contemporâneas convive o Estado de exceção como uma permanência biopolítica, que tende a tratar amplos contingentes da população como vida-nua, ou seja, viventes desprovidos de proteção política, jurídica e até teológica, reduzidos à mera condição de vida biológica" (SERRANO, Pedro Estevam Alves Pinto. *Autoritarismo e golpes na América Latina*: breve ensaio sobre jurisdição e exceção. São Paulo: Alameda, 2016, p. 65).

[310] Nas palavras de Agamben: "não há senão uma zona de anomia em que age uma violência sem nenhuma roupagem jurídica. A tentativa do poder estatal de anexar-se à anomia por meio do estado de exceção é desmascarada por Benjamim por aquilo que ela é: uma *ficcio iuiris* por excelência que pretende manter o direito em sua própria suspensão como 'força de lei'. Em seu lugar, aparece agora uma *guerra civil*, isto é, uma ação humana que renunciou a qualquer relação com o direito" (AGAMBEN, Giorgio. *Estado de exceção*. Trad. Iraci D. Poleti. São Paulo: Boitempo, 2004, p. 92).

[311] A "necessidade", como recurso discursivo do "soberano", apresenta-se como mero juízo pessoal e subjetivo, de forma que necessárias e excepcionais serão sempre aquelas situações assim declaradas pelo detentor do poder estatal. A necessidade se reduz assim a uma mera decisão, cujo objeto é algo indecidível de fato e de direito. Foi o que expressou Agamben: "a necessidade não tem lei, o que deve ser entendido em dois sentidos opostos: "a necessidade não reconhece nenhuma lei" e a "necessidade cria a sua própria lei" (AGAMBEN,

CAPÍTULO II – A DÉCADA DO HORROR NO BRASIL (1935/1945)

trolada repressão contra os inimigos do regime constituído. A luta dos juristas em resistência ao autoritarismo no sistema de justiça criminal brasileiro claramente se expressa na violenta objeção a esse processo. A análise dos embates travados no Parlamento, tribunais e na doutrina revela que a linguagem *antiautoritária* está relacionada a crítica aos discursos que, em nome da segurança e ordem, sustentam leniência das leis, urgência de recrudescimento penal e imposição de medidas de exceção.

No campo da justiça penal, tanto o *antiliberalismo político* quanto o *pensamento antidemocrático* representam, além do *catastrofismo*, aspectos centrais da estrutura narrativa do pensamento autoritário brasileiro. Francisco Campos dizia que o "sentido democrático da Constituição de 10 de novembro" não seria entendido por aqueles que não conhecem outra forma democrática além da estabelecida pelo liberalismo político: "a teoria do Estado liberal reivindica para si a exclusividade do pensamento democrático, fazendo crer que, se o regime político não consagrar princípios liberais, há de ser fatalmente uma autocracia, uma ditadura, um regime absolutista".[312]

A repulsa a noção de democracia como "atitude de revolta contra a ordem estabelecida" expressa uma característica da formação discursiva autoritária que, em se tratando de sistema de justiça criminal, não pode ser ignorada;[313] da mesma forma, a

---

Giorgio. *Estado de exceção*. Trad. Iraci D. Poleti. São Paulo: Boitempo, 2004, p. 40).

312 CAMPOS, Francisco. "Problemas do Brasil e solução do regime". *In*: _____. *O Estado Nacional*: sua estrutura, seu conteúdo ideológico. Brasília: Senado Federal, Conselho Editorial, 2001, p. 75.

313 CAMPOS, Francisco. "Diretrizes do Estado Nacional". *In*: _____. *O Estado Nacional*: sua estrutura, seu conteúdo ideológico. Brasília: Senado Federal, Conselho Editorial, 2001, pp. 56/57. Vale insistir nas palavras de Campos, então ministro da Justiça do governo Vargas: "as Cartas políticas (no século XVIII) feitas sob a influência desse clima de ideias reduziam-se a organizar a luta dos cidadãos contra o poder. A parte capital das Constituições era a declaração de direitos e de garantias individuais. O grande inimigo era o

ideia de prevalência do princípio da autoridade e de preferência do interesse social em face dos direitos e garantias individuais.

É verdade que a classificação de regimes políticos por meio da descrição de tipos ideais é problemática, mas há relativo consenso a respeito da definição de um regime político como autoritário ou democrático, ainda que os sistemas não sejam concebidos de forma ontológica. No caso do saber penal e das práticas repressivas, contudo, as definições conceituais permanecem em dura disputa. Qual o sentido da palavra *democracia* quando se está em questão o funcionamento do sistema de justiça criminal? O que seria um *modelo processual democrático* e como ele se diferenciaria de um *modelo autoritário*, como defendido por Francisco Campos?

Apesar da complexidade da discussão,[314] é legitimo reconhecer que, entre os juristas contemporâneos, Luigi Ferrajoli defendeu uma posição relevante sobre o conceito de democracia, pelo menos no que se refere ao objetivo político de defesa das garantias fundamentais e à maximização do sistema de controle do poder punitivo. Em necessária síntese, a noção de democracia, embora o pressuponha, não se esgota no sufrágio universal e no princípio majoritário, condições somente formais, isto é, relativas à forma e ao método (ao quem e ao como) das decisões, mas principalmente se posiciona a respeito da substância ou dos conteúdos (aquilo

---

poder (...). As Constituições tinham um caráter eminentemente negativo: declararam os limites do governo, ou o que ao governo não era lícito restringir ou limitar – e esta era, precisamente, a declaração das liberdades individuais. A transformação operada no mundo mudou o clima político. (...) Tratava-se, portanto, de inverter o conceito de democracia, próprio do século XVIII".

[314] As discussões em torno do conceito de democracia são particularmente intensas no âmbito do constitucionalismo. Cf. BAYÓN, Juan Carlos. "Democracia y derechos: problemas del constitucionalismo". *In*: CARBONELL, Miguel; JARAMILLO, Leonardo García (Coord.). *El Canon neoconstitucional*. Madrid: Editorial Trotta, 2010, pp. 300/301.

CAPÍTULO II – A DÉCADA DO HORROR NO BRASIL (1935/1945)

que) em relação aos quais a nenhuma maioria é lícito decidir.[315] A concepção de que, diante do poder político, há uma esfera decidível e outra não decidível permite que os direitos fundamentais estipulados nas Constituições sejam percebidos como limites e vínculos a quaisquer poderes, ao autogoverno e, portanto, à vontade e autonomia dos cidadãos.[316] No Brasil, Juarez Tavares concebe o conceito de "democracia" de maneira similar:

> A democracia moderna não se caracteriza apenas pela representação popular, mas, sim, principalmente pela participação de todos na elaboração da ordem jurídica, sob o pressuposto de que cada cidadão tenha a capacidade de decidir acerca dos caminhos de sua própria existência (...).
>
> Analisando precisamente a relação entre produção jurídica e realidade, demonstra Honneth, com precisão, que uma ordem jurídica só pode ser considerada legítima quando construída sob o panorama de proteção da liberdade. Será a liberdade o elo indissolúvel entre cidadãos e o Estado no sentido da consecução de uma ordem jurídica democrática.[317]

No que se refere ao campo da justiça penal, a linguagem antiautoritária está assentada em dois fundamentos: i) concepção de democracia relacionada ao controle do poder estatal, impondo-se ao Direito Criminal o dever de estabelecer os instrumentos capazes de concretizar estes limites; ii) prevalência da liberdade em

---

[315] FERRAJOLI, Luigi. *Garantismo*: uma discussão sobre Direito e democracia. Rio de Janeiro: Lumen Juris, 2012, p. 76.

[316] "E qualquer poder, por mais democrático que seja, é submetido, pelo paradigma da democracia constitucional, a limites e vínculos, como são os direitos fundamentais, destinados a impedir a sua degeneração, segunda a sua intrínseca vocação, em formas absolutas e despóticas" (FERRAJOLI, Luigi. *Garantismo*: uma discussão sobre Direito e democracia. Rio de Janeiro: Lumen Juris, 2012, p. 80).

[317] TAVARES, Juarez. *Fundamentos de Teoria do Delito*. Florianópolis: Tirant lo Blanch, 2018, p. 29.

face do interesse repressivo.[318] O Estado de Direito, como escreveu Geraldo Prado,[319] "evoca o problema da relação entre sujeitos, o Direito e o poder e se caracteriza por instaurar um nexo funcional (Direito) entre o poder e os sujeitos de modo a controlar o poder e direcioná-lo à realização das plenas potencialidades dos seres humanos". Jean Rivero e Hugues Moutouh, expoentes do pensamento jurídico francês, também estão de acordo que, nos países que reivindicam a qualidade de Estado de Direito, a democracia política deve ser entendida como o conjunto de solução dadas ao problema do estatuto das liberdades.[320]

Todo o poder penal está sujeito a constrangimentos democráticos, materializados em garantias fundamentais de natureza constitucional e convencional que tutelam a liberdade do cidadão. Esse campo representa, nas palavras de Rui Cunha Martins,[321] o microcosmo do Estado de Direito, assim caracterizado na medida em que instaure uma sujeição do poder ao Direito, em última análise,

---

[318] Especificamente tratando de uma teoria crítica do delito, portanto, substancialmente antiautoritária, Tavares acrescentou determinadas tarefas, cujo cumprimento é imprescindível à constituição de um saber sobre o delito realmente democrático. Em resumo, sublinho o seguinte: dever de "confrontar os elementos normativos com os dados da realidade empírica para impedir a formação de uma estrutura puramente normativa e deformada do delito"; "definir os fundamentos pelos quais possam ser excluídos da atuação punitiva os fatos penalmente irrelevantes"; "empreender o processo de interpretação da norma como elemento protetor da liberdade"; "subordinar o princípio da responsabilidade individual aos enunciados de subsidiariedade e de uma culpabilidade redutora de poder" (TAVARES, Juarez. *Fundamentos de Teoria do Delito*. Florianópolis: Tirant lo Blanch, 2018, p. 30).

[319] PRADO, Geraldo. *Prova penal e sistema de controles epistêmicos*: a quebra da cadeia de custódia das provas obtidas por meios ilícitos. São Paulo: Marcial Pons, 2014, p. 17.

[320] RIVERO, Jean; MOUTOUH, Hugues. *Liberdades públicas*. São Paulo: Martins Fontes, 2006, p. 201.

[321] Cf. MARTINS, Rui Cunha. *A Hora dos cadáveres adiados*: corrupção, expectativa e processo penal. São Paulo: Atlas, 2013.

CAPÍTULO II — A DÉCADA DO HORROR NO BRASIL (1935/1945)

à limites de contenção.[322] Essa limitação se justifica, ainda, pela "suposição" de que o seu exercício *goza* na propensão natural de tendência ao arbítrio.

Há uma última coisa a se registrar sobre esse assunto. A contraposição entre Estado Democrático de Direito e Estado Autoritário ou Policial, conforme estabelecido por Ferrajoli e Zaffaroni, por exemplo, não pode diluir as tensões estabelecidas dentro de uma dinâmica instalada no interior do próprio campo democrático.[323] Alberto Binder pretende dizer com isso que, mesmo em um regime democrático, existirá uma antinomia fundamental a ser enfrentada no sistema de justiça penal e que diz respeito à contraposição entre duas forças, eficiência repressiva *versus* sistema de garantias.[324] A observação se justifica pela necessidade de identificar, no contexto das formações discursivas do sistema de justiça penal, uma atuação de resistência ao autoritarismo mesmo (e principalmente) quando se estiver diante de regimes formalmente democráticos.

Em definitivo: há "resistência ao autoritarismo" no campo do saber e da justiça penal, em toda teoria e prática que se dedique, antes de tudo, a construir ferramentas de proteção do cidadão em face do Estado, portanto, estabelecendo limites ao exercício do poder punitivo. A defesa das garantias individuais constitui,

---

[322] "Neste sentido, toda evolução jurídico constitucional das últimas décadas orientou-se à consolidação dos direitos fundamentais, direitos humanos positivados, domesticando o poder e sujeitando-os a nexos de causalidade" (PRADO, Geraldo. *Prova penal e sistema de controles epistêmicos*: a quebra da cadeia de custódia das provas obtidas por meios ilícitos. São Paulo: Marcial Pons, 2014, p. 17).

[323] BINDER, Alberto. *Derecho Procesal Penal*: herméutica procesal penal. 1ª ed., tomo 1. Buenos Aires: Ad-Hoc, 2013, p. 124.

[324] Segundo Binder, o estado de tensão entre estas forças configura todas as instituições processuais e, consequentemente, impõe que as normas processuais sejam analisadas ou como ferramentas de política criminal ou como parte do sistema de garantias, "é dizer, como ferramentas de proteção do cidadão" (BINDER, Alberto. *Derecho Procesal Penal*: herméutica procesal penal. 1ª ed., tomo 1. Buenos Aires: Ad-Hoc, 2013, p. 102).

assim, uma *postura*, uma tomada de posição, diante do conflito estabelecido entre demandas por ordem/segurança e a tutela das liberdades fundamentais.[325]

2.2.2 Crimes políticos: uma categoria em permanente extensão

> *La protección al Estado es algo altamente maleable. En ningún otro campo existe un vacío tan grande entre lo potencial y lo real y en ningún otro terreno se halla el curso de la práctica más sujeto a los requisitos del pérdidas y ganancias expresadas en términos de sensibilidad popular y reacciones de grupos expuestos a sanciones.*
>
> Otto Kirchheimer

Não há um critério plenamente válido para definir o que seja uma ação política em distinção a outros tipos de ação social. O mesmo quanto à repressão do Estado a estas ações.[326] Como insiste Kirchheimer, cada indivíduo, grupo ou classe dominante desenvolverá um critério segundo o qual determinados atos

---

[325] Para os juristas em resistência ao autoritarismo no Brasil, a tarefa de construção de um saber sobre a justiça penal se encontra submetida a uma série de mediações e regras políticas que constrangem e obrigam a todo aquele que produz um saber sobre as suas normas. Esse saber está orientado por uma visão restritiva do exercício do poder penal e, como contrapartida, por uma interpretação extensiva e progressiva da defesa das garantias. Todas as ferramentas de política criminal devem ser interpretadas restritivamente. Em sentido contrário, a determinação do sentido das normas processuais que protegem a liberdade dos cidadãos deve ser realizada segundo diretrizes que ampliem as suas margens de abrangência. Em outras palavras, as ferramentas de defesa da liberdade devem ser interpretadas extensiva e progressivamente (BINDER, Alberto. *Derecho Procesal Penal*: herméutica procesal penal. 1ª ed., tomo 1. Buenos Aires: Ad-Hoc, 2013, pp. 169-172).

[326] Em última instância, todo processo de criminalização e persecução penal corresponde a opções políticas estatais quanto ao etiquetamento delitivo de determinados comportamentos.

CAPÍTULO II — A DÉCADA DO HORROR NO BRASIL (1935/1945)

repreensíveis, suficientemente graves ou não, atingem determinados "bens políticos" que justificariam uma reação pública formalizada. O que seriam tais "bens" e por que assim se qualificariam continuam a ser questões que se definem por um ato de poder, um ato propriamente político de quem o exerce.[327]

O que tradicionalmente se convencionou chamar de "crimes políticos" nada mais é do que os crimes tipificados em leis promulgadas para proteger uma determinada organização pública e suas instituições.[328] Do ponto de vista histórico, isso expressa uma enorme variedade de necessidades protetoras e, consequentemente, de condutas que possam ser concebidas como atentatórias a elas. É relevante ter como premissa que, independentemente da forma política constituída (monarquias absolutas, democracias populares, governos constitucionais ou totalitários, por exemplo) e das distintas maneiras de sua relação com a população no campo dos desvios sociais e da oposição política, sempre e sempre, existirá uma larga estrutura jurídica de proteção do poder político, apta a reprimir quem quer que atente contra os interesses daqueles que o detêm.

A análise do processo histórico de incriminação de condutas consideradas atentatórias à segurança do Estado e de suas instituições não deve ser percebida de maneira cronológica e linear. Notadamente quando se trata de interpelar institutos relacionados ao exercício do poder penal, todo o movimento tende a se desenvolver a partir da tensão entre diferentes forças. Uma é orientada ao fortalecimento da competência repressiva do Estado e se ancora nos discursos

---

327 Em suas palavras: "*denominar ofensa política a cualquier ato que ofenda los intereses vitales de la comunidad, constituye un cheque en blanco para quien cuenta con el poder y que es quien en realidad determina dónde comienzan y dónde terminan tales necesidades*" (KIRCHHEIMER, Otto. *Justicia política*: empleo del procedimiento legal para fines políticos. Trad. R. Quijano. [S.l.]: UTHEA, 1968, pp. 25-27).

328 Por crimes políticos se podem entender os "crimes contra a segurança do Estado". Cf. FRAGOSO, Heleno Cláudio. *Terrorismo e criminalidade política*. Rio de Janeiro: Forense, 1981.

que apelam à necessidade sempre urgente de recrudescimento da ordem e segurança. A outra força está voltada à tutela jurídica e política das liberdades públicas e se funda, primordialmente, em discursos de contenção do poder punitivo estatal.[329]

Ao longo dos séculos, em maior ou menor medida, o que se vê, no âmbito das práticas relacionadas ao sistema de justiça criminal, é uma disputa de hegemonia entre essas ideias gerais que, como se pode prever, repercutem em concepções igualmente distintas sobre o papel do Estado, consequentemente, sobre como um regime político deve tratar os seus dissidentes. Os chamados crimes contra a ordem política estão inseridos no cerne dessas questões. Nenhum outro delito criado pelo Estado está mais diretamente ligado à proteção dos seus interesses, permitindo a quem detém o poder constituído utilizar-se de toda a maquinaria institucional para nomear seus inimigos e, com isso, perseguir a dissidência e conservar um projeto político pessoal.

Durante mais de dois milênios, o processo, que conduziu ao refinamento e transformação dos elementos que compunham a noção de delito contra a ordem política, sofreu a intervenção justificacionista de juristas, filósofos, políticos e teólogos, assim como conheceu, em grande intensidade, toda sorte de contestações e críticas.[330] Um movimento lento, de diferentes estágios, conforme variavam geograficamente a cultura. A "vaga circunferência" dos crimes políticos, para usar a expressão de Kirchheimer, aparece com um vetor constante.

Desde os gregos, as ofensas contra o Estado permaneceram de forma indeterminada, acomodando tudo que parecia conveniente aos que estavam no poder, o que permitia abarcar desde uma discussão pessoal entre o governante e os súditos às lesões aos

---

[329] Cf. BINDER, Alberto. *Derecho Procesal Penal*: herméutica procesal penal. 1ª ed., tomo 1. Buenos Aires: Ad-Hoc, 2013.

[330] DAL RI JUNIOR, Arno. *O Estado e seus inimigos*: a repressão política na história do Direito Penal. Rio de Janeiro: Revan, 2006, p. 159.

CAPÍTULO II – A DÉCADA DO HORROR NO BRASIL (1935/1945)

interesses fiscais.[331] A ideia de *maiestas*, da qual decorre o crime de lesa-majestade, segundo Mommsen, é própria da cultura política da Roma Antiga e traduz uma espécie de valor ou bem a ser reverenciado pelos súditos.[332] Arangio-Ruiz acrescenta que esses crimes estavam originalmente relacionados à usurpação do poder por parte de um magistrado, considerado uma ameaça à Constituição. Progressivamente, perdeu esse caráter para abranger comportamentos considerados atentatórios ao regime e, portanto, passíveis de serem cometidos por qualquer pessoa. Toda conduta contrária à ideia de dignidade e segurança do povo romano, em última análise, ultrajava a soberania encarnada na figura do príncipe.[333]

> *Così il crimen maiestatis, che era stato in origine usurpazione del potere da parte del magistrato e a minaccia della constituizione, venne sempre più considerato come delito contro il regime, che chiunque poteva commettere: il suo soggeto passivo s´identificava sempre più con la persona del príncipe, la cui sovranità si considero oltraggiata, oltrechenel caso d'ingiuria diretta ala persona o alle immaginani, ache da chi rifiutasse di giurare nel suo nome (delito típico dei cristiani), o da chi giurasse il falso, o da chi com opere di magia explorasse il futuro dell' imperatore e della sua casa.*

Apresentado no imaginário coletivo como o mais odioso de todos os delitos da humanidade, o núcleo do que se poderia entender por delito político sofreu grande ampliação ao longo da história.[334]

---

331 KIRCHHEIMER, Otto. *Justicia política*: empleo del procedimiento legal para fines políticos. Trad. R. Quijano. [S.l.]: UTHEA, 1968, p. 29.

332 MOMMSEN, Theodor. *Derecho Penal Romano*. Bogotá: Temis, 1999, p. 341.

333 ARANGIO-RUIZ, Vincenzo. *Storia del Diritto Romano*. Roma: Jovene, 1984, p. 247.

334 Se o caso envolvesse crimes de *maiestas*, mesmo a República Romana, conhecida pela incorporação de elementos típicos do sistema processual acusatório, conhecia um largo sistema de proteção. O surgimento do império naturalmente acentuou a identificação do imperador como personificação

Referindo-se ao contexto da segunda metade do século XIX, Carlo Calisse aponta que o delito de lesa-majestade passou a incidir não apenas quando estava em questão uma conduta supostamente dirigida contra o soberano. Também o papa, o imperador, o senhor feudal, a comuna, os cardeais, os conselheiros reais e os oficiais públicos, por cumprirem deveres de ofício, poderiam ser sujeitos passivos do delito.[335] Ao alvorecer do Antigo Regime, a tendência geral era de enquadrar todo e qualquer crime público na figura da lesa-majestade.[336] As garantais processuais, por óbvio, eram absolutamente frágeis ou inexistentes, antecipando uma característica estrutural dos processos criminais-políticos. Nas palavras de Calisse:

> *Le garanzie processual mancavano, bastando vaghi in dizi, deboli sospetti a iniziare il processo, chepoi se compivacola a tortura e coi falsi delatori; il tentativo non era punito meno del reato compiuto, le semplici parole non meno dei fatti; contro l'assente, che non si poteva difendere, si procedeva igualmente, como si procedeva anche contro l'estinto, dannandone la memoria, e facendo cadere sulla sua famiglia tutte le conseguenze di quella pena, che gli avrebbe dovuto sopportare.*[337]

As lutas sociais pelo direito à oposição política, resistência à opressão e até à desobediência civil, especialmente intensas entre

---

da *maiestas*, inaugurando um longo processo que conduzirá à total confusão entre o corpo do soberano e o corpo do Estado. Arnaldo Dal Ri Junior faz uma interessante análise do papel dos juristas na ampliação do conceito do crime de lesa-majestade neste período. Cf. DAL RI JÚNIOR, Arno. *O Estado e seus inimigos*: a repressão política na história do Direito Penal. Rio de Janeiro: Revan, 2006, pp. 69 e 92-95.

[335] CALISSE, Carlo. *Storia del Diritto Penale italiano dal secolo VI al XIX*. Firenze: Barbera, 1895, p. 277.

[336] DAL RI JÚNIOR, Arno. *O Estado e seus inimigos*: a repressão política na história do Direito Penal. Rio de Janeiro: Revan, 2006, p. 109.

[337] CALISSE, Carlo. *Storia del Diritto Penale italiano dal secolo VI al XIX*. Firenze: Barbera, 1895, p. 278.

CAPÍTULO II – A DÉCADA DO HORROR NO BRASIL (1935/1945)

os séculos XIII e XVIII, exerceram influência no padrão geral das regras destinadas a tipificar os crimes políticos e disciplinar os respectivos processos. Dentre elas, convém registrar, com maior atenção, os efeitos produzidos pelas correntes iluministas na França do século XVIII, já que a importância desse movimento faz-se sentir-se até hoje no campo do sistema de justiça criminal.

O projeto iluminista de crítica ao funcionamento do poder penal produziu um saber jurídico específico, com intensa carga política. Esse saber manteve-se hígido ao longo dos séculos e não pode ser ignorado, porque foi incorporado na cultura das sociedades ocidentais como expressão do principal projeto político da Modernidade, qual seja, a busca da felicidade através da negação da barbárie.[338] As críticas dirigidas por Voltaire, Rousseau, Montesquieu e, ainda, por Beccaria e Marat anteciparam a concepção, sentida enquanto máxima de experiência, de que o poder penal tende sempre ao arbítrio, em todos os planos de atuação do Estado (elaboração, aplicação e execução das leis criminais). Essa constatação, desde o século XVIII, tem forçado o poder político a uma espécie de autocontenção da violência pública e, assim, racionalização das respostas estatais aos desvios criminalizados. Esse é o núcleo dos embates travados no âmbito dos chamados crimes políticos, em nome das liberdades fundamentais. Os Poderes que compõem a noção de Estado devem respeito à um determinado programa civilizatório, fundado na luta pela razão contra todas as formas de obscurantismo.[339] Esse é o programa associado aos marcos do pensamento iluminista e que tem, no saber penal, o principal local de reconhecimento e tutela dos direitos frente ao irracionalismo das teses inquisitivas.[340]

---

[338] CARVALHO, Salo. *Antimanual de criminologia*. Rio de Janeiro: Lumen Juris, 2008, p. 2.

[339] CARVALHO, Salo. *Penas e garantias*. Rio de Janeiro: Lumen Juris, 2013, p. 80.

[340] CARVALHO, Salo. *Penas e garantias*. Rio de Janeiro: Lumen Juris, 2013.

Como se tem notícia, a política penal do Antigo Regime foi severamente questionada pelo movimento iluminista a partir desses pressupostos. A ideia de *maiestas* foi, por si só, rejeitada. Ao mesmo tempo que parecia vincular o detentor do poder político à divindade, no que concerne à repressão, foi considerada uma "porta aberta para todos os tipos de arbitrariedade, inclusive processuais".[341]

Montesquieu denunciou que o delito de lesa-majestade não passava de um típico crime de matrizes políticas empregado como mecanismo de perpetuação do poder nas mãos dos poderosos. Fez isso de diversas formas, desde quando, tratando da liberdade do cidadão, registrou que a liberdade política consiste na segurança, "nunca mais atacada do que nas acusações públicas ou privadas". Para Montesquieu, as "regras mais seguras que se possam seguir nos julgamentos criminais interessam mais ao gênero humano do que qualquer outra coisa que exista no mundo" e "quando a inocência do cidadão não está garantida, a liberdade também não está".[342] O ponto fundamental da crítica de Montesquieu aos crimes de lesa-majestade traduz, na verdade, uma característica quase atemporal dos movimentos de contestação às distintas formas de manifestação dos delitos políticos: vagueza e grave capacidade de conversão em arbítrio.

> As leis da China ordenam que quem faltar ao respeito com o imperador seja punido com a morte. Como elas não definem o que é a falta de respeito, tudo pode fornecer um *pretexto para retirar a vida a quem se quiser e exterminar* a família

---

[341] DAL RI JÚNIOR, Arno. *O Estado e seus inimigos*: a repressão política na história do Direito Penal. Rio de Janeiro: Revan, 2006, p. 160.

[342] MONTESQUIEU, Charles de Secodant, Baron de. *O espírito das leis*. Trad. Cristina Murachco. São Paulo: Martins Fontes,1996, pp. 198 e 201: as ideias liberais de Montesquieu em matéria criminal são evidentes e de suma importância no contexto das lutas iluministas contra o obscurantismo do Antigo Regime. Ao contrário de outros autores, entretanto, Montesquieu aceita a pena de morte para o que chama de "quarta classe de crimes", que são os que afetam a segurança dos cidadãos.

CAPÍTULO II – A DÉCADA DO HORROR NO BRASIL (1935/1945)

> que se quiser. (...) Basta que o crime de lesa-majestade seja vago para que o governo degenere em despotismo.
>
> É também um abuso violento dar o nome de crime de lesa--majestade a uma ação que não o é. Uma lei dos imperadores perseguia com sacrílegos aqueles que colocavam em questão o julgamento do príncipe e duvidavam do mérito daqueles que ele havia escolhido para algum cargo. (...) Outra lei de Valentiniano, Teodósio e Arcádio declara os falsários culpados de crime de lesa-majestade. Mas não seria isto confundir as coisas?[343]

Há uma última crítica de Montesquieu que merece ser referenciada, porque se dirige a repudiar uma prática muito empregada para perseguir os juristas acadêmicos durante a década de 1930/1940 e que também é objeto de atenção dos movimentos de resistência ao autoritarismo no sistema de justiça contemporâneo:[344] perseguição às pessoas em razão da livre expressão de ideias, consideradas atentatórias ao regime constituído ou seus interesses. Tratando do tema sob a epígrafe *Das palavras indiscretas*, assim se manifestou Montesquieu:[345]

> Nada torna o crime de lesa-majestade mais arbitrário do que quando palavras indiscretas se tornam sua matéria. Os discursos são tão sujeitos à interpretação, há tanta diferença

---

[343] MONTESQUIEU, Charles de Secodant, Baron de. *O espírito das leis*. Trad. Cristina Murachco. São Paulo: Martins Fontes, 1996, pp. 204/205.

[344] No contexto contemporâneo, conforme se tem trabalhado, instituiu-se um tipo de julgamento político que prescinde de imputações por delitos políticos propriamente ditos. As perseguições a milhares de professores por ações de improbidade administrativa, por exemplo, em razão de aulas e cursos considerados *impregnados da ideologia esquerdista*, é uma realidade social e política do Brasil. O mesmo se diga quanto aos juízes e promotores, processados por manifestarem publicamente opinião contrária à política de ataque aos direitos constitucionais no país.

[345] MONTESQUIEU, Charles de Secodant, Baron de. *O espírito das leis*. Trad. Cristina Murachco. São Paulo: Martins Fontes,1996, p. 207.

entre indiscrição e a malícia e tão pouca nas expressões que ambas empregam, que a lei não pode submeter palavras a uma pena capital, a não ser que declare expressamente aquelas que a ela são submetidas.

As palavras não foram um corpo de delito; elas ficam apenas na ideia. (...) Então, como fazer delas um crime de lesa-majestade? Em todos os lugares em que esta lei vigora, não só a liberdade não mais existe, como nem sua sombra.[346]

Os crimes de lesa-majestade constituem normas penais de forte implicação política e, nessa condição, acomodam a tendência dos governantes em abusar da sua formulação e aplicação. A sua vertiginosa extensão, para atingir todo e qualquer tipo de ação, inclusive de pouco ou nenhuma relevância, é uma constante histórica desse movimento.

Beccaria, que não era propriamente um penalista e, segundo dizem, também não foi um homem de ideias inovadoras nessa área, difundiu, como ninguém, as concepções de Montesquieu, assim como as de Rousseau, Diderot, Voltaire e outros.[347] Participante dos centros de estudo em que circulavam grandes intelectuais italianos, por volta de 1763 em Milão, Beccaria soube simplificar, por meio de uma linguagem objetiva e potente, as severas críticas que a arbitrariedade da justiça penal então suscitara nos meios em que frequentava. Tratou brevemente dos crimes de lesa-majestade no capítulo VIII do *Dei Delitti e Delle Pene*, oportunidade em que abordou a divisão dos delitos e suas espécies, algo bem parecido com que havia feito Montesquieu em *Espírito das leis*. Nesse capítulo, Beccaria repudiou os autores que advogavam pela

---

[346] Para Arno Dal Ri, Montesquieu tenta resgatar o direito do cidadão de discordar e criticar o soberano, militando por uma maior liberdade de expressão e também de imprensa (DAL RI JÚNIOR, Arno. *O Estado e seus inimigos*: a repressão política na história do Direito Penal. Rio de Janeiro: Revan, 2006, p. 165).

[347] GARRIDO, Mario. "División de los delitos". *In*: ACUÑA, Jean Pierre Matus (Coord.). *Beccaria 250 años después*. Montevidéu: Editorial Bdef, 2011, p. 104.

CAPÍTULO II – A DÉCADA DO HORROR NO BRASIL (1935/1945)

supressão do Direito Penal, argumentando que entre os erros mais comuns de sua época encontravam-se "tanto naqueles que por um mal-entendido amor à liberdade quiseram instaurar a anarquia, como nos que desejam reduzir os homens à uma claustral regularidade".[348] Qualificou a legalidade como um dos mais importantes dogmas políticos, dogma sagrado, sem o qual não pode existir uma sociedade legítima, um

> dogma que forma las almas libres y vigorosas, y los entendimentos despejados, que hace hombres virtuosos, com aquel género de virtude que sabe resistir al temor, no con aquella abatida prudência, digna solo de quien puede sufrir una existencia precaria e incerta.[349]

O que essencialmente importa trazer neste momento, contudo, é a concepção de Beccaria sobre os crimes de lesa-majestade. Não é possível extrair dos seus escritos uma postura contundente contra esse tipo de delito. Considera que alguns crimes visam destruir a sociedade ou quem a representa, inserindo aí os de lesa-majestade, que imputa serem os delitos maiores por serem os mais danosos.[350] Arno Del Ri Junior acrescenta que Beccaria teria ido além em um texto de 1792, intitulado "Voto sulla pena di morte", mostrando-se favorável a que, somente aos réus culpados por crimes

---

[348] "El orden proponia examinar y distinguir aqui todas las diferentes clases de delitos y el modo de castigarlos; pero la variable naturaleza de ellos, por las diversas circunstancias de siglos y lugares, nos haría formar un plan inmenso y desagradable. Bastáranos, pues, indicar los principios mas generales, y los errores mas funestos y comunes para desenganar así los que por un malentendido amor de liberdad querían introducir la Anarquía, como los que desearían reducir los hombres a una regularidade claustral" (BECCARIA, Cesare. Tratado de los delitos y de las penas. Buenos Aires: Editorial Heliasta S.R.L., 1993, p. 57).

[349] BECCARIA, Cesare. Tratado de los delitos y de las penas. Buenos Aires: Editorial Heliasta S.R.L., 1993, p. 60.

[350] BECCARIA, Cesare. Tratado de los delitos y de las penas. Buenos Aires: Editorial Heliasta S.R.L., 1993, p. 58.

políticos, fosse aplicada a pena de morte.[351] Apesar das aparentes contradições, as críticas de Beccaria aos crimes de lesa-majestade devem ter a importância considerada. Os dois principais eixos dessas objeções resumem-se, na linha de Montesquieu, à tendência legislativa de catalogar como políticos figuras que não o eram, além da criminalização de simples manifestações de pensamento cujos acusados qualificava como "vítimas da palavra".[352] Na definição de Mario Garrido:

> *Crípticamente observa el abuso de extender el alcance de los mismos, que era vicio frecuentemente en las autoridades judiciales, a figuras que no correspondían, afirmando que si bien, como se ha señalado, todo hecho delictivo atenta contra la sociedad, no todo persiguen su inmediata destrucción.*[353]

Dentro desse amplo movimento histórico que marca as continuidades e rupturas do processo de incriminação do chamado crime político, não se pode deixar velada a atuação de Jean Paul Marat. Pouca gente atacou, como ele, as estratégias utilizadas pelo Antigo Regime para construir a noção de um delito, "que teria a única e exclusiva intenção de retirar a liberdade de todos os que se opusessem aos detentores do poder".[354] A ideia de *falsos crimes de Estado*, presente em Marat, é uma radicalização das críticas à vagueza do conceito de crime de lesa-majestade. Sua obra, *Plan de Législation Criminelle*, é um ataque violento e aberto, tanto aos

---

[351] DAL RI JÚNIOR, Arno. *O Estado e seus inimigos*: a repressão política na história do Direito Penal. Rio de Janeiro: Revan, 2006, p. 168.

[352] Nos termos de Beccaria: "*sólo la tiranía y la ignorancia, al confundir los vocablos y las ideas más claras, pueden dar aquel nombre y, en consecuencia, la máxima pena, a delitos de naturaleza diferente haciendo así a los hombres, como en otras mil ocasiones, víctimas de una palabra*" (BECCARIA, Cesare. *Tratado de los delitos y de las penas*. Buenos Aires: Editorial Heliasta S.R.L., 1993, p. 58).

[353] GARRIDO, Mario. "División de los delitos". *In*: ACUÑA, Jean Pierre Matus (Coord.). *Beccaria 250 años después*. Montevidéu: Editorial Bdef, 2011, p. 108.

[354] MARAT, Jean-Paul. *Plan de législation criminelle*. Paris: Rochette, 1790, p. 28.

CAPÍTULO II – A DÉCADA DO HORROR NO BRASIL (1935/1945)

"tiranos odiosos e seus aduladores" quanto às "falsas ideias que os juristas mercenários deram dos crimes contra o Estado, fazendo com que fosse abrigado, sob essa denominação, tudo o que se faz contra o príncipe".[355]

Algumas questões levantadas por Marat, e que serão, em maior ou menor grau, retomadas por juristas críticos ao autoritarismo da década de 1930 ou da contemporaneidade, podem ser encontradas já na introdução da "Seção – dos Crimes Contra o Estado, Capítulo Primeiro – dos falsos crimes de Estado". Apesar de longa, vale a transcrição pela contundência dos argumentos:

> O caminho para ser surpreendido: homens que queriam destruir a liberdade temiam tudo o que pudesse mantê-la; mas para se livrar daqueles que tiveram a coragem de se opor a este ataque negro, foi necessário considerá-los culpados, e logo fizeram um crime de amor à pátria.
>
> A liberdade destruída, eles temiam tudo o que pudesse lembrar os espíritos, e estabeleceram no crime a recusa de obedecer às suas ordens injustas, a reivindicação dos direitos do homem, as queixas dos desafortunados oprimidos.
>
> Consegui contá-los apenas no estado; eles chamam o nome de crime de tudo que os sacode, e a tirania, em todos os lugares, cavou abismos sob os pés dos cidadãos.
>
> Quando o príncipe se apodera do poder supremo, os lisonjeadores não poupam os títulos pomposos de rei dos reis, de augusto imperador e de majestade sagrada; e eles elevam a crimes de lesa-majestade, a crimes de Estado, tudo o que o desagrada. Um poder excessivo já de início excita a ambição. Foi usurpado? ele se torna dependente. Chega, e por muito tempo, esses odiosos tiranos desolaram a terra: seu reinado terminará; A tocha da filosofia já dissipou a densa

---

[355] Tradução livre. MARAT, Jean-Paul. *Plan de législation criminelle*. Paris: Rochette, 1790, p. 29. A obra se encontra disponível em: http://jpmarat.de/francais/marat/plan2.html. Acessado em: 20.01.2019.

escuridão em que mergulharam os povos. Vamos, portanto, nos atrever a aproximar-nos do recinto sagrado em que o poder arbitrário é subtraído; nos atrevamos a rasgar o véu escuro com o qual ele cobre seus ataques; vamos ousar arrancar dele essas formidáveis armas, sempre fatais para a inocência e a virtude.

Vamos começar restaurando as noções reais das coisas.

Nada é mais revoltante do que as falsas ideias que os juristas mercenários deram aos crimes do Estado. Eles entendiam sob esta denominação tudo o que é feito contra o príncipe (...).[356]

Jean Paul Marat esteve diretamente envolvido com o movimento revolucionário de 1789 e ficou conhecido, na visão de Arno Dal Ri Junior, pelas acusações dirigidas a políticos moderados, contra quem incitava a violência do povo em nome do triunfo da revolução.[357] As consequências práticas do chamado iluminismo radical, nas lutas pela humanização do sistema de justiça criminal e crítica à repressão política, precisam ser melhor dimensionadas, já que, como se sabe, muitos pescoços foram guilhotinados após a predominância do governo revolucionário jacobino na cena política francesa dos anos de 1792. Jean Paul Marat era próximo de Robespierre e esteve envolvido nisso.

O que Arno Dal Ri Junior sublinha – e que me parece, de fato, relevante desvelar – tem a ver com as transfigurações no conceito de delito político que a resistência iluminista produziu. As contestações foram tantas naquela época que não é exagerado sediar, no contexto iluminista do século XVIII, o ponto de passagem da ideia de crime de lesa-majestade para a de crime *contra a segurança do Estado*. Como se pode intuir, há aqui um processo

---

[356] Tradução livre. MARAT, Jean-Paul. *Plan de législation criminelle*. Paris: Rochette, 1790, p. 29.

[357] DAL RI JÚNIOR, Arno. *O Estado e seus inimigos*: a repressão política na história do Direito Penal. Rio de Janeiro: Revan, 2006, p. 171.

CAPÍTULO II – A DÉCADA DO HORROR NO BRASIL (1935/1945)

de ressignificação que atinge os pressupostos teóricos desse delito, mas não a sua natureza, que se mantém, a toda evidência, política: proteger não o corpo do soberano ou seus imaginários desdobramentos, mas a unidade política da Nação e, portanto, sua integridade e segurança.

Na prática, não mudou muita coisa. Os governos revolucionários votaram uma série de normas que modificaram a organização judiciária, o código penal e processual penal. Organizou-se um "Comitê de Vigilância Geral" para repressão específica dos crimes políticos. Nos casos em que se verificasse atividade antipatriótica, a pessoa era levada ao Tribunal Criminal Extraordinário – *Tribunal Revolutionnaire* –, composto pela figura proeminente do Acusador-Público, Antoine Fouquier-Tinville, a quem cabia reprimir "todo o atentado contra a liberdade, todos os complôs monarquistas".[358] Foram também os revolucionários franceses, vitoriosos em sua luta contra o Antigo Regime, que instituíram a chamada "Lei dos Suspeitos", responsável por colocar todo cidadão e toda cidadã na esfera de inimigos contrarrevolucionários, além de limitar os direitos do acusado e aniquilar a presunção de inocência. Em sua última versão, como indica Arno Dal Ri, a Lei dos Suspeitos obrigava filhos a denunciarem os seus pais, assim como um amigo em relação a outro, se soubesse de qualquer atividade ou plano contrário ao regime.[359]

Em 10 de junho de 1794, apenas cinco anos, portanto, após o triunfo revolucionário, o Tribunal Revolucionário suprimiu

---

[358] Após junho de 1793, com a eliminação dos Gerundinos, o comitê teve seus poderes ampliados significativamente. Cf. DAL RI JÚNIOR, Arno. *O Estado e seus inimigos*: a repressão política na história do Direito Penal. Rio de Janeiro: Revan, 2006, p. 186.

[359] Segundo Arno Dal Ri Junior, estima-se que, sob a Lei dos Suspeitos, 17.000 pessoas foram executadas, tendo em base um processo legal, e outros 25.000 após terem sido somente identificadas (DAL RI JÚNIOR, Arno. *O Estado e seus inimigos*: a repressão política na história do Direito Penal. Rio de Janeiro: Revan, 2006, p. 192).

o direito dos acusados por conspiração de terem um defensor e de serem submetidos a um interrogatório preliminar, exigindo somente a identificação do suspeito para o enviar à guilhotina.[360] Dispensava-se, igualmente, qualquer testemunha de defesa, caso o Tribunal se considerasse suficientemente instruído pelas provas contidas na acusação.[361] Vale a observação de que essas características são fundamentalmente as mesmas de todos os tribunais de exceção. Um Tribunal para julgar "inimigos do povo", na linguagem revolucionária do Terror, ou "inimigos do regime", na expressão de parlamentares colaboracionistas da ditadura do Estado Novo e defensores da legitimidade do Tribunal de Segurança Nacional. Em qualquer hipótese, os dispositivos jurídicos, de proteção do Estado ou dos grupos/pessoas que ocupam suas instituições, fornecem instrumentos muito similares: drástica redução da defesa até a sua completa abolição; ausência de regras que coordenam o raciocínio probatório, permitindo-se que a valoração se torne totalmente livre e desapegada às provas.[362]

Ainda que a revolução francesa tenha liberado o indivíduo a reivindicar participação no processo político, como assinala Kirchheimer, ela o obrigou a ser leal às visões políticas das maiorias estabelecidas no momento, submetendo a pessoa, da mesma forma que o regime anterior, às necessidades de segurança estimadas pelos ocupantes do poder político.[363] No novo enfoque das

---

[360] DAL RI JÚNIOR, Arno. *O Estado e seus inimigos*: a repressão política na história do Direito Penal. Rio de Janeiro: Revan, 2006, pp. 189-198.

[361] Modificações produzidas em 22 de prairial do ano II.

[362] Há mais: extensão dos métodos da repressão política para toda a política repressiva do Estado. Nas palavras de Arno: "enquanto o regime durou, o espírito e os métodos do Direito Penal político dominaram o conjunto da atividade repressiva. Os tribunais ordinários, quando julgavam 'revolucionariamente', não mantinham nenhum respeito às regras do direito comum" (DAL RI JÚNIOR, Arno. *O Estado e seus inimigos*: a repressão política na história do Direito Penal. Rio de Janeiro: Revan, 2006, p. 199).

[363] KIRCHHEIMER, Otto. *Justicia política*: empleo del procedimiento legal para fines políticos. Trad. R. Quijano. [S.l.]: UTHEA, 1968, p. 31.

CAPÍTULO II – A DÉCADA DO HORROR NO BRASIL (1935/1945)

ofensas políticas, então difundidas com a Revolução Francesa, a única mudança tolerada é aquela que ocorre dentro das formas prescritas e admitidas. Conforme o elemento político se converta para o governo em motivo de preocupação, os tribunais tratarão de marcar a diferença entre os modos admissíveis de oposição e a ação ou linguagem da qual resulte violência e que, como tal, devem ser severamente reprimidas.[364] As pressões por mudanças constitucionais serão consideradas legítimas, desde que sejam operadas dentro das amarras impostas pelos detentores do poder político. A expressão do pensamento político diverso, a livre oposição de ideias, tudo será aceito como parte do remodelamento da ordem existente, somente se executada e mantida de acordo com os padrões previamente estabelecidos. Os contornos da oposição política, dentro desse contexto, são mantidos sob controvérsia, apesar de reconhecida uma linha divisória mais precisa entre a inimizade fundamental frente a um organismo político estabelecido e as violações menores à autoridade estatal, incluindo o seu interesse geral à manutenção da ordem pública.[365]

---

[364] KIRCHHEIMER, Otto. *Justicia política*: empleo del procedimiento legal para fines políticos. Trad. R. Quijano. [S.l.]: UTHEA, 1968, p. 35.

[365] KIRCHHEIMER, Otto. *Justicia política*: empleo del procedimiento legal para fines políticos. Trad. R. Quijano. [S.l.]: UTHEA, 1968, p. 31. As disputas entre liberdade política e as ideias que o Estado possui da sua própria segurança se manifestaram durante vários julgamentos que tiveram lugar na Inglaterra, como reação à revolução que ocorrera na França. O caso de Thomas Hardy, julgado em 1794 por agitações políticas, em que se visava implantar, em solo britânico, o sistema político recentemente imposto na França revolucionária, é um bom exemplo disso. Hardy foi defendido por Thomas Erskine e absolvido ante o argumento de que é direito dos homens lutar pela reforma das instituições sob as quais se vive. O julgamento de Thomas Hardy foi citado por Kirchheimer, mas o registro dos atos pode ser diretamente acessado em uma compilação de 1818, atualmente disponível em meio digital, a partir da seguinte referência: HOWELL, T. B. *A complete collection of State trials and proceedings for high treason and other crimes and misdemanors*: from the earliest period to the year 1783. Londres: [s.n.], 1818. Disponível em: https://www.constitution.org/trials/howell/24_howells_state_trials.pdf. Acessado em: 02.12.2018.

Conquanto a escalada revolucionária tenha convertido a França, imediatamente após 1789, em um cenário de igual violência e repressão contra os novos inimigos e apenas substituído o corpo do rei soberano pelo corpo do Estado,[366] ainda assim, não se pode dizer que o movimento intelectual crítico aos crimes de lesa-majestade, desde Montesquieu, Rousseau, Voltaire, Beccaria e Marat, tenha deixado de produzir resultados. O êxito de determinadas ideias políticas ou a sua incorporação no imaginário sociocultural não se mede pela efetiva conquista de espaços de governo ou pelas práticas que realizam os grupos que ascendem ao poder. O núcleo duro das contestações que se fizeram, notadamente no século XVIII, pode ser identificado em inúmeros discursos que se seguiram nos séculos posteriores, quiçá, até hoje: caráter potencialmente abusivo das incriminações políticas; arbítrio e injustiça dos julgamentos políticos, conduzidos por magistrados parciais; alargamento do delito para alcançar condutas heterogêneas e insignificantes, inclusive a mera expressão de ideias e pensamentos contrários à ideologia ou moral dos Poderes constituídos.

A ideia geral que se deve levar em conta, a respeito da herança positiva do iluminismo penal no campo da justiça política, é uma só: a exigência de legalidade, se não chega a recomendar a exclusão normativa dos "crimes contra o Estado", impõe que se dediquem esforços para delimitar as diferentes formas de violações a ele e, consequentemente, das penas a que as pessoas deveriam se sujeitar.[367]

---

[366] DAL RI JÚNIOR, Arno. *O Estado e seus inimigos*: a repressão política na história do Direito Penal. Rio de Janeiro: Revan, 2006, p. 203.

[367] KIRCHHEIMER, Otto. *Justicia política*: empleo del procedimiento legal para fines políticos. Trad. R. Quijano. [S.l.]: UTHEA, 1968, p. 34. Conforme assinalado por Kirchheimer, tendeu-se a distinguir-se as ofensas contra a segurança interna, relacionadas à derrubada da ordem constitucional, daquelas dirigidas a afetar a segurança externa do Estado, entre esses dois e as ofensas físicas ou verbais contra o governante ou sua família. A separação dos delitos contra o príncipe de outros crimes políticos se incorporou, dessa forma e definitivamente, ao Código de Napoleão de 1791.

CAPÍTULO II – A DÉCADA DO HORROR NO BRASIL (1935/1945)

É interessante perceber, contudo, que, mesmo entre correntes mais liberais do pensamento jurídico penal, há espaço para a justificação dos crimes políticos, logo, da legitimidade da repressão. Arno Dal Ri Junior observa, por exemplo, que as duas principais escolas italianas de Direito Penal do século XIX – a Clássica e a Positiva – adotaram, surpreendentemente, uma posição semelhante em matéria de crimes políticos e segurança do Estado.

> O processo de elaboração destes pressupostos e a própria condição política da Itália recém unificada conduziram a Escola Clássica a elaborar uma noção na qual o delito político passava a ser quase que escusável, baseando-se no fato de este não lesar o "direito comum" (ou seja, bens como a vida, a integridade pessoal etc.) e, sobretudo, delineando a figura "nobre" do autor desse delito, ligada aos ideais do *Risorgimento*.[368]
>
> No que concerne aos crimes políticos, a doutrina criminológica da Escola Positiva, oposto no método e no conteúdo à Escola Clássica, também tem a tendência de distingui-los favoravelmente a respeito do delito comum. A única diferença existente entre as concepções das duas escolas se refere ao fato de a Escola Positiva não incorporar, na sua teoria, o "romantismo" que envolveu o delito político na Escola Clássica.[369]

Com exceção a Francesco Carrara, que negava caráter científico aos crimes políticos e rejeitava o discurso de "periculosidade das lutas políticas",[370] não é pouca coisa que os expoentes de ambas

---

[368] DAL RI JÚNIOR, Arno. *O Estado e seus inimigos*: a repressão política na história do Direito Penal. Rio de Janeiro: Revan, 2006, p. 211.

[369] DAL RI JÚNIOR, Arno. *O Estado e seus inimigos*: a repressão política na história do Direito Penal. Rio de Janeiro: Revan, 2006, p. 216.

[370] SBRICCOLLI, Mario. "Politica e giustizia in Francesco Carrara". *In*: AA.VV. *Francesco Carrara nel primo centenário della morte*: Atti del Convegno Internazionale Lucca-Pisa, 2-5 giugno 1988. Milano: Giufrè, 1991, p. 441. Cf. BARATTA, Alessandro. *Criminologia crítica e crítica ao Direito Penal*. Trad. Juarez Cirino dos Santos. 3ª ed. Rio de janeiro: Revan/ICC, 2002, p. 35.

as escolas, reconhecidas pelas divergências em temas centrais da questão criminal, convergissem para o centro quando se tratasse do tema *crime político*. Isso explica por que o sistema jurídico de proteção do Estado, atravessado pelos paradoxos do liberalismo constitucional, não foi capaz de erigir, ao mesmo tempo, um sólido sistema de garantias individuais.[371]

Mesmo no chamado constitucionalismo do século XX, próprio aos sistemas de governo democrático, surgem novas legislações protetivas do Estado que não apenas ampliam o âmbito de incriminação como promovem novos desafios à preservação das garantias fundamentais em matéria criminal. A marca indelével da repressão política, abaixo governos constitucionais e democráticos, desde o século XX, passa, em síntese, pelo mesmo problema de sempre: diluição da fronteira entre segurança interna/externa e vago conceito de subversão. Esses pilares, na prática, oferecem sustentação jurídica à perseguição de todos os que forem identificados como inimigos do governo ou do *stablishment* que lhe serve de sustentação.

---

[371] No contexto do século XX, o recrudescimento da repressão política e de fragilização das garantias individuais esteve associado à ascensão do fascismo, nazismo e comunismo, três projetos de transformação social, política e cultural de grandes proporções, "com notável expansão das fronteiras estatais que marcavam a ideia de Estados nacionais". A consequência sentida pela população, no que diz respeito única e exclusivamente ao tema da repressão política, é rigorosamente a mesma: "*los movimientos de este tipo, una vez instalados en el poder, exigen obediencia incondicional; y aunque tienden a desechar los aspectos confinatorios del Estado nacional, su propio expansionismo ha producido, tanto dentro como fuera de su esfera de dominio, un poderoso contraestímulo para reforzar la adhesión del ciudadano a sus respectivos estados, sea que se conformen o no al concepto de 'nación' de la filosofía política del siglo diecinueve*" (KIRCHHEIMER, Otto. *Justicia política*: empleo del procedimiento legal para fines políticos. Trad. R. Quijano. [S.l.]: UTHEA, 1968, p. 4).

CAPÍTULO II – A DÉCADA DO HORROR NO BRASIL (1935/1945)

2.2.3 A engrenagem dos julgamentos políticos

O recurso aos tribunais, como só acontece no âmbito das disputas entre os que ocupam o poder estabelecido e seus opositores ou, em termos gerais, entre os que competem pela supremacia política, não constitui a forma mais frequente nem a mais incisiva quando se pensa no campo da luta política em geral. No melhor dos casos, como insiste Kirchheimer, os tribunais serão confinados a exercer um papel intermediário. Operam zonas de ataques e contra-ataques aparentemente intermináveis, mediante as quais, por um lado, se reforçam posições de poder e se impõe a autoridade do regime estabelecido, mas, por outro, permite que os opositores tratem de expor e minar o poder constituído, criando sua própria imagem e mitos em torno do julgamento político.[372]

Recorrer aos tribunais como forma de disputa do poder político não é uma opção que, a rigor, atenda com eficiência aos objetivos de qualquer dos grupos que nela esteja envolvida. Em regra, o desejo de se alterar um governo eleito, abaixo um regime constitucional, se concretizará por eleições periódicas. Se o mote é romper com o sistema político, as vias revolucionárias tratarão de passar à ação direta, naturalmente, sem o emprego de tribunais. O fato é que a submissão dos atos estatais de um regime à jurisdição dos tribunais remete as suas pretensões políticas, ou de seus opositores, a um ambiente de penumbra e incerteza.[373] Pelo menos em tese, e num primeiro momento, existe a possibilidade

---

[372] KIRCHHEIMER, Otto. *Justicia política*: empleo del procedimiento legal para fines políticos. Trad. R. Quijano. [S.l.]: UTHEA, 1968, p. 2.

[373] Apesar da dificuldade de um regime em assegurar-se, de antemão, da posição a ser tomada pelos tribunais, a análise histórica dos julgamentos políticos aponta para uma convergência institucional dos interesses repressivos. O julgamento, convertido em técnica política, caracteriza-se, inversamente, pela certeza dos resultados desejados. Kirchheimer refere-se a esses como *procedimentos do tipo Stalin* (KIRCHHEIMER, Otto. *Justicia política*: empleo del procedimiento legal para fines políticos. Trad. R. Quijano. [S.l.]: UTHEA, 1968, p. 117).

de se enfrentarem dificuldades na obtenção de sentenças que respaldem os seus interesses, e que os tribunais busquem, por alguma razão, adotar uma postura absenteísta no que se refere às "questões políticas" em conflito.[374]

Por que, afinal, se recorre aos tribunais para fins de operacionalizar uma perseguição política? Por que uma ditadura faria isso, ao invés de liquidar o seu oponente? Ou ainda, por que isso seria feito em uma democracia, correndo-se o risco dos organismos judiciários se recusarem a submeter o destino dos opositores a julgamento?

As respostas a esses problemas estão longe de ser uniformes. A primeira questão reflete aquilo que Anthony W. Pereira chamou de legalidade autoritária,[375] conceito que se relaciona à predisposição dos juízes em aplicar a legislação de exceção, no contexto próprio de um regime dessa natureza. A segunda interessa-se em saber como os regimes constitucionais incorporam parte daquela legalidade autoritária ou, quando não o fazem, adotam práxis hermenêuticas de orientação retrospectiva, que servem como obstáculos à concretização efetiva do projeto democrático.[376] Trata-se de ver como os tribunais são utilizados como veículo para a repressão e como atuam para sustentar um determinado consenso político sobre ela. Ambas as formas de manifestação dos processos políticos interessam porque desvelam a atuação das instituições do sistema de justiça e as relações intersubjetivas que se estabelecem, tanto durante a ditadura quanto no contexto de uma democracia formalmente declarada.

A decisão de usar o processo, e não apenas a força bruta no trato dos oponentes, pode – em determinadas circunstâncias

---

[374] KIRCHHEIMER, Otto. *Justicia política*: empleo del procedimiento legal para fines políticos. Trad. R. Quijano. [S.l.]: UTHEA, 1968, p. 3.

[375] Cf. PEREIRA, Anthony. *Ditadura e repressão*: o autoritarismo e o Estado de Direito no Brasil, no Chile e na Argentina. São Paulo: Paz e Terra, 2010.

[376] Cf. CASARA, Rubens. *Interpretação retrospectiva*: sociedade brasileira e processo penal. Rio de Janeiro: Lumen Juris, 2004.

CAPÍTULO II – A DÉCADA DO HORROR NO BRASIL (1935/1945)

– influenciar no padrão geral da repressão praticada por um regime, seja autoritário ou democrático. Essa conclusão, como já se antecipou, decorre das formalidades processuais do sistema judiciário, aliadas às dificuldades em assegurar o resultado das decisões, que podem fazer com que a repressão fique aquém do desejado.[377]

Uma possível motivação por trás da judicialização da repressão poderia ser identificada na tentativa de submeter o opositor a batalhas legais onerosas e prolongadas, impedindo-o de desempenhar a sua função política efetiva. Anthony W. Pereira lembra que os processos são um meio eficaz de obter essa finalidade, uma vez que "individualizam conflitos coletivos, transformando grandes questões de moralidade política em casos aparentemente objetivos de culpa ou inocência".[378] Uma segunda razão levantada por ele pode ser identificada no desejo dos dirigentes do regime de usar os tribunais para conquistar legitimidade, autoproclamando-se defensores da ordem constitucional vigente e, dessa forma, justificando eventuais desvios da legalidade tradicional como meras suspensões temporárias, realizadas com o objetivo de enfrentar uma ameaça extraordinária. Considerando que a repressão política não prescinde das torturas, execuções, desaparecimentos e exílio, a utilização dos tribunais como forma de obter legitimação parece ser uma motivação eficiente. Uma terceira seria a de criar um efeito psicológico na população através da construção de "imagens políticas eficazes que coloquem determinados atores nos papéis de vilões e, outros, nos de heróis". Os julgamentos funcionariam como *espetáculos teatrais*, criando uma história oficial de culpa e inocência.[379] Finalmente, o emprego do processo pode servir para

---

377 KIRCHHEIMER, Otto. *Justicia política*: empleo del procedimiento legal para fines políticos. Trad. R. Quijano. [S.l.]: UTHEA, 1968, p. 422.

378 PEREIRA, Anthony. *Ditadura e repressão*: o autoritarismo e o Estado de Direito no Brasil, no Chile e na Argentina. São Paulo: Paz e Terra, 2010, p. 70.

379 PEREIRA, Anthony. *Ditadura e repressão*: o autoritarismo e o Estado de Direito no Brasil, no Chile e na Argentina. São Paulo: Paz e Terra, 2010, p. 72.

estabilizar a repressão, ao fornecer um conjunto de regras previsíveis sobre a punição de comportamentos discordantes, facilitando a normalização das instituições repressivas.[380]

Já se disse que o objetivo de eliminar inimigos políticos do regime ou expropriar todos os seus bens se realiza melhor pela via da violência pura e simples. Os tribunais se diferenciariam não por obstar tal supressão, mas por fazê-la de acordo com certas regras dispostas de antemão.[381] Pelo menos na concepção dos que detêm o poder, o recurso aos procedimentos judiciais serviria, assim, para conferir autenticidade à repressão, produzindo no meio social uma subjetividade coletiva amistosa frente às supostas necessidades de segurança. Persuadir as pessoas de que a execução de medidas excepcionais, inclusive a condução de opositores ao banco dos réus, é uma providência necessária para enfrentar uma situação urgente constitui parte fundamental dos dispositivos de defesa da estabilidade do governo.

Colocar as instituições judiciárias no centro das disputas por supremacia política exige, contudo, uma série de movimentos por parte dos detentores do poder constituído. Um desses movimentos se alia à necessidade de criar um critério racional para tratar da oposição política. A partir dele, o regime busca distinguir entre o inimigo isolado, ocasional, e o grupo organizado. Dentro deste, entre líderes e partidários. Sem que a primeira tarefa se realize, pondera Kirchheimer, corre-se o risco de produzir uma espécie de repressão inofensiva que, inclusive, pode terminar aproximando o indivíduo isolado do mártir. Já a distinção entre líderes e partícipes, no interior do próprio grupo, constitui uma providência que,

---

[380] PEREIRA, Anthony. *Ditadura e repressão*: o autoritarismo e o Estado de Direito no Brasil, no Chile e na Argentina. São Paulo: Paz e Terra, 2010, p. 73.

[381] KIRCHHEIMER, Otto. *Justicia política*: empleo del procedimiento legal para fines políticos. Trad. R. Quijano. [S.l.]: UTHEA, 1968, p. 4.

CAPÍTULO II – A DÉCADA DO HORROR NO BRASIL (1935/1945)

fracassada, termina em persecuções em massa, o que normalmente arrisca a sobrevivência do regime.[382]

Uma das características fundamentais dos julgamentos políticos reside na institucionalização de medidas de exceção, supostamente legitimadas pela urgência e necessidade das circunstâncias.[383] A acusação pública normalmente explora a "perda de lealdade do agente" com os laços que o unem à comunidade política, construindo-se uma narrativa que remente à perversidade da ofensa e do ofensor. Assim, o que deveria implicar a concretização de regras e garantias processuais de julgamento passa a justificar procedimentos de adjudicação de responsabilidade inadmissíveis:[384]

> *en asuntos normales, la administración de Justicia requiere prueba auténtica; pero no ocurre lo mismo en asuntos de Estado... Allí la urgente conjetura debe a veces tomar el lugar de la prueba; la pérdida del particular no es comparable con la salvación del Estado.*[385]

---

382 KIRCHHEIMER, Otto. *Justicia política*: empleo del procedimiento legal para fines políticos. Trad. R. Quijano. [S.l.]: UTHEA, 1968, pp. 8/9. Segundo Kirchheimer, este foi um fenômeno marcante das políticas de nazificação na Alemanha, em que uma vasta quantidade de pessoas foi submetida a processos, numa espécie de cruzamento entre um tribunal criminal e um órgão administrativo. Nas palavras de Kirchheimer, esse inepto esforço para processar setores completos da população demonstra a prudência de contar com uma clara linha demarcadora entre os processos reais e certas desqualificações automáticas ou um juramento expiatório formal. Essa distinção constitui, quando menos, um meio arguível, ainda que problemático, de controlar uma massa de partidários e submeter a juízo criminal alguns deles. Sua finalidade é desorganizar o campo inimigo e converter o fato estabelecido da derrota em imagem da sua necessidade histórica e moral.

383 A respeito dos efeitos da introjeção desse discurso no sistema de justiça criminal, cf. CHOUKR, Fauzi Hassan. *Processo penal de emergência*. Rio de Janeiro: Lumen Juris, 2002.

384 KIRCHHEIMER, Otto. *Justicia política*: empleo del procedimiento legal para fines políticos. Trad. R. Quijano. [S.l.]: UTHEA, 1968, p. 29.

385 Kirchheimer conta que Armand Jean du Plessis, cardeal de Richelieu e primeiro-ministro francês no Reino de Luís XIII, não fez outra coisa senão expressar

Outras características típicas desses julgamentos são as seguintes: em regra, se despachavam rapidamente, salvo se incidisse alguma razão muito específica, como a posição política do acusado, ou se assim recomendassem as relações de força dos participantes do julgamento; existiam poucas probabilidades de interferência efetiva da defesa, que se encontrava restringida em diversos aspectos, especialmente quanto à produção probatória; o processo poderia manejar-se em segredo, como assunto de Estado; mesmo quando houvesse interesse na publicidade, os interrogatórios prolongados seriam realizados em sigilo; o réu teria chances de obter um resultado favorável se orientasse suas estratégias à obtenção da misericórdia das autoridades, mais do que se tentasse fazer prevalecer suas próprias interpretações sobre os fatos objeto do julgamento.[386]

---

como era essa prática, ainda em 1764, quando escreveu, na obra *Testament politique*, as reflexões acima transcritas (KIRCHHEIMER, Otto. *Justicia política*: empleo del procedimiento legal para fines políticos. Trad. R. Quijano. [S.l.]: UTHEA, 1968, p. 29). A obra do Cardeal de Richelieu encontra-se disponível eletronicamente em: https://gallica.bnf.fr/ark:/12148/bpt6k578315/f3.image. Acessado em: 02.12.2018. O recurso ao tema da *salvação do Estado* como justificativa para implementar medidas de exceção e suspender garantias constitucionais foi o principal mote da defesa parlamentar do estado de sítio decretado por Getúlio Vargas, posteriormente convolado em estado de guerra e que serviu para legitimar a perseguição e tortura de milhares de pessoas, entre 1935 e o fim da ditadura do Estado Novo. Como exemplo emblemático, pode-se citar a defesa que o deputado Jairo Franco, relator do Projeto n. 472, fazia do direito do governo de emendar a Constituição de 1934 para autorizar a decretação do estado de guerra na vigência do estado de sítio. Para o parlamentar, "a salvação pública é a *lei suprema*, é cláusula implícita em todas as constituições e leis escritas" (Cf. MARQUES, Raphael P. de P. Marques. *Repressão política e usos da Constituição no Governo Vargas (1934-1937)*. Curitiba: Editora Prismas, 2015, p. 143).

386 KIRCHHEIMER, Otto. *Justicia política*: empleo del procedimiento legal para fines políticos. Trad. R. Quijano. [S.l.]: UTHEA, 1968, p. 30. Esse modo de funcionamento do sistema de justiça, se não é exclusivo dos julgamentos políticos, constitui uma característica fundamental dessa modalidade repressiva. Em suas versões contemporâneas, parecem não ter perdido praticamente nenhum desses aspectos. No caso do julgamento de Lula, a rapidez com que a apelação criminal foi julgada pelo Tribunal Regional Federal da 4ª Região foi fundamental para retirá-lo da disputa eleitoral e submetê-lo ao

CAPÍTULO II – A DÉCADA DO HORROR NO BRASIL (1935/1945)

A entrada em cena dos tribunais no complexo das lutas políticas, uma vez firmado o compromisso com uma das agendas em disputa e, assim, afastada a insegurança quanto ao resultado desejado da repressão, implica, como demonstram tais características, a incorporação de um processo penal de exceção.[387] Não significa dizer que o processo destinado aos crimes não considerados políticos seja repleto de garantias fundamentais, apenas que, no âmbito dos juízos políticos, a exceção oficializa-se, inclusive, acompanhada de uma retórica igualmente oficial a respeito da sua necessidade. Esse é um traço marcante dos processos penais com finalidades políticas deflagrados entre as décadas de 1936 e 1945 no Brasil, como será analisado melhor, ou durante a ditadura civil e militar de 1964 a 1985. A mesma hipótese se aplica a algumas fases da chamada Operação Lava Jato, o que se pode inferir, sem necessidade de maiores digressões, pelo menos nesse momento, a partir de decisões judiciais proferidas em seu próprio âmbito.[388]

---

cárcere. (Cf., por exemplo, a notícia disponível em: https://www.valor.com.br/politica/5225681/lava-jato-apelacao-de-lula-sera-julgada-no-dia-24-de--janeiro. Acessado em: 09.01.2019). A pouca efetividade da defesa, diante de julgamentos com resultados pré-definidos e, inversamente, o tratamento leniente quando o imputado resolve ceder aos acordos penais, também são traços evidentes da estrutura política destes julgamentos.

[387] Cf. LACERDA, Fernando Hildeo Lochida. *Processo penal de exceção*. São Paulo: Faculdade de Direito – PUC-SP, 2018. (Tese de Doutorado).

[388] O desembargador federal Rômulo Pizzolatti, nos autos do recurso contra decisão do corregedor regional da Justiça Federal da 4ª Região, que determinara o arquivamento da representação oferecida contra o juiz Sérgio Fernando Moro por, dentre outros atos, autorizar grampos em escritório de advocacia e divulgar interceptações telefônicas envolvendo a ex-presidente da República, Dilma Rousseff, fundamentou a decisão da seguinte maneira: "é sabido que os processos e investigações criminais decorrentes da chamada Operação 'Lava Jato', sob a direção do magistrado representado, constituem caso inédito (único, excepcional) no Direito brasileiro. Em tais condições, neles haverá situações inéditas, que escaparão ao regramento genérico, destinado aos casos comuns (...). A ameaça permanente à continuidade das investigações da Operação 'Lava Jato', inclusive mediante sugestões de alterações na legislação, constitui, sem dúvida, uma situação inédita, a merecer um tratamento excepcional". Não seria exagerado afirmar que uma das faces do juízo político e, portanto,

O fato é que não existem julgamentos penais-políticos sem que as regras que o disciplinam não estejam convenientemente dispostas a reduzir as garantias de defesa e enfraquecer os mecanismos de controle do poder estatal. Todo o sistema processual é orientado ao fortalecimento da acusação e dos dispositivos que levam ao recrudescimento da violência pública. As normas, que eventualmente incidam para limitar a atividade estatal no âmbito do processo judicial, são suspensas pelos próprios tribunais por argumentos jurídicos, aparentemente válidos segundo as leis em vigor, mas politicamente motivados pelos objetivos a que todas as perseguições dessa mesma natureza visam. A suspensão dos direitos titularizados pelo acusado, dentre os quais o de conhecer a imputação e dela se defender amplamente, com todos os meios disponíveis, convive com a criação de estruturas institucionais, responsáveis por conferir uma aparência de normalidade ao funcionamento do sistema de justiça. É dizer, em outras palavras, que existe um entrelaçamento entre o recurso aos tribunais e o manejo de práticas repressivas subterrâneas e clandestinas. O sistema processual penal da repressão política depende de um desenho institucional assentado na convivência entre a persecução oficial e oficiosa, a primeira, caracterizada pela restrição das garantias do imputado e maximização dos poderes outorgados ao Estado-Juiz e Estado-Acusação, a segunda, pela completa suspensão dos direitos do réu e, portanto, sua total submissão à maquinaria inquisitorial do Estado.

---

da oficialização de medidas de exceção em processos judiciais é a falta de preocupação dos seus atores em omitir esse fato. Uma espécie de descaramento institucional. Assim como o cardeal de Richelieu não viu problema em atestar que, nos assuntos de Estado, "a urgente conjectura toma o lugar da prova", o desembargador Pizzolatti não parece ter se ruborizado ao escrever que a "ameaça à Operação Lava Jato merece tratamento excepcional", para justificar o monitoramento de conversas e registros telefônicos do escritório de advocacia contratado para a defesa de Luiz Inácio Lula da Silva. A lista seria interminável, valendo para todos os casos que irei descrever ainda sobre a atuação do Tribunal de Segurança Nacional na ditadura do Estado Novo. Cf. Autos n. 0003021-32.2016.4.04.8000/RS. Tribunal Regional Federal da 4ª Região. Rel. Des. Federal. Rômulo Pizzolatti. Interessado: Corregedoria Regional da Justiça Federal da 4ª Região.

CAPÍTULO II – A DÉCADA DO HORROR NO BRASIL (1935/1945)

Conforme descritos por Kirchheimer,[389] os principais tipos de julgamentos políticos giram em torno do seguinte: a) o clássico, identificado na intenção de certo regime para incriminar a conduta pública do seu inimigo, com o objetivo de expulsá-lo da cena política; b) o derivado, em que se manejam as armas da difamação, calúnia e vilipêndio da imagem, enquanto esforço para se criar uma reputação negativa do inimigo político; c) finalmente, as causas que se referem a delitos comuns com fins políticos cujo julgamento é instaurado com a pretensão de se obter, dado o êxito da acusação, uma série de benefícios políticos.

Com razão, Otto Kirchheimer assinala ainda que, nos julgamentos políticos, o processo criminal é empregado para criar uma realidade nova e alternativa, em concordância com as necessidades momentâneas do regime político ou, para trazer ao contemporâneo, das forças dominantes na sociedade. Nesses julgamentos, ao contrário do que se sucederia em um processo criminal "ordinário", a maquinaria jurídica e seus mecanismos processuais não são alocados em um nível individual e privado. Tais aparelhos são postos em movimento para que o tribunal exerça influência na distribuição do poder político como um todo. No caso dos processos criminais "comuns", o objetivo declarado é o de simplesmente aplicar o Direito Material àquele cujo comportamento se encontra adequado ao tipo previsto em lei. Sabe-se, por sua seletividade estrutural, que o processo criminal "ordinário" cumpre, contudo, função mais ampla em uma sociedade capitalista e neoliberal, qual seja a de servir como instrumento de *governamentalidade* de determinada camada da população, especialmente a de fenótipo preto e de origem economicamente pobre. De qualquer forma, no caso dos julgamentos políticos, o objetivo visado não é exatamente esse, mas o de corroer, minar ou destruir as posições de poder existentes ou, inversamente, fortalecer a sua preservação. Nesse campo,

---

389 KIRCHHEIMER, Otto. *Justicia política*: empleo del procedimiento legal para fines políticos. Trad. R. Quijano. [S.l.]: UTHEA, 1968, p. 48.

os empenhos por manter o *status quo* podem ser essencialmente simbólicos ou ter por finalidade vencer determinados adversários políticos, potenciais ou reais.[390]

Há quem negue, do ponto vista conceitual, existirem julgamentos políticos, porque os métodos formais utilizados pelo tribunal para chegar a conclusões jurídicas e adjudicar responsabilidades aos acusados sejam idênticos aos de um julgamento comum. Não é totalmente equivocada essa afirmação. Indo além, acrescentaria que também concorrem instrumentos parecidos no âmbito da informalidade e das ilegais práticas de persecução, ressalvando-se a institucionalização/positivação de algumas medidas que, incluídas no sistema da repressão política, ficam preferencialmente fora dos "julgamentos comuns". Também é verdade que muitos processos criminais, não deflagrados com um objetivo político claro, podem gerar esse efeito. Nada disso, entretanto, é suficiente para descartar a categoria. O que confere à justiça política uma intensidade própria, para retornar a Kirchheimer,[391] é a produção de efeitos políticos a partir da destruição de posições pessoais de poder, e não como desdobramento de demandas outras que, de certa forma, frustrem ou modifiquem as relações de força presentes na sociedade.

Essas peculiaridades delimitam o campo particular dos problemas que envolvem os julgamentos políticos, desde a maneira como se percebem os princípios jurídicos e garantias fundamentais, como a presunção de inocência, direito de defesa e imparcialidade do juízo, à forma como se operam as regras ou o raciocínio probatório. Qualquer um que pretenda negar o termo "julgamento político", tenderá a dizer que os tribunais julgam as causas, condenam ou absolvem conforme a prova apresentada pelo Ministério Público, e que, concluindo pela condenação, pouca importância podem ter o

---

[390] KIRCHHEIMER, Otto. *Justicia política*: empleo del procedimiento legal para fines políticos. Trad. R. Quijano. [S.l.]: UTHEA, 1968, p. 51.

[391] KIRCHHEIMER, Otto. *Justicia política*: empleo del procedimiento legal para fines políticos. Trad. R. Quijano. [S.l.]: UTHEA, 1968.

CAPÍTULO II – A DÉCADA DO HORROR NO BRASIL (1935/1945)

antecedente político do caso particular, a estatura dos indivíduos ou grupos envolvidos, o grau de interesse público, ou as possíveis implicações eventualmente decorrentes da decisão judicial. Essa ideia, entretanto, negligencia o impacto que o contexto das disputas em torno do poder político produz no espaço judicial.

No mínimo, se deve reconhecer que, diversamente dos processos penais "ordinários ou comuns", como venho me referindo, concorre, nos julgamentos políticos, um fator especial voltado a atingir, de um modo ou outro, as relações de força em torno do poder político. Esse detalhe confere diversa tonalidade ao julgamento cujo reconhecimento auxilia a identificar se estamos diante de um processo criminal desse tipo ou não, que é o que se pretende saber quando se analisa o atual funcionamento do sistema de justiça brasileiro. Em síntese: é plenamente possível que o núcleo de um julgamento sobre crimes comuns esteja relacionado a problemas essencialmente políticos. A tal julgamento criminal se pode conferir feição política, em razão dos motivos ou objetivos da acusação ou, ainda, pelos antecedentes, filiação ou posição política do acusado.

Os tipos contemporâneos de julgamentos políticos mesclam características das engrenagens clássicas de funcionamento. Ainda que variem em muitos detalhes e tipos, os julgamentos políticos repetem as mesmas fórmulas para justificar a ação oficial, como a "dramatização de perigos iminentes", seja pela presença de ameaças estrangeiras, tendências internas hostis ou os dois.[392] De qualquer forma, é imprescindível sistematizar as características ou tendências do atual emprego político de procedimentos jurídicos criminais, sobre as quais discorremos a seguir.

---

[392] A dramatização dos perigos, no caso da repressão aos movimentos sociais, associa danos ao patrimônio privado, como quebra de vidraças e incêndio de ônibus desocupados, com gravíssimos casos de violência a pessoas. No caso da criminalização de agentes políticos, as tendências internas hostis estão associadas a questões morais, bem exemplificada na bandeira do "combate à corrupção".

Um: os atuais mecanismos de proteção do Estado não estão a serviço imediato somente dos detentores do poder político, mas de todo o *stablishment* que lhe serve de sustentação social e econômica. O "bem jurídico" a ser protegido não é exatamente a segurança do Estado, mas a dos *negócios* e demais interesses políticos. As *elites* (financeira, industrial, midiática, militar, ministerial, judiciária etc.), não o soberano schimmtiano,[393] sustentam o poder político governamental. São elas quem convergem à construção do inimigo que será expulso da cena política.

Dois: as instituições encarregadas de levar a cabo a repressão criminal concentram enorme poder, e seus atores, muitos deles, possuem agendas políticas próprias, inclusive partidárias. Há grande autonomia institucional em relação ao governo estabelecido. Ministério Público, Polícia e Judiciário não se submetem ao Poder Executivo por razões outras que não sejam o alinhamento ideológico. Por isso, os julgamentos políticos podem ser manejados contra os próprios detentores do poder político, legitimamente eleitos, quando identificados como opositores ou dissidentes de um determinado projeto político. Veja-se que essa é uma inversão do ponto de vista da justiça política como normalmente se conhece: hoje, é plenamente possível que grupos não ocupantes do poder político estejam em partidos políticos, na sociedade civil ou em instituições do Estado como o Ministério Público e levem governantes eleitos a julgamentos, por meio da atuação integrada das instituições repressivas e tribunais, direcionando o resultado do processo à obtenção de benefícios políticos desejados.

Três: perdeu-se a distinção clássica entre ofensas comuns e ofensas políticas, por muito tempo reconhecida, embora sempre confusa. Toda forma, os crimes políticos, assim tipificados em leis promulgadas no interesse da proteção do Estado, são dispensáveis

---

[393] Cf. SCHMITT, Carl. *Teologia política*. Trad. Elisete Antoniuk. Belo Horizonte: Del Rey, 2006. Ainda, SCHMITT, Carl. O *conceito de político/Teoria do Partisan*. Trad. Geraldo de Carvalho. Belo Horizonte: Del Rey, 2008.

CAPÍTULO II – A DÉCADA DO HORROR NO BRASIL (1935/1945)

para os fins da repressão política. As acusações, nesse novo contexto, envolvem supostos crimes contra a Administração Pública, organização criminosa, lavagem de capitais ou danos ao patrimônio público, mas nem por isso o julgamento perde o caráter político. A ideia de que uma ação penal "por crime comum" pode ter maior utilidade para a gestão de interesses políticos do que acusações de crimes "contra a segurança do Estado" sempre foi utilizada e resulta válida até hoje. Referindo-se às imputações por corrupção, Kirchheimer consignou o seguinte:[394] *"el juicio puede haberse llevado al cabo por los afanosos esfuerzos de grupos políticos rivales, las indagaciones efectuadas por un periódico en busca de mayor circulación o el tenaz empeño de un individuo amargado en lo personal".*

Quatro: ainda hoje, os julgamentos políticos são empregados contra grupos que não disputam a supremacia política, ou seja, não querem ocupar as estruturas de governo, mas, por reivindicarem direitos e pressionarem as esferas de poder por mudanças em políticas públicas, são identificados como opositores do *stablishment* e, nessa condição, severamente reprimidos. A chamada *questão social*, portanto, continua a ser o objeto, por excelência, da repressão política no Brasil.

Observa-se, com razoável clareza, que as versões contemporâneas dos julgamentos políticos seguem a tendência de alargamento da necessidade de proteção do Estado que, como se nota, não é só do Estado, mas visa à tutela de uma ampla rede de interesses privados. O recurso aos tribunais não necessita da criação de novos tipos penais relacionados à segurança das instituições nacionais, porque os custos políticos de imputações dessa natureza, em países com recente experiência ditatorial, são altos e aparentemente desvantajosos. A possibilidade de se moverem acusações por crimes comuns, mas motivadas por objetivos políticos, constitui o "melhor

---

[394] KIRCHHEIMER, Otto. *Justicia política*: empleo del procedimiento legal para fines políticos. Trad. R. Quijano. [S.l.]: UTHEA, 1968, p. 55.

cenário", em um regime declaradamente constitucional e democrático, porque opera sob uma penumbra discursiva que impede ou dificulta denunciar o caráter autoritário do julgamento. Esse movimento, consistente no uso do Direito Penal material comum em um processo penal instaurado para servir a propósitos políticos, não pode impedir, entretanto, que se identifique tal característica.

Nos julgamentos políticos em geral, as acusações públicas estão assentadas não sob elementos de informações concretas e idôneas, mas em realidades pré-fabricadas, que misturam referências a eventos reais com dados fictícios. A exigência de suficiência probatória para admitir a acusação e, ainda mais, para condenar o réu, é substituída pelo que se denominou de "regra de tradução" e "política de confissões".[395] Nas palavras de Kirchheimer:

> (...) la prueba descansaba más o menos exclusivamente en las confesiones de los reos y en el testemonio de los coacusados, pero sin corroboración independiente alguna por parte de testigos fuera de las facultades del fiscal.[396]

---

[395] KIRCHHEIMER, Otto. *Justicia política*: empleo del procedimiento legal para fines políticos. Trad. R. Quijano. [S.l.]: UTHEA, 1968, pp. 114/115. Na passagem em que comenta os processos políticos na antiga URSS, Kirchheimer explica o que isso significaria: *"para obtener la realidad alternativa, los procesos se ajustaron a lo que se denomina reglas de traducción. Con la cooperación de los acusados, a veces voluntaria y a veces o ligada, se traducían algunos de sus patrones de pensamiento y discusión a la esfera de la acción y se asentaban en el débito de las consecuencias hipotéticas de estos actos inexistentes. De tal modo Vishinsky en sus acusaciones y, con mucha menos destreza y vigor, algunos de sus sucessores satélites, lograron que sus víctimas estuvieran a punto de admitir que prever ciertas contingencias equivale a apoyarlas. Colocaron a los acusados en las situaciones más remotas posibles que pudieran suscitarse de lo que les hicieron admitir que eran consecuencias de su acción política. Siempre forzaron a sacar deducciones que se ajustaran a la teoría del ministerio público acerca de como hubieran actuado los reos de haberse presentado tales situaciones".*

[396] KIRCHHEIMER, Otto. *Justicia política*: empleo del procedimiento legal para fines políticos. Trad. R. Quijano. [S.l.]: UTHEA, 1968, p. 115.

CAPÍTULO II – A DÉCADA DO HORROR NO BRASIL (1935/1945)

A política de confissões é uma viga da repressão criminal-política, venha ou não acompanhada de instrumentos jurídicos que premiem a delação. A manipulação do acusado, submisso às engrenagens do poder repressivo, permite que seja convertido em órgão de confirmação da realidade fabricada pelos elaboradores do julgamento. A confissão, além de substituir, em concreto, a exigência de demonstração probatória pela acusação, auxilia na produção de imagens que, uma vez submetidas à "regra de tradução", dramatizam um perigo que, embora inexistente, soa conveniente à efetivação de medidas cada vez mais repressivas. Dentre vários outros efeitos, a política de confissões como núcleo irradiador da energia oficial tem como consequência introduzir o temor em quem não está disposto a seguir esse jogo, fazendo-os ver que sua causa será manejada sem qualquer tipo de benevolência.[397]

Os julgamentos políticos, como se tem apresentado, oferecem uma série de especificidades cujo reconhecimento é importante para identificarmos as formas de repressão operacionalizadas para perseguir a dissidência política, destruir posições pessoais de poder ou arrefecer lutas sociais por direitos, em qualquer tempo. Esses processos, além dos inúmeros problemas já citados, trazem questões adicionais, capazes de afetar de sobremaneira o papel desempenhado por juízes, acusadores, defesa, imputados, testemunhas.[398] Tratei desses assuntos em maior ou menor grau:

---

[397] KIRCHHEIMER, Otto. *Justicia política*: empleo del procedimiento legal para fines políticos. Trad. R. Quijano. [S.l.]: UTHEA, 1968, p. 115-118.

[398] A prova testemunhal, criticada pelas investigações mais modernas no âmbito da psicologia cognitiva e do estudo da dogmática processual penal, também se encontra, por assim dizer, conceitualmente em suspeição quando se trata de julgamentos políticos. Neles, a testemunha assume um compromisso multifacetário. Os esclarecimentos que têm para dar a respeito dos fatos, palavras ou motivos de um acusado se determinarão necessariamente pela própria posição que assumiu no acontecimento histórico. Pode ter sido o adversário político do réu ou de outros atores do processo, seu correligionário, amigo íntimo ou desprezado, sociopolítico ou competidor pessoal: "quando agora se lhe pede que descreva o papel do acusado na trama da

magistrados comprometidos com os projetos políticos do regime ou mesmo de grupos interessados na disputa pela supremacia política dirigem o resultado da causa; acusadores constroem realidades alternativas por meio de denúncias que misturam dados fictícios com informações concretas, distorcendo o significado dos atos que se imputam; defesa submetida a obstáculos quase intransponíveis e acusado provavelmente condenado sem prova efetiva.[399]

É muito difícil considerar que um julgamento orientado por objetivos políticos possa estabelecer-se sobre bases que assegurem

---

acusação, atitudes e relações que compuseram o acontecimento, a primeira determinante do seu testemunho será o seu próprio papel". Se formos além, a situação da testemunha nos julgamentos políticos é ainda mais complexa, na medida em que os compromissos políticos anteriores podem ou não ser os mesmos do momento em que é chamada a depor. A urgência que possui em justificar a sua participação, assim como o de determinar uma ressignificação do passado, provavelmente impedirá que ofereça um relato minimamente desinteressado dos fatos que lhe são perguntados. Cf. KIRCHHEIMER, Otto. *Justicia política*: empleo del procedimiento legal para fines políticos. Trad. R. Quijano. [S.l.]: UTHEA, 1968.

[399] Mesmo ciente disso, o opositor político em condições de evadir-se à jurisdição do tribunal, buscando asilo em embaixadas ou saindo do país, frequentemente não o faz. Age assim, porque, fugindo do julgamento, corre o risco de ajudar mais a causa de seus detratores do que a sua própria ou do seu grupo. O mais frequente, se não for o caso de um regime declaradamente totalitário, que mata sumariamente seus opositores, é que o acusado queira enfrentar o julgamento. Ao fazê-lo, ainda que tenha pouca ou nenhuma possibilidade de impedir a condenação, opta por, ao menos, salvar a sua reputação política ou fortalecer a perspectiva de que é vítima de um sistema político hostil (KIRCHHEIMER, Otto. *Justicia política*: empleo del procedimiento legal para fines políticos. Trad. R. Quijano. [S.l.]: UTHEA, 1968, p. 53). A descrição de Kirchheimer da posição adotada pelos acusados em julgamentos políticos coincide com a postura de Luiz Inácio Lula da Silva.

CAPÍTULO II – A DÉCADA DO HORROR NO BRASIL (1935/1945)

uma decisão justa e imparcial em relação aos fatos imputados. Não seria exagerado sustentar essa impossibilidade. Os julgamentos políticos, ao contrário dos processos judiciais em que se asseguram garantias, não se dirigem verdadeiramente a apreciar fatos, mas a gerenciar pessoas. Além disso, o raciocínio decisório considera menos a situação retrospectiva que, de alguma forma, se retrata na acusação e mais os cursos futuros da ação política. O exame do passado, assim entendido como a avaliação de provas relacionadas a um evento histórico anterior ao processo, é influenciado pelas expectativas políticas do julgador. O julgamento político oferece, portanto, um período histórico como objeto, mas, essencialmente, uma sentença formulada como advertência para o futuro.[400]

---

[400] KIRCHHEIMER, Otto. *Justicia política*: empleo del procedimiento legal para fines políticos. Trad. R. Quijano. [S.l.]: UTHEA, 1968, p. 118.

CAPÍTULO III

PRODUÇÃO DE RESISTÊNCIAS NO ESTADO NOVO

3.1 Juristas parlamentares contra a Lei de Segurança Nacional (1935/1937)

Alguém poderia sugerir que a resistência ao autoritarismo em geral, e contra a repressão política em particular, não gerou efeitos positivos concretos, afinal, a Lei de Segurança Nacional terminou aprovada em 1935, assim como o tribunal de exceção no ano seguinte. As pessoas foram perseguidas, presas, torturadas, inclusive alguns dos juristas parlamentares cuja atuação se pretende abordar. O que efetivamente importa, entretanto, não é isso. O relevante é mapear o conjunto de recursos de que lançaram mão juristas, enquanto parlamentares, advogados ou professores, para construir uma resistência qualificada, persistente e incômoda aos detentores do poder constituído. Quais foram os dispositivos empregados para obstaculizar, dificultar e, em alguns casos, impedir a conversão absoluta do regime em Estado de pura violência física contra os seus opositores? Como esses juristas conseguiram promover e aprovar alterações nos projetos de reformas institucionais que se impunham ao país?

O repertório dos parlamentares em defesa das liberdades democráticas pode ser classificado, para fins analíticos, da seguinte forma: (i) constituição de um bloco suprapartidário, unido pela comum repulsa aos projetos autoritários do governo; (ii) máxima intervenção, apartes e registros nos anais do Congresso Nacional, a respeito da violação às liberdades fundamentais; (iii) emprego técnico das regras regimentais para impedir, a todo custo, a aprovação de propostas atentatórias aos direitos e garantias individuais; (iv) busca do apoio, o quanto possível, de setores da imprensa contrários ao ímpeto autoritário do regime.

As críticas à Lei de Segurança Nacional e ao Tribunal de Segurança Nacional, em 1936, atingiram todos os flancos, mas podem ser arbitrariamente pensadas a partir das seguintes dimensões: (i) no campo da dogmática penal e processual penal, pelo abandono dos princípios democráticos e liberais orientados ao controle do poder e contenção da competência punitiva do Estado;[401] (ii) no campo político-constitucional, pelas denúncias à desnecessidade do projeto, ao caráter excepcional e autoritário das propostas, voltadas especialmente à perseguição de pessoas cujas ideias se alinhavam a concepções progressistas da vida pública e social.

3.1.1 Estratégias da Frente Pró-Liberdades Democráticas para impedir a Lei Monstro

> *A resistência à oppressão é a consequência dos outros direitos do homem. Ha oppressão contra o corpo social quando um único de seus membros é oprimido. Há oppressão contra cada membro, quando o corpo social é oprimido. Quando o governo viola os direitos do povo, a insurreição é para*

---

[401] Atenta contra a doutrina penal e processual penal democrática porque pune atos preparatórios, cria desnecessariamente delitos novos, prevê penas desproporcionais, incide retroativamente e suprime ou restringe garantias de defesa.

CAPÍTULO III – PRODUÇÃO DE RESISTÊNCIAS NO ESTADO NOVO

o povo e para cada porção do povo, o mais sagrado dos direitos e o mais indispensável dos deveres.

Domingos Vellasco, DPL, 13.02.1935

Desde o primeiro momento, a resistência da chamada Minoria Parlamentar foi impetuosa. Formada na Câmara Federal a partir de janeiro de 1935 por integrantes de vários partidos estaduais contrários aos arroubos autoritários do governo Getúlio Vargas, as Oposições Coligadas reuniam diversos juristas parlamentares e líderes da dissidência. O bloco visava a uma ação comum de fiscalização e crítica aos atos do regime que se constituía, tendo realizado uma ferrenha oposição à instauração e prorrogação do estado de sítio, à decretação do estado de guerra, além da resistência à instalação do Tribunal de Segurança Nacional.[402]

Mônica Kornis descreve que, já em 31 de janeiro de 1935, a Minoria se reuniu para examinar o Projeto n. 72, lançando pelo governo cinco dias antes. Esse projeto é o que dará origem à Lei n. 38, de 1935, primeira Lei de Segurança Nacional no Brasil. Compareceram ao encontro, dentre outros, Levindo Coelho, Otávio Campos do Amaral, Policarpo Viotti, Virgílio de Melo Franco, Daniel de Carvalho e José Francisco Bias Fortes, de Minas Gerais; Hipólito do Rego e Antônio Covelo, de São Paulo; Aluísio Filho,

---

[402] Mônica Kornis descreve ainda que a Minoria Parlamentar começou a ser articulada a partir da aliança entre Artur Bernardes, do Partido Republicano Mineiro (PRM), Otávio Mangabeira, da Liga de Ação Social e Política da Bahia (LASP), João Neves da Fontoura e Antônio Augusto Borges de Medeiros, ambos da Frente Única Gaúcha (FUG), composta pelo Partido Libertador (PL) e o Partido Republicano Rio-Grandense (PRR). Acrescenta a autora que a "vitória da situação nas eleições de 14 de outubro de 1934 para as assembleias constituintes estaduais e para a Câmara Federal reforçou a aliança entre as lideranças oposicionistas, consolidada finalmente com a formação, dentro da Câmara dos Deputados, das Oposições Coligadas, em janeiro de 1935" (KORNIS, Monica. "Minoria Parlamentar". *FGV-CPDOC*. Disponível em: http://www.fgv.br/cpdoc/acervo/dicionarios/verbete-tematico/oposicoes-coligadas. Acessado em: 02.02.2019).

da Bahia; Adolfo Bergamini, Mozart Lago e Henrique Dodsworth, do Distrito Federal; Acúrcio Torres, do Estado do Rio de Janeiro; João Vilas Boas, de Mato Grosso; Leandro Nascimento Pinheiro, do Pará; e Domingo Velasco, de Goiás.[403]

Diga-se de passagem que nem todos aqueles que lutaram em defesa das liberdades democráticas no país, entre 1935 e o esgotamento do regime ditatorial dez anos depois, seguiram essa trajetória ao longo da vida pública.[404] As Oposições Coligadas ao governo varguista reuniam, sob a legítima bandeira do controle aos atos do poder político, uma série de interesses muitos diversos.

---

403 KORNIS, Monica. "Minoria Parlamentar". *FGV-CPDOC*. Disponível em: http://www.fgv.br/cpdoc/acervo/dicionarios/verbete-tematico/oposicoes-coligadas. Acessado em: 02.02.2019. João Neves da Fontoura foi eleito líder da Minoria Parlamentar na Câmara em 11 de maio de 1935. O diretório nacional era integrado ainda por Arthur Bernardes, Borges de Medeiros, Otávio Mangabeira, Roberto Moreira, José Matoso de Sampaio Correia, Sebastião do Rego Barros e José Augusto Bezerra de Meneses.

404 É o caso, dentre outros, de José Eduardo do Prado Kelly, um dos juristas parlamentares do período. Entre os anos de 1936 e 1937, Prado Kelly esteve na oposição a Vargas. De olho nas eleições que nunca viriam, apoiou a candidatura de Armando de Sales Oliveira à Presidência contra José Américo de Almeida. Diante da iminência da decretação do estado de guerra em 21 de março de 1936, proferiu violentos discursos em defesa das garantias individuais ameaçadas por Getúlio Vargas. Formado pela Faculdade de Direito da Universidade do Rio de Janeiro em 1925, mesmo ano em que começou a trabalhar como jornalista do periódico *A Noite*, elegeu-se à Assembleia Nacional Constituinte de 1933, exercendo mandato como constituinte até maio de 1935. Durante os trabalhos, defendeu a revogação da Lei de Imprensa e a criação de um quarto poder da República para dirimir conflitos institucionais. Eleito deputado federal desde outubro do ano anterior, prosseguiu com os trabalhos ordinários no Parlamento até a instauração do Estado Novo, quando se afastou da política e passou a dedicar-se ao escritório de advocacia. Foi presidente do Conselho Federal da Ordem dos Advogados do Brasil no biênio de 1960/1962, além de nomeado ministro do Supremo Tribunal Federal, em 1965, pelas mãos do marechal Humberto Castelo Branco, primeiro presidente da ditadura civil e militar instalada no Brasil desde abril de 1964 (DIAS, Sonia. "José Eduardo do Prado Kelly". *FGV-CPDOC*. Disponível em: http://www.fgv.br/cpdoc/acervo/dicionarios/verbete-biografico/jose-eduardo-do-prado-kelly. Acessado em: 01.02.2019).

CAPÍTULO III – PRODUÇÃO DE RESISTÊNCIAS NO ESTADO NOVO

Muitos desses atores estiveram ao lado de Getúlio Vargas no golpe de 1930. Domingos Vellasco, um dos parlamentares presos em 26 de março de 1936, lutou contra os paulistas em 1932, até que, em 3 de maio de 1935, tornou-se um dos líderes da Minoria Parlamentar e um dos principais defensores da Aliança Nacional Libertadora, esmagadoramente atacada por Vargas e seus correligionários. Também há os que, apesar de não falarem pela Minoria, igualmente proferiam agressivos discursos contra o avanço autoritário do regime sob as garantias individuais.

Dentre os instrumentos empregados na luta contra o autoritarismo brasileiro, que se intensificara a partir de 1935, um dos mais importantes foi a organização de um grupo que se unificava pela defesa intransigente das liberdades democráticas no país. A eventual divergência de ideias e plataformas partidárias foi superada por algo maior. Esse é o primeiro ensinamento que se pode extrair da organização dos movimentos liderados por juristas parlamentares naquela época. O trabalho desempenhado pela Minoria teve continuidade com a criação de um grande e vertiginoso grupo chamado de Frente Parlamentar Pró-Liberdades Populares, constituído em 11 de novembro de 1935.

Obstinada na defesa das garantias individuais e de embate ao movimento integralista, a Frente Pró-Liberdades Populares surgiu como reação ao fechamento da Aliança Nacional Libertadora em julho do mesmo ano, três meses depois de não ter sido possível conter a aprovação da Lei de Segurança Nacional (Lei n. 38, de 4 de abril de 1935).[405] O grupo teve a adesão de vários deputados que compunham a Minoria. Liderado por Domingos Vellasco, do Partido Social

---

[405] A própria criação da Aliança Nacional Libertadora integra o conjunto de recursos que parcela da sociedade brasileira colocou em prática na luta contra o fascismo e a miséria. Conquanto, pela abrangência, sua análise fuja ao propósito, a ANL constitui um elemento central no contexto da repressão política. Foi uma frente ampla na qual se reuniram representantes dos mais distintos partidos e correntes políticas (comunistas, socialistas, católicos e democratas) e diferentes setores sociais (trabalhadores, profissionais liberais, intelectuais e militares).

Republicano de Goiás, e João Café Filho, do Partido Social Nacionalista do Rio Grande do Norte, o bloco parlamentar pró-liberdades populares também recebeu a adesão do senador pertencente ao Partido Liberal do Pará, Abel Chermont, e de mais vinte deputados federais. A ideia era expandir a Frente para todos os estados, estimulando a organização de grupos idênticos em assembleias locais para, em ação coordenada, lutar pelos fundamentos da democracia.[406]

O caminho da resistência às reformas institucionais que empurrariam o país aos porões da repressão política começou a ser definitivamente traçado ao fim de janeiro de 1935. Na edição de domingo, dia 27, o *Diário do Poder Legislativo* publicou o Projeto n. 78, que definia os "crimes contra a ordem política, contra a ordem social, estabelecendo as respectivas penalidades e o processo competente", além de prescrever "normas para a cassação de naturalização". O projeto veio acompanhado do que seria uma mensagem do governo e trazia breves justificativas pela aprovação da lei. A mensagem não trouxe um único e solitário dado concreto que provasse o perigo de escalada da violência que se alardeava. Falou-se, em abstrato, no "crime de querer impor ao povo o que elle não deliberou, nem quer, (...) o crime de falsificar a legitimidade do poder nas origens naturais dos suffragios do povo", de onde decorreria "o dever em que se hão de empenhar os governos de defender a ordem política e, com ella, a ordem social".[407]

Mal completara seis meses da aprovação da Constituição da República, em 16 de julho de 1934, o governo Getúlio Vargas, mantido indiretamente como presidente pela Assembleia Nacional

---

[406] Lamarão acrescenta que uma das requisições levantadas pela Frente Parlamentar Pró-Liberdades Populares foi o fechamento da Ação Integralista Brasileira (AIB) ou, do contrário, a revogação dos atos que determinaram o encerramento das atividades da ANL. Cf. LAMARÃO, Sérgio. "Grupo Parlamentar Pró-Liberdades Populares". *FGV-CPDOC*. Disponível em: http://www.fgv.br/cpdoc/acervo/dicionarios/verbete-tematico/grupo-parlamentar-pro-liberdades-populares. Acessado em: 17.02.2019.

[407] DPL, 27.01.1935, p. 638.

CAPÍTULO III – PRODUÇÃO DE RESISTÊNCIAS NO ESTADO NOVO

Constituinte até as eleições de 3 de maio de 1938, reclamava da "explosão de paixões doentias e de ambições pessoais desmedidas contra os interesses nacionais", antecipando a falácia de que as autoridades públicas, "responsáveis pela ordem e pela paz, precisam estar armadas de meios legais para o cumprimento do seu dever constitucional, (...) não podem, nem devem cruzar os braços, permitindo a expansão desenfreada de elementos dissolventes e destruidores de nossas mais legítimas conquistas de povo civilizado e culto".

O fim da mensagem do governo faz associação das medidas repressivas com a necessidade de defesa das liberdades e do próprio espírito da Constituição. Havia uma preocupação constante em reafirmar o caráter democrático e constitucional do projeto, o que não deixa de ser sintomático justamente do contrário, já que uma lei efetivamente alinhada à democracia não precisaria de porta-vozes para dizer o óbvio.[408]

> Uma coisa é a liberdade, outra a anarchía. Aquella vive é prospera dentro da lei, da disciplina e da ordem; esta visa o aniquilamento da ordem, da disciplina e da lei. Aquella é sempre legítima, esta jamais o é. A repressão do desrespeito à lei, da indisciplina e da desordem vale por uma garantia eficaz da verdadeira liberdade.
>
> O projeto de lei que apresentamos e subscrevemos não collide com o texto, nem com o espírito da Constituição. Pelo contrário, visa sua defesa. Tem por finalidade tornal-a effectiva e respeitada. E encontra apoio na legislação recente dos mais adeantados paizes democraticos.[409]

---

[408] A justificativa de que medidas de exceção no campo persecutório, as quais, portanto, suspendem e afetam liberdades públicas, são necessárias como mecanismo de defesa da democracia constitui um lugar comum dos regimes autoritários. Isso pode ser visto, por exemplo, no preâmbulo do Ato Institucional n. 05 de 1968, que agravou substancialmente a repressão do regime civil e militar iniciado quatro anos antes.

[409] DPL, 27.01.1935, pp. 637-639.

Por que, afinal, uma legislação como esta? Para além da produção imagética do terror comunista, construído no imaginário social brasileiro desde o início dos anos 1930, oficialmente manejavam-se, em favor da Lei de Segurança Nacional, os seguintes argumentos: (i) exigência de um ambiente de segurança e tranquilidade, afetado pela insuficiência dos meios legais então disponíveis para enfrentar doutrinas extremistas; (ii) predomínio da ideia de Estado forte e autoritário, acompanhado da crítica às democracias liberais e à primazia dos direitos individuais; (iii) inexistência de motivos para o protesto social, logo, caráter abusivo de toda mobilização popular diante de um governo que teria ampliado direitos políticos e instituído o voto secreto.[410]

Não é do meu interesse dar visibilidade a tais posições ou pessoas, mas vale destacar o pronunciamento do deputado paulista Cardoso de Mello Netto, porque antecipa ideias especialmente presentes também nas justificativas apresentadas por Francisco Campos, cinco anos depois, por ocasião da reforma do Código de Processo Penal.[411]

> (...) não é simplesmente um Estado produtor de segurança, (...) um Estado *gendarme,* mas um Estado que amplia as suas funções, de tal maneira, que precisa por isso mesmo, para consecução dos seus fins, ter mais ampliada sua esfera de ação, dentre de nossas leis. Organizamos um Estado que, por força mesmo da magnitude e variedade de suas funções, precisa estar armado dos meios necessários para

---

[410] Nas palavras do conservador deputado gaúcho Adalberto Corrêa, "(...) todo o governo que tem a sua origem na eleição pelo voto secreto é a expressão da vontade nacional representada pela sua maioria, não podendo as minorias ou uma minoria se arrogar o direito de prejudicar a ação de um governo que é emanação das aspirações e sentimentos populares com conspirações ou propaganda de ideologias destruidoras da Constituição e do Estado" (DPL, 06.02.1935, p. 1070).

[411] Cf. CAMPOS, Francisco. *O Estado Nacional*: sua estrutura, seu conteúdo ideológico. Brasília: Senado Federal, Conselho Editorial, 2001.

CAPÍTULO III – PRODUÇÃO DE RESISTÊNCIAS NO ESTADO NOVO

defender-se, defendendo assim a sociedade que representa e incarna. Hoje o direito do Estado deve prevalecer sobre o direito do indivíduo. Em frente ao direito do Estado, representante da sociedade, não existe o direito individual que a ele deva ceder o passo.[412]

Para o deputado Adalberto Corrêa, ferrenho defensor da Lei de Segurança Nacional, a repressão aos movimentos de trabalhadores é imprescindível, uma vez que "não é na rua, fazendo rebeliões e greves, que se defende a pátria".[413] Como se pode claramente observar, desde a sua origem, a legislação penal da repressão política estava atravessada pela associação entre protesto social e oposição política, finalmente, entre subversão e comunismo. Esse vínculo permanece hígido na neocriminalização dos movimentos sociais no Brasil.[414]

Já no início de janeiro de 1935, a relação entre Getúlio Vargas e a oposição era definitivamente ruim. Na concepção do governo, a própria Constituição de 1934 representava a "subversão permanente da ordem pública do país", uma miscelânea de "ideias bolchevistas, fascistas, sindicalistas e clericais, uma salada de frutas absolutamente indigesta".[415] A apresentação do projeto de Lei de Segurança Nacional, ao fim do primeiro mês de 1935, foi uma consequência natural da visão que Getúlio possuía dos trabalhos constituintes. Achava-o fraco. Para ele, a Constituição oferecia "mais entrave do que uma fórmula de ação, (...) fragmenta e dilui

---

[412] DPL, 24.02.1935, p. 1343.

[413] DPL, 01.02.1935, p. 737.

[414] Refiro-me aos propósitos de incriminação dos protestos sociais e, igualmente, dos movimentos organizados, tal como o Movimento dos Sem Terra, dos Trabalhadores Sem Teto etc. Cf. "Considerações finais" deste livro.

[415] HAMBLOCH, Ernest. *Sua Majestade, o Presidente do Brasil*: um estudo do Brasil constitucional (1889-1934). Trad. Leda Boechat. Brasília: Senado Federal, 2000, p. 94.

a autoridade, instaura a indisciplina e confunde, a cada passo, as atribuições dos Poderes da República".[416]

Àquela altura, com o país marcado por uma série de movimentos trabalhadores reivindicatórios, Getúlio Vargas equilibrava-se em discursos contraditórios. Assim, por um lado, reivindicava uma "legislação moderníssima, que integra o operário na comunhão humana, de que estava divorciado pela cegueira e desinteresse criminoso dos dirigentes",[417] por outro, reforçava uma concepção autoritária de governo, segundo o qual todas as críticas ao governante seriam uma desmoralização da autoridade e ataque ao poder político.[418] No manifesto dirigido à nação brasileira, logo após a promulgação da Constituição de 1934, disse o seguinte:

---

[416] Em discurso proferido na Assembleia Nacional Constituinte, Getúlio Vargas deixou claro o que pensava: "a Constituição de 1934, ao revés da que se promulgou em 1891, enfraquece os elos da Federação; anula, em grande parte, a ação do Presidente da República, cerceando-lhe os meios imprescindíveis à manutenção da ordem, ao desenvolvimento normal da Administração; acoroçoa as Forças Armadas à prática do faccionismo partidário, subordina a coletividade, as massas proletárias e desprotegidas ao bel-prazer das empresas poderosas; coloca o indivíduo acima da comunhão". Reproduzido por GOMES, Ângela Maria de Castro. "Confronto e compromisso no processo de constitucionalização (1930-1935)". *In*: FAUSTO, Boris (Coord.). *O Brasil Republicano*. 9ª ed. Rio de Janeiro: Bertrand Brasil, 2007, p. 20. (História Geral da Civilização Brasileira, tomo 3, vol. 10). A respeito dos infinitos discursos proferidos por Getúlio Vargas, cf. D'ARAUJO, Maria Celina (Coord.). *Getúlio Vargas*. Brasília: Câmara dos Deputados, Edições Câmara, 2011. (Série Perfis Parlamentares, nº 62); BRASIL. "Presidente (1931-1944: Getúlio Vargas)". *Discursos selecionados do Presidente Getúlio Vargas*. Brasília: FUNAG, 2009.

[417] D'ARAUJO, Maria Celina (Coord.). *Getúlio Vargas*. Brasília: Câmara dos Deputados, Edições Câmara, 2011, p. 344.

[418] A insatisfação dos governantes com a oposição, para Ernest Hambloch, é uma característica típica dos *caudillos* latino-americanos. Ressalvadas as objeções ao presidencialismo brasileiro, aparentemente exageradas, a descrição que ele faz da figura do *caudillo* pode ser aproveitada para pensar este traço do governo Getúlio Vargas. (HAMBLOCH, Ernest. *Sua Majestade, o Presidente do Brasil*: um estudo do Brasil constitucional (1889-1934). Trad. Leda Boechat. Brasília: Senado Federal, 2000, pp. 36/37).

CAPÍTULO III – PRODUÇÃO DE RESISTÊNCIAS NO ESTADO NOVO

O respeito àquele que encarna a soberania do povo é o dever primacial do cidadão. Sem dúvida, a liberdade ampla de crítica constitui direito primordial das democracias. Mas essa liberdade não pode ultrapassar os limites que se definem, sem grave prejuízo para o Estado, que a regula em proveito dos interesses coletivos. *Sub lege libertas*. Advertir honradamente os mandatários do poder, esclarecer-lhes a razão, apontar-lhes as falhas, ajudá-los, em suma, com avisos salutares nos passos difíceis, é oferecer-lhes o maior testemunho de acatamento. Mas atacá-lo, arrastá-los ao ridículo, rebaixá-los no conceito público pelo insofrido amor do escândalo é converter um princípio de ordem em dogma de anarquia. Desmoralizar a autoridade é enfraquecer o Estado. Por isso, desde os primórdios da civilização, da cidade antiga ao mundo moderno, o equilíbrio da hierarquia, que mantém as relações entre dirigentes e dirigidos, é o índice mais transparente dos grandes povos.[419]

A livre expressão de ideias e críticas ao governo, associada à efervescência das lutas operárias, foi encarada como fonte de instabilidade social e política. Em muito pouco tempo, como já se antecipou, a questão social – tratada por uma "moderna legislação" – passou a ser gerenciada pela engrenagem penal da repressão política.

A abordagem histórica, centrada nas disputas entre as diferentes forças, indica um movimento quase dialético, de ação e reação. Em 17 de janeiro de 1935, exatos dez dias antes da mensagem em que introduzira a Lei de Segurança Nacional em nome da estabilidade das instituições, "condição primária da vida",[420]

---

[419] VARGAS, Getúlio. "Manifesto à nação após a promulgação da Constituição, em 16 de julho de 1934, no dia seguinte. Os empreendimentos do governo provisório". *In*: D'ARAUJO, Maria Celina (Coord.). *Getúlio Vargas*. Brasília: Câmara dos Deputados, Edições Câmara, 2011, p. 344.

[420] DPL, 27.01.1935, p. 637.

o deputado Gilberto Gabeira havia subido na tribuna da Câmara e feito um eloquente apelo às classes trabalhadoras:[421]

> Traz-me neste momento à tribuna o desejo de atender a um appello de companheiros dedicados, daquelles que poderemos chamar de verdadeiros patriotas, visto como assumiram ver o Brasil, amanhã, uma Nação forte, digna do povo que a habita.
>
> Attendo, Sr. Presidente, o pedido que me fazem, porque as idéas consubstanciadas no programma dos meus camaradas estão também dentro do meu coração.
>
> Estando de accordo com os princípios concretizados no manifesto que redigiram e sendo eu um legítimo representante das classes trabalhadoras, lerei, na íntegra, esse documento, pedindo aos Srs. Deputados a benevolência de sua attenção, visto como na hora em vivemos há necessidade imperativa de pensarmos o futuro do Brasil.
>
> O programma elaborado por esse grupo de amigos, sinceros e trabalhadores, intitula-se: "Pela libertação do Povo Brasileiro".[422]

O deputado Gilberto Gabeira começou a ler o documento. Potente e provocador, o manifesto conclamou o povo a ir ao encontro de sua indignação, levantando-se contra a "escravidão econômica e política em que se encontra o Brasil". Instou toda gente brasileira a alistar-se, "com entusiasmo, no grande movimento de libertação nacional que se processa no país", revelado pelo "estado de inquietação e de insatisfação dos diversos sectores da população laboriosa". O texto lido em plenário pela libertação nacional do

---

[421] Gilberto Gabeira foi eleito deputado à Assembleia Nacional Constituinte pelo estado do Espírito Santo, sendo o único representante do Partido Proletário na Câmara. Cf. FGV-CPDOC. *Verbete biográfico GABEIRA, Gilberto*. Disponível em: http://www.fgv.br/cpdoc/acervo/dicionarios/verbete-biografico/gabeira-gilberto. Acessado em: 17.02.2019.

[422] DPL, 18.01.1935, p. 388.

CAPÍTULO III – PRODUÇÃO DE RESISTÊNCIAS NO ESTADO NOVO

povo brasileiro denunciou o que chamava de "vergonhosos accordos" que tratam apenas de "disputar os despojos da economia brasileira, de disputar o direito de explorar as grandes massas laboriosas do Brasil em seu próprio benefício e do imperialismo". Não poupou o integralismo ao dizer que "o patriotismo mystico de 'Deus, Patria e Família' não passa de uma tapeação", tampouco "os donos das casas grandes, os barões fendaes, os dominadores de chicote, (...) que historicamente se oppuzeram a todo progresso, a todo desenvolvimento das forças productivas". [423]

O manifesto público, que ressoou na Câmara dos Deputados naquele dia 17 de janeiro de 1935, marcaria a criação da Aliança Nacional Libertadora e a escalada irrefreável da repressão política no Brasil. A verdade é que o levante militar da ANL, ao fim do ano, teve mais o efeito de aglutinar as elites em torno desse projeto repressivo do que mobilizar as classes populares contra o fascismo, a miséria e o imperialismo.[424] Em janeiro, já se sabia que o governo preparava o encaminhamento de um projeto que visava sufocar a oposição e movimentos operários em geral. Esse era o desejo das elites política e econômica do país. A leitura daquele manifesto pelo deputado Gilberto Gabeira, em alto e bom som, inaugurou o caminho percorrido pela resistência parlamentar à Lei Monstro, como passou a ser chamada dali em diante:

> O passado histórico do Brasil é cheio de lutas revolucionárias pelas liberdades democráticas. Aqueles que, aproveitando-se do prestígio dos elementos sacrificados na luta pela

---

[423] DPL, 18.01.1935, p. 388.

[424] PANDOLFI, Dulce. "Os anos 30: a incerteza do regime". *In*: FERREIRA, Jorge; DELGADO, Lucília de Almeida Neves (Coord.). *O Brasil republicano*: o tempo do nacional estatismo – do início da década de 30 ao apogeu do Estado Novo. vol. 2. Rio de Janeiro: Civilização Brasileira, 2003, p. 32. Cf. igualmente: PANDOLFI, Dulce; GRYNSZPAN, Mario. *Da revolução de 30 ao golpe de 1937*: a depuração das elites. Rio de Janeiro: Centro de Pesquisa e Documentação de História Contemporânea do Brasil, 1987.

democracia usurparam o Poder, nunca realizaram o sonho pelo qual tanto se tem batido o Povo brasileiro. Pelo contrário: esses usurpadores têm sempre voltado as armas da reação contra todos aquelles que, nas vésperas, os ajudaram a subir no Poder e continuam sempre lutando pela realização das liberdades democráticas, exigindo o cumprimento das promessas demagógicas. Mas as massas populares do Brasil não desistiram e não desistirão jamais de realizar a democracia. Agora mesmo, quando o governo prepara a Lei Monstro que vem terminar com o pouco de liberdade democrática formulado pela Constituição, vemos uma enorme mobilização de massas em defesa da democracia.[425]

Ao terminar a leitura do manifesto, o deputado Gilberto Gabeira fez novo apelo, dessa vez aos colegas de plenário, dizendo que, apesar do texto final, não se estava "suggerindo ao Governo a desapropriação de todas as empresas estrangeiras". Preocupado com a repercussão, deixou uma advertência: "Srs. Deputados, meditem profundamente neste manifesto, no qual não se prega qualquer doutrina subversiva, mas tão somente se collima a grandeza e a libertação do Brasil no futuro".[426]

O deputado Álvaro Costa Ventura Filho não teve a mesma preocupação. Único representante do Partido Comunista Brasileiro (PCB) na Câmara dos Deputados naquele momento,[427] Álvaro

---

[425] DPL, 18.01.1935, p. 389.

[426] DPL, 18.01.1935, p. 389.

[427] Álvaro Ventura foi eleito em julho de 1933 como segundo suplente de deputado federal classista à Assembleia Nacional Constituinte, como representante profissional dos empregados. Teve o mandato estendido até setembro de 1935, assumindo a cadeira de deputado como único representante do PCB. Com o recrudescimento da repressão seguida ao levante da ANL, em novembro daquele ano, Ventura passou a viver na clandestinidade (FGV-CPDOC. *Verbete biográfico VENTURA, Alvaro*. Disponível em: http://www.fgv. br/cpdoc/acervo/dicionarios/verbete-biografico/alvaro-costa-ventura-filho. Acessado em: 17.02. 2019).

CAPÍTULO III – PRODUÇÃO DE RESISTÊNCIAS NO ESTADO NOVO

tomou a tribuna parlamentar no dia 25 de janeiro de 1935, dois dias ao encaminhamento oficial do Projeto n. 72, e fez o que seria o primeiro dentre os mais inflamados discursos conhecidos contra a Lei de Segurança Nacional.

> Sr. Presidente, Srs. Deputados. Encontra-se nesta Casa, sahido das mãos do ministro Vicente Ráo, o chamado projecto de "lei de segurança nacional". Embora não esteja divulgado ainda o seu conteúdo, sabe-se, no entanto, – é a própria imprensa diária que nol-o diz – que se trata de um projecto de lei draconiano com que o Governo do Sr. Getúlio Vargas visa reforçar sua dominação contra os interesses do proletariado e das massas populares do Brasil.
>
> Contra quem é dirigida essa lei que pelo seu caracter ultra--reacionário já recebeu o baptismo popular de "Lei Mons-tro"? Contra quem se dirigem essas medidas de "segurança nacional" que o Governo e seus mentores dizem ameaçada?[428]

A convicção de que a repressão política atingiria todos aqueles que se opunham ao projeto de poder do regime varguista é um ponto firme das críticas formuladas. Mesmo para comunistas como o deputado Álvaro Ventura, estava claro que o chamado projeto de "Lei de Segurança Nacional" ou "Lei Monstro" teria um "raio de acção muito amplo, muito mais profundo, que attingirá não só os comunistas, que se collocam à frente das lutas das massas trabalhadoras, como todas as organizações operários, syndicatos culturaes, populares, estudantes etc." Continua:

> Todo o proletariado, toda a população laboriosa. Todos os elementos honestos que manifestam o seu descontentamento ante o actual regime. Todos aquelles que levantam suas vozes contra os erros e desmandos deste Governo; todos

---

[428] DPL, 27.01.1935. Discurso Pronunciado na Sessão de 25 de janeiro de 1935, p. 648.

ANTONIO PEDRO MELCHIOR

> que intrepidamente lutam por um pouco mais de pão para seus filhos, todos aquelles que combatem energicamente em pról das liberdades democráticas conquistas de centenas de lutas contra a oppressão colonial, feudal e imperialista, todos esses heroicos combatentes, serão atingidos pelas garras sangrentas desta lei.[429]

É impossível não reconhecer a contundência das denúncias levantadas pelo deputado. Muito do que ele disse na tribuna, naquela sexta feira de 25 de janeiro de 1935, se confirmou na experiência de várias pessoas, unindo inúmeras profissões como sindicalistas, parlamentares, professores, advogados, escritores, jornalistas e muitos outros.

> São as prisões e deportações em massa, as condennações summarias a annos e annos de presidio, a abertura das ilhas infectas, tudo afinal que hoje acontece que será intensificado, decuplicado por essa monstruosa Lei! É a repressão mais intensa contra médicos, jornalistas, advogados juristas, professores de tendências liberaes, militares, camponezes e operários! É o império do terror acobertado pelo manto da Lei![430]

Ventura, em nome da minoria classista, dirigiu-se a todas as bancadas oposicionistas e a todos os deputados que não estavam de acordo "com tantas desditas e misérias para o povo brasileiro, com tantos attentados às liberdades democráticas" e propôs a formação de uma Frente Única contra a Lei Monstro, "sem tomar conhecimento de divergências políticas e ideológicas".[431]

---

[429] DPL, 27.01.1935. Discurso Pronunciado na Sessão de 25 de janeiro de 1935.

[430] DPL, 27.01.1935. Discurso Pronunciado na Sessão de 25 de janeiro de 1935.

[431] DPL, 27.01.1935. Discurso Pronunciado na Sessão de 25 de janeiro de 1935, p. 649. "É necessário que todos nós, homens honestos que ainda possuem um resto de dignidade, levantemos nossas vozes de protesto e de repulsa em favor do povo já sobrecarregado de tantos sofrimentos, de tantas humilhações

CAPÍTULO III – PRODUÇÃO DE RESISTÊNCIAS NO ESTADO NOVO

O Projeto de Lei n. 78 foi lido em plenário no dia seguinte, 26 de janeiro de 1935. Apesar do forte posicionamento do deputado Álvaro Ventura e da provocação pública pela criação de uma Frente suprapartidária contra a Lei Monstro, para Vargas, a resistência à apresentação do projeto sobre a Lei de Segurança Nacional foi "mais passiva do que ativa".[432] Não foi exatamente assim. Após ter sido apresentado, o projeto seguiu à Comissão de Constituição e Justiça, nos termos do artigo 146, § 3°, do regimento interno da casa, onde sofreu honrosa resistência da Minoria comandada por juristas parlamentares, como Adolfo Bergamini e outros.

Em reunião ocorrida no dia 31 de janeiro, designou-se como relator o deputado Henrique Bayma[433] que, paradoxalmente, em

---

e de tantas aflições. É necessário demonstrarmos publicamente que não queremos, não concordamos, não aceitamos a Lei Monstro!"

[432] VARGAS, Getúlio. *Diários*: vol. I (1930-1936). São Paulo: Siciliano; Rio de Janeiro: Fundação Getúlio Vargas, 1995, p. 355. Tenho dúvidas se esta era a impressão genuína de Vargas diante do movimento que se iniciara. A análise do seu diário indica que, apesar do aparente pouco caso à resistência inicial que se ensaiava na Câmara dos Deputados, ele estava realmente preocupado com o andamento do projeto. Entre os dias 28 e 29 de janeiro, Vargas anotou que convocou para comparecer à noite, no Guanabara, Antonio Carlos e Raul Fernandes, para trocarem impressões sobre o projeto de Lei de Segurança Nacional e a eleição dos representantes classistas. Segundo ele, Raul Fernandes, posteriormente um dos nomeados a juiz do Tribunal de Segurança Nacional, ponderou a necessidade de retocar o projeto para diminuir a resistência do plenário. Vargas acrescentou, à página 356 do mencionado diário, que, diante disso, procurou amigos na imprensa e, "finalmente, mandou preveniu o ministro da Justiça para entender-se com o *leader* sobre essa revisão".

[433] Henrique Smith Bayma candidatou-se em 1933 à Assembleia Nacional Constituinte na legenda Chapa Única por São Paulo Unido e foi eleito. Atuou como relator do capítulo referente à segurança nacional na Constituição da República de 1934, renunciando em 1935. Antes, porém, relatou o Projeto de Lei n. 78, que deu origem à primeira versão da Lei de Segurança Nacional. Sobre a acusação de Bayma perante o TSN, Jorge Miguel Mayer indica que ele e alguns antigos correligionários da luta constitucionalista de 1932 promoveram uma comemoração pelo centenário de Antonio Prado e, somente por isso, foram acusados de tentarem reeditar a organização MMDC, destacada

1940, terminou preso e acusado perante o Tribunal de Segurança Nacional por conspiração contra o regime varguista. A Comissão de Constituição e Justiça reuniu-se em 31 de janeiro de 1935 com a seguinte formação: Francisco Marcondes, como presidente, Pedro Aleixo, Soiano da Cunha, Pedro Vergara, Adolpho Bergamini, Henrique Bayma (designado para substituir interinamente Alcântara Machado), Nereu Ramos, Homero Pires, Leão Sampaio e Antonio Covello.

Os debates em torno da lei que o governo propunha foram intensos, e a resistência dos juristas parlamentares, especialmente dura. No dia 4 de fevereiro de 1935, o deputado Domingos Vellasco tomou a palavra na Câmara dos Deputados e, sob a justificativa de deliberar *sobre a Acta*, iniciou uma contundente resposta ao parlamentar Pedro Vergara,[434] jurista colaboracionista do regime varguista que, em 30 de janeiro, passara grande parte da seção

---

no levante de 1932 e que levava o nome de quatro estudantes mortos em conflitos com tenentistas (Martins, Miragaia, Dráusio e Camargo). O grupo preso e indiciado em um inquérito policial relatado pelo Delegado de Polícia Hugo Auler. Cf. MAYER, Jorge Miguel. "Henrique Smith Bayma". *In*: PAULA, Christiane Jalles de; LATTMAN-WELTMAN, Fernando (Coord.). *Dicionário histórico-biográfico brasileiro pós-30*. 3ª ed. Rio de Janeiro: FGV, 2010. Disponível em: https://www.fgv.br/cpdoc/acervo/dicionarios/verbete-biografico/henrique-smith-bayma. Acessado em: 08.01.2019.

[434] Pedro Leão Fernandes Espinosa Vergara formou-se pela Faculdade de Direito de Pelotas, Rio Grande do Sul, em 1917. Antes de eleito à Assembleia Nacional Constituinte no pleito de maio de 1933 pelo Partido Republicano Liberal (PRL), cujo mandato fora estendido até maio de 1935 e, depois, novamente eleito, até 10 de novembro de 1937, foi promotor público em São João de Camaquã (1919), fundou o jornal *A Época* (1921) e dirigiu o periódico *A Federação* (1932), dois veículos conhecidos por suas notícias com apelo anticomunistas. Defensor permanente do Estado Novo, foi nomeado procurador da República por Getúlio Vargas (1951-1954), além de ter sido membro, tanto do Conselho Federal da Ordem dos Advogados do Brasil (CFOAB) quanto do Instituto dos Advogados Brasileiros (IAB). Cf. FGV-CPDOC. *Verbete biográfico VERGARA, Pedro*. Disponível em: http://www.fgv.br/cpdoc/acervo/dicionarios/verbete-biografico/pedro-leao-fernandes-espinosa-vergara. Acessado em: 10.03.2019.

CAPÍTULO III – PRODUÇÃO DE RESISTÊNCIAS NO ESTADO NOVO

legislativa defendendo a Lei de Segurança Nacional em debate com o deputado João Villas Boas.

Uma das questões em discussão girava em torno da redação do artigo 2º do Projeto de Lei n. 78, o qual previa a punibilidade de atos preparatórios. O dispositivo estava formulado da seguinte maneira: *"praticar actos, inequivocamente preparatórios que se destinem a obstar por ameaças a reunião ou livre funcionamento de qualquer poder"*.

Vellasco queria que o aparte, outrora feito às colocações de Pedro Vergara, "ficasse bem esclarecido na acta dos trabalhos"[435] e, para tanto, desejava registrar suas considerações, dentre as quais a de que a proposta do governo "é uma coisa inteiramente nova em Direito Penal", além de "vaga, indefinida e absurda".[436] Sobre a antecipação da punibilidade ao nível dos atos preparatórios, a posição de Vellasco, que ponderava não desconhecer a divergência entre "as escolas objetiva e subjetiva a respeito da punibilidade da tentativa",[437] era absolutamente contrária. A lei falava em punir

---

[435] DPL, 01.02.1935, p. 714.

[436] Na concepção de Pedro Vergara, a lei não falava em atos preparatórios de ameaça, mas em atos preparatórios que importavam *em ameaça*. Acrescentou, conforme consta no Diário do Poder Legislativo, que o "ato preparatório pode ser convertido em delito especial e, como tal, punido", além de fazer analogias com o Código Russo de 1903, Lei Germânica de 1884 e Austríaca de 1885, todos supostamente favoráveis à prática de punir atos preparatórios. Os argumentos do jurista parlamentar Pedro Vergara partiam da premissa de que os crimes políticos tinham fundamentos particulares que exigiam, com maior razão, a antecipação da punibilidade dos agentes, mesmo que não praticado nenhum ato de execução do delito. Em suas palavras: "o projecto é rigorosamente techico sobre este ponto e que, punindo o acto preparatorio, não só conserva dentro de um critério jurídico-legislativo universal, como atende, igualmente, a exigências de política criminal, imperiosas (...) É precisamente no domínio dos delitos políticos e sociais que o acto preparatorio mais communente se constitue sem delicto autônomo" (DPL, 01.02.1935, p. 736).

[437] A distinção importa em critérios para a fundamentação da punibilidade da tentativa. As teorias objetiva e subjetiva predominaram no campo científico do Direito Penal e, por isso, foram referidas por Domingos Vellasco.

atos preparatórios de ameaça, o que, segundo ele, "nem a lei fascista prevê".[438] Em acordo ao seu posicionamento, exortou os parlamentares a acompanharem, senão o seu, o do presidente da Ordem dos Advogados Brasileiros, quem, dois dias antes, havia assim se manifestado no jornal *Diário da Noite*:

> Encarado sob o aspecto jurídico, o projecto constitui uma verdadeira monstruosidade, na vulgar expressão forense. Assim é que, a começar pelo art. 1º, nos seus diversos números da definição de crimes políticos, isto é, de crimes contra a ordem política, chegou-se ao absurdo de igualar, equiparando para efeitos de penalidades rigorosíssimas, como sejam de reclusão por dez e quinze annos, em qualquer ponta do território nacional, fora do Estado do indigitado crime e com o caráter de inafiançabilidade, simples "actos

---

Grosso modo, na teoria objetiva, a justificação da punibilidade da tentativa se relaciona a perigo de dano ao bem jurídico, caracterizado de acordo com o percurso da conduta realizada no chamado *inter criminis*. A subjetiva leva em consideração a manifestação, pelo agente, de vontade contrária ao direito, o que justificaria a imposição de pena idêntica ao crime consumado, independentemente da menor ofensa ao bem jurídico. A teoria adotada na Lei de Segurança Nacional para fundamentar a punição da tentativa, entretanto, assenta-se na periculosidade do agente ou, ainda, no alarme social. A periculosidade é um critério de caráter positivista que autoriza a punição por tentativas inidôneas, logo, sem nenhuma aptidão para agredir bens jurídicos. Pune-se o autor pela mera crença de que é perigoso, mesmo sem dano ou risco a alguma coisa ou alguém. Pela teoria do alarme social, típico do Direito Penal nazista, a tentativa é punida porque "produz, no seio da comunidade, a impressão de uma agressão ao direito e mediante a qual fica prejudicada a sua firme validade na consciência da comunidade". Segundo Eugenio Raul Zaffaroni, "a teoria mais aceitável no direito nacional é a objetiva, mas o fundamento não é puramente objetivo: a conduta antijurídica dolosa possui dois aspectos (objetivo e subjetivo) e, embora o aspecto subjetivo se apresente completo na tentativa, o aspecto objetivo, incompleto, importa numa ofensa menor ao bem jurídico, e, por conseguinte, um menos conteúdo do injusto do crime" (ZAFFARONI, Eugenio Raúl; PIERANGELI, José Henrique. *Manual de Direito Penal brasileiro*: parte geral. São Paulo: Revista dos Tribunais, 1997, p. 702).

[438] DPL, 01.02.1935. p. 735.

CAPÍTULO III – PRODUÇÃO DE RESISTÊNCIAS NO ESTADO NOVO

preparatórios", como seja uma combinação mesmo verbal entre duas ou mais pessoas, com a "execução" destes actos por meios violentos, como sejam, bombas, tiros, assaltos, etc. Logo em seguida são equiparados como o mesmo crime, para os mesmos effeitos de penalidades, simples ameaças aos meios violentos de execução, a isso também contra qualquer agente de qualquer poder político da União, dos Estados ou de quaesquer municipalidades.[439]

O art. 3º, item 3º do Projeto n. 78 também previa a punibilidade de atos preparatórios, nos seguintes termos: *preparar inequivocamente, sem que haja começo de execução ou incitar atentado contra pessoas ou bens por motivos políticos, religiosos ou doutrinários*. Na acusação do deputado Sampaio Correia, a pretexto de defender instituições contra as doutrinas extremistas, alienígenas e exóticas, o projeto revestiu-se do mais acentuado extremismo, no sentido da perversidade, para punir até a intenção.[440]

No "preparar" ou no "incitar" o "atentado" é que consiste o crime. Mas, se no *preparo* ou ao *incitamento* não dá nem mesmo *começo de execução*, restará apenas a *intenção* do *preparador* ou *incitador* que, conservando-se *oculta*, como é intuitivo, será infallivelmente *descoberta* e considerada *preparo inequívoco* para a necessária punição, sempre que isso convenha aos ódios e interesses partidários do agente do poder público.

Attentar contra pessoas ou bens é delinquir. Até hoje, em todas as nações civilizadas, tem-se punido o crime *consumado* ou a *tentativa*.

---

[439] DPL, 01.02.1935, p. 714. O primeiro presidente do Instituto da Ordem dos Advogados Brasileiros (IOAB) foi Levi Carneiro, eleito em 1932.

[440] DPL, 05.02.1935. p. 808.

Todos os problemas que giram em torno do uso político do sistema de justiça criminal foram tocados por deputados da minoria, notadamente pelos juristas parlamentares comprometidos com as liberdades democráticas. Adolfo Bergamini, reconhecidamente contrário às tendências totalitárias do Estado brasileiro, também enfrentou a previsão de punibilidade dos atos preparatórios. Diante dos demais deputados, disparou:

> Que vêm a ser actos inequivocamente preparatórios?
>
> Não o diz o projecto. E não o dizendo, o que vão dar-se praticamente é deixar o cidadão á mercê do agente de polícia.
>
> Exagero? Não. (...) Pelo projecto, ignora-se o que seja acto preparatorio. De sorte que um indivíduo pode ser preso, submetido a flagrante no qual deponham três comparsas como testemunhas de que elle estava praticando actos preparatorios de supressão violenta da Constituição ou de ameaça do impedimento de exercício das funções de um poder político, remetido à enxovia sem recurso algum viável.[441]

No campo político constitucional, as críticas à Lei Monstro passavam basicamente pelos seguintes argumentos: desnecessidade das propostas para reprimir eventuais excessos de dissidentes políticos (inexistência do alarmado perigo extremista); familiaridade entre o que se propunha e as bandeiras típicas de ditaduras e regimes de exceção; crítica à tentativa de responder à questão social pela via da repressão criminal e política. Mais tarde, no âmbito das lutas contra o projeto que buscava instituir o Tribunal de Segurança Nacional, essas objeções passaram a denunciar a ampliação dos alvos da repressão, a suspensão de garantias individuais e imunidades parlamentares sob a égide do estado de sítio e de guerra fora dos limites constitucionais, além da incompatibilidade do TSN frente aos imperativos normativos da Constituição da República de 1934.

---

[441] DPL, 06.02.1935, p. 843.

CAPÍTULO III – PRODUÇÃO DE RESISTÊNCIAS NO ESTADO NOVO

Domingos Vellasco adotou uma estratégia interessante para abordar a alegação do governo de que se estava diante de um perigo irrefreável de conspiração e terror, situação que exigiria a aprovação de medidas excepcionais e urgentes. Para atacar o pretexto do projeto, qual seja, o de que era "necessário reprimir doutrinas extremistas", Vellasco trouxe à Câmara dos Deputados uma entrevista concedida ao jornal *Diário da Noite* pelo próprio chefe de polícia, Filinto Müller, em que dizia que "os comunistas não passam de irritantes 'profiteurs', empresários do idealismo de um reduzido número de trabalhadores iludidos". Acentuou outro trecho em que Filinto teria dito ainda que "os chamados partidos de esquerda não conseguiram, sequer, uma votação digna de registro" e que o comunismo, "como outra doutrina política extremista, perigo próximo ou iminente, não oferece ameaças ponderáveis ao regime".[442] A conclusão de Vellasco foi precisa:

> Como veem os Senhores Deputados, as palavras do Chefe de Polícia do Distrito Federal levam tranquilidade a todos os espíritos e, por isso, vêem confirmar o que eu disse, falando sore a acta. Assim, Sr. Presidente, se não há que temer nem por parte dos extremistas da esquerda nem dos da direita, o motivo dessa lei de segurança nacional é, como disse, uma grosseira pilheria atirada à Nação.[443]

Nesse debate, o deputado Adalberto Corrêa consignou uma das mais sinceras passagens do pensamento autoritário brasileiro do período. Para ele, o que Filinto Müller queria dizer era que o comunismo, em si, não trazia perigo, mas sim os seus explorado-res "que vêm tentar tirar vantagens da ignorância das massas". Para completar, vaticinou: "ou a Lei de Segurança Nacional ou a ditadura".[444]

---

[442] DPL, 01.02.1935, p. 728/729.
[443] DPL, 01.02.1935, p. 729.
[444] DPL, 01.02.1935.

A frase evidentemente não passou despercebida pela Minoria Parlamentar. Zoroastro Gouvêa, deputado socialista de fortes posições em defesa dos trabalhadores, não deixou por menos:

> se há exploradores, a polícia sabe quaes são. Por que não os processa? Contra um grupo de exploradores não se justifica uma lei excepcional, destruindo todas as liberdades públicas do Paiz e trazendo a todo mundo a intranquilidade. (...) O que a maioria deseja, falando sem rebuços, é a lei-monstro como uma forma de ditadura.[445]

Acúrcio Torres foi na mesma linha: "como tranquilizar a Nação se em pleno Parlamento, com a responsabilidade do pensamento da maioria, declara-se, 'ou a lei ou a ditadura'?"

O que estava em disputa, em última análise, eram concepções distintas a respeito do Estado e sua relação com as garantais e direitos individuais, ou seja, a própria "fundação" do sistema de justiça criminal. Não por outra razão, essa questão estará especialmente presente nos textos de Francisco Campos sobre os fundamentos do Estado nacional, refletidos no Código de Processo Penal, reformado seis anos depois desses debates parlamentares, em 1941. O jurista parlamentar Pedro Vergara, no primeiro discurso pronunciado em favor da Lei de Segurança Nacional, em 30 de janeiro de 1935, antecipou algumas dessas ideias, várias delas presentes na exposição de motivos do código.[446] Na oportunidade, Vergara advogou a tese de que

> nos governos democráticos, o problema essencial dos povos, sob o ponto de vista político, foi o de conciliar o princípio da liberdade com o princípio da autoridade" e que o projeto

---

[445] DPL, 01.02.1935DPL, 01.02.1935.

[446] CAMPOS, Francisco. *Exposição de motivos do Decreto-Lei n. 3.689*, de 3 de outubro de 1941 (DOU 13.10.1941).

CAPÍTULO III – PRODUÇÃO DE RESISTÊNCIAS NO ESTADO NOVO

tratava de obter uma solução de defesa concomitante e recíproca: defende-se o Estado contra o indivíduo, defende-se o indivíduo contra o Estado.[447]

O pretenso equilíbrio entre indivíduo e Estado, evidentemente, é um engodo. Ao fim das contas, somente um Estado forte será considerado capaz de assegurar liberdades individuais, o que conduz, em concreto, à asfixia e supressão das garantias fundamentais, concebidas como instrumentos de proteção do indivíduo em face das agências estatais. Pedro Vergara, no propósito de justificar a necessidade da Lei de Segurança Nacional[448] terminou sustentando exatamente isto:

> – Por um paradoxo aparente, – a defesa da liberdade, na época em que estamos vivendo e onde as instituições democráticas subsistem, – só se pode fazer com o prestígio e a força da autoridade; só um governo forte, portanto, poderá garantir a democracia; onde faltar, a autoridade legal, a energia que lhe vem da efficiência do próprio poder, – a democracia será solapada pela violência dos golpes de Estado.[449]

"Não é com um projeto inconstitucional como este, que um governo moralmente forte irá, dentro da lei, coibir tais violências", respondeu o jurista parlamentar Aloysio Filho[450] às provocações

---

[447] DPL, 01.01.35, p. 732.

[448] Como se disse, antecipou-se os mesmos fundamentos que constam na exposição de motivos do Código de Processo Penal, de 1941.

[449] DPL, 01.02.1935, p. 732.

[450] Aluysio Lopes de Carvalho Filho formou-se pela Faculdade de Direito da Bahia, especializando-se em Direito Penal. Foi redator do jornal *Diário da Bahia* e promotor público interino em Salvador entre março de 1923 e novembro de 1924. Em 1926, foi aprovado em concurso público para livre-docência em Direito Penal da Faculdade de Direito da Bahia. Em sua atividade parlamentar, teve o mandato prorrogado até maio de 1935, já que eleito para a então Assembleia Nacional Constituinte dos anos anteriores. Atuou na

de Pedro Vergara. Para a minoria, estava claro que o projeto era um instrumento de ataque e opressão de adversários e que a legislação proposta não passava de uma "lei de defesa dos agentes do poder".[451] No discurso que fez da tribuna, o deputado Sampaio Correia, em reforço às suas ideias, fez referência a Evaristo de Moraes, quando, em entrevista à Gazeta de Notícias, registrou contundente crítica ao projeto.

> O mal maior do projecto reside em facilitar por meio de erros de technica jurídico-penal e por imprecisão de alguns termos, toda a sorte de abusos contra adversários políticos ou desaffectos pessoaes dos detentores do poder. Calculem-se as consequências, numa terra e numa época, onde e quando se pretende tão-frequentemente confundir o que é do interesse collectivo com o que não passa da esphera do interesse individual.[452]

Várias outras ameaças às liberdades públicas foram denunciadas na tribuna da Câmara dos Deputados naqueles primeiros dias da apresentação do projeto de Lei de Segurança Nacional. Eram os primeiros meses do ano de 1935, e a antecipação do que

---

mesma legenda do governador da Bahia, Otávio Mangabeira (PSD – Partido Social Democrático), portanto, em oposição ao regime. Entre 1939 e 1946, exerceu o cargo de diretor da Faculdade de Direito da Bahia. Com o fim do Estado Novo, foi eleito senador pelo estado da Bahia e apoiou a moção de impedimento de Getúlio Vargas, propondo a renúncia, cuja crise resultou no suicídio do presidente. Terminou a carreira política apoiando a ditadura civil e militar que se implantou no Brasil em 1964. Após o Ato Institucional n. 2, filiou-se à ARENA e, por esta legenda, elegeu-se novamente senador da República (FGV-CPDOC. *Verbete biográfico CARVALHO FILHO, Aluísio de*. Disponível em: http://www.fgv.br/cpdoc/acervo/dicionarios/verbete-biografico/aluisio-lopes-de-carvalho-filho. Acessado em: 18.04.2019).

[451] Como se referiu o deputado Sampaio Correia. Cf. DPL, 05.02.1935, p. 805.

[452] DPL, 05.02.1935, p. 805.

CAPÍTULO III – PRODUÇÃO DE RESISTÊNCIAS NO ESTADO NOVO

representaria a aprovação dessa proposta, por parte da minoria crítica ao autoritarismo, é indiscutivelmente acertada:[453]

> – (...) diante da ação criminosa de indivíduos ou grupos, já está normalmente apercebido o Estado com os dispositivos da sua Constituição.
>
> – Isso, – referia-me às perseguições políticas que o projeto facilita a acoroçoa, — é ainda mais de considerar agora, em face dos innumeros actos de prepotencia de varios interventores, que surram e depilam os seus adversários, sob a criminosa indiferença do presidente da República.
>
> – Extremismo é uma denominação abstracta que não serve para qualificar qualquer doutrina social, porque, dizendo-a extrema, apenas se focaliza o seu caracter superlativo. Ora, uma doutrina social é verdadeira ou falsa. (...) O marxismo, como qualquer doutrina philosophica, terá de ser combatido, pelos que não acceitam os seus princípios e fundamentos, pelo raciocínio e pelo argumento.
>
> – Sem a luz ampla da discussão pela cathedra e pela imprensa, cujas manifestações legítimas o projecto, louca e inconstitucionalmente, procurar cercear, resultará apenas a desorientação da massa popular.[454]

A comissão de Constituição e Justiça reuniu-se extraordinariamente em 4 de fevereiro, mais ou menos uma semana após a apresentação do Projeto de Lei n. 78. Da ata, interessa a referência feita ao deputado Pedro Aleixo, líder da maioria, que "pediu a palavra e apresentou suggestões, chamando a attenção dos seus collegas, principalmente para que fosse feita a enumeração tanto quanto possível precisa de actos preparatorios passíveis de

---

[453] Pela mesma razão, há motivos para confiar no diagnóstico dos atuais atores sociais críticos ao autoritarismo, no que se refere à atual escalada autoritária do sistema de justiça brasileiro.

[454] Deputado Sampaio Correia. DPL, 05.02.1935, pp. 806-808.

execução", o que pode ter sido um reflexo das críticas levantadas dias antes pela Minoria.

O mais relevante, entretanto, é a estratégia parlamentar do jurista Adolpho Bergamini. Enquanto integrante da Comissão de Constituição e Justiça e da Minoria, o deputado Bergamini se restringiu a pedir que constasse em ata que "pelo adiantado da hora, deixava de fazer suas considerações e propunha a elaboração de um substitutivo já que o projecto, no seu conjunto, choca-se flagrantemente com o espírito da Constituição".[455] Para Bergamini, o projeto de Lei de Segurança Nacional, draconiano e arbitrário, violava a Constituição da República de 1934. Diante do texto proposto, não bastavam meras correções, daí porque a melhor estratégia deveria passar pela rejeição integral ou discussão do tema a partir de um substitutivo. Como veio formulado, o Projeto n. 78 colidia violentamente com o princípio da livre manifestação do pensamento, sem dependência de censura; inviolabilidade da consciência, direito de representação, direito de qualquer cidadão falar em praça pública sem o menor impedimento, salvo excepcionais hipóteses de intervenção estatal para assegurar ou restabelecer a ordem.

Em seu agressivo discurso de 6 de fevereiro de 1935, Adolfo Bergamini repetiu insistentemente que a Carta de 16 de julho garantiu a liberdade de associação, vedando a dissolução compulsória senão por sentença judiciária; a Carta de 16 de julho impõe que se respeite o direito de propriedade, a liberdade individual, o direito de ampla defesa; a Carta de 16 de julho garante a liberdade de cátedra e entrega à magistratura, na independência do Poder Judiciário, a "annullação dos actos illegaes dos outros Poderes, sem outras limitações senão aquellas que ella própria traça".[456]

---

455 DPL, 05.02.1935, p. 795.
456 DPL, 06.02.1935, p. 843.

CAPÍTULO III – PRODUÇÃO DE RESISTÊNCIAS NO ESTADO NOVO

> – E ao revez desses direitos e garantias, expressos e claros, além dos que deles decorrem e dos resultantes do regime e dos princípios que ella adopta; ao revés disso, o projecto, em sua estrutura, em sua essência, em sua trama, estabelece um captiveiro lúgubre e abafado em que autoridade reveste os contornos de feitor de escravos a ameaçar, de açoite em punho, a quem ousar contrarial-o.

Do repertório colocado em prática pela Minoria Parlamentar, um dos recursos empregados passou pelo manejo das regras regimentais e, portanto, uso atento dos dispositivos internos que disciplinavam o processo legislativo. Raphael Peixoto de Paula Marques indica que a estratégia era aguardar a inscrição do Projeto n. 78 na "Ordem do Dia", acompanhado do parecer da Comissão de Constituição e Justiça, cuja composição interna permitia esperar, nas palavras de Sampaio Corrêa, a retirada das "disposições inconstitucionais, inconvenientes, inoportunas e até desumanas, que o projeto consigna com iníqua infelicidade".[457] Em paralelo, lembre-se que Adolfo Bergamini decidiu-se por apresentar um substitutivo integral.

Para contrariar a expectativa, o relator, ao invés de emitir um parecer sobre a proposta, apresentou, ele próprio, um *novo* projeto, suscitando forte oposição do jurista parlamentar que o acusou de não estar trazendo nada efetivamente novo, mas, sim, um fraco substitutivo ao projeto original, sem o indispensável parecer da Comissão de Constituição e Justiça.[458] Não bastou o protesto. O projeto, que passou a tramitar na CCJ, sem maiores alterações de conteúdo, foi o de n. 128, de autoria da própria comissão.[459]

---

[457] DPL, 05.02.1935, p. 804.

[458] DPL, 15.02.1935, p. 939.

[459] Na prática, a mudança era parte das manobras regimentais da maioria para acelerar a aprovação e restringir as discussões em plenário. O Projeto n. 78 passou a tramitar sob o n. 128, dessa vez constando, como autor da proposta, a Comissão de Constituição e Justiça.

Para que fique mais claro o contexto da disputa: o artigo 185, § 2º, "a", do regimento interno, dispunha que os projetos de lei *oriundos da comissão* – como passou a sê-lo após a manobra do relator Henrique Bayma – estavam sujeitos a apenas duas discussões em plenário, e não três como determinava o § 1º do mesmo artigo. A primeira discussão era a que estava sendo excluída e, nela, todos os parlamentares debateriam a utilidade e a constitucionalidade do projeto (artigo 186 do regimento). Na segunda discussão, o projeto deveria ser votado, artigo por artigo, e, na terceira, finalmente apreciado, com as modificações, pelo plenário.

Adolfo Bergamini e outros deputados, como Antonio Covello, discordaram da proposta do relator e apresentaram voto em separado, com indicação de várias emendas.[460] Esperavam que seriam apreciadas, uma a uma, na segunda sessão. Como reação, o relator Henrique Bayma, em pedido de urgência, requereu que a votação fosse realizada em globo e, assim, acelerou o processo de aprovação da Lei de Segurança Nacional. Em resistência, a Oposição Coligada ofereceu requerimento para retirar todas as emendas propostas. O objetivo, acima de tudo, era deixar claro ao país que

> a minoria da Câmara dos Deputados não participou com uma frase, com uma linha, com uma palavra sequer, na redação de uma lei que pelos absurdos que encerra, pelas inconstitucionalidades de que está pejada, pelas medidas draconianas e desumanas que a consigna não será digna de ser respeitada pela Nação brasileira.[461]

A manobra do relator para acelerar a aprovação da proposta foi duramente criticada da tribuna por Adolfo Bergamini:

---

460 DPL, 16.02.1935, p. 1.035.
461 DPL, 16.02.1935, p. 1.833.

CAPÍTULO III – PRODUÇÃO DE RESISTÊNCIAS NO ESTADO NOVO

> Careço de lembrar a V. Ex. e aos meus nobres colegas que esse projeto, por um artifício, foi suprimido da primeira discussão, por isso que, enviado o projeto originário à Comissão de Justiça, foi, em substituição, elaborado o que tomou o n. 128 (...). Afigura-se-me que, se acrescentarmos a esses processos anarquizadores dos nossos trabalhos a consideração de que, no parecer da Comissão de Justiça, remetem-se à terceira discussão assuntos da mais alta gravidade e importância, teremos que, na realidade, ficará reservada à Câmara, quanto a esse projeto malfadado, apenas, exclusivamente, uma discussão, uma fase de deliberação, que será a terceira, se ela se realizar em ordem, se ela se processar com tinturas de liberdade.[462]

A redação final do Projeto de Lei n. 128 foi aprovada em plenário no dia 29 de março de 1935, por 116 deputados a favor e 26 contra. Em 4 de abril, entrava em vigor a Lei n. 38, primeira Lei de Segurança Nacional no Brasil.

Para a resistência parlamentar, especialmente dos juristas que se dedicaram, a todo custo, barrá-la, a aprovação da lei não deve ser vista como derrota. A abertura do regime, dez anos depois, não é outra coisa senão o acúmulo de cada um dos discursos e práticas contrárias à aprovação de uma legislação absolutamente incompatível com governos democráticos. A crítica da Minoria

---

[462] DPL, 13.03.1935, p. 1.854. Pouco mais de dez dias depois, Adolpho Bergamini retornaria à tribuna para, mais uma vez, denunciar as manobras da maioria parlamentar na tentativa de aprovação da LSN: "num projeto dessa relevância, no qual foi suprimida a primeira discussão, reduzida pelo imediato encerramento da segunda, tendo a própria Comissão remetido o estudo da Câmara ao terceiro turno e, neste, antes de publicada as emendas, em virtude ainda de encerramento, trancado o debate – que, dizia numa lei dessa relevância, cujos trâmites foram assim atropelados, se negam ainda aos representantes da Nação alguns minutos para o encaminhamento da votação de emendas que só hoje tiveram conhecimento exato. Além disso, não sabemos, nem poderemos prever, se seremos surpreendidos com subemendas da Comissão, no momento mesmo das decisões" (DPL, 27.03.1935, p. 2.131).

Parlamentar serviu, no momento em que a Lei de Segurança estava sendo gestada, como caixa de ressonâncias do descontentamento de vários setores da sociedade,[463] o que conferiu a ela também a função de ecoar, dentro das estruturas de poder e, permanentemente, fora dela, as ideias políticas e jurídicas comprometidas com o controle da violência do Estado e a proteção das liberdades fundamentais.

3.1.2 Oposição ao estado de guerra e à suspensão das garantias constitucionais

Quinze dias após a aprovação da Lei de Segurança Nacional, policiais da Delegacia Especial de Segurança Política e Social invadiram o jornal aliancista *A Pátria*, apreendendo a edição que seria distribuída no comício da Aliança Nacional Libertadora, designado para o mesmo dia. Curiosamente, Ribas Carneiro, mesmo juiz que ordenaria o fechamento da ANL em dezembro de 1935, em abril, considerou ilegal a atitude da polícia. Por efeito das conquistas obtidas pela Minoria Parlamentar, o artigo 25, § 1º, da Lei n. 38/35, dispunha que a autoridade que determinasse a apreensão deveria comunicar o fato imediatamente ao juiz federal, o que não havia sido feito.[464] Em resposta às críticas de Filinto Müller, o magistrado afirmou ao *Diário da Noite* que: "só os ministros da Corte Suprema têm autoridade para dizer se apliquei bem ou mal a Lei e não um militar, que é aluno do 2º ano de uma Faculdade

---

463 Essa sonorização, por assim dizer, tomou a forma de milhares de telegramas e cartas, dirigidas a demonstrar aos deputados as violências e arbitrariedades cometidas pela polícia varguista (MARQUES, Raphael P. de P. Marques. *Repressão política e usos da Constituição no Governo Vargas (1934-1937)*. Curitiba: Editora Prismas, 2015, p. 80).

464 A necessidade de controle jurisdicional da apreensão constava da Emenda n. 04 da minoria e alterava a previsão do Projeto n. 78, em que constava que o ato do chefe de polícia seria "fundamentado e tornado público pela imprensa oficial".

CAPÍTULO III – PRODUÇÃO DE RESISTÊNCIAS NO ESTADO NOVO

da qual sou professor".[465] Resultado: dois meses depois, a Corte reformou sua sentença.

Esse evento expressa bem o contexto de sucessivo agravamento da repressão política no Brasil. A aprovação da Lei de Segurança Nacional não desestimulou o discurso de que o Estado brasileiro estava sem meios para combater extremistas no país. Durante todo o ano de 1935, notadamente a partir de abril, o governo aumentou a retórica anticomunista, preparando o terreno para a decretação de novas e mais intensas medidas de repressão política. Sucessivos pretextos viriam à tona até a criação do Tribunal de Segurança Nacional. A essa altura, estava claro para a oposição que a "Lei Monstro" representava o sintoma mais evidente do autoritarismo do governo de Vargas, e que sua adoção representava "um dos marcos característicos, dentre muitos, da marcha para o fascismo".[466] Ainda não se sabia, contudo, que vinha muito mais pela frente.

Em 13 de maio, a ANL realizou um grande ato no Estádio Brasil perante uma multidão estimada de 30 mil participantes.[467] Nesse dia, Benjamin Soares Cabello leu a carta de adesão de Luís Carlos Prestes ao movimento. A campanha varguista não precisava de semelhante favor. A ANL era uma frente em que se aglutinavam diversas forças sociais interessadas na disputa política. Derrubá-la era um dos principais objetivos do regime, o que se facilitava pela

---

[465] A referência se deve a Hélio Silva, registrada no clássico livro: SILVA, Hélio. *1935*: a Revolta Vermelha. São Paulo: Civilização Brasileira, 1969, p. 160.

[466] São os termos empregados pelo próprio Prestes cujo discurso, lido por Benjamin Soares, encontra-se reproduzido em CARONE, Edgar. *A Segunda República (1930-1937)*. São Paulo: Difusão Européia do Livro, 1974, pp. 425-430.

[467] Segundo Raphael Peixoto, essa informação foi veiculada pelo jornal *Gazeta de Notícias* (MARQUES, Raphael P. de P. Marques. *Repressão política e usos da Constituição no Governo Vargas (1934-1937)*. Curitiba: Editora Prismas, 2015, p. 88). Hélio Silva refere-se a número dez vezes menor (SILVA, Hélio. *1935*: a Revolta Vermelha. São Paulo: Civilização Brasileira, 1969, p. 171).

associação com o comunismo, nesse momento, suficientemente desgastado pela imprensa e medidas do governo.

Os volumosos relatórios da polícia de Filinto Müller, entregues a Getúlio Vargas, descreviam incontroláveis atividades extremistas no Brasil. Na anotação em seu diário, referente ao dia 22 de junho de 1935, Vargas diz que reuniu o ministério e convidou também os líderes da maioria da Câmara e do Senado, o chefe da Polícia e o general Pantaleão Pessoa para dar-lhes conhecimento do movimento comunista disfarçado com o nome de Aliança Nacional Libertadora e das diversas conspirações em marcha. Nessa estratégica reunião do governo, o ministro da Justiça teria opinado por melhor identificação e acompanhamento dos planos do Partido, outros pela execução de medidas preventivas: "expus, então, o plano que deveríamos adotar – ação enérgica de repressão e reação pela propaganda, criando um ambiente propício à ação do governo".[468]

Vargas acrescentou ao diário, ao fim de fevereiro, que chamava Vicente Rao diariamente ao Palácio do Catete para reiterar-lhe recomendações e providências para a repressão ao comunismo.[469] Em 7 de julho de 1935, diz que almoçou na casa de Guilherme Guinle com empresários, "dentre vários industriais, comerciantes, banqueiros, uma parada de forças conservadores estranhas à política que se congregam para prestar apoio ao governo no combate ao comunismo". Nesse dia, escreveu que "dava-lhes conhecimento do plano comunista para a América do Sul e, especialmente, para o Brasil.[470] O professor da Faculdade de Direito do Largo de São Francisco participou de outra reunião, que reputo importante,

---

[468] VARGAS, Getúlio. *Diários*: vol. I (1930-1936). São Paulo: Siciliano; Rio de Janeiro: Fundação Getúlio Vargas, 1995, p. 398.

[469] Má impressão causada pelas declarações do ministro da Marinha, consideradas frouxas (VARGAS, Getúlio. *Diários*: vol. I (1930-1936). São Paulo: Siciliano; Rio de Janeiro: Fundação Getúlio Vargas, 1995, p. 399).

[470] VARGAS, Getúlio. *Diários*: vol. I (1930-1936). São Paulo: Siciliano; Rio de Janeiro: Fundação Getúlio Vargas, 1995, pp. 402/403.

CAPÍTULO III – PRODUÇÃO DE RESISTÊNCIAS NO ESTADO NOVO

ocorrida no dia seguinte, em 8 de julho. Nela, deliberou-se sobre o fechamento da Aliança Nacional Libertadora. Três dias depois, Vicente Rao entregaria a Vargas um decreto pronto, proibindo a Aliança Libertadora como associação legal, "isto é, o fechamento por seis meses, enquanto se promove o cancelamento do registro de acordo com a Lei de Segurança".[471] O fundamento para o fechamento da ANL era o artigo 29 da Lei n. 38 de 1935.[472]

Alinho-me às interpretações que veem, no levante aliancista de novembro de 1935, só mais um pretexto, empregado politicamente por Getúlio Vargas, para aumentar a violência política

---

[471] VARGAS, Getúlio. *Diários*: vol. I (1930-1936). São Paulo: Siciliano; Rio de Janeiro: Fundação Getúlio Vargas, 1995, p. 405. Refere-se ao Decreto n. 229, de 11 de julho de 1935. Em seus *considerandos*, o decreto indica que a Aliança Nacional Libertadora vinha desenvolvendo atividade subversiva da ordem política e social, e que essa atividade estaria suficientemente provada pela documentação colhida pelo Sr. chefe de polícia da capital. Vargas escreveu em seu diário do dia 15 de julho que recebera, das mãos do líder da maioria, deputado Raul Fernandes, cópia do requerimento da Minoria Parlamentar exigindo informações a respeito do fechamento da ANL. Esses deputados não haviam se dado por satisfeitos com a alegação de que a atividade estaria suficientemente provada e, segundo o próprio Vargas constou, "queriam provas de sua ligação com Moscou". O presidente concluiu da seguinte forma: "havendo conivência entre os conspiradores políticos e os da Aliança Libertadora, seria até perigoso fornecer-lhes provas que serviriam para a denúncia. O *leader* opinava pela negativa. E nessa mesma noite chamei o ministro da Justiça, dando-lhe instruções a respeito".

[472] Raphael Peixoto traz um apontamento interessante sobre esse dispositivo, no que diz respeito ao trabalho da Minoria Parlamentar. Originalmente, o PL n. 78 não previa artigo semelhante, estabelecendo no artigo 9º que estava proibida a existência de partidos, centros, agremiações ou juntas de qualquer natureza que visem à subversão, pela ameaça ou violência, da ordem política ou da ordem social. A pressão da Minoria Parlamentar fez com que se incluísse a exigência de comunicação ao Judiciário do fechamento do partido, centro, agremiação ou junta no novo artigo 31 do PL n. 128. O relator Henrique Bayma, entretanto, inseriu um outro dispositivo (artigo 30 do PL e art. 28 na Lei n. 38) que reintroduzia o artigo 9º na formulação original. A minoria apresentou emenda supressiva, mas ela foi rejeitada (MARQUES, Raphael P. de P. Marques. *Repressão política e usos da Constituição no Governo Vargas (1934-1937)*. Curitiba: Editora Prismas, 2015, p. 95).

contra os seus opositores. Não é o meu objetivo aprofundar os acontecimentos ocorridos na noite de sábado, 23 de novembro, em Natal, 24, em Recife, ou ainda, revisitar os detalhes do que se sucedeu em 27 de novembro, no Rio de Janeiro. É incontroverso que, a partir daí, a escalada cada vez mais agressiva da repressão criminal e política tomou um caminho incontrolável. Da mesma forma, tornaram-se mais intensos os movimentos em resistência à fascistização absoluta do sistema de justiça.

Os levantes que ocorreram no país são, de qualquer forma, um marco que desencadeou investidas de reforma legislativa orientadas à redução drástica de garantias e ampliação da competência punitiva do Estado. A resistência dos juristas ao autoritarismo no Brasil irá se ocupar, agora, de impedir a decretação do estado de sítio, sua posterior conversão em estado de guerra, além de travar lutas, por diversos meios – emendas legislativas, discursos da tribuna, *habeas corpus* etc. – contra a criação do Tribunal de Segurança Nacional e, depois, suas atrocidades. Antes do Rio de Janeiro acordar em 27 de novembro com o levante no 3º Regimento de Infantaria, na Praia Vermelha, no 2º Regimento de Infantaria e Batalhão de Comunicações, na Vila Militar e, ainda, na Escola de Aviação, no Campos dos Afonsos, Vargas já havia reunido ministérios para expor a situação no país e discutir com Vicente Rao os termos de autorização para decretação do estado de sítio entregue ao Poder Legislativo.

> Na manhã do dia 25 reuni o Ministério, expus a situação e o ministro da Justiça leu a mensagem do governo pedindo o estado [de sítio]. Foi nesta mesma tarde votada pela Câmara e, à noite, pelo Senado. Na primeira, votaram pelo estado de sítio 172 deputados contra 57 e no Senado só houve três votos contra.[473]

---

[473] VARGAS, Getúlio. *Diários*: vol. I (1930-1936). São Paulo: Siciliano; Rio de Janeiro: Fundação Getúlio Vargas, 1995, p. 445.

CAPÍTULO III – PRODUÇÃO DE RESISTÊNCIAS NO ESTADO NOVO

A mensagem do governo falava que as "graves perturbações da ordem pública", que ocorreram no Nordeste do país, evidenciam a execução de um plano previamente examinado e conjugado. Dizia não se tratar de uma insurreição à mão armada com intuitos exclusivamente políticos, que ela não visava subverter, por processos violentos, somente a ordem política, "senão também a ordem social, mudando a forma de Governo estabelecida pela Constituição da República e a sua ideologia política e econômica".[474] Apesar de o movimento não ter demorado muito mais que algumas horas para que estivesse controlado, a justificativa do regime abusava do alarmismo quanto ao "perigo vermelho", jogando com o imaginário anticomunista produzido na "subjetividade coletiva" ao longo da década de 1930.

Getúlio Vargas exigiu, no requerimento dirigido à Câmara dos Deputados, que o estado de sítio fosse estendido em todo o território nacional, tendo em vista a necessidade de prevenir articulações em outros pontos do país. A proposta foi duramente criticada, especialmente por juristas parlamentares que a consideraram absolutamente inconstitucional.[475] Prado Kelly declarou da tribuna:

> – Nota-se bem que nos termos do art. 175 da Constituição opõe-se a "iminência" de agressão estrangeira a "emergência da insurreição armada – emergência, nota bem a Câmara, que está em lugar da cláusula da antiga Constituição: "em caso de agressão estrangeira ou comoção intestina grave", excluindo, portanto, a hipótese da iminência de guerra civil que era ponto constante de argumentação no antigo Parlamento. Emergência supõe que um movimento armado já tenha despontado ou esteja a despontar; supõe um conjunto

---

[474] DPL, 26.11.1935, p. 8.180.

[475] O artigo 175 da Constituição da República de 1934 trazia as condições para decretação do estado de sítio: iminência de agressão estrangeira e emergência de insurreição armada. Não havia previsão de decretação de estado de sítio para prevenir insurreições e ameaças de subversão da ordem política e social.

de circunstâncias de fato, que elucidem o Poder Legislativo para autorizar o Executivo a medidas de tanta gravidade e especial relevância.

Domingos Vellasco, Octavio da Silveira e Abguar Bastos foram severamente contra a decretação do estado de sítio. Diversamente de outros deputados da oposição que votaram pela restrição do sítio aos estados de Pernambuco e Rio Grande do Norte, esses três deputados acusaram o Executivo de "levar muito além dos horizontes que enuncia os seus atos contra as liberdades individuais".[476] Todos eles, mesmo deputados, terminariam presos alguns meses depois, ainda no primeiro semestre de 1936.

Como antecipado pela referência ao diário de Vargas, o sítio foi aprovado pelo Congresso no próprio dia 25, data em que a mensagem chegou ao Parlamento. Por parte dos colaboradores do regime, o discurso se mantinha fixado em torno da insuficiência da legislação existente para o "combate ao comunismo". No dia 4 de dezembro, Getúlio registra ter tido um dia muito movimentado, tendo despachado com o ministro da Justiça e o deputado Pedro Aleixo sobre a reforma da Lei de Segurança cujo projeto havia sido apresentado na Câmara um dia antes:

> Insisti junto aos mesmos por uma emenda à Constituição que permitisse certas medidas enérgicas e prontas, no propósito de intimidar os conspiradores e afastar os rebeldes dos centros de sua atuação. O deputado João Carlos trouxe-me depois uma fórmula de emenda, que era considerar a comoção intestina como equivalente ao estado de guerra.
>
> Recebi o ministro da Guerra, que veio trazer-me o resultado da reunião dos generais dando-lhe apoio moral e material

---

476 DPL, 26.11.1935, p. 8.198.

CAPÍTULO III – PRODUÇÃO DE RESISTÊNCIAS NO ESTADO NOVO

para agir junto aos Poderes Legislativo e Judiciário para apressar a punição.[477]

No dia 3 de dezembro, o governo encaminhou à Câmara dos Deputados o texto que visava modificar vários dispositivos da Lei de Segurança Nacional. Por nova manobra da maioria, o projeto foi apresentado diretamente pela Comissão de Constituição e Justiça, providência que, como antecipado, suprimia a necessidade de três discussões em plenário, conforme art. 185, § 2º, alínea "a", do regimento interno da casa. Apesar da aguerrida atuação dos juristas parlamentares e da minoria em geral, o Projeto n. 433 foi aprovado. Ainda assim, a resistência desagradou a Getúlio Vargas: "tive de tratar diretamente do trabalho político para obter, no Congresso, o apoio às leis de repressão ao comunismo. A minoria procura ganhar tempo, protelar, aumentando o desagrado da opinião pela demora nas medidas de repressão e o perigo de reacender-se a campanha estimulada pela confiança na imprensa".[478]

A Lei n. 136, de dezembro de 1935, recrudesceu a repressão política, criando tipos penais, facilitando a demissão, a reforma e a aposentadoria dos servidores públicos, enormemente a prisão e expulsão de estrangeiros, além de reduzir garantias processuais, prazos e outros direitos do imputado. Raphael Peixoto de Paula acrescenta que o passo seguinte à reforma da Lei de Segurança Nacional foi a execução de uma política de identificação de comunistas infiltrados na estrutura do Estado, com o objetivo de expurgá-los de todo e qualquer órgão público.[479]

---

[477] VARGAS, Getúlio. *Diários*: vol. I (1930-1936). São Paulo: Siciliano; Rio de Janeiro: Fundação Getúlio Vargas, 1995, p. 449.

[478] VARGAS, Getúlio. *Diários*: vol. I (1930-1936). São Paulo: Siciliano; Rio de Janeiro: Fundação Getúlio Vargas, 1995, p. 451.

[479] MARQUES, Raphael P. de P. Marques. *Repressão política e usos da Constituição no Governo Vargas (1934-1937)*. Curitiba: Editora Prismas, 2015, p. 112. A mesma prática foi realizada pelo governo de Jair Bolsonaro. Há fartas notícias de expurgos de servidores identificados com o pensamento

Para auxiliar no propósito repressivo que culminará na criação do Tribunal de Segurança Nacional, em janeiro de 1936, foi instituída, no Ministério da Justiça, a Comissão Nacional de Repressão ao Comunismo (CNRC). Essa comissão interessa pelo protagonismo exercido pelo jurista Vicente Rao em sua estruturação e pelo seu modo de funcionamento. Ao lado dela, outros órgãos foram criados, antes mesmo do TSN, como parte da engenharia institucional da repressão política no Brasil. Algumas notas sobre isso são, portanto, necessárias.

Inicialmente, o objetivo da CNRC era identificar as pessoas responsáveis por "atividades subversivas". Para tanto, a comissão investigava se funcionários ou empregados de empresas públicas ou privadas, além de professores de estabelecimentos particulares de ensino, participavam de organizações ligadas a crimes contra a ordem política e social.[480] Consta no diário de Getúlio Vargas que a composição original da comissão era formada pelo deputado Adalberto Corrêa (presidente da CNRC e grande defensor da Lei de Segurança Nacional na Câmara dos Deputados), o general

---

político de esquerda (notadamente no Ministério das Relações Exteriores, Ministério da Educação e outros órgãos públicos), além da exoneração dos comissionados indicados no governo do Partido dos Trabalhadores. Conferir, por exemplo, as seguintes notícias veiculadas na imprensa, entre dezenas de outras: REVISTA FÓRUM. *Novo Chanceler de Bolsonaro já demite funcionários antes de assumir o cargo: diversos diplomatas descrevem clima no Itamaraty como sendo de 'caça às "bruxas" e "incerteza".* Disponível em: https://www.revistaforum.com.br/novo-chanceler-de-bolsonaro-ja--demite-funcionarios-antes-de-assumir-cargo/. Acessado em: 28.03.2019; O ANTAGONISTA. *Pente-fino de Bolsonaro para identificar os petistas.* Disponível em: https://www.oantagonista.com/brasil/pente-fino-de-bolsona-ro-para-identificar-os-petistas/. Acessado em: 28 mar. 2019.

480 É impossível não relacionar a identificação de professores "dedicados a atividades subversivas", como feito pela CNRC a partir de 27 de janeiro de 1936, com a neoperseguição a docentes dedicados ao pensamento crítico e progressista, identificado com o campo da esquerda política.

CAPÍTULO III – PRODUÇÃO DE RESISTÊNCIAS NO ESTADO NOVO

Coelho Neto e o contra-almirante Paes Leme.[481] Em maio de 1936, com vários membros da Minoria Parlamentar presos desde março, a Comissão teve as suas atribuições alargadas não apenas para propor ao governo federal o afastamento provisório de quaisquer funcionários públicos, mas também a sua prisão ou detenção. A resolução, na verdade, foi muito mais além, permitindo que a Comissão propusesse a prisão ou detenção de qualquer pessoa cuja atividade fosse reputada prejudicial às instituições políticas sociais.[482] Se não bastasse, previu-se que as requisições de prisão poderiam ser encaminhadas diretamente ao chefe de polícia, bastando que os membros da CNRC a reputassem urgentes.

A Comissão Nacional de Repressão ao Comunismo fazia parte de uma larga estrutura que precisava funcionar em complementação à atuação dos tribunais. Seus membros não escondiam o entendimento segundo o qual as medidas de repressão ao comunismo não poderiam ficar sujeitas "às delongas que, em geral, se verificam nos processos judiciários, destinadas a garantir a defesa dos acusados".[483] A mesma coisa se diga quanto à centralidade da atuação da polícia, mais de uma vez registrada. A DESPS, Delegacia

---

[481] VARGAS, Getúlio. *Diários*: vol. I (1930-1936). São Paulo: Siciliano; Rio de Janeiro: Fundação Getúlio Vargas, 1995, p. 491. Na mesma referência, Vargas registra que "todos acusaram fortemente o prefeito Pedro Ernesto". A citação é importante, pois ele será preso em seguida e, posteriormente, julgado pelo Tribunal de Segurança Nacional. Pedro Ernesto foi defendido pelo advogado Mario Bulhões Pedreira.

[482] As novas disposições foram reproduzidas por Raphael Peixoto de Paula e incluíam ainda: propor medidas tendentes a evitar a propaganda de ideias subversivas pela imprensa ou, de modo geral, pela palavra ou através de publicações de qualquer natureza, e requisitar a apreensão ou destruição das edições e publicações; organizar, quanto antes, um plano tendente a uniformizar as medidas de repressão ao comunismo em todo o país. A previsão de requisição direta de prisão ao chefe de polícia encontrava-se no artigo 4, parágrafo único.

[483] Essa era a visão do deputado Adalberto Corrêa que, em carta enviada a Vargas, defendeu que "o indispensável era mandar prender, sem delongas prejudiciais, todos os comunistas fichados ou suspeitados, no país inteiro" (FGV/CPDOC, GV c1936.04.02/02 – XXII-3).

ANTONIO PEDRO MELCHIOR

Especial de Segurança Política e Social, foi criada no mesmo contexto e para idêntico propósito.

Na maior parte dos casos, os motivos alegados pelo Estado para justificar a prisão estavam vinculados ao fato de o agente ser qualificado como comunista ou atuar em seu apoio, como no caso dos juristas parlamentares acusados de impetrar *habeas corpus* para extremistas, logo, cúmplices dos seus atos. Para confirmar suspeitas, uma das estratégias persecutórias era indicar a participação do indivíduo na Aliança Nacional Libertadora. Em outros casos, a justificativa era a relação com sindicatos e organizações ligadas ao movimento operário.[484] Diante desse quadro, a maior parte das autodefesas passava pela negativa de adesão a comunistas, aliancistas ou grupos operários em geral.[485]

Pois bem. Conforme já se consignou, em 25 de novembro de 1935, Vargas pediu autorização do Congresso para decretar o estado de sítio em todo o território nacional, o que foi obtido no mesmo dia. O que não foi dito ainda é que, aproximadamente 15 dias depois, em 16 de dezembro, o presidente da República editou o Decreto n. 501, suspendendo a vigência do estado de sítio pelos dois dias seguintes. Objetivo: permitir que a Câmara dos Deputados, impedida de deliberar sobre emendas em razão do sítio, pudesse examinar a Emenda n. 1 à Constituição da República de 1934, que autorizava Vargas a equiparar "comoção intestina grave" ao estado de guerra, que, pela Carta, autorizava a "suspensão das garantias

---

[484] MARQUES, Raphael P. de P. Marques. *Repressão política e usos da Constituição no Governo Vargas (1934-1937)*. Curitiba: Editora Prismas, 2015, pp. 129/130.

[485] A descrição reflete a opção por um sistema de justiça criminal típico do Estado autoritário. A responsabilidade penal subjetiva, ou seja, responsabilidade pela prática de fatos e não por qualidades inerentes, ou opções existenciais dos indivíduos (Direito Penal do autor) constitui uma característica do saber penal liberal, atacado por juristas colaboracionistas do governo Vargas.

CAPÍTULO III – PRODUÇÃO DE RESISTÊNCIAS NO ESTADO NOVO

constitucionais que possam prejudicar direta ou indiretamente a segurança nacional".[486]

Evidentemente, a manobra não passou pelo Parlamento sem a resistência de deputados da minoria, em especial, dos juristas parlamentares que a integravam. João Mangabeira e Domingos Vellasco, dentre outros, assinaram a seguinte declaração, publicada no Diário do Poder Legislativo de 18 de dezembro:

> A mesa da Câmara, legalmente, não pode receber na vigência do sítio, nenhuma proposta de emenda ou revisão constitucional. Assim o proíbe expressamente o parágrafo 4º do art. 178 da Constituição (...). Pouco importa que o sítio, que permanece efetivo nas suas providências e na sua coação, tenha sido ficticiamente suspenso no papel, no curso das 48 horas com que a reforma se vai consumar. A Constituição não proíbe apenas a discussão ou a votação da reforma durante o estado de sítio. Prescreve terminantemente que ela não se *procederá* durante a vigência dessa medida de exceção. E a reforma começa a *proceder-se* com a apresentação da emenda ou da revisão que a inicia.
>
> Outra inteligência do texto equivaleria ao absurdo de considerar o sítio apenas aplicável aos representantes da nação, quando, justamente só a elles não atinge o rigor das penalidades da exceção.[487]

---

[486] Artigo 161 da Constituição da República de 1934. A Emenda n. 1 tinha a seguinte redação: "a Câmara dos Deputados, com a collaboração do Senado Federal, poderá autorizar o Presidente da República a declarar a comoção intestina grave com finalidades subversivas das instituições políticas e sociaes, equiparada ao estado de guerra em qualquer parte do território nacional, observando-se o disposto no art. 175, n. 1, §§ 7º, 12 e 13 e devendo o decreto de declaração da equiparação indicar as garantias constitucionaes que não ficarão suspensas".

[487] DPL, 18.12.1935, p. 9202. Os argumentos jurídicos levantados em contrário consideravam que a Carta de 1934, quando falava em impedir a *reforma* da Constituição na vigência do estado de sítio, estava se referindo à revisão constitucional, e não às emendas, criação dela própria: "qual o significado

ANTONIO PEDRO MELCHIOR

Além desta questão, outras consideradas sensíveis ao regime jurídico das liberdades públicas foram levantadas. Uma delas dizia respeito à extensão do conceito de *guerra*, empregada no artigo 161 da Constituição de 1934. Afinal, seria legítimo ampliar a noção de *estado de guerra* (vinculada à conflitos armados externos) com a "grave comoção intestina"?[488] Para a minoria comprometida com a defesa das liberdades democráticas, não seduziram os argumentos jurídicos levantados em favor da proposta de emenda, tampouco os que apelavam para a "necessidade premente de ordem pública".[489] Os

---

da expressão 'reforma'? Equivale à revisão ou constitue o gênero de que esta e a emenda são as especiaes?" Para resolver a dúvida, estudemos a história constitucional brasileira. No raciocínio mais ou menos confuso dos deputados colaboracionistas, as constituições anteriores usavam apenas a expressão *reforma*, acrescentando que a modificação seria *incorporada* ao texto constitucional. A Constituição de 1934, entretanto, estabeleceu que as *emendas* seriam *anexadas* à Carta e que as revisões seriam a ela *incorporadas*. A conclusão que se impunha é que, quando os constituintes de 1934 falaram em *reforma*, queriam dizer *revisão*, o que não estaria proibido em períodos de sítio (DPL, 18.12.35, p. 9.192). Cf. MARQUES, Raphael P. de P. Marques. *Repressão política e usos da Constituição no Governo Vargas (1934-1937)*. Curitiba: Editora Prismas, 2015, p. 141.

[488] CR de 1934, artigo 161: "O estado de guerra implicará a suspensão das garantias constitucionais que possam prejudicar direta ou indiretamente a segurança nacional". Segundo o relator da proposta na Comissão Especial, as cartas constitucionais anteriores, como a doutrina, permitiam a equiparação entre *estado de guerra* e *grave comoção intestina*. O argumento favorável à equiparação sustentava que a proposta de emenda, antes de restringir direitos e liberdades, a garantiria. Explica-se: na tormentosa construção da maioria parlamentar, a Emenda n. 01, ao permitir que a comoção intestina grave fosse equiparada ao estado de guerra, restringiu o arbítrio dos governos e do Poder Legislativo, já que nem toda comoção intestina a autorizaria, mas somente aquela com finalidades subversivas das instituições políticas. Em outras palavras, a emenda restringia uma cláusula aberta, limitando-a ao específico caso dos crimes contra a ordem política e social. Evidentemente, a construção era um engodo. Para o relator, a Constituição de 1934, em outros dispositivos, tratava a *guerra externa* como *guerra civil/comoção intestina* ou simplesmente as colocavam lado a lado (exemplo, artigos 113, n. 7, e 175). A Constituição, por tal razão, não proibiria que se equipare um ao outro (DPL, 18.12.1935, p. 9.192).

[489] DPL, 18.12.1935, p. 9.195.

CAPÍTULO III – PRODUÇÃO DE RESISTÊNCIAS NO ESTADO NOVO

juristas parlamentares Pedro Calmon,[490] João Neves da Fontoura[491] e Prado Kelly, importantes professores e advogados da época, foram três a apresentarem voto em separado, em nome da dissidência.

Além do óbice constitucional, que impedia o curso de qualquer procedimento destinado a reformar a Carta na vigência do sítio, a resistência opôs as seguintes razões: primeiro, "não se rasga a Constituição para manter o regime que ella estipula; usa-se os poderes que explícita ou implicitamente a Constituição o confere"; segundo, "a emenda proposta sequer identificou o adversário, preferiu, evasiva e inconstitucionalmente fixar uma categoria inteira de atividades hostis".[492] Em linhas gerais, os juristas parlamentares da oposição insistiram que a "Carta de 16 de julho permitia, dentro da democracia e do funcionamento dos aparelhos legais, a satisfação de todas as aspirações legítimas a uma ordem social mais justa"

---

[490] Pedro Calmon Muniz de Bittencourt, em 1934, foi nomeado livre-docente na Faculdade de Direito do Rio de Janeiro e, quatro anos depois, tornou-se catedrático de Direito Público Constitucional e diretor da Faculdade de Direito da Universidade do Brasil, atual Faculdade Nacional de Direito (FND-UFRJ) – 1938/1948.

[491] João Neves da Fontoura ingressou na Faculdade de Direito de Porto Alegre em 1905. Esteve ao lado de Getúlio Vargas, Joaquim Maurício Cardoso e Firmino Paim Filho durante a faculdade, oportunidade em que fez parte da chamada "Geração 1907". O meio jurídico estudantil, cujo ápice foi a criação do Bloco Acadêmico Castilhista, foi o ponto de partida da sua carreira política. Ocupou o cargo de segundo promotor público da capital gaúcha em substituição a Getúlio Vargas, eleito à Assembleia dos Representantes. Em 1935, eleito deputado federal, integrou a base parlamentar da minoria, formando a já comentada Oposições Coligadas. Entendia que Vargas traíra os ideais da Revolução de 1930. Foi líder da minoria na Câmara, enquanto Borges de Medeiros, aliado na dissidência ao regime varguista, passou a integrar o diretório nacional das Oposições Coligadas. No dia 12 de setembro de 1936, João Neves apresentou sua renúncia ao cargo de líder da Minoria Parlamentar. Com a extinção dos partidos durante o Estado Novo, retornou ao escritório de advocacia no Rio de Janeiro, reassumindo a consultoria jurídica do Banco do Brasil. Cf. MOREIRA, Regina da Luz. "João Neves da Fontoura". *FGV-CPDOC*. Disponível em: http://www.fgv.br/cpdoc/acervo/dicionarios/verbete-biografico/fontoura-joao-neves-da. Acessado em: 31.03.2019.

[492] Intervenções de Pedro Calmon, DPL, 18.12.1935, p. 9.200.

e que o alardeado perigo de subversão do regime estava, "sinão, jugulado, ao menos arrefecido".[493]

Um dos pontos mais sensíveis da discussão envolvendo a aprovação da Emenda n. 1 dizia respeito à possibilidade, instaurada por ela, de aplicar, retroativamente, a Lei de Segurança Nacional, já que, equiparando-se a comoção intestina grave ao estado de guerra, as garantias constitucionais poderiam ser suspensas.

Tanto a aplicação da analogia em prejuízo ao imputado quanto a incidência retroativa de leis penais, que igualmente agravam o *status libertatis*, afrontam básicos princípios civilizatórios do mundo ocidental, dentre os quais, a legalidade estrita em matéria criminal. Na Carta de 1934, a vedação à irretroatividade também estava associada à garantia do juiz natural e à proteção do ato jurídico perfeito, direito adquirido e coisa julgada, princípios igualmente fundantes de regimes democráticos.[494] Para os juristas e deputados que compunham a minoria, a aplicação retroativa de leis penais, notadamente das que dispunham sobre crimes contra a ordem política e social, era um absurdo, além de ser exemplo da adesão definitiva do governo e colaboracionistas à base jurídico-política que sustentava o totalitarismo de Estado. Para o regime, a retroatividade das leis repressivas era uma questão jurídica fundamental, uma vez que estava fixado na perseguição e punição das pessoas que reputava envolvidas em "atividades extremistas". No início de 1936, ainda em janeiro, quando Vargas se reuniu com o ministro da

---

[493] Extraído do texto lido por João Neves antes do encaminhamento da votação da Emenda n. 01. Trata-se de uma declaração assinada pela Minoria Parlamentar (DPL, 18.12.1935, p. 9.202).

[494] CR de 1934, art. 113: "a Constituição assegura a brasileiros e a estrangeiros residentes no País a inviolabilidade dos direitos concernentes à liberdade, à subsistência, à segurança individual e à propriedade, nos termos seguintes: (...) 3) A lei não prejudicará o direito adquirido, o ato jurídico perfeito e a coisa julgada. (...) 26) Ninguém será processado, nem sentenciado senão pela autoridade competente, em virtude de lei anterior ao fato, e na forma por ela prescrita".

CAPÍTULO III – PRODUÇÃO DE RESISTÊNCIAS NO ESTADO NOVO

Justiça para tratar da criação da Comissão Nacional de Combate ao Comunismo, Vicente Rao já havia se manifestado sobre a matéria. Para o professor da Faculdade de Direito da Universidade de São Paulo, a aplicação retroativa da lei de segurança nacional àqueles acusados de participarem dos levantes de novembro era uma conse-quência natural do delito praticado, qual seja, um crime continuado:

> As sublevações militares de Recife, Natal e Rio de Janeiro, relacionadas com as atividades igualmente extremistas que se lhes seguiram e veem sendo apuradas pela polícia constituem um só plano, um só todo, delineando com nitidez a figura do delito continuado. Por outras palavras: a violação da lei não se esgotou, pois, suas múltiplas e sucessivas manifestações exteriores revelam a existência de um plano geral, ainda em execução. Nestas condições, o crime, considerado em sua unidade, continua a ser praticado sob a vigência da lei nova e nela incide, colhendo, esta, em suas disposições, tanto os que praticaram os atos iniciais, quanto os que veem execu-tando os atos mais recentes, uns e outros corresponsáveis pelo crime, que é um só e o mesmo.[495]

O esforço de juristas como Rao, em respaldar juridicamente atos que só se explicam no plano de um regime de exceção, chega a ser constrangedor. Não havia demonstração concreta de plano algum. Este era um ponto recorrente das críticas dos parlamentares da minoria que, incansavelmente, desde a proposta sobre a lei de segurança nacional, exigiam do governo que o apresentasse. No mais, era óbvio que a ampliação do conceito de *estado de guerra*, disposto no artigo 161 da Constituição, era uma forçação jurídica sem precedentes. Em conferência realizada em 1936, no Instituto da Ordem dos Advogados, o ministro da Justiça justificou a re-definição no sentido do termo "guerra", associando a alteração à presença de elementos estrangeiros em apoio a atos políticos

---

[495] FGV/CPDOC, GV c1935.12.03/03 – XXI-2, 02.01.1936.

extremistas no Brasil. Para Vicente Rao, a luta armada nacional contra inimigos estrangeiros que, tradicionalmente determinaria o conceito de guerra, era justo o que estava ocorrendo. Veja-se este trecho da conferência:[496]

> De fato, é contra um inimigo externo que combatemos. Lembro aos meus colegas que, em um comitê de cinco membros encarregados de organizar a sublevação brasileira, um apenas era nosso compatriota (...). Recordem-me os meus colegas de que vinha como mentor do governo a se instalar (...) um cidadão alemão, falsamente naturalizado americano, antigo companheiro de Lênin. O país se transformaria, desse modo, em uma colônia soviética.
>
> O instinto jurídico que conduziu nossos legisladores a criação deste novo instituto de Direito Público (estado de guerra interno) foi, realmente, guiado pelo dedo de Deus, visando a verdadeira significação, o verdadeiro alcance da luta em que todos nós estamos empenhados: é uma luta contra o estrangeiro, o estrangeiro que nos agride!

Quanto à discussão sobre a irretroatividade das leis penais em si, o deputado e advogado João Neves não fez mais do que argumentar pela necessidade de se julgarem as pessoas em acordo com a lei material vigente à época em que o crime fora cometido, algo até então fora de qualquer dúvida séria:

> – para punição dos delinquentes existem as leis. Se as actuaes não evitam a erupção de novos surtos, façam-se leis mais severas para o futuro. Uma já foi sanccionada. Promulguem-se outras. Porque ninguém defenderia a criação de leis penaes retroactivas contra os delinquentes. Será violar,

---

[496] DPL, 03.05.1936, p. 11.307.

CAPÍTULO III – PRODUÇÃO DE RESISTÊNCIAS NO ESTADO NOVO

não somente um dispositivo da Constituição, mas também um dos princípios essenciais à civilização humana.[497]

Os debates em torno da irretroatividade da "lei penal mais gravosa" irão repercutir com toda força, pouco tempo depois, nas discussões em torno da possibilidade de julgamento, pelo Tribunal de Segurança Nacional, de fatos anteriores à sua constituição.[498] O parecer da Minoria Parlamentar, lido em plenário pelo jurista João Neves, concluiu pela inconstitucionalidade da proposta de

---

[497] DPL.18.12.1935, p. 9.202. Pedro Calmon também não deixou de se manifestar sobre o assunto: "a opinião nacional pede o castigo dos que tentaram mergulhar no chaos de uma espantosa confusão social e República. Não podemos votar leis retroativas: mas, dentro da Constituição, sem a mutilar ou deformar, deixando-a intacta e soberana, indicamos sobejos recursos para a exemplar punição dos mesmos crimes quando de novo ameaçarem perturbar, ou efetivamente agitarem o paiz" (DPL.18.12.1935, p. 9.200). Vê-se que tanto Pedro Calmon quanto João Neves possuíam concepções distintas de Domingos Velasco, Adolfo Bergamini, João Mangabeira e outros, no que se refere à necessidade de punição e leviandade das leis. Fato é que, apesar disso, uniam-se quanto à impossibilidade de aplicação retroativa da legislação, o que demonstra a unificação da minoria em torno de temas fundamentais para a conservação das garantias individuais no Brasil.

[498] Todas as Constituições brasileiras, ressalvados os regimes ditatoriais, asseguraram a irretroatividade da lei penal mais gravosa e a vedação aos tribunais de exceção. Na Constituição Política do Império de 1824: "Art. 179. A inviolabilidade dos Direitos Civis, e Politicos dos Cidadãos Brazileiros, que tem por base a liberdade, a segurança individual, e a propriedade, é garantida pela Constituição do Imperio, pela maneira seguinte. (...) II. Nenhuma Lei será estabelecida sem utilidade publica. (...) III. A sua disposição não terá efeito retroactivo. (...) XI. Ninguem será sentenciado, senão pela Autoridade competente, por virtude de Lei anterior, e na fórma por ella prescripta. Na Constituição da República de 1891: "Art. 11. É vedado aos Estados, como à União: (...) 3º) prescrever leis retroativas. (...) Art. 72. A Constituição assegura a brasileiros e a estrangeiros residentes no paiz a inviolabilidade dos direitos concernentes à liberdade, à segurança individual e à propriedade, nos termos seguintes: (...) § 15. Ninguem sera sentenciado, senão pela autoridade competente, em virtude de lei anterior e na fórma por ella regulada" (redação dada pela Emenda Constitucional de 3 de setembro de 1926). Como se pode antecipar, a Constituição de 1937, redigida pelos juristas colaboracionistas do regime, excluiu tais garantias.

emenda à Constituição da República de 1934. Responderam "sim", entretanto, 210 deputados. Ao lado da resistência, 29 parlamentares se mantiveram firmes. Na opinião de Vargas, ainda assim, foi uma "sessão memorável".[499]

Raphael Peixoto de Paula pondera corretamente que, apesar do árduo e indispensável trabalho da Minoria Parlamentar, o texto final da Emenda n. 01 saiu pior do que entrou.[500] No que foi aprovado, constou que o decreto de declaração de equiparação deveria indicar as garantias constitucionais que *não ficarão suspensas*, ao contrário do art. 161 da CR de 1934, em que se previa a suspensão somente das garantias que pudessem "prejudicar direta ou indiretamente a segurança nacional". Estava, portanto, nas mãos de Vargas, o poder de dizer qual garantia podia ou não ser suspensa. Na prática, aboliram-se os direitos individuais e os meios jurídicos para lhes assegurarem. O que foi previsto como exceção se ordinarizou. Foram suspensas as regras do art. 175 que limitavam o estado de sítio e as do art. 113 sobre direitos e garantias, dentre as quais, expressamente, o item 27, que proibia a retroatividade da lei penal, além do item 29, que proibia a pena de morte e de banimento. A repressão criminal e política, mais uma vez, se intensificou.

No fim de março de 1936, terminado o prazo estabelecido para o estado de sítio, Vargas se decidiu por editar o Decreto n. 702: estava declarado o estado de guerra no Brasil.[501]

---

[499] "Em sessão memorável, a Câmara dos Deputados aprovou as três emendas à Constituição. A primeira passou por 210 votos contra 59, e as outras, por uma diferença ainda maior" (VARGAS, Getúlio. *Diários*: vol. I (1930-1936). São Paulo: Siciliano; Rio de Janeiro: Fundação Getúlio Vargas, 1995, p. 456).

[500] MARQUES, Raphael P. de P. Marques. *Repressão política e usos da Constituição no Governo Vargas (1934-1937)*. Curitiba: Editora Prismas, 2015, p. 149.

[501] Na reunião do dia 19 de março de 1936, em que se tratou do tema, o deputado Adalberto Corrêa, então presidente da CNRC, expôs o que chamava de "tropeços do Judiciário", além de defender a "adoção de medidas extremas, até de fuzilamento, a ação do prefeito Pedro Ernesto, que deve ser preso, a

CAPÍTULO III – PRODUÇÃO DE RESISTÊNCIAS NO ESTADO NOVO

3.1.3 Prisões de Octavio da Silveira e dos juristas parlamentares João Mangabeira, Domingos Vellasco, Abguar Bastos e Abel Chermont

O Decreto n. 702 foi assinado no dia 21 e publicado em 23 de março de 1936. Nesse mesmo dia, o deputado Domingos Vellasco foi procurado em casa por um investigador, em nome do chefe de polícia, Filinto Müller, para comparecer à "chefatura". Alegou imunidades para não ir, mas foi informado pelo Sr. Serafim Braga que o estado de guerra estava em vigor, e, em consequência, estavam suspensas todas as imunidades parlamentares. Após ser identificado, foi conduzido à prisão: "como observasse que aquilo ali era um excesso, o policial que me acompanhava replicou aos gritos que oficial, bacharel ou deputado 'também entrariam na borracha'".[502]

No próprio 23 de março, foram igualmente jogados ao cárcere os principais deputados e juristas parlamentares da oposição ao governo. Além de Vellasco, foram presos João Mangabeira, Abel Chermont, Octavio da Silveira e Abguar Bastos, somente os dois últimos, membros efetivos da Aliança Nacional Libertadora.[503]

A prisão de deputados da oposição, em pleno mandato, representa uma página sensível na história política do Brasil. O preço de acusar o governo de aderir ao fascismo, denunciar medidas de cunho

---

necessidade de decretar o estado de guerra e de ir mesmo até a um golpe de Estado e reformar a Constituição". Na mesma oportunidade, falou o chefe de polícia Filinto Müller que, dando notícias da prisão de Luiz Carlos Prestes, "considerava o momento grave e acentuava a necessidade de providências enérgicas" (VARGAS, Getúlio. *Diários*: vol. I (1930-1936). São Paulo: Siciliano; Rio de Janeiro: Fundação Getúlio Vargas, 1995, p. 488).

502 CORREIO DE MANHÃ. *Nas Comissões da Câmara dos Deputados*: depuseram na Comissão de inquérito dos atos delituosos da ditadura os deputados Hermes Lima e Domingos Velasco. *Correio de Manhã*, 11 jun. 1948, p. 5.

503 MARQUES, Raphael P. de P. Marques. *Repressão política e usos da Constituição no Governo Vargas (1934-1937)*. Curitiba: Editora Prismas, 2015, p. 156.

autoritário e lutar por sua rejeição no Parlamento, ou fora dele, foi cobrado pelo regime da forma mais violenta possível. O episódio da detenção e julgamento de atores políticos associados à esquerda é igualmente um ponto nevrálgico dos problemas vivenciados hoje.[504]

A Constituição de 1934 proibia a prisão de parlamentares durante o estado de sítio, além de estabelecer que ninguém seria preso, senão em flagrante delito ou por ordem escrita de autoridade competente, nos casos expressos em lei.[505] Na visão da polícia política de Getúlio Vargas, contudo, a aprovação da Emenda n. 1, referente ao estado de guerra, suspendera todas as garantias e imunidades. Detidos os deputados e os senadores, a prisão foi tão somente comunicada às casas legislativas, para fins protocolares.

A legitimidade da prisão dos parlamentares continuou objeto de questionamentos em razão do disposto no artigo 32 da Constituição de 1934, que não estaria suspenso. Esse artigo determinava que os deputados, salvo flagrante de crime inafiançável, não poderiam ser *processados criminalmente, nem presos, sem licença da Câmara*. No dia posterior à prisão, Getúlio Vargas registrou no diário que soube, enquanto almoçava, que haviam prendido um senador e três deputados: "mandei indagar ao chefe de polícia e

---

[504] Perseguir, processar e prender os que desafiam o projeto político de determinados grupos foi, e ainda é, um dispositivo empregado pelos que ocupam posição de dominância na sociedade. O método histórico regressivo sugere que os problemas presentes devem provocar o olhar do historiador para o passado.

[505] CR de 1934: "Art. 175, § 4º – As medidas restritivas da liberdade de locomoção não atingem os membros da Câmara dos Deputados, do Senado Federal, da Corte Suprema, do Supremo Tribunal Militar, do Tribunal Superior de Justiça Eleitoral, do Tribunal de Contas e, nos territórios das respectivas circunscrições, os Governadores e Secretários de Estado, os membros das Assembleias Legislativas e dos Tribunais superiores". "Art. 113. (...) 21) Ninguém será preso senão em flagrante delito, ou por ordem escrita da autoridade competente, nos casos expressos em lei. A prisão ou detenção de qualquer pessoa será imediatamente comunicada ao Juiz competente, que a relaxará, se não for legal, e promoverá, sempre que de direito, a responsabilidade da autoridade coatora".

CAPÍTULO III – PRODUÇÃO DE RESISTÊNCIAS NO ESTADO NOVO

tive a confirmação de que não podia deixar de prendê-los à vista do que havia descoberto".[506] Conquanto pouco crível que a ordem de prisão de congressistas, principais opositores do governo, lhe fosse ignorada, a detenção, um dia após decretar-se o "estado de guerra equiparado" era, ironicamente, oportuna. Vicente Rao e Filinto Müller compareceram no Senado para dar explicações sobre os fatos perante uma comissão formada por Simões Lopes, Clodomir Cardoso, Góes Monteiro (irmão do general), Cunha Melo e José de Sá.[507] Perante os senadores, o ministro da Justiça informou que

> as autoridades policiais tinham conhecimento de que certos parlamentares envolvidos nas conspirações comunistas atuavam com maior eficiência à sombra de suas imunidades (...) e que na tribuna do Parlamento, perante o Poder Judiciário, já esses deputados e senadores claramente haviam revelado as atividades que desenvolviam em perfeita conivência com os comparsas de Harry Berger.

O chefe de polícia ratificou o que disse Vicente Rao, acrescentando ter documentos da participação dos parlamentares nos acontecimentos de novembro de 1935.[508]

As justificativas apresentadas não escondem que os parlamentares foram arrastados à prisão por terem desafiado e acusado o governo por meses a fio, boicotando a aprovação das medidas de exceção que eram propostas. Pesava contra eles ter ocupado a tribuna para denunciar a tortura sofrida por presos políticos, desacreditar os fundamentos e justificativas apresentadas nos projetos de lei e ter atuado nos tribunais, impetrando *habeas corpus* para

---

[506] VARGAS, Getúlio. *Diários*: vol. I (1930-1936). São Paulo: Siciliano; Rio de Janeiro: Fundação Getúlio Vargas, 1995, p. 490.

[507] MARQUES, Raphael P. de P. Marques. *Repressão política e usos da Constituição no Governo Vargas (1934-1937)*. Curitiba: Editora Prismas, 2015, p. 157.

[508] DPL, 01.04.1936.

membros do Partido Comunista Brasileiro, como Harry Berger, citado por Vicente Rao, Adalberto Fernandes e outros.

O parecer apresentado pelo senador Leopoldo Tavares da Cunha Melo, aprovado ao final, afirmava que "as imunidades jamais poderão proteger o senador ou o deputado que delas queira servir-se, para atividade subversiva, contra os interesses da Nação", acrescentando ainda que "sempre que os supremos interesses nacionais exigiram medidas de excepcional gravidade, incompatível com os preceitos constitucionais, não há outro recurso senão apelar para o direito de necessidade em benefício da salvação pública. (...) – contra a pátria não há direitos".[509] A partir desse raciocínio, construiu-se a tese de que o artigo 32 da Constituição, relativa às imunidades, estava parcialmente em vigor. O governo reconhecia que era necessária a autorização da Câmara para *processar criminalmente* os parlamentares, mas considerava que não devia requerer licença para prendê-los, se a hipótese era a de enfrentar atividades subversivas da ordem política e social. A tese era absolutamente contraditória: licença para processar, mas não para prender. O parlamentar, enquanto não apreciada a primeira, permanecia detido sem nenhuma acusação formal.

Somente após um mês e cinco dias da prisão, em 28 de abril, Vicente Rao encaminhou à Seção Permanente do Senado um ofício solicitando a licença para processar criminalmente os parlamentares. Em 30, chegaria outro, carreado com novos documentos que supostamente atestariam a ligação dos parlamentares com comunistas. Os ofícios eram assinados pelo procurador criminal da República, Honorato Hymalaia Vergolino, nomeado, em setembro de 1936, para o cargo de procurador junto ao Tribunal de Segurança Nacional.[510] Antes que a Seção apreciasse o requerimento,

---

[509] DPL, 31.03.1936, p. 158. O Parlamento estava em recesso, cabendo à Seção Permanente do Senado, nos termos do artigo 91, § 1°, III, da CR 34, deliberar sobre o processo e prisão dos deputados e senadores.

[510] DPL, 03.05.1936, p. 13.235.

CAPÍTULO III – PRODUÇÃO DE RESISTÊNCIAS NO ESTADO NOVO

Vargas submeteu ao Congresso a prorrogação do estado de guerra e conseguiu aprovação na Câmara e no Senado.

A capacidade da Minoria Parlamentar em resistir ao rolo compressor do regime estava quase esgotada. Arthur Ramos e Roberto Moreira não deixaram, entretanto, de ocupar a tribuna para acusar o arbítrio do governo e defender a inconstitucionalidade da prisão dos parlamentares, em violação às imunidades que lhes foram outorgadas pela Carta de 1934.

Em 8 de julho, contudo,

> foi ratificada a autorização solicitada pelo Procurador Criminal da República e concedida pela Seção Permanente do Senado Federal para instaurar processo crime contra os Deputados Octavio da Silveira, Abguar Bastos, Domingos Velasco e João Mangabeira, sem que a concessão dessa licença envolva a apreciação da legitimidade atual da prisão dos mesmos deputados.[511]

O resultado do imbróglio envolvendo os parlamentares ficou confuso, "concessão de licença para processo", mas omissão quanto à legitimidade da prisão, mesmo diante da imunidade prevista no texto constitucional. Essa situação aparenta ser uma consequência do modelo de repressão política, que, apesar de fundar-se em práticas afrontosamente ilegais, mantém algum contato com a institucionalidade. Ao fim das contas, no caso dos deputados presos, considerou-se que o Parlamento, ao conceder a licença para processar, implicitamente ratificou a prisão.[512]

---

[511] DPL, 09.07.1936, p. 13.663.

[512] A conclusão do parecer a respeito da prestação de contas do governo fez pouco caso da ressalva final constante na decisão proferida pela Seção Permanente do Senado Federal: "fica ratificada a autorização para o processo crime (...) *sem que a concessão dessa licença envolva a apreciação da legitimidade atual da prisão dos mesmos deputados*". Os deputados Adolpho Celso e Rego Bastos discordaram duramente do relator e registraram o

ANTONIO PEDRO MELCHIOR

Todo o desenho institucional, responsável por formatar uma engenhosa máquina de repressão política no Brasil, foi montado por Vargas em menos de dois anos. Para tanto, a contribuição de juristas como Vicente Rao, além dos parlamentares com a mesma formação ideológica, anticomunista e autoritária, foi decisiva. Rao daria uma última colaboração indispensável ao endurecimento do regime: estruturar as bases jurídicas do Tribunal de Segurança Nacional.

3.2 Defesa criminal e o Tribunal de Segurança Nacional (1936/1942)

> *Isso, portanto, não é um Tribunal; os seus membros não são juízes que a nossa Constituição estabeleceu, cerceando-os com as grandes prerrogativas que especialmente lhe conferiu. São juízes dos períodos mais abjectos da História, sepultados pela maldição universal na deshonra dos tribunaes de excepção. O desplante e a reação do Governo chegam a propor a creação de colonias correcionais, num arremedo ao mesmo tempo lerdo e ridículo dos campos de concentração da truculência nazista.*
>
> João Mangabeira

Em 11 de setembro de 1936, o TSN estava de pé.[513] Entre 1936 e 1944, 19.018 pessoas foram formalmente indiciadas pela polícia, 10.724 denunciadas, dentre elas, 3.066 pessoas foram

---

seguinte: "mesmo convindo que a Câmara julga politicamente, se lhe não podem reconhecer atribuições para legitimar o ilegítimo, legalizar o ilegal, constitucionalizar o inconstitucional (...). Mas reconhecer-lhe-á a atribuição de declarar legítimo um ato infringente dos preceitos constitucionais, em vigor, seria erigi-la em poder arbitrário, ditatorial" (ACD/SEDHI. *Projeto n. 705 da Câmara dos Deputados*, que aprova os atos praticados pelo Poder Executivo na constância dos estados de sítio e de guerra, 1937).

[513] Em setembro, aprovou-se nova prorrogação do estado de guerra por mais 90 dias, sob a justificativa de que estava próximo o julgamento dos extremistas responsáveis pela comoção intestina grave equiparada ao estado de guerra

CAPÍTULO III – PRODUÇÃO DE RESISTÊNCIAS NO ESTADO NOVO

condenadas pelo TSN. Incluindo-se o ano de 1945, último de funcionamento do Tribunal, o número de indivíduos sentenciados à prisão chega a 4.099.[514]

Kirchheimer insistiu que o emprego de procedimentos jurídicos formais cumpre, do ponto de vista de quem o domina, variadas funções estratégicas, dentre as quais a de conferir aparência de legitimidade à repressão. Por outro lado, o recurso aos tribunais está sempre associado às medidas paralegais praticadas pela polícia, como prisões não comunicadas, censura, vigilância e ameaças de todos os tipos. Com ou sem decisões absolutórias por tribunais, proferidas anos depois de submeter-se a pessoa às masmorras, o contexto de pavor e retraimento da dissidência estará consolidado. Todavia, a atuação do Tribunal, vista como vacilante, pode produzir mensagens contraditórias aos que se ocupam da disputa política, e isso não pode ser ignorado. Pode ser interpretada como um sinal de abertura política ou utilizada como justificativa para maior recrudescimento da repressão. No caso brasileiro, vingou a segunda opção, especialmente após as decisões favoráveis proferidas no âmbito do TSN e STM, em setembro de 1937.[515]

---

e porque permanecia hígido o dever de proteger as instituições de novas ameaças subversivas (DPL, 18.09.1936).

[514] Os dados apresentados têm por base os relatórios anuais apresentados pelo Tribunal de Segurança Nacional e, segundo indicado por Raphael Peixoto de Paula Marques, não incluiriam o ano de 1945. Reynaldo Campos, entretanto, considera também o último ano de funcionamento do TSN nas estatísticas. Cf. MARQUES, Raphael P. de P. Marques. *Repressão política e usos da Constituição no Governo Vargas (1934-1937)*. Curitiba: Editora Prismas, 2015, p. 173.

[515] Em maio de 1937, o Supremo Tribunal Militar reformou inúmeras decisões condenatórias do Tribunal de Segurança Nacional, justamente nos processos relacionados aos levantes de novembro de 1935. Além de reduzir penas, absolveu o governador do Distrito Federal, Pedro Ernesto. Isso não significa, nem de longe, que os julgamentos políticos no Brasil tenham sido benevolentes com quem quer que seja.

Os fatos políticos ocorridos em 1937 e que interessam pelo impacto no desenho institucional do sistema de justiça criminal foram os seguintes.

Diante das acusações de leniência do Tribunal e das leis do país, o governo restabeleceu o estado de guerra, alardeando a opinião pública com a fraudado "Plano Cohen". Falou-se em "aniquilar os mecanismos constitucionais disponíveis aos criminosos: *habeas corpus*, mandados de segurança, reclamações no Congresso".[516] Na visão da "linha dura" do regime varguista, exposta por Hélio Silva, a

> Lei de Segurança revelou falhas e defeitos que só serviram para pôr em liberdade os culpados. O processo, moroso e complicado, deixa ao alcance dos advogados os delinquentes e astuciosos. (...) e diante das peias criadas pelo formalismo processual, é impossível impedir a conspiração.[517]

Ainda em 1937, fechou-se o Congresso e se impôs, em 10 de novembro, uma nova Constituição ao país.[518] Com a nova Carta,

---

[516] MARQUES, Raphael P. de P. Marques. *Repressão política e usos da Constituição no Governo Vargas (1934-1937)*. Curitiba: Editora Prismas, 2015, p. 175. Hélio Silva explica que o Plano Cohen foi uma fraude articulada pelo general Góes Monteiro que basicamente reproduzia o capítulo II, item XIV, do Boletim de Informações n. 04 do serviço secreto da Ação Integralista Brasileira (AIB) (SILVA, Hélio. *A Ameaça vermelha*: o Plano Cohen. São Paulo: Civilização Brasileira, 1980, pp. 391-397). Em razão da descoberta do Plano Cohen, Vargas submeteu, ao Congresso, nova autorização para decretar o estado de guerra, o que foi concedido por 138 votos a favor a 52 contra na Câmara e apenas três votos em contrário no Senado. Registre-se aqui, entretanto, as palavras de Rego Barros: "não admito que, sob o pretexto de defender a ordem jurídica, o Estado democrático se o fira de morte violando-lhe o código fundamental, a Constituição" (DPL, 02.10.1937).

[517] SILVA, Hélio. *Todos os golpes se parecem*. São Paulo: Civilização Brasileira, 1970, pp. 403-408.

[518] No período do seu funcionamento, o Tribunal teve o procedimento alterado três vezes (1937, 1938 e 1942), todos no sentido de acelerar o procedimento

CAPÍTULO III – PRODUÇÃO DE RESISTÊNCIAS NO ESTADO NOVO

o Tribunal de Segurança Nacional, criado um ano antes como órgão de primeira instância da Justiça Militar, para processo e julgamento dos crimes contra a ordem política e social, passou a exercer jurisdição especial autônoma, em caráter permanente, ampliando-se a competência para os crimes contra a economia popular.[519] Em 1938, após nova alteração pelo Decreto-Lei n. 474 de 8 de junho, o Tribunal de Segurança Nacional teve novas regras sobre processo e julgamento de crimes da sua competência.[520]

Em seus nove anos de funcionamento, o Tribunal de Segurança Nacional teve tempo suficiente para processar uma ampla quantidade de acusações criminais que, naturalmente, não se tem como abordar. Limitarei a análise aos primeiros processos, entre 1935 e 1937, sem prejuízo de eventual referência aos seus desdobramentos em anos posteriores perante o Supremo Tribunal Militar e a Corte Suprema do país.[521] A opção se justifica pela proximidade com os

---

e restringir garantias do imputado.

[519] As alterações produzidas pela Lei n. 88, de 20 de dezembro de 1937, foram substanciais, modificando inclusive a sua composição. Pela formulação original, o TSN era composto por cinco juízes, sendo dois civis, e os outros três, podendo ser um civil ou militar ou dois oficiais do exército ou da marinha, todos escolhidos pelo presidente da República. Com a mudança, o TSN passou a ter seis juízes.

[520] Nova modificação só ocorrerá em 1º de outubro de 1942, com a promulgação do Decreto-Lei n. 4766, em que se definiu os crimes militares e os crimes contra a segurança do Estado.

[521] As nomenclaturas dos dois tribunais sofreram alterações no período próximo ao que aqui se analisa. O Supremo Tribunal Militar substituiu, em 1893, o imperial Conselho Supremo Militar e de Justiça, nomeação que se manteve até a Constituição de 1946, com a sua alteração para Superior Tribunal Militar. (cf. HISTÓRIA DO STM. Disponível em: https://www.stm.jus.br/o-stm-stm/memoria. Acessado em: 08.04.2019). A denominação "Supremo Tribunal Federal" foi adotada na Constituição de 1890, mas modificada para Corte Suprema pela Constituição de 1934. A Carta de 10 de novembro de 1937 restaurou o título Supremo Tribunal Federal. Diante das idas e vindas, justo no período de análise dos julgamentos políticos, trataremos o Tribunal por ambos os nomes, como de fato era referido pelas autoridades e pessoas em

acontecimentos de novembro de 1935, intensidade da repressão judicial e dos debates a respeito da sua legitimidade.

3.2.1 Embates contra a criação do TSN

Presos os principais deputados da oposição, a criação do Tribunal de Segurança Nacional passou à agenda prioritária do regime. A aprovação da Emenda n. 01 e o restabelecimento do estado de guerra foram empregados como fundamentos da necessidade de um tribunal especial. Na mensagem dirigida à Câmara dos Deputados, lida pelo relator Deodoro Mendonça em 28 de julho de 1936, Vargas chega a dizer que a criação desse tribunal era uma "providência no sentido mais liberal e humano" e que "o espírito liberal do Chefe de Governo prefere um tribunal especial aos rigores dos tribunais militares".[522] A insolência e o atrevimento da mensagem presidencial chegou ao cúmulo do absurdo, ao negar o caráter de exceção atribuído ao Tribunal e associar sua criação ao propósito de enfrentar as "injustiças" das prisões sem processo, uma "verdadeira ditadura policial", nas palavras de Getúlio Vargas.

Na defesa que o governo fazia da sua legalidade, o Tribunal de Segurança Nacional, portanto, nada tinha de um tribunal de exceção. Argumentou-se tratar tão somente de uma especialização da competência em razão da matéria (crimes contra a ordem política e social) e que a proposta de criação do TSN expressava o "espírito do regime", orientado a resolver os problemas que a jurisdição militar estava enfrentando para processar e julgar todos os imputados.[523]

---

geral. (Disponível em: http://www.stf.jus.br/portal/cms/verTexto.asp?servico=sobreStfConhecaStfHistorico. Acessado em: 08.04.2019).

[522] DPL, 07.08.1936, p. 15.066.

[523] DPL, 07.08.1936, p. 15.067. Em seu voto favorável à criação do Tribunal de Segurança Nacional, o deputado Deodoro de Mendonça, então relator do projeto, esforçou-se para adequar a ideia de um tribunal especial aos fundamentos de um regime democrático. O constante retorno do tema nos

CAPÍTULO III – PRODUÇÃO DE RESISTÊNCIAS NO ESTADO NOVO

O projeto foi duramente atacado pelo jurista parlamentar Sebastião Rego Barros que, no mesmo ano de 1936, seria nomeado pela Ordem dos Advogados do Brasil para representar a defesa do deputado João Mangabeira, como indicado, preso desde o dia 23 de março.[524] Em voto separado, Rego Barros abordou os principais problemas jurídicos que a proposta do governo encerrava: "o projeto de tal modo destoa dos princípios e normas consagradas na Constituição, que cada um dos seus artigos, sem exagero pode dizer-se, attenta, flagrantemente, contra um dispositivo constitucional".[525]

Salientou, em primeiro lugar, que, pelo inciso 35 do artigo 113 da Constituição de 1934, "batizem como quizerem, qualquer que seja o euphemismo", um tribunal de exceção está taxativamente excluído do nosso direito.[526] Ao recusar a alegação de que se tratava

---

discursos de legitimação do TSN indica que a acusação feita por juristas, deputados e cidadãos em geral, a respeito do caráter antidemocrático do órgão, era uma crítica frequente e, por que não dizer, perturbadora. Veja-se o seguinte trecho do relatório de Deodoro de Mendonça: "a democracia liberal é a forma de governo que tem por fim garantir praticamente as condições humanas de existência comum, retirando do grêmio social os indivíduos infensos à colaboração necessária das atividades legítimas (...). De modo que a democracia não pode admitir a livre propagando de sistemas de opinião, em que se advoga o predomínio de um ponto de vista, de um interesse, ou de um grupo (...)" (DPL, 29.07.1936, p. 14.499).

524 Rego Barros bacharelou-se pela Faculdade de Direito do Recife, onde também foi professor. Elegeu-se deputado federal por Pernambuco em outubro de 1934, com mandato iniciado em maio de 1935. Após a perda do mandato parlamentar em 10 de novembro de 1937, passou a dedicar-se à advocacia. Em 1940, presidiu a delegação brasileira ao Congresso de Jurisconsultos de Montevidéu para revisão de tratados de Direito Internacional privado (FGV-CPDOC. *Verbete biográfico BARROS, Rego*. Disponível em: http://www. fgv.br/cpdoc/acervo/dicionarios/verbete-biografico/sebastiao-do-rego-barros. Acessado em: 18.04.2019).

525 DPL, 07.08.1936, p. 15.009.

526 Na argumentação de Rego Barros, a exclusão do tribunal de exceção decorreria, igualmente, da combinação do artigo 113, inc. 25 com os artigos 63, 76 e 78 da Constituição, em que se previam os órgãos integrantes do Poder Judiciário e os limites para criação de outros. Disso resulta que os tribunais togados, federais, somente poderiam ser criados para funcionar

apenas de um juízo especial, em razão da natureza da matéria, acrescentou que o Tribunal era evidentemente excepcional, já que a proposta não escondia o fato de que estava-se a criar um órgão sem existência, nem função permanente, que deveria exercer a jurisdição somente na vigência do estado de guerra. Nas palavras do jurista parlamentar: "não há habilidade, sophisma, euphemismo capaz de mascarar essa evidência: o tribunal, que o projecto institue, é um tribunal de excepção. O projeto proposto é, portanto, affrontoso ao texto constitucional".[527]

Um tribunal de exceção se qualifica, especialmente, por constituir-se após os fatos que lhe serão submetidos a julgamento.[528] No caso da judicialização da repressão política no Brasil, um dos eixos centrais era a necessidade de julgar os suspeitos de participação nos acontecimentos de novembro de 1935, caraterística típica dos tribunais excepcionais.

Em seu artigo 14, mandava o projeto que fossem aplicados, nos julgamentos, "as penas cominadas pelas Leis n. 38, de 4 de abril, e n. 136, de 14 de dezembro de 1935", facultando-se, ao Tribunal, "determinar, por medida de segurança, a internação em colônias agrícolas e penaes, por prazo indeterminado, até 3 annos, de pessoas

---

como tribunais de segunda instância (competência para o julgamento final das revisões criminais – artigo 78), e não como tribunais de primeira instância ou de instância única.

[527] DPL, 07.08.1936, p. 15.010.

[528] A vedação aos tribunais de exceção significa a impossibilidade de criação de juízo *ad hoc*, destinados ao julgamento de determinados casos ou certas pessoas. Viola-se, através dos tribunais extraordinários, criados *post factum*, o princípio da impessoalidade, exigência republicana para a atuação legítima de todos os órgãos e agentes estatais. Historicamente, a proibição dos tribunais de exceção antecede a vedação ao "juiz de encomenda". O exemplo mais marcante de um tribunal de exceção na modernidade, além do próprio Tribunal de Segurança Nacional, que o precedeu, foi o Tribunal de Nuremberg, criado para julgar fatos ocorridos durante o regime nazista. Cf. CASARA, Rubens; MELCHIOR, Antonio Pedro. *Teoria do processo penal brasileiro*: dogmática e crítica. Rio de Janeiro: Lumen Juris, 2013, p. 199.

CAPÍTULO III – PRODUÇÃO DE RESISTÊNCIAS NO ESTADO NOVO

que, por seus antecedentes e temibilidade repute nocivas à ordem política e social". Essa previsão foi recebida como uma "monstruosidade", passível de permitir que o Tribunal simplesmente baixasse um decreto, "semelhante àquelles que o Poder executivo despoja de suas patentes e postos officiaes do Exército e da Armada ou demite funccionarios vitalícios".[529] O efeito retroativo da aplicação de novas figuras criminais e mais gravosas sanções foi, sem dúvida, uma das mais sensíveis questões levantadas pela resistência dos juristas ao projeto que visava instituir o Tribunal de Segurança Nacional. Em defesa dessa possibilidade, o relator deputado Deodoro de Mendonça lançou mão dos seguintes argumentos:

> A retroactividade em matéria de competência e lei processual é coisa consagrada pela doutrina universal e pelas decisões pacíficas do mais alto tribunal do Brasil, que tem copioso e indiscrepante jurisprudência, mandando applicar em causas criminaes a lei nova, não só quando altera as fórmulas processuais, como, também, quando transfere a competência do julgamento. Em matéria de direito público, não há direitos adquiridos. Clovis Bevilaqua e Pimenta Bueno opinam que a irretroactividade não procede em se tratando de leis sobre o processo ou respeitando a competência e a organização judiciária. (...)
>
> Donde se vê, que toda a tradição do direito brasileiro permittia a retroactividade, aliás como garantia individual que está suspensa pelo estado de guerra.[530]

As alegações do governo em favor da incidência retroativa das penas e da possibilidade de julgamento, pelo Tribunal, de fatos anteriores à sua vigência terminavam com a constatação de que, mesmo vedados pela Constituição os tribunais de exceção (artigo 113, inc. 26) ou assegurada a irretroatividade da lei penal mais

---

[529] DPL, 07.08.1936, p. 15.010.
[530] DPL, 07.08.1936, p. 15.067.

gravosa (inc. 27), tais garantias estariam suspensas pelo estado de guerra.[531] Para Rego Barros, o argumento de autoridade ainda era juridicamente frágil:

> Não tendo o nobre relator justificar essa monstruosidade, porque nega a tivesse praticado; procura, porém, fazel-o, no que se refere à competência e às disposições sobre processo, citar o estado de guerra, que, a seu ver, teria suspendido a *garantia*, constante do inciso 26, acima citado, e com opiniões de juristas que admitem a retroactividade das leis processuais. É palmar engano.
>
> O inciso 26 declara um direito e não uma garantia; consagra um verdadeiro princípio jurídico, que não pode ser attingido pelo estado de sítio ou de guerra. Quanto às opiniões dos juristas, referiam-se à controvérsia existente, ao tempo da Constituição de 1891. O novo dispositivo não dá margem a interpretações, é de uma clareza meridiana.[532]

Se já não bastasse as violações que o projeto propunha, previu-se ainda a prerrogativa do presidente da República de indicar os juízes que deveriam compor o Tribunal de Segurança Nacional (artigo 1º). Essa possibilidade colocava em xeque a imparcialidade do Poder Judiciário. Não se assegurando mais aos magistrados qualquer garantia, os juízes do TSN eram, na verdade, meros agentes do Poder Executivo, escolhidos para condenar opositores do regime.[533]

---

531 "A disposição do n. 26 do art.113 da Constituição constitui uma das garantias individuais que o decreto do Poder Executivo, prorrogado pelo Poder Legislativo, estabelecendo o estado de guerra, não resguardou, ficando, portanto, entre as que se acham suspensas. Em consequência, o processo e julgamento prescrito no projeto tem plena aplicação quanto aos implicados nos movimentos subversivos, que ainda não tenham sido sentenciados definitivamente" (Deodoro de Mendonça, DPL, 29.07.1936, p. 14.501).

532 DPL, 07.08.1936, p. 15.010.

533 "Mas, assim sendo, não têm os membros deste Tribunal, nem vitaliciedade, nem inamovibilidade, nem assegurados e, menos irredutíveis, os seus vencimentos. Serão meros agentes do Poder Executivo, arbitrariamente escolhidos

CAPÍTULO III – PRODUÇÃO DE RESISTÊNCIAS NO ESTADO NOVO

Sebastião do Rego Barros anexou ao seu voto uma longa exposição do deputado João Mangabeira, que, de dentro da prisão, produziu um dos mais contundentes e fundamentados ataques ao tribunal de exceção da ditadura varguista. A exposição começa assim:

> Sem consulta possível a qualquer livro e tendo em mãos apenas um exemplar da Constituição, passo a demonstrar que a criação do Tribunal Especial, para processo e julgamento dos crimes capitulados na Lei de Segurança Nacional, é mais ousada e monstruosa subversão constitucional que se poderia imaginar.
>
> É que o projecto arranca ao Poder Judiciário uma das suas attribuições privativas, expressamente conferidas pela Constituição de Julho e arrasa pelos alicerces o nosso pseudo regime de Democracia livre, fazendo-nos retrogradar á ignomínia dos tribunais de excepção, peculiares aos dias de ferros, vermelho ou branco, mas condemnados pela maldição unanime da história.

Os argumentos levantados por João Mangabeira não diferem substancialmente dos que foram registrados por Rego Barros e outros deputados comprometidos com a defesa das liberdades.[534]

---

nos momentos de agitação política intensa, quando mais vivas se acendem as paixões, para julgar, melhor diríamos, para condennar adversários" (Sebastião do Rego Barros, DPL, 07.08.1936, p. 15.010).

[534] O jurista parlamentar João Mangabeira, em sua longa exposição escrita do cárcere, foi extremamente técnico na análise e apontou vários vícios de inconstitucionalidade do projeto que visava instituir o Tribunal de Segurança Nacional. Quanto à retroatividade, registrou que o n. 27 do art. 113 da Constituição, que não pode ser suspenso pelo estado de guerra, prescreve taxativamente que a "lei penal só retroagirá quando beneficiar o réu": "mas o internamento em Colônias Agrícolas é a criação de uma nova pena – a de prisão com trabalho, quando a lei actual só permite a reclusão. Ter-se-ia, então, a lei penal retroagindo em malefício do réo". O argumento de que se trataria tão somente de um tribunal especial foi igualmente repelido, já que, nas palavras de João Mangabeira, "nenhum dos seus membros faz parte do Poder Judiciário, do que trata o capítulo IV da Constituição. (...) Além

Acrescentou, entretanto, quanto à retroatividade da lei processual, que todos os juristas citados pelo relator escreveram, ao tempo da Constituição de 1891, o que não tinha cabimento no contexto da Constituição de 1934, em que expressamente se previu que *ninguém será processado nem sentenciado* senão pela autoridade competente, em virtude de lei anterior ao fato e na forma por ela regulada.[535]

> "A lei penal só retroagirá quando beneficiar o reo"
>
> Isto é, a lei penal, qualquer que ella seja, processual ou não, substantiva ou adjectiva, só retroagirá em benefício do réo. Mas o que o projecto visa é fazer retroagir uma lei de processo penal, em malefício do réo. Porque lhe cerceia a defesa; porque altera contra elle o systema de prova; porque lhe impede a bem dizer de inquirir e reperguntar as testemunhas de acusação, deixando tudo isso ao arbítrio do juiz, porque autoriza este a dispensar-lhe o comparecimento; porque permite às testemunhas de inquérito policial ou policial militar reportarem-se às suas declarações, que elle desconhece, porque lhe tira o recurso á instancia superior, que a lei actual e a Constituição lhe assegura. Finalmente, porque permitte a esses tribunaes julgarem "como *juízes de facto, por livre convicção*".[536]

Quanto aos juízes, ponderou que, apesar da Constituição vedar que realizem atividades político partidária (artigo 66), o projeto visava justo ao contrário, ou seja,

---

disso, não poderá crear o legislador ordinário nenhum juízo especial, capaz de exercer uma função que o constituinte expressamente confiou a outro magistrado" (DPL, 07.08.1936, p. 15.012).

[535] Sob a égide da Constituição de 1891, o debate sobre a retroatividade considerava o fato de o texto constitucional não ressalvar a irretroatividade do *processamento* por fatos anteriores à lei, mas dizer apenas que ninguém seria *sentenciado*, senão em virtude de lei anterior ao fato e na forma estabelecida.

[536] DPL, 07.08.1936, p. 15.013. João Mangabeira também argumentou, tal como Rego Barros, que o decreto do estado de guerra suspendeu exclusivamente as garantias constitucionais, mas não suspendeu direito algum.

CAPÍTULO III – PRODUÇÃO DE RESISTÊNCIAS NO ESTADO NOVO

nomear para esse tribunal, políticos partidários, em plena atividade, para obter deles a condemnação de culpados e inocentes, por perseguição política, conforme ordenar o Governo, que fechará a questão nesses tribunaes, como já fechou no caso da licença para o processo dos parlamentares, baseada em *documentos antedatados* e *falsos*.[537]

No que se refere à ampla defesa, "com os meios e recursos essenciais a ella", João Mangabeira considerava que o projeto a cerceia de tal forma que praticamente a elimina, como se verifica do artigo 12, em que dispõe não caber impugnação do julgamento proferido em sessão plena, por maior número de votos.[538]

As ideias que João Mangabeira defende refletem não apenas uma posição dogmática diante dos dispositivos aventados no projeto. Está em questão uma concepção de Estado, democracia e sistema de justiça criminal muito distinta daquela defendida por Getúlio Vargas e pelos juristas colaboracionistas do regime, como Vicente Rao e, na sequência, Francisco Campos. Os direitos e garantias individuais em matéria criminal são percebidos pelo deputado e jurista socialista como "princípios essenciaes ao nosso regime democrático, republicano e livre, princípios a que se submettem todos os indivíduos e os Poderes do Estado". A conclusão do texto, escrito em primeiro de agosto de 1936 enquanto amargurava a po-dridão das jaulas penais do regime, não poderia ser mais incisiva: "a infâmia do julgador é a gloria do accusado".

Em uma primeira análise, dos treze deputados presentes na Comissão de Constituição e Justiça, seis deles votaram pela

---

[537] DPL, 07.08.1936, p. 15.012.

[538] "Assim, ainda quando em estado de guerra isso fosse possível, o que se de-monstrará não ser, essa prescrição tyrannica arranca aos acusados a garantia do recurso a uma instância superior, assegurado pela Constituição e essencial à defesa, e por isso mesmo, collide com a garantia do n. 24, quanto terminada a suspensão, em tempo normal, entra ella a vigorar" (DPL, 07.08.1936, p. 15.011).

inconstitucionalidade da proposta, incluindo alguns parlamentares da base governista, como Levi Carneiro e Raul Fernandes.[539] Ao verificar-se a ata da reunião, notou-se que os parlamentares Waldemar Ferreira e Adolpho Celso não chegaram a expressar o entendimento em voto, o que abriu brecha regimental para criar obstáculos à aprovação. Em nome da resistência, o deputado Café Filho levantou questão de ordem, alegando a irregularidade na tramitação do projeto, dada a ausência de parecer da CCJ sobre a proposta, além dos problemas quanto ao número de votos na Comissão, para fins de encaminhamento à deliberação do plenário. O que se pode dizer desse movimento é que, apesar da dura perseguição que levou à prisão os principais parlamentares da dissidência a Vargas, a minoria em resistência aos arroubos autoritários do regime lutou até onde pôde. O Projeto n. 182, como se sabe pelo decurso da história, foi aprovado em 31 de agosto e 1º de setembro, respectivamente na Câmara e no Senado.

Os efeitos da resistência, apesar da aprovação final, não podem ser desconsiderados. Do projeto original que resultou na Lei n. 244, as seguintes alterações foram obtidas: incorporação do TSN à Justiça Militar; previsão de recursos, mediante apelação ao Supremo Tribunal Militar; exigência de nomeação de defensor dativo indicado pela OAB a quem não tivesse advogado constituído ou recusasse ser defendido.

A atuação aguerrida da Minoria Parlamentar, como lembra Raphael Peixoto,[540] não teve força suficiente para retirar do projeto

---

[539] MARQUES, Raphael P. de P. Marques. *Repressão política e usos da Constituição no Governo Vargas (1934-1937)*. Curitiba: Editora Prismas, 2015, p. 198. Membros da Comissão de Constituição e Justiça: Presidente, Waldemar Ferreira (SP), Godofredo Viana (MA), Ascanio Tubino (RS), Pedro Aleixo (MG), Carlos Gomes de Oliveira (SC), Levi Carneiro (RJ), Homero Pires (BA), Alberto Álvares (representante classista), Roberto Moreira (SP), Arthur Santos (PR), Rego Barros (PE), Sampaio Costa (AL), Adolpho Celso (PE), Deodoro Mendonça (PA) e Raul Fernandes (RJ).

[540] MARQUES, Raphael P. de P. Marques. *Repressão política e usos da Constituição no Governo Vargas (1934-1937)*. Curitiba: Editora Prismas, 2015, p. 201.

CAPÍTULO III – PRODUÇÃO DE RESISTÊNCIAS NO ESTADO NOVO

outras disposições que feriam o direito de defesa e o regime jurídico das liberdades públicas. Passaram na Lei n. 244, dentre outras aberrações, a incidência retroativa das suas disposições; o arrolamento ilimitado de testemunhas para a acusação e limitado para a defesa; a iniciativa probatória do juiz; a possibilidade de dispensar o comparecimento do acusado; a inversão do ônus da prova, "quando o réu tiver sido preso com armas na mão"; e o julgamento "por livre convicção". Grande parte dessas regras e institutos serão reproduzidos cinco anos depois na reforma do Código de Processo Penal, em 1941.[541]

3.2.2 A defesa dos juristas parlamentares no Processo n. 01–A do TSN

> *Quem assinava eram o Dr. João, o senador Abel Chermont, os deputados Domingos Velasco, Abguar Bastos e Otávio da Silveira.[542] Um dia eu disse: "Dr. João, eu gostaria de assinar..." Ele respondeu: "Não, você não assina, porque não tem imunidades". (...) Muitos daqueles habeas corpus que foram assinados pelos deputados foram preparados por mim.*
>
> Evandro Lins e Silva

A judicialização da repressão política no Brasil começa efetivamente agora, em 1º de setembro de 1936, com a institucionalização do Tribunal de Segurança Nacional. Superada, no Parlamento, a discussão a respeito da inconstitucionalidade da aplicação retroativa das normas constantes da Lei n. 244, o TSN iniciou os trabalhos para julgamento dos envolvidos nos acontecimentos de novembro do ano anterior.

---

[541] Serão vistos, portanto, na ocasião em que tratarmos dos esforços de Francisco Campos para adequar o resto do sistema de justiça criminal aos fundamentos do Estado autoritário, seguindo o caminho já assentado pela Lei de Segurança Nacional e Tribunal de Segurança Nacional.

[542] N.E. Os diferentes registros de Octavio, Octávio e Otávio [da Silveira] foram mantidos a depender da fonte citada.

O Processo n. 01 do Tribunal de Segurança Nacional desdobrou-se em mais quatro, tendo em vista a multiplicidade de pessoas a quem foi atribuída alguma participação naqueles fatos.[543] A denúncia foi formulada pelo procurador criminal Honorato Hymalaia Vergolino[544] e teve como lastro o inquérito policial presidido pelo delegado Eurico Bellens Porto, do qual era simplesmente uma cópia:[545] 177 pessoas foram acusadas, sendo 35 delas identificadas, na tese acusatória, como "cabeças da revolução". Essa ação penal, que contava com 40 volumes, pode ser considerada a gênese dos megaprocessos criminais contemporâneos, provavelmente a sua primeira manifestação.

---

[543] Os *Autos do Processo n. 01-A* do Tribunal de Segurança Nacional, onde foram inseridos os juristas parlamentares, foram remetidos ao Supremo Tribunal Militar, acostados à Apelação n. 4900 em razão do efeito devolutivo do recurso. A numeração das páginas, referidas em notas, leva em consideração a indicação original, feita manualmente e registrada na parte superior direita das folhas. Nas referências, quando se tratar de peça defensiva referente ao Processo n. 01, a ele se fará menção, mas o número da folha indicada é aquela extraída da Apelação no STM.

[544] Honorato Hymalaia Vergolino teve o nome registrado na história política do processo criminal brasileiro como o acusador implacável de comunistas e aliancistas. Menos conhecido que Filinto Müller, mas não menos importante para a repressão política, Honorato ficou marcado pela passagem, contada por Evandro Lins e Silva, em que tratou de sua relação com o governo. "Certo dia, estávamos numa roda, e ele fazia uma crítica ao próprio tribunal. Dizia: *aqui todos recebem ordem do governo, menos eu.* Todo mundo ficou estarrecido: como? Logo ele, que era exatamente o representante do governo, não tinha função julgadora, estava ali apenas para acusar?! Ele continuou: *porque antes que o governo mande, eu vou logo fazendo*". Cf. LINS E SILVA, Evandro. *O Salão dos passos perdidos*: depoimento ao CPDOC. Nova Fronteira: Ed. FGV, 1997.

[545] A Defesa de Domingos Vellasco ridicularizou o fato de a primeira denúncia oferecida perante o Tribunal de Segurança Nacional não passar de plágio de um relatório policial. Honorato Vergolino respondeu, justificando-se que essa era a única maneira de tornar viável oferecer a denúncia dentro do limitado prazo que a lei autorizava (TSN. *Autos do Processo n. 01*, fl. 45/133 – Defesa Prévia de Domingos Vellasco).

CAPÍTULO III – PRODUÇÃO DE RESISTÊNCIAS NO ESTADO NOVO

A engrenagem dos julgamentos criminais com fins políticos, conforme visto a partir de Kirchheimer, estrutura-se em um modelo de acusação especialmente focado na pessoa do réu e, portanto, refratário à responsabilidade penal subjetiva. No âmbito do TSN, a preocupação não era examinar a conduta em si, mas comprovar o caráter comunista do acusado ou seu pertencimento à Aliança Nacional Libertadora.[546] Os julgamentos estavam fortemente assentados em uma política de confissões, uscada a todo custo pela Procuradoria Criminal.

Os parlamentares da minoria, João Mangabeira, Octavio da Silveira, Domingos Vellasco, Abguar Bastos e Abel Chermont, acusados de contribuírem com os revoltosos de novembro de 1935, também foram inseridos nos Autos do Processo n. 01, TSN.[547] Dentre os réus, o deputado federal João Mangabeira foi o que mais se destacou como advogado de presos políticos.[548] Já havia impetrado

---

[546] MARQUES, Raphael P. de P. Marques. *Repressão política e usos da Constituição no Governo Vargas (1934-1937)*. Curitiba: Editora Prismas, 2015, p. 206.

[547] TRIBUNAL DE SEGURANÇA NACIONAL. *Autos do Processo n. 01*. Réus: Luís Carlos Prestes, Harry Berger e outros. Relator: Juiz Raul Machado, 1937. Em seguida, foi interposta a Apelação n. 4900. SUPREMO TRIBUNAL MILITAR. *Apelação n. 4900*. Apelantes: João Mangabeira, Octavio da Silveira e Abguar Bastos. Relator Ministro Bulcão Vianna, 1937.

[548] Formado aos 17 anos em Ciências Jurídicas e Sociais no ano de 1897, João Mangabeira ingressou cedo na política de Ilhéus, na Bahia. Em 1907, fundou o jornal *A Luta*, um periódico local de oposição às forças dominantes do município. Foi prefeito de Ilhéus entre 1907 e 1911, acumulando o cargo com o de deputado federal pelo segundo distrito da Bahia para a legislatura de 1909 a 1911. Mangabeira foi um dos nomes fortes de adesão à campanha civilista de 1909, em que se apresentou Rui Barbosa como candidato pelo Partido Republicano Paulista. Perdida a eleição para o marechal Hermes da Fonseca cujo mandato começou em 1910, João Mangabeira passou à oposição, assumindo o posto de redator-chefe do *Diário de Notícias*. Em 1914, conquistou nova cadeira como deputado federal, posição que assumiu ao lado do irmão Otávio, também eleito na legenda do PRD. Lutou contra a neutralidade do Brasil na Primeira Guerra Mundial. Declarada guerra à Alemanha em 1917, foi contra a autorização solicitada pelo governo

habeas corpus para o próprio filho, Francisco Mangabeira,[549] e, agora, via-se na contingência de ter que fazê-lo em seu favor e dos demais colegas do Grupo Parlamentar Pró-Liberdades Populares.

---

ao Congresso para que decretasse o estado de sítio em todo o território nacional. Ainda durante esta legislatura, João Mangabeira foi relator da Comissão Especial Organizadora do Código Penal Militar. É digno de nota que Mangabeira, durante o governo de Epitácio Pessoa (1919-1922), embora na oposição, apoiou a decretação do estado de sítio no Rio de Janeiro, solicitada pelo governo devido à eclosão da Revolta Tenentista de 5 de julho de 1922. Quatro anos depois, em 1926, afastado o último foco de rebelião armada contra o governo, João Mangabeira passou a defender a anistia geral aos revolucionários. Em 1927, ocupou novamente o cargo de deputado federal, dessa vez pelo Partido Republicano da Bahia, fundado no mesmo ano. Apoiou a candidatura de Julio Prestes, presidente de São Paulo, para a sucessão presidencial de Washington Luís em 1928 e manteve boas relações com os dois principais líderes da Aliança Liberal, João Neves da Fontoura e Osvaldo Aranha. O desenvolvimento desses acontecimentos, passando pelas eleições de 1930, termina, contudo, em 3 de outubro, com a deflagração do golpe que deporia Washington Luís e colocaria Getúlio Vargas como chefe do governo provisório. Com o fechamento do legislativo, Mangabeira perdeu o mandato, passando a ser dedicar exclusivamente à advocacia. No tormentoso ano de 1932, posicionou-se ao lado das pressões pela constitucionalização do país e lutou radicalmente contra a permanência do estado de exceção. Defendeu esse ponto de vista na entrevista que concedeu ao jornal *Correio da Manhã*, enfatizando a necessidade de reformas políticas e de fim imediato ao regime de exceção. Participou da chamada "Comissão do Itamarati", responsável por colaborar com os trabalhos da Assembleia Nacional Constituinte, inaugurada em 1933. Cf. MOREIRA, Regina da Luz. "Verbete biográfico MANGABEIRA, João". *FGV-CPDOC*. Disponível em: https://cpdoc.fgv.br/sites/default/files/verbetes/primeira-republica/MANGABEIRA,%20Jo%C3%A3o.pdf. Acessado em: 04.01.2019.

549 Francisco Mangabeira foi preso no mesmo contexto de Hermes Lima, ou seja, logo após a eclosão dos movimentos de novembro de 1935, no dia 27 desse mês. Sônia Dias registrou que, em seu depoimento à polícia do Distrito Federal, Francisco negou ser militante comunista, afirmando-se como socialista. Declarou-se inocente de participação no levante, consignando que o apoio do PCB ao movimento aliancista não o transformava em um levante comunista. Cf. FGV-CPDOC. *Verbete biográfico MANGABEIRA, Francisco*. Disponível em: http://www.fgv.br/cpdoc/acervo/dicionarios/verbete-biografico/mangabeira-francisco. Acessado em: 04.01.2019.

CAPÍTULO III – PRODUÇÃO DE RESISTÊNCIAS NO ESTADO NOVO

Logo após as prisões, João Mangabeira impetrou, junto à Corte Suprema, o *Habeas Corpus* n. 26.178, distribuído originalmente a ela sob a justificativa, alegada pelo impetrante, de que a prisão foi determinada por Getúlio Vargas e pelo ministro da Justiça, Vicente Rao. O argumento foi acolhido pelo Tribunal. Nesse *habeas corpus*, arguia-se que a prisão dos parlamentares era inconstitucional, pois as imunidades não estariam suspensas no estado de guerra. Também se alegou que a garantia ao *habeas corpus* estava igualmente em vigor, uma vez que não visava, na hipótese dos pacientes, à proteção de um direito individual, mas a uma prerrogativa essencial ao exercício do Poder Legislativo.[550] O caso foi distribuído à relatoria do ministro Carvalho Mourão que, embora tenha concordado com a tese de não suspensão das imunidades parlamentares, entendeu que a Seção Permanente do Senado e, na sequência, a Câmara dos Deputados votaram pela licença ao processo e, implicitamente, demonstraram a "intenção de manter a prisão".[551] A decisão do relator foi seguida de forma unânime pela Corte.

No dia 5 de agosto, impetrou-se outro *Habeas Corpus* (n. 26.206) perante o mais alto Tribunal do país. O fundamento, agora, era a inconstitucionalidade do Decreto n. 702, que havia suspendido todas as garantias fundamentais que, direta ou indiretamente, afetassem a segurança nacional. No argumento da impetração, a inconstitucionalidade da prisão dos deputados decorria da

---

[550] MARQUES, Raphael P. de P. Marques. *Repressão política e usos da Constituição no Governo Vargas (1934-1937)*. Curitiba: Editora Prismas, 2015, p. 253.

[551] Raphael Peixoto observa que um dos argumentos levantados por Mourão era que a Emenda n. 06, proposta pela minoria ao projeto que instituía o TSN, havia sido rejeitada pelo plenário. Essa emenda se referia às liberdades dos parlamentares, antes que fosse instaurado o processo crime, cuja licença estava em votação (MARQUES, Raphael P. de P. Marques. *Repressão política e usos da Constituição no Governo Vargas (1934-1937)*. Curitiba: Editora Prismas, 2015, p. 254).

inconstitucionalidade da própria medida excepcional, uma questão que não era de natureza política, mais eminentemente jurídica.[552]

> Bordão clássico de todas as ditaduras, não é possível que nele se ampare a egrégia Corte. Porque uma questão só é exclusivamente política, quando não colide com um direito individual, expresso por lei. Desde, porém, que o indivíduo, por um meio legal, como o *habeas corpus*, reclama do Poder Judiciário a proteção da sua liberdade, que a Constituição assegurou, o Juiz, para tutelar e proteger essa garantia, entra no conhecimento da questão política, que afronta esse direito legalmente definido.[553]

As discussões a respeito do que seria uma *questão política* e quais os limites da atuação do Poder Judiciário no controle dos atos do regime já haviam sido levadas à Corte Suprema por João Mangabeira no *habeas corpus*[554] impetrado em favor do professor Hermes Lima e outros. Lá se decidiu, conforme registrado, que, ao Judiciário, era proibido examinar se havia ou não uma emergência de insurreição armada que justificasse o sítio. No caso do *Habeas Corpus* n. 26.206, referente à prisão dos parlamentares, venceu a posição defendida pelo juiz federal convocado, Cunha Mello, relator do processo. Segundo o ministro, o Judiciário não poderia avaliar, pelos argumentos invocados na impetração, se o Decreto n. 702 era ou não inconstitucional. Acrescentou, ainda, que, mesmo que o fosse, a Câmara teria sanado o vício, tendo em

---

[552] Nas palavras de João Mangabeira, o presidente não tinha competência para expedir o Decreto n. 702, e, ainda que o tivesse, o decreto seria nulo, pois o estado de guerra não fora decretado em consonância com o disposto no art. 175 da Constituição. Além disso, não se observou a exigência de efetiva insurreição armada, baseando-se o decreto em meras suposições, logo, em um caráter fundamentalmente preventivo. Cf. CORTE SUPREMA. *Autos do Habeas Corpus n. 26.206*, 1936.

[553] Cf. CORTE SUPREMA. *Autos do Habeas Corpus n. 26.206*, 1936.

[554] CORTE SUPREMA. *Autos do Habeas Corpus n. 26.067*, 1936.

CAPÍTULO III – PRODUÇÃO DE RESISTÊNCIAS NO ESTADO NOVO

vista as prorrogações posteriores. O ministro Costa Manso foi o único a recusar a fundamentação, registrando o voto vencido cujo conteúdo merece transcrição por enfrentar a maioria do Tribunal em caso de grande impacto político.

> Quando foram presos os pacientes? A 23 de março. Logo a prisão se efetuou legitimamente, e não precede a primeira arguição do impetrante. O Governo podia, pois, ao declarar o estado de guerra, suspender as imunidades contra o constrangimento político. O Decreto n. 702 as suspendeu. Logo, a prisão dos pacientes, efetuada a 23 de março, dentro dos 90 dias assinados no Decreto legislativo n. 8 não ofendeu a Constituição. Foram eles, entretanto, conservados na prisão, até nova declaração do estado de guerra. Neste período a prisão foi manifestamente inconstitucional. Mas, segundo os princípios que sustentei, a imunidade especial do art. 175, § 4º da Constituição é absoluta. Contra as pessoas ali enumeradas não pode o Governo exercer a sua autoridade. Ora, o art. 175, § 4º foi mandado vigorar durante o estado de guerra, pelo Decreto n. 789: logo, mesmo com licença da Câmara e do Senado, não podem os pacientes ser presos ou conservados na prisão.[555]

João Mangabeira impetrou mais um *Habeas Corpus* (n. 26.243), dessa vez assentado no voto vencido do ministro Costa Manso. Argumentou, nesses autos, a impossibilidade de o presidente da República suspender o art. 175, § 4º, da Constituição da República, já que o Decreto n. 702 falava em suspensão de garantias, e o dispositivo consagrava uma prerrogativa parlamentar contra abusos cometidos durante os tempos de exceção. Aliado

---

[555] CORTE SUPREMA. *Autos do Habeas Corpus n. 26.206*, 1936. Relembre-se que o dispositivo (art. 175, § 4º) taxativamente proibia as medidas restritivas de liberdade de locomoção contra membros da Câmara dos Deputados e do Senado Federal, além do Supremo Tribunal Militar, Tribunal Superior da Justiça Eleitoral, Tribunal de Contas, Governadores etc.

a isso, sustentou que "os agentes do Poder Executivo, pelo art. 32 da Constituição, só podem prender um deputado em flagrante de crime inafiançável e, a prisão, que a Câmara pode conceder licença, é a processual, decretada pelo juiz competente, quando permitida em lei".[556] Apesar de engenhosa e tecnicamente bem sustentada, a tese não vingou. O então procurador-geral da República e, naquele momento, ministro da Corte Suprema, Carlos Maximiliano, entendeu que a prisão estava de acordo com o art. 32, amparada por licença do Poder Legislativo. Nada pronunciou a respeito da distinção entre garantias e prerrogativas parlamentares.

Em 22 de setembro de 1936, seis meses após ter sido ilegalmente preso, incansável, João Mangabeira impetrou o quarto *habeas corpus* seguido junto à Corte Suprema (n. 26.254).[557] O principal fundamento da impetração era a inconstitucionalidade do próprio Tribunal de Segurança Nacional, conforme razões que o próprio deputado havia encaminhado à Câmara e anexado ao voto de Rego Barros. Nesses autos, Mangabeira registrou que a demora do governo em oferecer a denúncia só se justificaria pela insegurança do regime em submetê-lo a juízes federais, e não àqueles nomeados pelo presidente da República, como foi estabelecido na Lei n. 244 que instituiu o TSN. O pedido não chegou a ser apreciado pela Corte, que entendeu que os questionamentos a respeito da inconstitucionalidade do Tribunal deveriam ser deduzidos perante o Supremo Tribunal Militar. Diante da negativa, impetrou-se novo *habeas corpus*, dessa vez, perante o STM (n. 7.945).[558] A ordem foi denegada sob o fundamento de que as garantais constitucionais, que preservariam sua liberdade, estavam

---

[556] CORTE SUPREMA. *Autos do Habeas Corpus n. 26.243*, 1936.

[557] CORTE SUPREMA. *Autos do Habeas Corpus n. 26.254*, 1936. Impetrante: João Mangabeira. Pacientes: João Mangabeira e Francisco Mangabeira. Autoridade Coatora: Presidente da República. Relator Min. Hermenegildo de Barros.

[558] SUPREMO TRIBUNAL MILITAR. *Autos do Habeas Corpus n. 7.945*, 1937. Pacientes: João Mangabeira e Francisco Mangabeira. Relator Ministro Cardoso de Castro.

CAPÍTULO III – PRODUÇÃO DE RESISTÊNCIAS NO ESTADO NOVO

suspensas, e que o fato imputado a ele era justamente aquele que motivou a decretação do estado de guerra. Contra essa decisão, recorreu-se em *habeas corpus* à Corte Suprema (n. 26.230).[559] O resultado foi o mesmo: denegada a ordem. Para os ministros, o Tribunal de Segurança Nacional não era um tribunal de exceção. Acresceram ainda que não havia ilegalidade alguma em julgar fatos anteriores à sua constituição, tampouco aplicar irretroativamente leis penais ou processuais penais maléficas ao acusado. Estavam, finalmente, legitimadas pelo Tribunal Supremo do país todas as inconstitucionalidades arguidas contra o TSN.

No mérito, a imputação formulada contra os juristas parlamentares nos autos do Processo n. 01 era absolutamente frágil, além dos graves indícios de manipulação e falsificação de documentos. A denúncia acusava-os de dar cobertura a chefes comunistas, dentre eles, Luiz Carlos Prestes, Harry Berger, Rodolfo Ghioldi, Adalberto Fernandes e Ivo Meirelles. Nas palavras de Honorato Vergolino:

> Protegidos pelas imunidades que a Constituição lhe outorgara, passaram esses parlamentares a agir de acordo com os enviados do Komitern, já articulando novos elementos, já servindo de ligação entre elementos dispersos, já pleiteando junto ao Poder Judiciário a liberdade de revolucionários presos (...).[560]

Das quatro testemunhas arroladas pelo Ministério Público, três delas, se tem certeza, eram agentes policiais, cuja identidade havia sido anteriormente omitida do Senado e da Câmara.[561] Depuseram sobre

---

[559] CORTE SUPREMA. *Recurso em Habeas Corpus n. 26.330*, 1937.

[560] TSN. *Autos do Processo n. 01*, p. 3. Em outra passagem, à página 709, Hymalaia escreveu: "quando, porém, se analisam os elementos que cercearam esse pedido de *habeas corpus* e se estuda a personalidade do seu impetrante, não se pode deixar de ficar convencido de que ele está sendo processado com razão".

[561] TSN. *Autos do Processo n. 01*, prova testemunhal acusatória, pp. 26/27. Por ocasião das discussões no Congresso sobre a licença, denunciou-se a invalidade da prova testemunhal, pelo fato de ter a acusação suprimido suas identidades.

fatos ocorridos no âmbito parlamentar e consideraram a resistência dos deputados às medidas propostas pelo governo como forma de participação nos movimentos de novembro de 1935. O objetivo da Acusação, conforme referido, era somente o de demonstrar a relação dos parlamentares com a ANL ou com o PCB, o que automaticamente lhes colocavam como partícipes dos crimes contra a Lei de Segurança Nacional. Os testemunhos produzidos em juízo foram objeto de grande controvérsia, pois já eram de conhecimento geral, na medida em que indicados pelo próprio Honorato Vergolino no pedido dirigido ao Congresso para processá-los. Desde aquela época, surgiram suspeitas de que, além de mentirosos, os depoimentos teriam sido antedatados pela polícia.[562]

Os documentos juntados pela Acusação, por sua vez, referiam-se a bilhetes enviados por Ivo Meirelles a Luiz Carlos Prestes em que os parlamentares eram referidos. Nele, Ivo registra que estivera com Octavio da Silveira, que "se comprometeu a ler o manifesto e aproveitar devidamente este respirador que nos resta – a TRIBUNA PARLAMENTAR". O militante comunista consignou no bilhete que solicitou a ele que transmitisse a Domingos Vellasco o apelo para que "tomassem posição no Parlamento

---

O deputado Roberto Moreira abordou a questão, conforme se depreende do *Diário do Poder Legislativo* de 08 de julho de 1936, p. 13.630. Descobriu-se que as tais testemunhas eram Jorge Fernando Mariani Machado, Esdras Alves de Mello e Manoel dos Santos, todos igualmente agentes de polícia.

562 Em interrogatório, Abel Chermont argumentou o seguinte: "os depoimentos são antedatados. Realmente se elas tivessem deposto a 15 e 16 de março, como se diz no inquérito, quando o Senador Chermont, a 29 do mesmo mês, foi ouvido pelo delegado Bellens Porto, teria sido inquirido sobre fatos por ela narrados e, se os negasse, seria com elas acareado. Nada disso se deu, porque elas, a 29 de março, ainda de fato não tinham deposto. Por isso, quando o Procurador, a 27 de abril, apresentou ao Senado o pedido de licença para o processo não juntou esses depoimentos. Mas diante da defesa do denunciado apresentada ao Senado a 28 e, tendo o senador Cunha Mello pedido novas provas, a Polícia fabricou a 29 esses depoimentos antedatados que o Procurador enviou ao Senado a 30" (TSN. *Autos do Processo n. 01*, interrogatório, p. 234).

CAPÍTULO III – PRODUÇÃO DE RESISTÊNCIAS NO ESTADO NOVO

contra os Decretos-Leis e outras manobras de fascistização do Governo Getúlio".[563] Conforme levantado pela Defesa do Senador Abel Chermont, os tais bilhetes, além de apócrifos, referiam-se a fatos ocorridos após os acontecimentos de novembro de 1935 cuja participação era imputada aos parlamentares:

> É materialmente impossível provar que alguém TENTOU A 27 DE NOVEMBRO DE 35 "diretamente e por fato, mudar por meios violentos a Constituição", ou que, antes dessa data, "aliciou, para isso, pessoas, ou organizou planos" ou "incitou publicamente a prática" dessa revolta, porque, *em 1936*, requereu *'habeas-corpus'* para preso, intercedeu pela republicação de um jornal ou censurou, do Senado, o tratamento de presos políticos" OS FATOS SÃO LEGAIS. Até mesmo porque todos esses atos são estritamente legais e não podem, por isso mesmo, constituir indício de NENHUM CRIME.[564]

A tomada de posição contra as medidas de repressão propostas pelo governo foi empregada como argumento probatório contra os deputados. Para Domingos Vellasco, pesava ainda a desconfiança de que estava preso em razão da inimizade com Filinto Müller.[565]

---

[563] Em outras passagens, Ivo cita: "ontem falei com Silveira sobre o caso do NEGRO (HARRY BERGER). Ele e João *requereram habeas corpus para* MIRANDA e JOSIAS DE ARAÚJO LIMA. Também telegrafaram ao Presidente da República protestando contra o supliciamento desses dois companheiros" (28/02/1936); "o MANGABEIRA quer articular as oposições sob a base de um programa mínimo (contra o sítio, liberdade dos presos etc.). Pediu para se avistar com o PESSOA" (29/02/1936) (TSN. *Autos do Processo n. 01*, documentos, pp. 26-28).

[564] TSN. *Autos do Processo n. 01*, p. 270.

[565] A Defesa de Domingos Velasco consignou que o deputado, certa vez, requereu ao Parlamento que investigasse as verbas secretas da polícia, o que motivou o envio de um telegrama diretamente de Filinto. Nele, o chefe de polícia registrou que acabara de ler o voto e que "não teve a coragem para correr o mesmo risco de seus companheiros que se revoltaram". Concluiu dizendo que Domingos "não tem autoridade moral para fazer alusões ao emprego de verbas da polícia" (TSN. *Autos do Processo n. 01*, p. 270).

Honorato Hymalaia Vergolino defendeu a tese do desvio de função, alegando, do início ao fim da ação criminal, que os acusados usurparam o papel de advogados e parlamentares para, servindo-se da função pública, "acobertarem-se com as garantias e vantagens que ela lhes proporciona". Tudo isso foi feito, na hipótese acusatória, para "destruir por meio de uma propaganda ilícita o regime e a ordem política e social que ele disciplina".[566]

Os argumentos levantados para rejeitar as alegações defensivas de insuficiência probatória devem ser recebidos com especial atenção, pois são muitíssimos similares com o que se registra no âmbito dos megaprocessos criminais contemporâneos, notadamente na chamada Operação Lava Jato: a especificidade do delito praticado demanda nova atitude, "novos órgãos de justiça, novos ritos e novas modalidades de prova para julgamento".

> Como conceber a ideia que ressalta da defesa dos parlamentares, de que há necessidade de uma prova testemunhal rigorosa, de uma prova documental absoluta, de que esses acusados cometeram o delito pelo qual respondem, de que o Tribunal de Segurança Nacional foi criado justamente para contornar essa dificuldade em que se achariam os juízes ordinários?[567]

O julgamento no Tribunal de Segurança Nacional terminou da seguinte forma: (i) acusado Octavio da Silveira, acordou-se, por maioria de votos, pela desclassificação do artigo 1º para o artigo 4º da Lei n. 38/35 e, ainda, pela condenação às penas de 3 anos e 4 meses de reclusão pela prática do crime descrito neste último dispositivo.[568] O deputado foi também condenado, por maioria

---

[566] TSN. *Autos do Processo n. 01*, p. 28.

[567] TSN. *Autos do Processo n. 01*, pp. 706-709v.

[568] Lei n. 38/35: "Art. 1º. Tentar directamente e por facto, mudar, por meios violentos, a Constituição da República, no todo ou em parte, ou a forma de governo por ella estabelecida. Pena – Reclusão por 6 a 10 annos aos cabeças e por 5 a 8 aos co-réos. (...) Art. 4º. Será punido com as mesmas penas dos

CAPÍTULO III – PRODUÇÃO DE RESISTÊNCIAS NO ESTADO NOVO

de votos, a 6 meses de prisão pela prática do delito tipificado no artigo 20 da lei;[569] (ii) o acusado João Mangabeira foi condenado às penas de 3 anos e 4 meses de reclusão, pela prática do crime descrito no artigo 4º, e absolvido, por maioria, da acusação pelo crime do artigo 1º, e, por unanimidade, do crime do artigo 6º; (iii) Abguar Bastos foi condenado, por maioria de votos, às penas de 6 meses de prisão celular, em razão da prática do delito tipificado no artigo 20, e absolvido, por maioria de votos, do crime do artigo 1º; (iv) Abel Chermont foi igualmente absolvido, por maioria, do delito inscrito no artigo 1º da Lei n. 38 e, por unanimidade, de ter cometido o crime citado no artigo 6º.[570] (v) Domingos Velasco foi absolvido, por maioria, da prática do crime do artigo 1º, do artigo 4º e, por unanimidade de votos, da acusação pela prática do delito descrito no artigo 6º.[571]

---

artigos anteriores, menos a terça parte, em cada um dos graos, aquelle que, para a realização de qualquer dos crimes definidos nos mesmos artigos, praticar algum destes actos: alliciar ou articular pessoas; organizar planos e plantas de execução; apparelhar meios ou recursos para esta; formar juntas ou commissões para direcção, articulação ou realização daquelles planos; installar ou fazer funcionar clandestinamente estações radio-transmissoras ou receptoras; dar ou transmittir, por qualquer meio, ordens ou instrucções para a execução do crime".

[569] Lei n. 38/35: "Art. 20. Promover, organizar ou dirigir sociedade de qualquer especie, cuja actividade se exerça no sentido de subverter ou modificar a ordem política ou social por meios não consentidos em lei. Pena – De 6 mezes a 2 annos de prisão celular".

[570] Lei n. 38/35: "Art. 6º. Incitar publicamente a prática de qualquer dos crimes definidos nos arts. 1º, 2º e 3º".

[571] Raphael Peixoto de Paula resumiu os fundamentos da decisão, basicamente relacionados à apreensão de boletins na casa de Octavio da Silveira que deveriam ser distribuídos, além da confirmação de que esse deputado seria fundador da seção paranaense da ANL e, posteriormente, seu presidente efetivo; quanto a João Mangabeira, constou que teria dado informações a Abel Chermont sobre maus-tratos a presos, quem, aceitando-as como verdadeiras, denunciou tal fato em discurso no Senado; Mangabeira era referido por pseudônimos entre militantes; os pedidos de *habeas corpus* foram impetrados por pedido de Ivo Meirelles e Prestes; "que todos esses atos, alguns aparentemente lícitos constituem prova convincente de que os

ANTONIO PEDRO MELCHIOR

Independentemente das irresignações defensivas quanto ao mérito, merecem registro duas questões processuais levantadas no recurso interposto em face das condenações. A primeira delas, constante da apelação de Octavio da Silveira, dizia respeito à *mutatio libeli* pelo Tribunal,[572] que, ao contrário do afirmado na parte dispositiva do acórdão, não apenas desclassificou a imputação como a alterou para condenar o acusado por fatos distintos daquele narrado na denúncia.[573] No julgamento de sua Apelação, conforme se extrai dos Autos n. 4.900, STM, algumas vitórias foram obtidas, como a reforma da condenação pelo artigo 4º, sob os argumentos de que não existe crime de "solidariedade a uma rebelião consumada", tampouco o é o fato de impetrarem-se *habeas corpus*, medida de natureza judicial, sem nenhuma finalidade subversiva.[574] A segunda questão processual relevante

---

acusados aparelharam meios e articularam pessoas, com o fim de servir ao novo movimento revolucionário" (TSN. *Autos do Processo n. 01*, Sentença do Tribunal de Segurança Nacional, pp. 895-904). Cf. MARQUES, Raphael P. de P. Marques. *Repressão política e usos da Constituição no Governo Vargas (1934-1937)*. Curitiba: Editora Prismas, 2015, p. 222.

[572] Os juízes não podem julgar os acusados por fatos diversos dos imputados na denúncia. Quando a instrução revela a necessidade de que a imputação seja alterada, a denúncia deve ser aditada pelo acusador, conferindo ao réu o direito de se defender. O termo *mutatio libeli* refere-se a esta situação.

[573] "O apelante foi denunciado como co-réu na revolução de 27 de novembro de 1935. Este o seu crime. Foi, porém, condenado – sem denúncia nem processo e, portanto, sem defesa – por outro crime: o de aparelhar meios e articular pessoas para um novo movimento revolucionário, que o acórdão afirma, "por livre convicção" da maioria do Tribunal, se estaria preparando em fevereiro de 1936" (TSN. *Autos do Processo n. 01*, p. 929). Contra a decisão, o bacharel Francisco Pereira da Silva impetrou junto ao Supremo Tribunal Militar o *Habeas Corpus n. 8433*, alegando a violação à correlação entre a sentença e os termos da licença para processar, conforme autorizado pelo Senado. O vício atingia, na linha defensiva, o artigo 32 da Constituição da República de 1934. A ordem não foi concedida.

[574] SUPREMO TRIBUNAL MILITAR. *Autos da Apelação n. 4900*, p. 995. Para o Supremo Tribunal Militar, os dispositivos constitucionais, que proibiam a retroatividade da lei penal mais gravosa, e o julgamento por fatos anteriores à criação do órgão jurisdicional estavam suspensos pelo estado de guerra.

CAPÍTULO III – PRODUÇÃO DE RESISTÊNCIAS NO ESTADO NOVO

envolvendo o julgamento do recurso interposto tem relação com o caso envolvendo o jurista João Mangabeira.

Constou no acórdão que Mangabeira fora absolvido, "por maioria de votos", da acusação do crime do artigo 1º, absolvido "por unanimidade" da imputação pelo artigo 6º, mas, quanto ao artigo 4º, em que teria sido condenado a 3 anos e 4 meses de reclusão, o acórdão não fazia referência ao quórum. Embora soasse absurdo que o Tribunal pudesse condenar, no acórdão, uma pessoa absolvida no julgamento, a ausência suscitou questionamentos sobre a lisura do resultado consignado. O artigo 100 do regimento interno do TSN previa que, nos acórdãos, não deveriam constar os nomes dos juízes ou suas opiniões, apenas a menção ao resultado do julgamento, seguida da referência "por maioria" ou "unanimidade".[575] No caso do jurista João Mangabeira, não havia nem uma coisa nem outra. Para a Defesa, a ausência tinha a ver com o fato de um dos juízes, Antonio Pereira Braga, ter arguido sua própria suspeição e não participado do julgamento.[576] A desconfiança era de

---

[575] Espécie de "juiz sem rosto", típico dos modelos autoritários de processo criminal. No Brasil, foi objeto de proposição no senado por meio do Projeto de Lei n. 87 de 2003, autoria do senador Hélio Costa.

[576] Antonio Pereira Braga foi advogado e nomeado magistrado para atuar no TSN. Declarou-se suspeito no julgamento de João Mangabeira em razão da amizade que possuía com ele. Também se julgou suspeito no processo envolvendo Maurício de Lacerda, também acusado de participar no levante de novembro. Ainda em 1937, absolveu José Monte Júnior, menor de idade, da acusação de divulgar panfletos do Partido Comunista do Brasil. Em agosto de 1940, negou-se a julgar Armando Sales, Otávio Mangabeira e Paulo Nogueira Filho em processo que se acusava a utilização do jornal *O Estado de S. Paulo* como sede de atividades conspiratórias contra o governo federal. Apesar de tais posições, algumas motivadas por relações pessoais, participou do início ao fim do Tribunal de Segurança Nacional, em 1945, participando, portanto, do julgamento e da condenação de milhares de presos políticos brasileiros (FGV-CPDOC. *Verbete biográfico BRAGA, Antonio Pereira*. Disponível em: http://www.fgv.br/Cpdoc/Acervo/dicionarios/verbete-biografico/braga-antonio-pereira. Acessado em: 18.04.2019).

que um, dos quatro juízes restantes, teria desempatado a votação, opinando duas vezes pela condenação.

O deputado Pedro Lago,[577] um dos advogados do parlamentar nos autos do Processo n. 01, requisitou ao presidente do Tribunal de Segurança Nacional que declarasse se o "deputado João Mangabeira foi condenado, como hoje é sabido, por força do disposto no § 1º do art. 99 ou por maioria de três juízes".[578] Esse dispositivo dizia que, em caso de empate, o voto seria dado pelo presidente do Tribunal de Segurança Nacional.

A tese de nulidade do acórdão, cujo resultado proclamado não refletiria o que, de fato, teria ocorrido (empate = absolvição), motivou a impetração do *Habeas Corpus* n. 8.417 perante o Supremo Tribunal Militar. Diante da dúvida se João Mangabeira havia sido realmente condenado ou não, o STM requisitou informações ao juiz Barros Barreto, então presidente do TSN. O episódio marca a prepotência com que os membros do Tribunal enxergavam a si e ao próprio órgão. Barros Barreto simplesmente respondeu à Corte Superior que não iria prestar informações. Alegou que era seu dever preservar o sigilo do voto interno e que era proibido de responder ao STM por determinação do regimento, o qual tinha a função de zelar pela fiel execução, "para prestígio do Tribunal de Segurança

---

[577] Pedro Francisco Rodrigues do Lago, baiano de Santo Amaro, formou-se pela Faculdade de Direito de Recife, em novembro de 1889. Participou da Minoria Parlamentar e esteve envolvido com os esforços para obtenção da liberdade dos quatro deputados e um senador, presos. Uma das investidas protagonizadas por Pedro Lago, para demonstrar a incongruência da medida, foi a solicitação, dirigida à Câmara dos Deputados, para que constituísse uma comissão geral para ouvir diretamente os detidos. A proposta, entretanto, foi rejeitada (FGV-CPDOC. *Verbete biográfico LAGO, Pedro*. Disponível em: http://www.fgv.br/cpdoc/acervo/dicionarios/verbete-biografico/pedro--francisco-rodrigues-lago. Acessado em: 09.04.2019).

[578] SUPERIOR TRIBUNAL MILITAR. *Autos do Habeas Corpus n. 8.417*, p. 18.

CAPÍTULO III – PRODUÇÃO DE RESISTÊNCIAS NO ESTADO NOVO

Nacional".[579] O presidente do TSN só cedeu após novamente advertido de que deveria fazê-lo, por ordem do Supremo Tribunal Militar. Em suas informações prestadas, consignou que o presidente, tendo que votar como qualquer dos juízes em caso de empate, "não poderia votar senão coerentemente com a sua opinião já manifestada".[580]

Na prática, isso equivalia a dizer que ele, Barros Barreto, votou duas vezes pela condenação do deputado João Mangabeira, conforme levantado pela Defesa. A insistência de Mangabeira na impetração sucessiva de *habeas corpus* finalmente deu resultado. O relator, ministro Cardoso de Castro, entendeu pela invalidade da regra do regimento utilizada para justificar o voto duplo do juiz Barros Barreto, uma vez que a Lei n. 244, a qual ele deve respeito, falava tão somente em "maioria" ou "unanimidade de votos". Tendo havido empate e, sendo a regra "a liberdade do cidadão, direto fundamental do homem", outra solução não seria cabível que não a absolvição do deputado.[581]

---

[579] SUPERIOR TRIBUNAL MILITAR. *Autos do Habeas Corpus n. 8.417*, p. 19. A alegação de que o Regimento Interno do Tribunal de Segurança Nacional o autorizava a negar informações ao Supremo Tribunal Militar, logo, violar o devido processo legal, presunção de inocência e outros princípios constitucionais, lembra fatos em curso no Brasil de 2019. Refiro-me à instauração de inquérito judicial, de ofício, pelo atual ministro presidente do Supremo Tribunal Federal, Dias Toffoli, para apurar a "difusão de *fake news*" e atos atentatórios à dignidade de membros do Tribunal. Com distribuição dirigida ao ministro Alexandre de Moraes e, em desacordo à manifestação da Procuradoria-Geral da República, que arguira a agressão ao princípio e sistema acusatório, foi dado seguimento ao inquérito sob a alegação de que o procedimento encontrava respaldo no Regimento Interno do Supremo Tribunal Federal. Como se vê, tempos difíceis de avanço social, político e cultural do autoritarismo produzem medidas e alegações similares no sistema de justiça. Cf. SUPREMOT TRIBUNAL FEDERAL. *Autos do Inquérito n. 4781*, Relatoria do Min. Alexandre de Moraes. Em segredo de justiça. Andamento disponível em: http://portal.stf.jus.br/processos/detalhe. asp?incidente=5651823. Acessado em: 18.04.2019.

[580] SUPREMO TRIBUNAL MILITAR. *Autos do Habeas Corpus n. 8.417*, p. 19.

[581] SUPREMO TRIBUNAL MILITAR. *Autos do Habeas Corpus n. 8.417*, p. 45.

A reforma do acórdão proferido pelo Tribunal de Segurança Nacional pelo Supremo Tribunal Militar também deve ser vista como um evento significativo para o redesenho institucional do sistema processual da repressão política. Até então, nos termos da Lei n. 244, o TSN era um órgão de primeira instância. Além disso, sua submissão à Justiça Militar, vitória obtida pela Minoria Parlamentar, afastava o resultado do julgamento do mínimo controle do regime. Para contornar essa dificuldade, em 20 de dezembro de 1937, as regras serão alteradas para que o Tribunal de Segurança Nacional pudesse funcionar como órgão de primeira e segunda instâncias, dentro da sua própria jurisdição especial.[582]

Até a criação do Tribunal de Segurança Nacional, a competência para julgamento dos crimes contra a ordem política e social e os respectivos *habeas corpus* era dos juízes federais (art. 81, alíneas "i", "j", e "l", da CR 34). Não havendo Tribunais Regionais Federais, os recursos contra essas decisões eram julgados diretamente pela Corte Suprema. Raphael Peixoto de Paula examinou a sua atuação durante o período de 1935 a 1937 e, quanto aos fundamentos empregados para a denegação de ordem de *habeas corpus*, encontrou, com frequência, o recurso ao discurso de que "o interesse social, o interesse coletivo, o interesse público, sempre se sobrepõe ao interesse individual, ao interesse privado, ao interesse particular".[583] O acórdão proferido pela Corte Suprema nos autos do recurso em *Habeas Corpus* n. 26.043, por exemplo, é indicativo da concepção

---

582 Raphael Peixoto de Paula observa que uma das críticas levantadas contra os julgamentos pelo STM era sua pouca aderência "às novas regras processuais e de valoração probatória", queixa feita pelo presidente do Tribunal de Segurança Nacional em relatório encaminhado ao presidente da República (MARQUES, Raphael P. de P. Marques. *Repressão política e usos da Constituição no Governo Vargas (1934-1937)*. Curitiba: Editora Prismas, 2015, p. 228).

583 Essa frase consta na decisão proferida pelo Juízo Federal da 1ª Vara do Distrito Federal, magistrado Edgar Ribas Carneiro, em *habeas corpus* impetrado por João Mangabeira em favor do professor Emílio de Barros Falcão (MARQUES, Raphael P. de P. Marques. *Repressão política e usos da Constituição no Governo Vargas (1934-1937)*. Curitiba: Editora Prismas, 2015, p. 236).

CAPÍTULO III – PRODUÇÃO DE RESISTÊNCIAS NO ESTADO NOVO

que possuía a respeito do controle judicial dos atos praticados pelo regime durante o estado de sítio. Ali se fixou o paradigma, referido em várias outras decisões, de que "só se pode conceder *habeas corpus* contra medidas tomadas no estado de sítio, quando haja ilegalidade extrínseca, isto é, violação do preceito legal, e não no caso de injusta ou imperfeita apreciação dos fatos".[584]

Uma das questões mais relevantes a respeito da atuação da Corte Suprema entre 1935 e 1937 diz respeito à extensão da garantia ao *habeas corpus* durante o estado de guerra. No caso brasileiro, segundo observa Raphael Peixoto de Paula Marques, essa discussão passava pela abrangência das alterações produzidas pela Emenda Constitucional n. 01. Por essa emenda, estariam suspensas todas as garantias referidas no Decreto n. 702 que "direta ou indiretamente prejudicarem, no momento, a segurança nacional".[585] No trabalho de resistência às arbitrariedades do regime, as Defesas alegavam que a garantia *habeas corpus* não estaria vinculada, na essência, a qualquer questão de segurança nacional.

O posicionamento da Corte Suprema, nesse caso, contudo, antecipa a infeliz posição que vem sustentando em momentos difíceis de recrudescimento autoritário no país. O jurista Antonio

---

[584] A argumentação é similar àquela registrada pelo juiz Edgar Ribas Carneiro no *habeas corpus* a que me referi há pouco. Nele, fez constar que "julgar que alguém seja autor ou cúmplices de certo crime, mediante o processo sumaríssimo do *habeas corpus*, constitui uma situação impossível, pois o Juiz, necessariamente, terá que proceder à mais alta indagação. (...) Se o estado de sítio pode e deve ser mesmo declarado preventivamente para evitar o crime de insurreição, claro que se justifiquem prisões de indivíduos a respeito dos quais a autoridade exequente do sítio tenha fundados motivos de reputar com as condições de vir a participar naquele crime" (MARQUES, Raphael P. de P. Marques. *Repressão política e usos da Constituição no Governo Vargas (1934-1937)*. Curitiba: Editora Prismas, 2015, p. 237).

[585] Esse raciocínio decorria da leitura conjunta do art. 2º do Decreto n. 702 com o art. 161 da Constituição da República de 1934, em que expressamente constava: "Art. 161 – O estado de guerra implicará a suspensão das garantias constitucionais que possam prejudicar direta ou indiretamente a segurança nacional".

ANTONIO PEDRO MELCHIOR

Bento de Faria, egresso dos bancos da Faculdade de Direito do Rio de Janeiro, autor de livros de Direito Processual Penal da época e nomeado ministro do Supremo Tribunal Federal em 1925, pelo então presidente Arthur Bernardes, construiu a sua carreira como magistrado, proferindo duras decisões contra as garantias fundamentais em matéria criminal. Em 1935, por exemplo, votou a favor do fechamento e, posteriormente, da dissolução definitiva da Aliança Nacional Libertadora, em dois mandados de segurança impetrados por Herculino Cascardo, então presidente. Foi o relator do *habeas corpus* julgado em junho de 1936, que resultou na expulsão de Olga Benário Prestes, entregue ao regime nazista. Votou igualmente contra a concessão de *habeas corpus* aos parlamentares João Mangabeira, Abguar Bastos, Domingos Vellasco e Octavio da Silveira e foi eleito, nove dias após a decretação do Estado Novo, em 10 de novembro de 1937, presidente do Supremo Tribunal Federal. Sobre a questão do *habeas corpus*, defendeu que a "orientação mais acertada era no sentido de não conhecer, em hipótese alguma, os pedidos de HC, pois o estado de guerra o havia suspendido".[586]

A posição que prevaleceu, embora menos radical, chegava no mesmo lugar. A Corte Suprema entendeu que o comprometimento à segurança nacional, conforme previsto no artigo 161 da Constituição da República de 1934, era matéria a ser definida pela autoridade política, que, instada a prestar informações, diria se a prisão foi executada por esse motivo. Na prática, decidiu-se que o Tribunal não devia decidir, como resumiu Raphael Peixoto: "a despeito de o Tribunal *conhecer* do HC ou do recurso ordinário, condicionava o julgamento do mérito às informações prestadas pela autoridade coatora".[587] O posicionamento da Corte Suprema a respeito da

---

[586] MARQUES, Raphael P. de P. Marques. *Repressão política e usos da Constituição no Governo Vargas (1934-1937)*. Curitiba: Editora Prismas, 2015, p. 249.

[587] MARQUES, Raphael P. de P. Marques. *Repressão política e usos da Constituição no Governo Vargas (1934-1937)*. Curitiba: Editora Prismas, 2015, pp. 248/249. O autor demonstra que este posicionamento ia ao encontro do entendimento da Procuradoria-Geral da República, conforme se

CAPÍTULO III – PRODUÇÃO DE RESISTÊNCIAS NO ESTADO NOVO

extensão e relevância do *habeas corpus* reflete um ponto sensível na análise do processo de fascistização do sistema de justiça criminal como um todo. Essa ação, historicamente considerada um remédio contra as arbitrariedades do poder estatal, enuncia um dispositivo típico dos modelos democráticos de processo penal. Como se sabe, o *habeas corpus* é uma construção política que garante o estatuto jurídico das liberdades públicas. A sua restrição é, em suma, uma fixação dos governos autoritários.[588] Por isso, o posicionamento dos ministros da Corte a esse respeito diz muito sobre o papel que os tribunais desempenharam ou irão desempenhar na sustentação e legitimação de regimes e práticas autoritárias.

3.2.3 Enfrentamentos na trincheira: a tradição dos advogados criminais contra ditaduras

3.2.3.1 Sobral Pinto, o símbolo da resistência

> *O ódio, porém, não se desarma facilmente. Por isto, prepara ele, agora, sua terceira investida contra a minha reputação. Qual o seu plano, e quais os meios de que pensa lançar mão?*

---

verifica nos pareceres elaborados por Carlos Maximiliano: "ouve o Executivo, e só examina o pedido, se este não envolve assunto que se relacione com a ordem pública, isto é, quando a concessão do remédio impetrado não prejudique direta ou indiretamente a segurança nacional. Continua, pois, de acordo com os princípios, a ser a autoridade política o Juiz da oportunidade de atender ao solicitante. Nem poderia ser de outro modo; porquanto na vigência do simples estado de sítio, o Supremo Tribunal ouvia o Executivo e, se este afirmava ser o peticionário preso em virtude daquela suspensão de franquias constitucionais, os juízes excelsos não conheciam do pedido" (PROCURADORIA GERAL DA REPÚBLICA. *Parecer*, 1936. RHC n. 26.092; n. 26.093; n. 26.251; n. 26.314; n. 26.378).

588 Não por outro motivo, o *habeas corpus* foi suspenso na ditadura civil-militar pelo Ato Institucional n. 5, de 1968 e, nos recentes projetos legislativos em curso no Congresso Nacional, também se vê na iminência de ser duramente limitado. Essas proposições e medidas expressam a inequívoca opção do poder político pelo endurecimento autoritário do sistema de justiça criminal.

É evidente que, não possuindo o dom de adivinhar, estou na mais completa ignorância tanto deste plano, quanto dos meios de sua execução.

Isto, todavia, pouco me importa. Estou preparado para tudo.

Sobral Pinto, *Carta a Francisco Campos*, janeiro de 1938.

Obras inteiras foram escritas sobre Heráclito Foutoura Sobral Pinto. Nasceram insuficientes, pois Sobral é um homem que se confunde com a história da advocacia brasileira e da defesa das liberdades públicas no país. Não é possível falar dele, sem deixar de fora milhares de casos e pessoas que, na sua ausência, permaneceriam presas, torturadas e sujeitas às mais diversas arbitrariedades do Estado brasileiro. Líder das lutas diárias perante o pretório, Sobral deu lições de bravura e amor ao próximo, numa rara compreensão do dever de assistência moral e pessoal aos acusados.[589]

Antes de discorrer sobre as fissuras democráticas que as intervenções de Sobral causaram no Tribunal de Segurança Nacional, especialmente no caso de Luiz Carlos Prestes e Harry Berger, convém retomar alguns episódios envolvendo seu nome. São histórias que reputo interessantes, porque traduzem traços da sua personalidade, sem os quais se perde uma parte viva do perfil deste que foi, sem exagero, um dos maiores juristas em resistência ao autoritarismo que o Brasil já conheceu.

Como é relativamente notório, Sobral Pinto não gostava de cobrar honorários por sua atuação. Fosse o caso, cobrava pouco ou os devolvia ao final. Conquanto isso não deponha contra quem recebe pelo trabalho realizado, óbvio, não há dúvidas de que o fato indica uma posição altruísta, raro em qualquer época, diante do sofrimento alheio. Quem contou o episódio a seguir foi Evandro

---

[589] São as palavras de Evandro Lins e Silva, que com ele conviveu. Cf. LINS E SILVA, Evandro. *Arca de guardados*: vultos e momentos nos caminhos da vida. Rio de Janeiro: Civilização Brasileira, 1995, p. 24.

CAPÍTULO III – PRODUÇÃO DE RESISTÊNCIAS NO ESTADO NOVO

Lins e Silva. Tratava-se de um julgamento perante o Tribunal de Segurança Nacional em que a imputação, envolvendo o crime de usura, fora dirigida ao dono de um banco paulista, chamado Sampaio Moreira. O corréu era Vicente Sasso. Ambos haviam sido acusados de cobrar juros acima do autorizado pelo Banco Central. Um dos parentes de Sampaio Moreira procurou o então ministro do Exterior, Oswaldo Aranha, que indicara o nome de Mario Bulhões Pedreira para a defesa. Outro parente trouxe de São Paulo o nome de Sobral Pinto, indicado pelo advogado e líder católico, Plínio Barreto.

Perguntado quanto cobraria pela defesa, Sobral respondeu: "— 5 contos de réis". "— Mas doutor, só?!", indagou o familiar. Indignado, Sobral Pinto vociferou: "— Não vale mais que isso! Se alguém cobrar mais que isso é uma exploração".[590] Mario Bulhões Pedreira, bem diferente de Sobral, havia cobrado algo em torno de "duzentos contos".

Sendo os acusados banqueiros, resolveram contratar os dois advogados para a defesa. Mário Bulhões não viu nenhum óbice, chegando a dizer aos familiares do preso que Sobral "era seu amigo, colega de turma, compadre".[591]

> Telefonou para o Sobral: "muito bem, Sobral, nós fomos procurados e vamos funcionar juntos". Mas o Sobral, eu sempre brinquei, tinha um *não* na ponta da língua... Respondeu: "não! Uma defesa no Tribunal de Segurança Nacional não comporta dois advogados na apelação, de forma que fique você". Bulhões começou a insistir: "mas não é possível, Sobral! É um homem que tem recursos, ele

---

590 LINS E SILVA, Evandro. *Arca de guardados*: vultos e momentos nos caminhos da vida. Rio de Janeiro: Civilização Brasileira, 1995, p. 130.

591 LINS E SILVA, Evandro. *Arca de guardados*: vultos e momentos nos caminhos da vida. Rio de Janeiro: Civilização Brasileira, 1995.

quer ter o direito de ter dois bons advogados. Não há razão para você recusar".

No final, depois de muita luta, Sobral estabeleceu uma condição absurda: ele continuaria na causa, mas sem perceber honorários.[592]

Evandro Lins, a quem coube a defesa de Vicente Sasso, contou ainda que, terminado o julgamento e os réus absolvidos, Bulhões Pedreira enviou a Sobral um cheque de "50 contos". Sobral Pinto devolveu o cheque com uma carta violentíssima, em que exigia respeito à sua palavra, uma só, e que não aceitava pagamento. Diante disso, preocupado em ter encaminhado valor acima do que Sobral achava justo, Mario Bulhões Pedreira lhe enviou outro cheque, dessa vez em branco, para que Sobral Pinto pusesse o valor que lhe aprouvesse. Evandro lembra que Sobral ficou mais indignado ainda:

> Dias depois, ele estava sendo despejado do escritório por falta de pagamento do aluguel! Eu, como amigo, falei com ele: "Sobral, você precisa de um curador! Não havia razão para você deixar de cobrar! Compreendo perfeitamente que não se cobre de um pobre, de uma pessoa que não tem recursos, mas de um homem rico, que pode pagar os seus honorários, você deveria receber!" Mas ele tinha vocação para a pobreza. Não há ordens religiosas que têm essa vocação? Sobral fez voto de pobreza na sua banca de advogado.[593]

Nas horas agudas da repressão política é quando o papel do advogado testa, nos aventureiros, a sua vocação. Sobral deu lições

---

[592] LINS E SILVA, Evandro. *Arca de guardados*: vultos e momentos nos caminhos da vida. Rio de Janeiro: Civilização Brasileira, 1995.

[593] LINS E SILVA, Evandro. *Arca de guardados*: vultos e momentos nos caminhos da vida. Rio de Janeiro: Civilização Brasileira, 1995, pp. 131/132.

CAPÍTULO III – PRODUÇÃO DE RESISTÊNCIAS NO ESTADO NOVO

de liberdade sempre que foi demandado: "conforto para o preso, esperança para a família e temor para o carrasco".[594]

Mudou-se para o Rio de Janeiro aos 18 anos. Estudou na Faculdade de Ciências Jurídicas e Sociais do Rio de Janeiro que funcionava, à época, no Colégio Pedro II, localizado na atual rua Marechal Floriano.[595] Ainda jovem, Sobral Pinto ocupou a função de procurador criminal. Em entrevista à Ary Quintela foi questionado a respeito da sua participação nas perseguições políticas do governo Artur Bernardes. A Colônia Penal de Clevelândia, para onde os inimigos políticos de Bernardes eram levados, não era menos escabrosa, violenta e degradante que a Colônia Dois Rios ou outras prisões da ditadura varguista. Conhecida como "inferno verde", funcionava como um campo de concentração, submetendo os internos à falta de estrutura, fome, tortura e trabalhos forçados. Vale, portanto, uma digressão rápida sobre o assunto, já que Sobral Pinto era o procurador criminal que, em tese, teria atuado contra essas pessoas.

Como Paulo Sérgio Pinheiro indica, as revoltas de 1922, 1924 e a Coluna Prestes "justificaram" a escalada da repressão do Estado não apenas contra os revoltosos, mas contra os dissidentes políticos que queriam estar ligados à classe operária. Mesma dinâmica verificada a partir de 1935, retomada em 1964. Depois

---

[594] LINS E SILVA, Evandro. *Arca de guardados*: vultos e momentos nos caminhos da vida. Rio de Janeiro: Civilização Brasileira, 1995, p. 24.

[595] Logo depois, a faculdade foi transferida para a Escola de Comércio dos irmãos Mendes, onde veio a funcionar posteriormente a Universidade Cândido Mendes, num velho edifício da Casa Real, próximo à Praça XV de Novembro. No terceiro ano de estudos, a faculdade foi novamente transferida, dessa vez para um prédio no Catete, extenso, que ia quase até a Praia do Flamengo. "Entrei para o colégio dos jesuítas aos treze anos e o meu feitio: autoridade com liberdade: sempre voltado para a luta, me fez sentir muito bem lá. Sempre respeitei autoridade. Aliás, quero acentuar, nunca desobedeci a meu pai, salvo quando defendi um cliente pobre, desrespeitando a proibição feito por meu pai" (LINS E SILVA, Evandro. *Arca de guardados*: vultos e momentos nos caminhos da vida. Rio de Janeiro: Civilização Brasileira, 1995).

da Revolta da Vacina no Distrito Federal, em 14 de novembro de 1904, a repressão política como padrão institucional do Estado brasileiro foi definitivamente configurada.[596] Um tipo de violência especialmente dirigida aos pobres que, percebidos como *indesejados*, passaram a alvo preferencial das agências repressivas: "o desterro, o recolhimento em colônias penais e as expulsões foram utilizados indiscriminadamente contra os dissidentes políticos e a população pobre, não se percebendo muitas vezes a distinção entre um e outro contingente".[597]

Como insiste Pinheiro, o marco de 1904 é importante para a definição do arbítrio policial nos moldes atuais, especialmente a partir do que se convencionou chamar de "questão social". A repressão à "revolta da vacina" veio acompanhada de um discurso que pregava o pânico das manifestações populares, ao mesmo tempo que clamava pelo terror policial no tratamento penal destas insurgências.[598] O envio para Clevelândia, localizada no Oiapoque, Amapá, representava aos perseguidos do governo Artur Bernardes algo equivalente à pena de morte. Um relatório do então ministro da Agricultura, "Viagem ao Núcleo Colonial de Cleveland", mostrou

---

[596] O governo federal de Rodrigues Alves determinou a deportação em massa para a Amazônia, onde, até hoje, não se sabe o paradeiro de milhares de pessoas. Cf. PINHEIRO, Paulo Sérgio. *A Revolução mundial e o Brasil*: 1922-1935. São Paulo: Companhia das Letras, 1991, p. 87.

[597] Acrescenta Sérgio Pinheiro que, além dos desterros em estado de sítio, o governo Bernardes promoveu ampla higienização da cidade, conduzindo às delegacias todas a pessoas que se encontravam em situação de rua. "Juntadas às dezenas, eram remetidas à ilha das cobras, onde eram surradas impiedosamente" (PINHEIRO, Paulo Sérgio. *A Revolução mundial e o Brasil*: 1922-1935. São Paulo: Companhia das Letras, 1991, p. 89).

[598] "A prática de *blitzen* policiais, sem mandado legal, nos bairros pobres e favelas, surge no início do século como importante (e inconstitucional) operação de "prevenção ao crime" (PINHEIRO, Paulo Sérgio. *A Revolução mundial e o Brasil*: 1922-1935. São Paulo: Companhia das Letras, 1991, p. 91).

CAPÍTULO III – PRODUÇÃO DE RESISTÊNCIAS NO ESTADO NOVO

que, em 1926, dos 946 prisioneiros desterrados depois da revolta de 1924, 444 haviam morrido.[599]

A história de Heráclito Sobral Pinto em defesa das liberdades no Estado Novo em diante tornou a sua atuação como procurador criminal do governo Artur Bernardes um capítulo inconveniente. Não vou me deter nisso. Ao defender-se da pergunta de Ary Quintela, acima referida, Sobral Pinto respondeu veementemente que não tinha nada a ver com Clevelândia, chegando a afirmar que "nem sabia da sua ocorrência!"

> SP: (...). Tomei conhecimento desse lugar quando houve uma epidemia de malária, irrompida no navio que transportava os presos. Porque o clima em Clevelândia era muito bom, conforme testemunhara o Dr. Bruno Lobo, um cientista de renome. Minha participação como procurador criminal era contra conspiradores e participantes de movimentos armados.

---

[599] PINHEIRO, Paulo Sérgio. *A Revolução mundial e o Brasil*: 1922-1935. São Paulo: Companhia das Letras, 1991, p. 95. A revolta de 1924 ficou igualmente conhecida como "revolução tenentista". Artur Bernardes não compreendia as razões do movimento. Mauro Malim sintetizou a repressão política naquela conjuntura da seguinte forma: "em junho de 1925 escreveu a um amigo: 'vim para o governo da República com o propósito inabalável de servir à nação e de assegurar-lhe a paz e promover-lhe o progresso, dentro da ordem e da lei; mas os políticos ambiciosos e os maus cidadãos não me têm deixado tempo para trabalhar, obrigando-me a consumi-lo quase todo em fazer política'. A repressão foi sistemática e abrangente. O governo não se voltou apenas para a destruição da Coluna. Em São Paulo, após a Revolução de 1924, cerca de dez mil pessoas foram presas de forma arbitrária. Nos estados, todos os que colaboraram com os 'tenentes' foram submetidos a processos. Centenas de presos foram enviados para Clevelândia, no atual estado do Amapá, onde uma epidemia de tifo e as condições insalubres fizeram muitas vítimas. Célebre e temida ficou também a ilha de Trindade, para onde foram enviados muitos 'tenentes'. No Rio, em 1925, o comerciante Conrado Niemeyer morreu ao ser atirado do terceiro andar do prédio da Polícia Central" (MALIM, Mauro. "Verbete biográfico BERNARDES, Artur". *FGV-CPDOC*. Disponível em https://atlas.fgv.br/verbetes/artur-bernardes. Acessado em: 28.05.2019).

A.Q: *Esses participantes de movimentos armados seriam o que se chama hoje de terroristas?*

SP: Não! Eram revoltas, revoluções feitas por militares e políticos: 1922, 1924, 1926. E as conspirações. Aliás, muitas conspirações não tiveram processo constituído. O Código Penal de 1890 estabelecia que a conspiração só era criminosa quando reunia vinte pessoas. Houve uma famosa conspiração, cujo processo teve arquivamento pelo Juiz, em virtude de um requerimento meu, já que a morte de Niemeyer, seu chefe, reduzira a dezenove o número de participantes. (...) Muitos conspiradores ficaram até meus amigos. (...) Tive uma força imensa no Governo Bernardes, pois eu dei legalidade àquela atuação enérgica do governo.[600]

Convém registrar, apesar de dispensável, que o fato de Sobral Pinto, um dos maiores advogados do país, ter atuado como procurador criminal, não é demérito algum. O período de ampla repressão política contra a oposição não lhe é favorável, mas disso passa longe a comprovação de que atuou para o envio de pessoas à Clevelândia, deixando de primar pelo que mais acreditava, a defesa da legalidade. No mais, os grandes patronos que já transitaram pelo Tribunal do Júri na década de 1930 ou os que se encontram, ainda hoje, em resistência ao autoritarismo do sistema de justiça penal estão no Ministério Público ou, em algum momento, passaram pela instituição.[601]

Sobral Pinto deixou a Procuradoria Criminal entre agosto e setembro de 1928, ocupando em seguida o cargo de procurador-geral

---

[600] *Jornal do Commercio*, São Paulo, 24 de janeiro de 1940.

[601] Jorge Severiano Ribeiro, consagrado advogado criminal, foi promotor da comarca de Porto Velho, capital do estado de Rondônia, em 1917. Evandro Lins e Silva foi procurador-geral da República; Geraldo Prado foi promotor de Justiça, assim como Nilo Batista. Juarez Tavares, maior penalista brasileiro vivo, fez carreira no Ministério Público Federal. Todas estas pessoas, à exceção de Hungria, sempre estiveram ao lado das garantias e liberdades públicas fundamentais.

CAPÍTULO III – PRODUÇÃO DE RESISTÊNCIAS NO ESTADO NOVO

do Distrito Federal. Ainda nesse ano, ingressou no Centro Dom Vital, criado em maio de 1922, no Rio de Janeiro, por Jackson de Figueiredo.[602] Ao deixar a Procuradoria do Distrito Federal, no mesmo ano de 1928, passou a dedicar-se exclusivamente à advocacia. A partir daí, rejeitaria todos os convites para cargos públicos, mais altos que fossem.

Dos episódios e enfrentamentos que protagonizou diante do Tribunal de Segurança Nacional, um deles está suficientemente marcado na história do processo penal brasileiro. Trata-se da

---

[602] Questionado se a Ação Católica tinha algum caráter fascista, Sobral Pinto respondeu energicamente que "não, nenhuma! Era proibido aos membros da direção católica ter qualquer vinculação política. Era expressamente proibido". Sobral também fez comentários sobre seu amigo Alceu Amoroso Lima, convidado para ser ministro do Trabalho no Estado Novo, mas que não o aceitou. Monica Kornis faz um interessante resumo do Centro Dom Vital durante a ditadura Vargas. Em suas palavras, "o Centro Dom Vital era uma associação de caráter elitista, cujos objetivos mais importantes consistiam em atrair para a Igreja elementos da intelectualidade do país e formar uma 'nova geração de intelectuais católicos'. Alguns católicos, membros do Centro Dom Vital, participaram ativamente da Ação Integralista Brasileira, movimento que atuou no país de 1932 a 1937. Nesse período, o centro apoiou ainda o movimento Pátria Nova, de São Paulo, de caráter neomonarquista. O apoio simultâneo do Centro Dom Vital ao governo Vargas, ao integralismo e ao movimento monarquista era possível graças à sua plataforma, que propunha a institucionalização de um Estado forte, capaz de defender a Igreja católica do comunismo, e à própria divisão do poder entre a Igreja e o Estado, baseada na 'superioridade do espiritual sobre o temporal'. O repúdio do centro ao comunismo manifestou-se em suas constantes denúncias contra a Aliança Nacional Libertadora. No início da década de 1940, Amoroso Lima, influenciado agora por Jacques Maritain, propôs, como base de uma nova plataforma para o Centro Dom Vital, a ideia de 'humanismo integral', rejeitando a ideologia integralista. Com a queda de Vargas, em 1945, os membros do Centro Dom Vital espalharam-se, ingressando na Campanha de Resistência Democrática liderada por Sobral Pinto, na União Democrática Nacional (UDN) ou no Partido Democrata Cristão (PDC), desvinculando, porém, suas opções de qualquer orientação do centro" (KORNIS, Monica. "Verbete temático Centro Dom Vital". *FGV-CPDOC*. Disponível em: http://www.fgv.br/Cpdoc/Acervo/dicionarios/verbete-tematico/centro-dom-vital. Acessado em: 24.05.2019).

atuação em defesa de Luís Carlos Prestes e Arthur Ernest, simplesmente Harry Berger.

A denúncia foi oferecida nos autos do Processo n. 01 do Tribunal de Segurança Nacional, cujo conteúdo narrei, parcialmente, ao tratar da persecução penal em face de Octavio da Silveira e demais juristas parlamentares que compunham a Frente Pró-Liberdades Populares: Mangabeira, Chermont, Vellasco e Bastos. A petição inicial formulada por Honorato Hymalaia Vergolino, como referido anteriormente, era uma cópia do relatório de Enrico Bellens Porto, produzido no inquérito sobre "o movimento subversivo deflagrado em 27 de novembro".

Em apertadíssima síntese, Honorato Vergolino, como havia estruturado Bellens Porto, atribuiu a Luís Carlos Prestes a "figura central do movimento". A narrativa da denúncia estava dirigida à demonstração de que Prestes, "com sua atuação no preparo, organização e direção intelectual da insurreição de novembro", havia transformado a Aliança Nacional Libertadora em uma célula extremista de agentes comunistas, inclusive, estrangeiros. Após discorrer sobre a história pregressa do acusado, citou que Luiz Carlos Prestes entrou no Brasil, vindo de Bueno Aires, "com a falsa qualificação de Antonio Villar, cidadão português, fazendo-se acompanhar de uma senhora estrangeira, que dizia ser sua esposa e chamar-se Maria Bergner Villar".[603]

> Vivendo no país ilegalmente, Prestes, membro do "Comitê Executivo da 3ª Internacional Communista (...) veio ao Brasil para, sob a bandeira da Alliança Nacional Libertadora, organizar e articular os movimentos que deflagraram em novembro do anno passado, só se avisava e se correspondia com os seus mais íntimos companheiros e logares tenentes, dentre os quais sobrassahiam os chefes communistas estrangeiros Arthur

---

603 VIANNA, Marly A. G. (Coord.). *A Insurreição da ANL em 1935*: Relatório Bellens Porto. 1ª ed. Rio de Janeiro: Revan, 2015, p. 60.

CAPÍTULO III – PRODUÇÃO DE RESISTÊNCIAS NO ESTADO NOVO

Ernest Ewert ou Harry Berger, representante da Internacional; Rodolpho Gioldi, secretário do Partido Communista Argentino e Leon Jules Vallé, o encarregado de provar as necessidades financeiras de Prestes.[604]

A inicial prossegue fazendo referências à apreensão de um grande arquivo em uma das casas que Prestes teria residido,[605] acrescentando que, ouvido pela autoridade policial, Prestes teria assumido "inteira responsabilidade pelo manifesto de sua autoria, lido nesta capital em 5 de julho do anno passado, em uma reunião realizada pela Alliança Nacional Libertadora".[606] Os "graves documentos" apreendidos pela polícia, sob os quais a denúncia se assenta, resumem-se a folhetos e cartas em que se discutiam pontos do programa da ANL ou análises críticas da situação nacional.[607] O relatório policial, incorporado *ipsi litteris* na denúncia, cita ainda que Prestes teria continuado com suas atuações após a deflagração do movimento de novembro de 1935, o que estaria provado igualmente por cartas dirigidas ao membros do Secretariado Nacional do Partido Comunista.

Arthur Ernest, segundo consta da Acusação, era um ex-deputado comunista que teria chegado no Rio de Janeiro em 6 de março de

---

[604] VIANNA, Marly A. G. (Coord.). *A Insurreição da ANL em 1935*: Relatório Bellens Porto. 1ª ed. Rio de Janeiro: Revan, 2015, p. 60.

[605] Rua Barão da Torre, n. 636, Ipanema, Rio de Janeiro.

[606] VIANNA, Marly A. G. (Coord.). *A Insurreição da ANL em 1935*: Relatório Bellens Porto. 1ª ed. Rio de Janeiro: Revan, 2015, p. 62.

[607] "O manifesto de 5 de julho de 1935, dirigido 'A todo o povo do Brasil', no qual o acusado traça o programa de acção a desenvolver pela Alliança Nacional Libertadora, para a tomada do poder"; "uma carta dactylographada e assignada 'barreto' que é um documento de analyse crítica deste elemento do Partido Communista sobre a situação nacional e principalmente o papel desempenhado pela Alliança Nacional Libertadora, que na sua phase legal, quer na phase posterior ao seu fechamento"; "salvo-conduto de Harry Berger, escripto de próprio punho pelo accusado". Outros documentos, supostamente relacionados à mera intenção dos movimentos de novembro igualmente são citados (VIANNA, Marly A. G. (Coord.). *A Insurreição da ANL em 1935*: Relatório Bellens Porto. 1ª ed. Rio de Janeiro: Revan, 2015, p. 63).

1935, às expensas do Partido, com a "missão especial de estabelecer a ligação do Partido Comunista Brasileiro com a grande massa, isto é, com o proletariado, com os camponeses, e com a pequena burguesia".[608] A narrativa acusatória alça o acusado ao posto de um "dos mais destacados e audazes membros do Partido Communista da Allemanha" que, "na sua vida de agitador internacional", tem usado diversos pseudônimos. Ainda de acordo com a Procuradoria Criminal e Polícia do Distrito Federal, a responsabilidade do imputado estaria configurada a partir de documentos "de autenticidade irrecusável" e de "testemunhos insuspeitos". Tais documentos, que juntos formaram dois volumes de autos de apreensão, expressariam "planos de combate a executar pelas massas na hora do ataque; são directivas apresentadas ao próprio Secretariado Nacional do Partido Communista do Brasil, no tocante à orientação a seguir no preparo e deflagração da insurreição que se tramava".

Ao descrevê-los mais objetivamente, a denúncia fez referência a um texto escrito em alemão, mas traduzido ao português pela polícia, sob o título "Problemas tácticos". Nele, se traça um longo estudo sobre a revolução popular no Brasil.[609] Em determinado trecho, fala-se em apreensão de documentos consistentes na divulgação do programa da ANL, desenvolvimento de questões táticas a ele associado e, ainda, "ensinamentos do acusado aos seus companheiros de revolução". Quanto à prova testemunhal, a acusação descreve declarações de membros do Partido Comunista que nada mais fazem do que atestar que conheciam Berger e que ele participava de reuniões.[610] A conclusão, exposta no relatório copiado por Vergolino, foi de que Harry Berger

---

608 VIANNA, Marly A. G. (Coord.). *A Insurreição da ANL em 1935*: Relatório Bellens Porto. 1ª ed. Rio de Janeiro: Revan, 2015, p. 71.

609 VIANNA, Marly A. G. (Coord.). *A Insurreição da ANL em 1935*: Relatório Bellens Porto. 1ª ed. Rio de Janeiro: Revan, 2015, p. 72.

610 Exemplo: declaração de Antonio Maciel Bomfim (ou Adalberto de Andrade Fernandes) – "Que como disse em declarações anteriores, HARRY BERGER, orientava as reuniões e todos os elementos acima citados tomava parte nas

CAPÍTULO III – PRODUÇÃO DE RESISTÊNCIAS NO ESTADO NOVO

não só mostra a evidência que elle foi, talvez, a figura central, culminante de todo movimento, em torno da qual giravam os demais chefes, inclusive, o ex-cap. Luiz Carlos Prestes, como também convence que as atividades de EWERT não cessaram com a derrota que sofreram os comunistas em 27 de novembro, mas prolongaram-se até a data de sua prisão em 26 de dezembro.[611]

Não irei me deter novamente nos argumentos da Acusação, porque o que importa é a atuação de Sobral Pinto, enquanto símbolo da resistência protagonizada por juristas práticos no contexto da repressão política no Estado Novo. Está claro, contudo, que a denúncia não apenas exagera – e muito – na capilaridade do movimento junto ao povo brasileiro, como se constrói sob uma narrativa que associa o pensamento político comunista ao "terror", sem base empírica para isso. Essa formulação narrativa não difere dos contornos dados pela campanha anticomunista que, pelo menos desde 1931, vinha construindo, social e subjetivamente, o ambiente necessário ao recrudescimento da repressão criminal contra os opositores do regime (à época, na chefia do governo provisório).[612]

Denunciados perante o Tribunal de Segurança Nacional, os comunistas não se defendiam, porque não acreditavam na imparcialidade dos juízes burgueses ou por motivos diversos. Em qualquer hipótese, os juízes se dirigiam à Ordem dos Advogados para que designasse um advogado. Onde não havia Ordem, o juiz mesmo designava.[613]

---

discussões que alli se travavam, mormente no tocante á actuação do Partido Communista" (VIANNA, Marly A. G. (Coord.). *A Insurreição da ANL em 1935*: Relatório Bellens Porto. 1ª ed. Rio de Janeiro: Revan, 2015, p. 76).

[611] VIANNA, Marly A. G. (Coord.). *A Insurreição da ANL em 1935*: Relatório Bellens Porto. 1ª ed. Rio de Janeiro: Revan, 2015, p. 77.

[612] Lembre-se que o *catastrofismo* é uma característica da formação discursiva do pensamento autoritário brasileiro.

[613] PINTO, Heráclito Sobral. *Por que defendo os comunistas*. Belo Horizonte: Universidade Católica de Minas Gerais, 1979, p. 23.

Em 8 de janeiro de 1937, Targino Ribeiro, então presidente do Conselho Seccional da Ordem dos Advogados do Brasil no Rio de Janeiro, encaminhou um ofício a Heráclito Fontoura Sobral Pinto, sugerindo sua nomeação para exercer a defesa técnica dos dois principais líderes do movimento de 1935, Prestes e Arthur Ewert, conhecido como Harry Berger. Na carta de resposta, datada de 12 de janeiro, Sobral Pinto ratifica que aceita a nomeação, "como dever indeclinável de nossa profissão", lamentando-se, em tom respeitoso, que o Conselho da Ordem, em sua soberania, tenha lançado sobre os seus "frágeis ombros", "tão árdua, penosa e difícil missão".[614]

> O que me falta em capacidade, sobra-me, porém, em boa vontade para me submeter às imposições do Conselho da Ordem; e em compreensão humana para, fiel aos impulsos do meu coração cristão, situar no meio da anarquia contemporânea a atitude desses dois semelhantes, criados, como eu e todos nós, à imagem de Deus. Quaisquer que sejam as minhas divergências do comunismo materialista – e elas são profundas – não me esquecerei, nesta delicada investidura de que o Conselho da Ordem impõe, que simbolizo, em face da coletividade brasileira exaltada e alarmada: A DEFESA.[615]

---

[614] PINTO, Heráclito Sobral. "Carta de Sobral Pinto a Targino Ribeiro, Presidente do Conselho da OAB". *In*: _____. *Por que defendo os comunistas*. Belo Horizonte: Universidade Católica de Minas Gerais, 1979, p. 40.

[615] PINTO, Heráclito Sobral. "Carta de Sobral Pinto a Targino Ribeiro, Presidente do Conselho da OAB". *In*: _____. *Por que defendo os comunistas*. Belo Horizonte: Universidade Católica de Minas Gerais, 1979, pp. 22 e 40. Sobral Pinto levava muito a sério as nomeações para atuar como advogado *ex-officio* dos presos políticos. Era um crítico duro dos colegas que, designados, faziam apenas a *mímica do dever*, como se referia. Sobral narrou que, em determinado episódio, nomeado para atuar por indicação do juízo, solicitou que o ato fosse adiado para que estudasse melhor o processo. O pedido gerou estranhamento geral, mas foi deferido. A partir desse movimento, muitos juízes começaram a requerer a sua intervenção nos autos.

CAPÍTULO III – PRODUÇÃO DE RESISTÊNCIAS NO ESTADO NOVO

Luiz Carlos Prestes recusou o patrocínio de Sobral Pinto, sob a alegação de que a "mentalidade burguesa do advogado" fazia com que não tivesse capacidade, nem desejo de defendê-lo. Considerava-o um simples advogado, sem meios para amparar um dos mais odiados perseguidos políticos do país. Dizia ainda que os advogados não tinham "alma para penetrar no pensamento dos comunistas", pautando-se apenas pelos próprios interesses, "arranjar a vida" e mais nada: "o governo é um governo de violência e de força e todos vocês abaixam a cabeça para o governo", afirmava. Na oportunidade em que comentou sobre a postura de Prestes, por volta de 1978, Sobral pareceu compreensivo. Veja bem, ponderou: "esse homem, que não vê ninguém, não fala com ninguém, quando se encontra com uma pessoa que diz querer defendê-lo... você pode imaginar a indignação, a revolta dele".[616]

Dono dos mais importantes atributos de um advogado – fidelidade, honestidade e entrega nas lutas diárias contra o arbítrio –, em pouco tempo, o cenário virou. Mesmo não sendo atendido por Prestes na primeira vez, Sobral Pinto retornou. Na segunda vez que esteve por lá, solicitou a um guarda que entregasse a Prestes um cartão em que dizia estar no gabinete, à disposição. Pediu que entregasse, igualmente, a cópia de uma petição que havia sido protocolizada por ele. Prestes leu o cartão e solicitou que fossem buscar o advogado: "— Eu gostaria de falar com o Dr. Sobral". De frente ao patrono, perguntou: "— O senhor realmente entrou com essa petição". A resposta de Sobral é a expressão da sua retilínea atuação como advogado: "— Mas é claro, eu não seria capaz de uma coisa dessas: entregar ao senhor a cópia de um documento que eu não entreguei ao Juiz, sobretudo a um homem como o senhor que não tem meios de apurar se isso é verdade".[617]

---

[616] PINTO, Heráclito Sobral. "Conta Sobral Pinto". *In*: _____. *Por que defendo os comunistas*. Belo Horizonte: Universidade Católica de Minas Gerais, 1979, p. 27.

[617] O documento protocolizado por Sobral foi publicado no jornal *O Radical*, chegando ao conhecimento da Dona Leocádia, mãe de Prestes, à época vivendo em Paris. Sobral Pinto conta que Leocádia escreveu uma carta ao filho

A atuação de Sobral Pinto em defesa de Luiz Carlos Prestes e Harry Berger, seja nos autos do Processo n. 01 do TSN, petições avulsas e até mesmo em cartas enviadas ao ministro da Justiça Francisco Campos, constitui um dos exemplos mais emblemáticos de resistência de um jurista no Brasil. Os dois temas que mais suscitaram a enérgica e persistente atuação de Sobral, no contexto, são ainda muito caros à democratização do sistema de justiça brasileiro: direito de defesa (acesso ao constituído e às informações disponíveis à Acusação) e luta pela preservação da dignidade do preso, cujo dever de assegurar o respeito é historicamente entregue ao advogado criminal.

Durante todos os meses, de março a junho, Sobral Pinto se dirigiu reiteradamente ao juiz Raul Machado para denunciar as condições em que se encontravam os presos sob seu patrocínio. Ainda no início de março, antecipara a urgência da intervenção do magistrado, salientando que "somos um povo que não tolera a crueldade, nem mesmo para os irracionais, como o demonstra o Decreto n. 24.645, de 10 de julho de 1934, cujo artigo 1º dispõe: "todos os animais existentes no país são tutelados do Estado".[618] Em 3 de junho, não obtendo solução alguma, apelou ao ministro da Justiça José Carlos Macedo Soares, recém-empossado. Além de informar das péssimas situações em que Luiz Carlos Prestes e Harry Berger se encontravam, tentou a todo custo sensibilizar o ministro de que, "independentemente da convicção política, os acusados deveriam ser tratados como membros da espécie humana".[619]

---

dizendo "tenha confiança no Dr. Sobral" (PINTO, Heráclito Sobral. "Conta Sobral Pinto". *In:* _____. *Por que defendo os comunistas.* Belo Horizonte: Universidade Católica de Minas Gerais, 1979, p. 28). A partir daí tudo mudou.

[618] Pela análise da Apelação Criminal dos acusados, é possível identificar o teor das denúncias de maus-tratos a Prestes, além dos casos de abusos cometidos por autoridades na violação de prerrogativas do advogado.

[619] PINTO, Heráclito Sobral. "Conta Sobral Pinto". *In:* _____. *Por que defendo os comunistas.* Belo Horizonte: Universidade Católica de Minas Gerais, 1979, pp. 146-148.

CAPÍTULO III – PRODUÇÃO DE RESISTÊNCIAS NO ESTADO NOVO

Um mês depois, submetido ainda às mesmas condições, o próprio Luiz Carlos Prestes impetrou *habeas corpus* dirigido ao ministro presidente do Supremo Tribunal Militar. Na inicial, consta o seguinte:

> Luiz Carlos Prestes, por si e por Arthur Ernest Ewert, que se encontram presos, incomunicáveis, no edifício onde funciona a Polícia Especial do Distrito Federal, à disposição do Tribunal de Segurança Nacional e, já agora, do Tribunal que V. Exa. Preside, *ex. vi.* Do Art. 10° da Lei n. 244 de 11 de setembro de 1936, nos termos do n. 23 do artigo 113 da Constituição Federal e nos termos do art. 261 e seus parágrafo 4° do Código de Justiça Militar, uma ordem de *Habeas Corpus*, a fim de que tenham, afinal e imediatamente, um termo as arbitrariedades, perseguições e torturas físicas e morais a que estão sendo submetidos, o primeiro há 16 meses e o seguindo há mais de 18 meses, pelos agentes policiais do Poder Executivo. Os requerentes poderão em breves palavras expor a esse Egrégio Tribunal a situação em que se encontram, contrária não só aos mais elementares direitos assegurados pela Constituição Federal, como os mais comezinhos princípios da civilização. (...)[620]

Em 12 de julho, o ministro Edmundo da Veiga solicitou informações. Nela, a autoridade coatora rechaçou os termos da impetração, informando que Luiz Carlos Prestes e Harry Berger encontram-se "em uma sala bastante higiênica e, sobretudo, arejadíssima". No Ofício n. 298, em que respondeu ao ministro, consta ainda que

> não são do conhecimento da Chefia da Polícia os sofrimentos morais e físicos de que se queixa o impetrante, podendo

---

[620] Impetração datada de 2 de julho de 1937, p. 2. SUPERIOR TRIBUNAL MILITAR. *Autos do Habeas Corpus n. 8462/1937*. Impetrante: Luiz Carlos Prestes. Ministro Relator: Edmundo da Veiga (grifo no original).

afirmar-se serem destituídos de fundamento tais alegações, assim como também não é verdade que aos referidos presos não seja permitida a leitura de livros e jornais.

Após afirmar que todos os pedidos de Luiz Carlos Prestes teriam sido satisfeitos,[621] a autoridade coatora asseverou que, quanto a Harry Berger, não foram adotadas providências,

devido á reserva e excessiva desconfiança com que aquele emissário do Komitern trata a todos, até mesmo ao seu advogado, que, entretanto, lhe tem demonstrado sincera dedicação. Só recentemente, há alguns dias, apenas, aquele sentenciado tem modificado ligeiramente a sua atitude para com o seu advogado, que se apressou em encaminhar a este ministério o requerimento já referido no § 5º.[622]

Em seguida, 30 de julho, Heráclito Sobral Pinto atravessou uma petição em que requereu fossem juntadas à impetração todas as petições que apresentou ao ministro da Justiça em 15 de julho

---

621 Ressalvou-se o requerimento assinado por Sobral Pinto, em que solicitou a restituição de valores apreendidos em sua residência por ocasião da prisão. Em 15 de julho de 1937, Sobral Pinto peticionou ao ministro da Justiça e Negócios Interiores, requerendo que "se digne de ordenar ao Sr. Capitão Chefe de Polícia que faça imediata entrega ao Sr. Director da Casa de Correção de todo o dinheiro apprehendido em poder de Luiz Carlos Prestes, no dia da sua prisão. Entrega idêntica deverá ser feita de todos os objectos pertencentes ao meu cliente ex-officio, inclusive, um relógio, que é uma relíquia de família, que se achava em seu poder na ocasião em que a Polícia o foi buscar na rua Honorio n. 279, no Meyer. Taes bens e valores permanecerão, como é de lei, sob a guarda do Sr. Director da Casa de Correção que, na forma da legislação vigente, deles disporá consoante for determinado por Luiz Carlos Prestes" (SUPERIOR TRIBUNAL MILITAR. *Autos do Habeas Corpus n. 8462/1937*. Impetrante: Luiz Carlos Prestes. Ministro Relator: Edmundo da Veiga, p. 5).

622 Nesse parágrafo, a autoridade, referindo-se a Berger, disse que somente há um dia chegara na Secretaria de Estado um requerimento semelhante ao de Prestes, em que Sobral Pinto requeria providências "relativas ao melhoramento de suas condições de vida no presídio".

CAPÍTULO III – PRODUÇÃO DE RESISTÊNCIAS NO ESTADO NOVO

de 1937 e em 28 do mesmo mês, assim como ao ministro relator da Apelação Crime n. 4.899. Sobral argumentou que, nesses documentos, "há elementos e indicações da mais alta importância e significação para melhor informar o venerando Tribunal sobre a necessidade urgente de ser concedida a ordem impetrada por Luiz Carlos Prestes". Prossegue:

> Nos autos da Appellação-crime n. 4.899, irá V. Exa. deparar, por ocasião do julgamento, com os clamores incessantes e repetidos do Supplicante junto a todas as autoridades competentes, para que dispensassem a Luiz Carlos Prestes e Harry Berger, ao menos, um tratamento que permitisse a esses dois membros da espécie humana pensar que tinham deixado de ser considerados, pelos agentes do Poder Executivo, como animaes hydrophobos. Foi tudo inútil. E só após a entrada do Exmo. Sr. José Carlos de Macedo Soares para o Ministério da Justiça, em 3 de junho último, foi que Luiz Carlos Prestes e Harry Berger se sentiram com o direito de respirar.[623]

Na petição dirigida ao relator da Apelação-crime n. 4.899, em 28 de julho de 1937, carreada aos autos do *habeas corpus*, Sobral foi muito duro e contundente em expor o que se passava com os seus clientes *ex-officio*, como se referia. Em linguagem clara e objetiva, característica das suas petições, Sobral Pinto alertou ao magistrado das inúmeras petições do suplicante, reclamando, "com vehmencia, um tratamento humano para Harry Berger, que se encontrava recolhido no socavão de uma escada, sem cama, sem roupa, sem banco, e onde não lhe era dado siquer gosar nem de luz, natural ou artificial, nem de ar renovado".

---

623 Petição assinada por Heráclito Fontoura Sobral Pinto em 30 de julho de 1937. No timbre da petição, consta o nome de mais dois advogados, aparentemente sócios: H. Sobra Pinto, Carlos da Silva Consta, R. Lopes Machado Advogados (SUPERIOR TRIBUNAL MILITAR. *Autos do Habeas Corpus n. 8462/1937.* Impetrante: Luiz Carlos Prestes. Ministro Relator: Edmundo da Veiga, p. 7).

> Bateu o Supplicante a todas as portas. Dirigiu-se ao juiz summariante. Appelou para o Presidente do Tribunal de Segurança Nacional. Invocou o auxílio do Conselho da Ordem dos Advogados. Escreveu ao Sr. Ministro da Justiça, antecessor do actual. Recorreu para o Exmo. Sr. Presidente da República. Tudo foi em vão.[624]

A insistência de Sobral na luta pelos direitos dos seus constituídos é uma marca contundente da sua atuação como jurista. Dois dias depois, não obtendo resposta satisfatória do relator da Apelação, escreveu ao ministro da Justiça. Sobral Pinto registrou: "não quero ficar com a responsabilidade de advogado *ex-officio* de Harry Berger, não ter lançado mão de todos os meios e recursos ao seu alcance para salvar, enquanto é tempo, a vida do meu cliente".[625] Requereu, assim, que o ministro determinasse à polícia política de Filinto Muller que garantisse ao acusado o direito de ler livros e jornais, alimentar-se de acordo com as prescrições médicas, usar as roupas indispensáveis à boa conservação da saúde. Como referido, a autoridade coatora foi questionada, mas cingiu-se a afirmar que a integralidade dos pedidos de Luiz Carlos Prestes já tinha sido atendida.

Quanto ao pedido deduzido no *habeas corpus* de "transferência imediata para um presídio onde lhes seja reconhecida a

---

[624] Na sequência, Sobral informa que o ministro Macedo Soares, após insistências provocações suas, atuou para que Berger fosse transferido para "um quarto bem arejado, onde dispõe de cama, de cobertas, de cadeira e de mesa". Ressalva, contudo, que as mudanças no quadro degradante em que o preso se encontrava, restringiu-se "a isto, e tão somente isto. Continuam todas as demais restrições, pois não lhe permitem qualquer leitura, seja de livros, revistas, ou jornaes. Não lhe ministraram, outrosim, até agora, nem ao menos a roupa de uso comum. Reduzido, por outro lado, a uma desnutrição orgânica alarmante (...) Harry Berger necessita de alimentação adequada" (SUPERIOR TRIBUNAL MILITAR. *Autos do Habeas Corpus n.* 8462/1937. Impetrante: Luiz Carlos Prestes. Ministro Relator: Edmundo da Veiga, p. 13).

[625] SUPERIOR TRIBUNAL MILITAR. *Autos do Habeas Corpus n.* 8462/1937. Impetrante: Luiz Carlos Prestes. Ministro Relator: Edmundo da Veiga, p. 13.

CAPÍTULO III – PRODUÇÃO DE RESISTÊNCIAS NO ESTADO NOVO

qualidade de seres racionaes e estejam ao abrigo das brutalidades, insultos físicos e moraes que lhes são aplicados pelos policiaes do Sr. Filinto Muller", o ministro Edmundo da Veiga afirmou que as alegações, "embora de difícil credibilidade", demandariam melhor esclarecimentos das autoridades. Concordou, todavia, com a tese de que este requerimento (n. 01) e o voltado a assegurar o "direito de livre entendimento com seus advogados, fora das vistas de qualquer agente do Poder Executivo" (n. 05) são, por excelência, matérias a resolverem-se mediante *habeas corpus*.

Edmundo da Veiga passou a discorrer sobre os precedentes da Corte Suprema que conferem extensão à medida, citando como exemplo o *Habeas Corpus* n. 26.082, de 16 de junho de 1937, relatoria de Carvalho Mourão, e o *Habeas Corpus* n. 3.603, de 22 de agosto de 1914, em que se discutiu a ilegalidade do regime penitenciário imposto a um determinado delinquente político, na hipótese, preso em lugar destinado a criminosos comuns. Para enfrentar o quinto pedido declinado na inicial, citou o acórdão proferido nos autos do *Habeas Corpus* n. 3.556, de 10 de junho de 1934, em que se decidiu pela ilegalidade da incomunicabilidade da detenção, ainda que decretada como medida do estado de sítio.[626]

Não deixa de ser interessante observar como os tribunais brasileiros, notadamente a maior Corte de justiça do país, no auge da repressão política, cumpriu, maior parte das vezes, o que dela se esperava: legitimar o arbítrio por meio de procedimentos jurídicos aparentemente regulares. Após longo trecho em que deu indicativos da necessidade de concessão da ordem, baseado em decisões favoráveis ao direito de liberdade, o ministro entendeu por conhecer do *habeas corpus*, mas, no mérito, julgar a ordem prejudicada por falta de objeto. Para o ministro relator, bastava ver as informações prestadas pela autoridade coatora que, transcritas

---

626 SUPERIOR TRIBUNAL MILITAR. *Autos do Habeas Corpus n.* 8462/1937, p. 23. Impetrante: Luiz Carlos Prestes. Ministro Relator: Edmundo da Veiga.

no acórdão, indicavam "haverem cessado ou estarem em via de cessar alguns dos motivos que determinaram o pedido".[627]

Essa decisão é emblemática da forma de atuação da justiça política no Brasil, uma vez que demonstra como o Tribunal pode, a despeito de estar aparentemente funcionando, construir subterfúgios jurídicos para legitimar as arbitrariedades cometidas pelo governo, sem sequer sobre elas se manifestar diretamente. É obvio que Sobral Pinto, sendo o símbolo da resistência dos juristas diante das atrocidades do Estado, não iria se deixar por vencido. Em 19 de agosto de 1937, pouco mais de quinze dias da decisão tomada, dirigiu-se novamente ao ministro da Justiça, José Carlos de Macedo Soares, dessa vez, para requerer que Olga Benário não fosse entregue aos nazistas.[628]

> Se me dirijo, agora, a V. Exa., na qualidade de advogado *ex-officio* de Luiz Carlos Prestes, é porque não posso alijar da minha convicção a certeza de que cabe ao governo brasileiro a maior responsabilidade neste crime contra os direitos da maternidade, que o ora se prepara, fria e cruelmente, no recinto dramático de uma prisão de outrora gloriosa Germânia.
>
> V. Exa. poderá encontrar, em qualquer momento, nos arquivos deste Ministério, a cópia do ofício que em 14 de maio de 1936 o Delegado Eurico Bellens Porto dirigia ao Sr. Capitão – Chefe da Polícia desta Capital no qual dizia: "ao encerrar o inquérito a que procedo sobre os acontecimentos desenrolados nesta capital em novembro do ano próximo passado, cumpre-me levar ao conhecimento de V. Exa. que nos autos respectivos NÃO ENCONTRO ELEMENTOS BASTANTES QUE PERMITAM INCLUIR COMO INDICIADAS com atuação definida as estrangeiras Elisa Ewert

---

[627] Acórdão lavrado em 2 de agosto de 1937.

[628] PINTO, Heráclito Sobral. "Conta Sobral Pinto". *In*: _____. *Por que defendo os comunistas*. Belo Horizonte: Universidade Católica de Minas Gerais, 1979, pp. 177-179.

CAPÍTULO III – PRODUÇÃO DE RESISTÊNCIAS NO ESTADO NOVO

ou Machala Lenczyeki, Carmem Alfaya de Chioldi e Maria Bergner Prestes que também usava os nomes de Yvonne, Olga e Maria Villar".

Católico e patriota, eu me honro com o desempenho desta missão de que me vi investido pela veneranda Mãe de Luiz Carlos Prestes. Tudo farei, na medida das minhas energias morais e da minha capacidade profissional, para evitar que o governo bárbaro e odiento de Hitler pratique a monstruosa iniquidade de tirar das mãos de sua mãe uma tenra criação de 10 meses.[629]

A luta que Heráclito Fontoura Sobral Pinto travou em nome dos seus clientes, Prestes e Berger, exigiu dele o emprego de um amplo repertório de resistência. Conhecê-los é fundamental para se entender como se organizam os recursos e se implementam os instrumentos de defesa dos direitos fundamentais, em períodos de dura fascistização do sistema de justiça penal. Além da exigência de coragem e disposição ao enfrentamento com o poder (judicial, policial e ministerial), Sobral fez uso dos seus relacionamentos pessoais para que chegasse, a quem fosse necessário, cada uma das suas irresignações. Como visto, peticionava por diversas e diversas vezes, às vezes com intervalos de dois ou três dias, insistindo na necessidade de que fossem tomadas as providências que reclamava. Escreveu cartas a ministros, voltando a encaminhá-las quando entendia frustrado o pedido ou diante da modificação nos quadros do governo.

Enquanto os juristas colaboracionistas se associavam para formar comissões legislativas e atuar pela compilação jurídica do regime, Sobral Pinto arriscava-se a desafiar o ministro da Justiça Francisco Campos, com palavras que poucas pessoas balbuciariam ao principal oficial da ditadura varguista. Por exemplo, em 4 de

---

[629] PINTO, Heráclito Sobral. "Conta Sobral Pinto". *In*: _____. *Por que defendo os comunistas*. Belo Horizonte: Universidade Católica de Minas Gerais, 1979, p. 177.

janeiro de 1938, cobrou de Campos a razão pela qual transferiu a responsabilidade do assunto "Prestes e Berger" a Negrão de Lima. Insatisfeito, exigiu dele imediata solução. Em outro momento, partiu para ao ataque contra o temido Filinto Muller, apontando que havia desacatado a ordem emanada pelo Juiz Raul Machado para que os presos políticos fossem transferidos para uma Casa de Correção. Irresignado, terminou dizendo o seguinte sobre o chefe de polícia:

> Nunca o Capitão Felinto Müller se conformou com estes atos ligeiramente humanitários do Macedo Soares. Concentrou os maiores esforços no sentido de retomar a posse destes dois condenados políticos. Seria necessário escreve um livro para expor-lhe, meu caro Campos, tudo quanto se forgicou de mentiras, de falsidades, de imputações aleivosas contra o Diretor da Casa de Correção, e contra mim, para que se criasse um ambiente propício à volta dos meus clientes *ex-officio* para o domínio esmagador do Capitão Felinto Müller.
>
> Basta-me recordar-lhe que se chegou ao cúmulo de inventar a calúnia de que eu me fizera elemento de ligação entre Prestes e os comunistas que ainda permaneciam em liberdade.[630]

Não havia completado uma semana da carta anterior, Sobral Pinto enviou outra correspondência ao ministro da Justiça, fazendo pesadas críticas sobre o governo de Getúlio Vargas. Chamou o regime varguista de "regime de senzala", cujo ódio fez dominar as terras do Brasil. Vociferou em defesa das liberdades públicas, enquanto Nelson Hungria e companhia entregavam a Francisco Campos o primeiro trabalho de reforma penal da ditadura, a nova lei do júri. Segundo informações que foram levadas por Sobral Pinto, algumas pessoas estariam presas de forma indevida há mais de uma semana, o que exigia providências imediatas.

---

[630] PINTO, Heráclito Sobral. "Conta Sobral Pinto". *In:* _____. *Por que defendo os comunistas*. Belo Horizonte: Universidade Católica de Minas Gerais, 1979, pp. 188-199.

CAPÍTULO III – PRODUÇÃO DE RESISTÊNCIAS NO ESTADO NOVO

Citou, como exemplo, o caso das senhoras Mary Huston Pedrosa e Arlinda Huston, "presas com requintes especiais de leviandade e maldade" que, ao serem levadas pela polícia, "deixaram em casa, inteiramente sós, quatro crianças".[631] Como não são frequentes as críticas explícitas ao regime, ainda mais no auge da ditadura, a citação abaixo, embora longa, está justificada:

> Neste regime de senzala, que o Getúlio, com sua colaboração, instituiu para o Brasil, sinto, meu caro Campos, que a Providência me reservou o papel que, nas sociedades civilizadas, exercem os homens da oposição.
>
> Preciso ser, em face do idealismo filosófico de você, do militarismo presunçoso do Goes Monteiro, e do caudilhismo branco do Getúlio, o homem disposto a dizer a verdade, à custa de qualquer risco, sem preocupações de agradar ou de desagradar àqueles aos quais ela enaltecem ou incomoda, prontificando-me, outrossim, a proporcionar ao governo absolutista que aí está a oportunidade de realizar alguns empreendimentos, que só servirão para preparar para o nosso Brasil um futuro menos sombrio, e quiçá, mais feliz e mais próspero.
>
> Não me assiste, assim, o direito de, por ódio à escravidão política que ora domina em terras do Brasil, e pelo desprezo que me merece a ambição medíocre do Poder, que envenena a alma do Getúlio, deixar que a coisa pública se deprave e se desmoralize mais do que atualmente, para que com isto se rejubilem os adversários políticos seus e do Getúlio.
>
> Assim, tudo quanto estiver ao meu alcance para levar o Poder Público nacional e melhorar as condições da vida pública e particular de todos os brasileiros, eu não deixarei de fazer com minha costumeira franqueza e lealdade, sem temer parecer importuno a você e aos seus companheiros de governo,

---

631 PINTO, Heráclito Sobral. "Conta Sobral Pinto". *In*: _____. *Por que defendo os comunistas*. Belo Horizonte: Universidade Católica de Minas Gerais, 1979, pp. 191-193.

e conformista aos que timbram em declarar usurpador, – e a meu ver com justiça –, o atual governo que nos domine.[632]

Cinco meses depois, instituída a pena de morte, ampliada a competência do Tribunal de Segurança Nacional e entregue o projeto de Código de Processo Penal ao ministro da Justiça, Sobral Pinto escreveu outra carta, informando episódios ocorridos na Casa de Correção e denunciando os ataques que vinha sofrendo. Desrespeitado como advogado, vítima de larga campanha de difamação pela defesa de comunistas, em alguns momentos Sobral pensou que poderia ser preso. Escreveu para Francisco Campos de forma dura e contundente:

> Como prêmio de todo este esforço gigantesco, que venho dispendendo pelo imperativo, sobretudo, da minha consciência religiosa, o governo de que você faz parte envida todas as suas energias para me apontar ao País como um inimigo da pátria, e como um indivíduo indigno de receber o aplauso de quem quer seja. Ontem, era a calúnia torpe do meu comunismo, não se avergonhando certas autoridades de me atribuírem a função abjeta de agente de ligação entre os comunistas presos e os que ainda se encontravam em liberdade.
>
> Esmagada, logo no nascedouro, esta imbecil mentira, prepararam as autoridades arbitrárias novo plano de envolvimento desmoralizante da minha modesta, mas destemerosa individualidade. Urgia enredar-me num cipoal de mentiras deslavadas, que, apresentado-me aos olhos de todos como um desrespeitador das leis vigentes, justificasse o ato prepotente do Poder Público de cerceamento integral da minha liberdade.[633]

---

[632] PINTO, Heráclito Sobral. "Conta Sobral Pinto". *In:* _____. *Por que defendo os comunistas.* Belo Horizonte: Universidade Católica de Minas Gerais, 1979, p. 192.

[633] PINTO, Heráclito Sobral. "Conta Sobral Pinto". *In:* _____. *Por que defendo os comunistas.* Belo Horizonte: Universidade Católica de Minas Gerais, 1979, p. 210.

CAPÍTULO III – PRODUÇÃO DE RESISTÊNCIAS NO ESTADO NOVO

Além das batalhas contra o arbítrio no Tribunal de Segurança Nacional, Sobral envolveu-se num agressivo debate doutrinário com Cassiano Ricardo, que escrevia aos domingos no jornal *A Manhã*. A carga de revolta que tomou conta de Sobral Pinto, insultado e intimidado por Cassiano Ricardo, produziu a mais bela defesa do *Primado do espírito nas polêmicas doutrinárias* que já se conheceu no Brasil.[634] Espremido pela provocação a que foi submetido, Sobral Pinto interpelou pessoalmente autoridades, escreveu cartas e cartas, moveu-se como um violento tornado em defesa dos seus próprios direitos, deixando, no contexto de um surpreendente debate doutrinário, lições teóricas e práticas de democracia e justiça.

A ira do Sr. Cassiano Ricardo contra Sobral foi desencadeada por um discurso que ele fez em homenagem ao jurista Pedro Aleixo. Durante o almoço do Congresso Jurídico Nacional, em 2 de setembro de 1943, Sobral Pinto foi designado a falar em nome dos manifestantes, oportunidade em que analisou "aquilo que os homens da geração do Sr. Pedro Aleixo consideram como constituindo *a verdadeira ordem jurídica democrática*".[635] Sobral se queixou do contexto social, "atravessado por uma anarquia intelectual generalizada e de hostilidades facciosas apaixonadas", preparando as bases de um discurso que, a pretexto de enaltecer Pedro Aleixo, teceu críticas indiretas aos homens, cujos "erros

---

[634] PINTO, Heráclito Sobral. *O Primado do espírito nas polêmicas doutrinárias* (as iras do Sr. Cassiano...). Rio de Janeiro: Jornal do Commercio, 1943. Sobral mandou publicar mil exemplares desse livro, uma raridade em que, além do embate com Cassiano Ricardo, traz grandes lições de humanidade e luta pelo direito à livre expressão e crítica. O exemplar citado neste trabalho é o de número 0096. Nele consta a dedicatória de Sobral Pinto a Cecília Silva, sua grande amiga, secretária e digitadora das inúmeras cartas de Sobral contra os desmandos da ditadura: "*À Cecy, que tanto me tem ajudado a combater o arbítrio, com a sua dedicação ao trabalho, o amigo muito grato, Heráclito. Rio, novembro de 1943, 26*".

[635] PINTO, Heráclito Sobral. *O Primado do espírito nas polêmicas doutrinárias* (as iras do Sr. Cassiano...). Rio de Janeiro: Jornal do Commercio, 1943, p. 14.

funestos e flutuações perigosas", acarretam, quase sempre, "o desprestígio irremediável das funções públicas que desempenham".[636]

> Nos momentos de crise, o difícil não é cumprir o seu dever; é saber onde é que ele está. É esta dificuldade que, nos períodos de perturbação geral, leva os homens públicos a incidirem, muitas vezes, em erros graves, que podem ser trágicos porque arrastam, inconscientemente, os seus concidadãos para o abismo insondável das grandes convulsões sociais.[637]

Sobral Pinto tocou em um ponto sensível, no momento em que o regime estava sendo questionado em diversas frentes, pressionado também pela contradição entre uma estrutura institucional autoritária e o apoio aos aliados na Segunda Guerra Mundial.[638] Não estava, contudo, fazendo bravatas, mas expondo uma determinada questão doutrinária que, segundo pensava, era importante dizer naquele momento. Tal questão dizia respeito ao "aprofundamento mais intenso e maior compreensão dos conceitos jurídicos de *autoridade* e da *liberdade*". Defendeu, ao final, que a democracia que lhe interessa e pela qual não cansou de batalhar com a ajuda de outros *juristas abnegados* "é a que aspira harmonizar, numa ordem jurídica estável,

---

636 PINTO, Heráclito Sobral. *O Primado do espírito nas polêmicas doutrinárias* (as iras do Sr. Cassiano...). Rio de Janeiro: Jornal do Commercio, 1943, pp. 15/16.

637 PINTO, Heráclito Sobral. *O Primado do espírito nas polêmicas doutrinárias* (as iras do Sr. Cassiano...). Rio de Janeiro: Jornal do Commercio, 1943, pp. 15/16.

638 Durante o ano de 1942, intensificaram-se manifestações estudantis em apoio aos Aliados, as quais rapidamente se transformaram em atos pela democracia, representando uma "primeira transgressão à ordem ditatorial". Em outubro de 1943, a elite liberal de Minas Gerais divulgou um manifesto com 98 signatários, em que defendia o fim do Estado Novo e a redemocratização do país ("Manifesto dos mineiros"). Disponível em: https://cpdoc.fgv.br/producao/dossies/AEraVargas1/anos37-45/QuedaDeVargas/ManifestoDosMineiros. Acessado em: 30.06.2019.

CAPÍTULO III – PRODUÇÃO DE RESISTÊNCIAS NO ESTADO NOVO

o exercício pleno da autoridade pública com o respeito intransigente ao direito individual de cada um dos cidadãos".[639]

Essa manifestação provocou uma insultuosa reação de Cassiano Ricardo que, em 5 de setembro, publicou no jornal *A Manhã* um artigo com o título "O saudosismo e o combate ao fascismo", em que atacava Pedro Aleixo e os juristas que o homenagearam. Não satisfeito, publicou outro no dia 29, dessa vez, focado só em Sobral Pinto. O artigo foi intitulado como "O Apóstolo e os seus equívocos". Após resposta de Sobral nas edições de 2 e 9 de outubro, a divergência entre os dois atingiu o maior nível de tensão. Sobral Pinto narrou que Cassiano, "arrasado no campo doutrinário", pensou, então, em lhe desmoralizar. O último escreveu, no dia 10 de outubro, o artigo "Intrepidez & Larouse", no qual desafiou o jurista e ex-advogado de Prestes e Harry Berger a definir, *se realmente fosse homem de coragem, o regimen que atualmente vigora no Brasil*".[640]

Sobral tinha uma coluna no *Jornal do Commércio*, "Pelos domínios do Direito", em que discutia questões teóricas em geral. No dia 16 de outubro, respondeu a Cassiano Ricardo com o texto "Reintegração da ordenação jurídica". Começava assim: "a alma humana é, a um tempo, vulcão e espelho. Se, às vezes, é força que destrói, outras pelo contrário, é placidez, que conserva e orienta energias renovadoras. Nesta última, é inseparável da *lealdade*".[641]

Cassiano Ricardo, de certo, pensava que Sobral Pinto se acovardaria, já que não se tem notícia de pessoas dispostas a entrar numa polêmica dessa natureza no curso de uma ditadura. Nesse texto, Sobral Pinto tratou do "lugar dos homens de honra", da influência

---

[639] PINTO, Heráclito Sobral. *O Primado do espírito nas polêmicas doutrinárias* (as iras do Sr. Cassiano...). Rio de Janeiro: Jornal do Commercio, 1943, p. 24.

[640] PINTO, Heráclito Sobral. *O Primado do espírito nas polêmicas doutrinárias* (as iras do Sr. Cassiano...). Rio de Janeiro: Jornal do Commercio, 1943, p. 25.

[641] PINTO, Heráclito Sobral. *O Primado do espírito nas polêmicas doutrinárias* (as iras do Sr. Cassiano...). Rio de Janeiro: Jornal do Commercio, 1943, p. 27.

do "pensamento jurídico do mundo cristão" em sua formação, transitou por diversos autores e, claro, deu a Cassiano o que ele queria, ou seja, "um juízo claro sobre as instituições que o golpe de 10 de novembro de 1937 implantou no Brasil".[642]

Sobral expôs, por meio da reflexão em torno da palavra *lealdade*, uma interessante análise sobre o desequilíbrio de forças entre o Estado e o indivíduo, no caso, representado por Cassiano, jornalista do governo, e ele próprio.[643] Em certo momento, definiu que o lugar que os homens de honra nos apontam é o do centro,

> para que com mão firme e decisão irretratável, seguremos, pela gola, os trânsfugas desbandeirados que tentam passar, alheios aos deveres da fidelidade, de um canto para outro, repudiando convicções incômodas, bajulando poderosos tolerantes, cuspindo nos vencidos impotentes, e agredindo os homens de bem, que nada reclamam para si.[644]

---

[642] "Certo em nos forçar a escolher ou a desmoralização ou o sacrifício, o Sr. Cassiano Ricardo não vacila: formula, frio e cruel, o deshumano desafio, sem se lembrar, porém, de que democrática não poder ser a organização jurídica de um país que não tolera que um cidadão livre, honrado, trabalhador, e ordeiro divirja, publicamente, sem incidir em perigo, da orientação jurídica do governo" (PINTO, Heráclito Sobral. *O Primado do espírito nas polêmicas doutrinárias* (as iras do Sr. Cassiano...). Rio de Janeiro: Jornal do Commercio, 1943, p. 27).

[643] "Sujeitas às mesmas normas, dois homens podem, então, lutar em igualdade de condições. Quando, porém, um sabe que pode desferir, livremente, qualquer cutilada, sem receio do menor perigo; mas, o outro tem, nesse mesmo instante, um dos braços amarrado ao seu torso por um anel de aço, que lhe tolhe todo movimento, não há como falar em lealdade se aquele se prevalece da sua liberdade, para afrontar o seu adversário acorrentado (...) 'Ser o mais forte, ter por si o Estado, o orçamento, a administração, perseguindo-os até em sua consciência, é tirania, e tirania odiosa sempre" (PINTO, Heráclito Sobral. *O Primado do espírito nas polêmicas doutrinárias* (as iras do Sr. Cassiano...). Rio de Janeiro: Jornal do Commercio, 1943, p. 27).

[644] Estava respondendo à seguinte provocação de Cassiano Ricardo: "O Sr. Sobral Pinto é católico? Se é católico, já não poderá ele ser liberal-burguês, contra as Encíclicas, que consideram o demo-liberalista ateu e cosmopolita. Portanto, nesse primeiro canto ele não poder é estar. Comunista? Não é

CAPÍTULO III – PRODUÇÃO DE RESISTÊNCIAS NO ESTADO NOVO

O mais relevante desse texto tem a ver com a noção de democracia defendida por Sobral Pinto. Chamava de *verdades jurídicas fixadas pelo Santo Padre*. Para Sobral, a Carta de 10 de novembro de 1937 não realizou o "ideal de *democracia orgânica*, preconizado pela Igreja de Jesus Cristo", portanto, "não se ajusta à ordenação jurídica decretada, nos seguintes termos, por Pio XII, para os povos cristãos":[645]

> Quem deseja que a estrela da paz desponte e se detenha sobre a vida social, *coopere numa profunda reintegração da ordenação jurídica. O sentimento jurídico de nossos dias tem sido frequentemente alterado e perturbado pela proclamação e prática dum positivismo e utilitarismo, subordinados e vinculados ao serviço de determinados grupos, classes e movimentos*, cujos programas traçam e determinam o caminho à legislação e à prática forense.
>
> O saneamento desta situação torna-se possível, *quando desperta a consciência duma ordem jurídica*, baseada no supremo domínio de Deus e ao abrigo de todo arbítrio humano; *consciência de uma ordem que estenda a sua mão protetora e vindicativa mesmo sobre os invioláveis direitos do homem e os proteja contra os ataques de todo poder humano. Da ordem jurídica, querida por Deus, e consequentemente, a uma esfera concreta de direito, protegida contra todo o ataque arbitrário.*

---

possível. Também não estará ele nesse segundo canto, pois não estará disposto a pensar russamente ou negar o Brasil pelo espírito. Nazista? Muito menos. (...) Ora, sem querer violentar o seu pensamento, a conclusão natural a que chega é a de que, não sendo demo-liberal, nem esquerdista, só lhe caberá estar no quarto canto, que é o da democracia social, que também não é demo-liberal, nem esquerdista, nem de direita" (PINTO, Heráclito Sobral. *O Primado do espírito nas polêmicas doutrinárias* (as iras do Sr. Cassiano...). Rio de Janeiro: Jornal do Commercio, 1943, p. 27).

[645] PINTO, Heráclito Sobral. *O Primado do espírito nas polêmicas doutrinárias* (as iras do Sr. Cassiano...). Rio de Janeiro: Jornal do Commercio, 1943, p. 30.

ANTONIO PEDRO MELCHIOR

É importante retomar como *a resistência* ao autoritarismo no sistema de justiça brasileiro provém de diversos lugares e é constituída por uma miríade de influências teóricas e práticas *antiautoritárias*. Para Sobral Pinto, as relações entre os homens, entre estes e a sociedade ou perante a autoridade devem se pautar por uma clara base jurídica, o que supõe

> a) um tribunal e um juiz que tomem as suas diretrizes de um Direito claramente formulado e circunscrito; b) normas jurídicas claras que não se possam sofismar com apelações abusivas para um suposto sentimento popular ou com meras razões de utilidade; c) o reconhecimento do princípio segundo o qual também o Estado, com seus funcionários e organizações que dele dependem, estão obrigados a reparar e revogar medidas que lesem a liberdade, a propriedade, a honra, o adiantamento e saúde dos indivíduos.[646]

Apoiando-se em Pontes de Miranda, Sobral Pinto concluiu, em poucas palavras, que a "Constituição de 1937 é a Carta de uma ditadura".[647] A partir da publicação desse artigo, Cassiano Ricardo obteve junto ao Departamento de Imprensa e Propaganda (DIP) a proibição, dirigida ao *Jornal do Commercio*, de "publicar quaisquer respostas de Sobral Pinto a futuros artigos dele, Cassiano Ricardo".[648] Exatamente isto: Cassiano poderia escrever artigos desmoralizando Sobral Pinto, mas ele estava proibido de responder. A ordem foi dada diretamente pelo Capitão Amilcar Dutra de Menezes, diretor do DIP, ao Dr. Elmano Cardim, diretor do jornal. Informado no dia 19, em 20 de outubro, chegava no gabinete do

---

646 PINTO, Heráclito Sobral. *O Primado do espírito nas polêmicas doutrinárias* (as iras do Sr. Cassiano...). Rio de Janeiro: Jornal do Commercio, 1943, p. 31.

647 PINTO, Heráclito Sobral. *O Primado do espírito nas polêmicas doutrinárias* (as iras do Sr. Cassiano...). Rio de Janeiro: Jornal do Commercio, 1943, p. 32.

648 PINTO, Heráclito Sobral. *O Primado do espírito nas polêmicas doutrinárias* (as iras do Sr. Cassiano...). Rio de Janeiro: Jornal do Commercio, 1943, p. 38.

CAPÍTULO III – PRODUÇÃO DE RESISTÊNCIAS NO ESTADO NOVO

capitão uma carta de Sobral Pinto em que, logo no início, afirmava sua posição diante da polêmica doutrinária:

> Sou um homem de doutrina e não um demagogo. Quero a restauração, na Pátria que amo com todas as véras do meu coração, da ordem jurídica que tem por pedra basilar do seu edifício a verdade cristã. (...). É evidente que sou adversário intransigente do sistema de leis que atualmente rege o Brasil. Discordo da política legislativa do Governo, não por motivos de ordem pessoal, mas porque reputo essa política prejudicial à perfeição moral dos meus concidadãos e aos destinos temporais da cousa pública do meu país.

Este é Heráclito Sobral Pinto, descrevendo a si mesmo, na carta ao censor do DIP, Capitão Amilcar:

> Sou um homem de convicções firmes, e não um revolucionário. Não tolero a violência, qualquer que seja a sua forma, e parta de onde partir. Enche-me de indignação, Sr. Diretor, o emprego da força tanto por parte do "conservador" quanto da parte do "revolucionário", desde que tal emprego se apresente divorciado da justiça. Não compreendo, outrossim, porque hei de considerar legítimo o uso da violência, quando ele promana dos órgãos do governo, e devo encará-lo ilegítimo quando ele deriva dos adversários do governo. Amigo intransigente da verdade, não posso aceitar que um ato da mesma natureza seja, ao mesmo tempo, legítimo e ilegítimo, só porque, na primeira hipótese, foi praticado por um agente do governo e, na segunda hipótese, foi da autoria de quem não está de acordo com o governo. [649]

---

[649] PINTO, Heráclito Sobral. *O Primado do espírito nas polêmicas doutrinárias* (as iras do Sr. Cassiano...). Rio de Janeiro: Jornal do Commercio, 1943, pp. 41 e 42: "se fuzilei, com uma descarga definitiva, a pessoa moral do Sr. Cassiano Ricardo, foi porque ele assestou contra mim as suas poderosas metralhadoras. Fiando-se excessivamente na segurança da sua posição de jornalista do Governo, que pode dizer o que quer, sem ter que prestar contas a ninguém,

A carta de Sobral não teve resposta nenhuma. Para piorar, no dia 24 de outubro, Cassiano Ricardo escreveu novo texto, intitulado "O homem que vestiu o couro da onça". Sob censura, proibido de se expor, Sobral conta que ficou assustado com a terrível covardia de ser insultado nessas condições, "totalmente amordaçado!" Habituado a lutar com "firmeza e intrepidez dos homens conscientemente inocentes, que não se deixam, por isso, esmagar, impunemente", Sobral escreveu imediatamente ao diretor do *Jornal do Commercio*. Escreveu igualmente ao presidente da Associação Brasileira de Imprensa.

Dispondo-se a "defender, com a maior energia e vigor, as prerrogativas incoercíveis do pensamento cultural brasileiro", Sobral Pinto adotou como estratégia aproximar-se do então chefe de polícia do Distrito Federal, Sr. Coronel Nelson de Mello. A ideia de Sobral era evitar que, diante da reação que planejava contra Cassiano Ricardo, terminasse lhe sendo atribuído "propósitos de agitação, indisciplina ou de rebeldia". Havia um plano de ação. Procurou um amigo em comum com o coronel, o Dr. Luiz Carlos de Oliveira, que o colocou a par do desejo de Sobral em realizar uma audiência para lhe pôr a par de suas "reivindicações".[650] O coronel Nelson de Mello rapidamente o recebeu, mas, diz Sobral, apenas se colocou à disposição para, "no momento oportuno, informar ao governo a que serve, que eram nobres as intenções" que lhe inspiravam. [651]

---

ele me convocou para a praça pública, para, sob pena do labéo de covardia, dizer o que eu pensava a respeito do Estado Nacional. Para liquidar a audácia deste aventureiro, eu tinha necessidade, Sr. Diretor, de manifestar aquilo que eu até então guardara fechado dentro do ambiente da minha vida privada".

[650] PINTO, Heráclito Sobral. *O Primado do espírito nas polêmicas doutrinárias* (as iras do Sr. Cassiano...). Rio de Janeiro: Jornal do Commercio, 1943, p. 52.

[651] "Vendo respeitados pelo Exmo. Sr. Coronel Chefe de Polícia os meus propósitos de justa reivindicação da liberdade de discussão, no campo puramente doutrinário, retirei-me do seu gabinete, consolado pela sua atitude de elevada compreensão dos meus intuitos" (PINTO, Heráclito Sobral. *O Primado do espírito nas polêmicas doutrinárias* (as iras do Sr. Cassiano...). Rio de Janeiro: Jornal do Commercio, 1943, p. 54).

CAPÍTULO III – PRODUÇÃO DE RESISTÊNCIAS NO ESTADO NOVO

Sobral conseguiria uma nova entrevista com o diretor do DIP, mas ela não terminou bem. Recebido, o oficial do regime "achou que deveria, preliminarmente, sustentar as excelências da ordem jurídica", o que foi imediatamente replicado por Sobral Pinto. Segundo suas próprias palavras, "não tinha ido entrevistar-me com o diretor do Departamento de Imprensa e Propaganda para discutir tais temas".[652] O capitão Amilcar Dutra sugeriu à Heráclito Fontoura Sobral Pinto, como "prova de sua boa vontade", que lhe submetesse a resposta à Cassiano Ricardo ao seu exame pessoal e, assim, quem sabe, ela poderia ser publicada. Óbvio que Sobral Pinto não aceitou "semelhante fórmula". Em reação, informou ao capitão que iria escrever, imediata e diretamente, a todos os ministros de Estado, "na qualidade de conselheiros de Chefe do Governo, expondo tudo o que se estava passando, e formulando veemente apelo para que fizesse prevalecer, nas polêmicas doutrinárias, o primado do espírito".[653]

Alguns ministros de Estado, como João de Mendonça Lima, ministro da Viação, Gustavo Capanema, ministro da Educação, e Oswaldo Aranha, da Política Exterior, responderam, embora de forma curta, informando que o assunto "foge à alçada do Ministério". Oswaldo chegou a dizer que, se dele dependesse, a Sobral seria "assegurado não só o seu direito de defesa, como a mais ampla liberdade para discutir nossos problemas jurídicos e políticos", mas disso não resultou nada prático.[654]

---

652 "Cabia-me acrescentar, ainda, que eu não me interesso por "massas populares" e "elites", enquanto tais. O Governo das nações, é, para mim, um simples problema de *justiça*, sendo esta, por definição, a disposição, efetiva e real, de dar a cada um aquilo que de direito lhe pertence" (PINTO, Heráclito Sobral. *O Primado do espírito nas polêmicas doutrinárias* (as iras do Sr. Cassiano...). Rio de Janeiro: Jornal do Commercio, 1943, p. 57).

653 PINTO, Heráclito Sobral. *O Primado do espírito nas polêmicas doutrinárias* (as iras do Sr. Cassiano...). Rio de Janeiro: Jornal do Commercio, 1943, p. 62.

654 Em 29 de outubro, Sobral informou ao diretor do *Jornal do Commercio* que, dada as circunstâncias, "não poderia, sem traição aos deveres de jurista",

ANTONIO PEDRO MELCHIOR

Sobral Pinto é o exemplo da tradição imposta aos verdadeiros advogados criminais e juristas do campo penal de resistir a todas as formas de opressão pública ou privada. Além das vitórias contra o arbítrio no TSN, a insistência de Sobral em defesa do *primado do espírito*, ou seja, direito a se expressar livremente nos debates doutrinários, integra a memória das lutas pela liberdade de cátedra e de pensamento no país.

3.2.3.2 O exemplo do jovem Evandro Lins e Silva

Quando se desenrolaram os acontecimentos do início de 1930, como a campanha da Aliança Liberal e o próprio golpe, Evandro Lins e Silva estava na faculdade e trabalhava no *Diário de Notícias*.[655] Montou o seu primeiro escritório em 1932, deixando o estágio que fazia com Romeiro Neto.[656] Nessa época, tinha apenas 21 anos. A sala era pequena, um único anexo para espera, e ficava na Rua São José, n. 19, onde hoje se encontra o terminal de garagens Menezes Cortes. Embaixo do escritório funcionava uma "casa de secos e molhados" que, com frequência, exalava um mau cheiro insuportável de queijo. Em 1934, no contexto da aprovação da nova Constituição da República, Evandro ascendeu

---

comparecer perante os leitores da sua coluna semanal. Diante da censura em pôr no jornal o que pretendia, escreveu diretamente a Cassiano Ricardo.

[655] Questionado como a imprensa se comportou diante dos acontecimentos, Evandro ponderou que foi simpática, mas que havia grande número de jornais conservadores. "*O País, Jornal do Commercio*... A Crítica foi a favor do governo de Washington Luís. (...) O governo era muito rotineiro. *O Globo* era oposicionista. *A Noite* não. Era o jornal de maior circulação na época. *O Diário de Notícias* não era um jornal governista, mas não era um jornal de luta, de oposição" (LINS E SILVA, Evandro. *O Salão dos passos perdidos*: depoimento ao CPDOC. Nova Fronteira: Ed. FGV, 1997, p. 108).

[656] João Romeiro Neto (1903-1969) formou-se pela Faculdade de Direito do Rio de Janeiro em 1924. Foi deputado estadual no antigo Estado da Guanabara na legenda do Partido Trabalhista Brasileiro. Em maio de 1963, foi nomeado ministro do Superior Tribunal Militar, órgão em que foi vice-presidente (1968-1969).

CAPÍTULO III – PRODUÇÃO DE RESISTÊNCIAS NO ESTADO NOVO

profissionalmente, mudando-se para a Rua Primeiro de Março, n. 17, 5º andar, onde ficou por 25 anos até a ida à Procuradoria-Geral da República. Nesse mesmo ano, com as dificuldades financeiras do jornal *Diário de Notícias*, Evandro foi para o periódico *A Nação* e, na sequência, para *A Gazeta de Notícias*.[657]

Eclodidos os movimentos aliancistas em 1935, notadamente a partir do levante de novembro, Evandro Lins e Silva passou a se dedicar à defesa de presos políticos. Estava a poucos meses de completar 24 anos. Costumava dizer que, fora do júri, a defesa dos réus de crimes políticos é a mais emocionante, a mais viva, a mais delicada e, por vezes, a mais perigosa.[658]

Para ele, a "coloração mais esquerdista" da Aliança Nacional Libertadora começou com o manifesto de adesão de Luís Carlos

---

[657] O jornal *A Nação* foi lançado no Rio de Janeiro em 1933 por José Soares Maciel Filho, com o apoio de João Alberto Lins de Barros, chefe de polícia do Distrito Federal. Era um jornal colaboracionista do regime e circulou até 1939. Evandro Lins e Silva ascendeu profissionalmente, assim como a advocacia criminal em geral, notadamente a partir de 1938, com a alteração da lei para ampliar a competência do Tribunal de Segurança Nacional para julgar e processar crimes contra a economia popular: "era uma lei que punia os monopólios, os cartéis, os crimes de infração do tabelamento de preços, a gerência fraudulenta de empresas, a usura. Uma lei que passou a punir o burguês, o comerciante. Isso ampliou muito a atividade do advogado penalista e permitiu que a advocacia criminal começasse a ser melhor remunerada" (LINS E SILVA, Evandro. *O Salão dos passos perdidos*: depoimento ao CPDOC. Nova Fronteira: Ed. FGV, 1997, p. 109).

[658] LINS E SILVA, Evandro. *Arca de guardados*: vultos e momentos nos caminhos da vida. Rio de Janeiro: Civilização Brasileira, 1995, p. 23. Nas palavras de Evandro: "veio então o movimento da Constituinte de 34, veio em seguida o movimento comunista de 35, e aí me tornei advogado de presos políticos e criei uma ligação muito constante, muito direta, com os elementos de esquerda no país. Meu irmão Raul, meu companheiro de escritório, era do Partido Comunista, mas eu fiquei naquela categoria dos simpatizantes. Nunca fui do Partido Comunista. Fui muito acusado de ser comunista, mas nunca fui. Sou fundador do Partido Socialista, de João Mangabeira. O socialismo democrático ainda é a solução para a humanidade. É a minha utopia" (LINS E SILVA, Evandro. *O Salão dos passos perdidos*: depoimento ao CPDOC. Nova Fronteira: Ed. FGV, 1997, p. 30).

Prestes, lido no Teatro João Caetano por Carlos Lacerda. Com a entrada de Prestes, o poder na ANL passou a ser mais diretamente exercido pelos comunistas, em detrimento de liberais, democratas e esquerdistas não vinculados ao Partido Comunista.[659] Após os levantes, o governo recrudesceu a campanha anticomunista e iniciou, nas palavras de Lins e Silva, uma "caça às bruxas": foram "presos os que eram comunistas e também aqueles que eram apenas opositores do governo. As cadeias se encheram de presos políticos".[660]

Getúlio Vargas, na concepção de Evandro, aproveitou-se do movimento de 1935 para criar uma atmosfera de pânico na população contra o comunismo. O regime mobilizou a imprensa e fortaleceu a campanha repressiva. Na sua avaliação, o movimento autoritário era um reflexo da "ascensão do fascismo no mundo":

> Mussolini tinha tomado o poder na Itália; Hitler também já havia tomado o poder na Alemanha em 33... Disso se valeram as forças que estavam dentro do governo, simpáticas a essa ascensão do fascismo, e disso se aproveitou Getúlio Vargas, para, em 10 de novembro de 1937, fechar a Câmara e implantar o que se chamou Estado Novo. Foram oito anos,

---

[659] A avaliação de Evandro Lins e Silva a respeito do levante de 1935 é absolutamente crítica. Para ele, foi "uma coisa absolutamente sem sentido, estúpida", inclusive, "prejudicou imensamente o próprio avanço da esquerda no Brasil". A opinião pessoal que tinha de Luís Carlos Prestes não era menos pejorativa: "acho que ele, como político, era insensato, um homem que não tinha noção do limite do que podia realizar. (...) Todas as vezes que ele se colocava numa posição radical, extremada, provocadora do *stablishment*. E o resultado é que o comando que exerceu, o domínio que tinha sobre o Partido Comunista foi muito nocivo ao próprio desenvolvimento do socialismo, ao progresso do país, às reformas que o país necessitava. É essa a minha impressão de Prestes (LINS E SILVA, Evandro. *O Salão dos passos perdidos*: depoimento ao CPDOC. Nova Fronteira: Ed. FGV, 1997, pp. 118 e 134).

[660] LINS E SILVA, Evandro. *O Salão dos passos perdidos*: depoimento ao CPDOC. Nova Fronteira: Ed. FGV, 1997, p. 116.

CAPÍTULO III – PRODUÇÃO DE RESISTÊNCIAS NO ESTADO NOVO

de 1937 a 1945, de supressão das liberdades públicas e de censura à imprensa, de férrea ditadura.[661]

Antes do aumento da repressão, verificada a partir de 1935, grande parte dos juristas progressistas apoiava Getúlio Vargas. A proposta vitoriosa da Aliança Liberal, responsável por colocá-lo na chefia do governo provisório, foi vista com esperança e satisfação, especialmente os de tendências políticas à esquerda. Com Evandro, não foi diferente:

> Enquanto ele manteve as liberdades, enquanto vigeu a Constituição de 1934, estive apoiando o avanço que estava se verificando no país. (...). Agora, depois de 35, diante de todos os desmandos, abusos e arbitrariedades cometidos, evidentemente passei a me opor àquela situação.
>
> Quando foi editada a Constituição de 37, sem uma constituinte, eu me coloquei em franca oposição ao governo.[662]

A visão que Evandro Lins e Silva tinha do Tribunal de Segurança Nacional, criado em 1936, era a mesma sustentada por juristas parlamentares que, da tribuna, impunham dificuldades ao regime varguista para aprovação das medidas de exceção: "um Tribunal de Exceção, não era um órgão do Poder Judiciário de caráter permanente, tinha só a finalidade de julgar aquele movimento. Portanto, era formado por juízes sem garantias, sem independência. E esses juízes julgaram milhares e milhares de brasileiros".

---

[661] LINS E SILVA, Evandro. *O Salão dos passos perdidos*: depoimento ao CPDOC. Nova Fronteira: Ed. FGV, 1997, p. 116.

[662] LINS E SILVA, Evandro. *O Salão dos passos perdidos*: depoimento ao CPDOC. Nova Fronteira: Ed. FGV, 1997, p. 120. Evandro pondera que havia no governo uma parcela de simpáticos ao Eixo, mas havia também resistência, sobretudo por parte de Osvaldo Aranha, que, na época, era ministro do Exterior.

A ampliação da competência do TSN, para julgamento dos crimes contra a economia popular, conferiu ao Tribunal a capacidade de condenar milhares de cidadãos brasileiros, por todo o país, apesar de sediado no Rio de Janeiro. O dia a dia das lutas travadas no Tribunal de Segurança Nacional levava os advogados, devido a essa expansão, a defenderem pessoas em causas não propriamente vinculadas a condutas "atentatórias" à ordem política e social. Centenas foram processadas por injúria contra agente do Poder Público, por exemplo.[663] Evandro conta um caso envolvendo Mario Bulhões Pedreira, emblemático desses abusos:

> Havia saído a moedinha de um tostão, com a efígie de Getúlio Vargas. Um dia uma moedinha dessas caiu na rua, rolou na calçada, e um cidadão que passava pisou em cima. Era oposicionista, um inimigo o denunciou e ele foi preso por injúria à efígie do presidente da República. Foi afinal julgado pelo Tribunal de Segurança Nacional e condenado! E quase que o advogado, Mario Bulhões Pedreira, foi preso, porque o defendeu dizendo que a interpretação de que se considerava aquilo uma injúria era subjetiva. O cidadão podia estar querendo, ao invés de ofender o presidente, evitar que sua imagem caísse na sarjeta das ruas... O juiz não gostou da ironia e repreendeu Bulhões, chegou a ameaçá-lo

---

[663] No ano de 2013, uma moradora da favela do Complexo do Alemão, localizada no Rio de Janeiro, foi condenada pela Justiça Militar pela prática do crime de desacato, supostamente cometido em face de um militar do Exército. Na ocasião, as Forças Armadas ocupavam a "comunidade". O caso chegou ao Supremo Tribunal Federal pelo *Habeas Corpus* n. 112.932, impetrado contra acórdão do Superior Tribunal Militar, que reconhecia a competência da justiça especial. O relator do HC, Luís Roberto Barroso, entendeu que a submissão de civil à Justiça Militar em tempos de paz é prevista no Código Penal Militar (CPM) em algumas hipóteses, entre as quais o crime praticado contra militar no desempenho de serviço de preservação da ordem pública. Essa decisão foi criticada, precisamente por submeter cidadãos e cidadãs ao controle penal da Justiça Militar, fundamentando-se em dispositivo formulado durante a ditadura, ainda mais, no caso em que o oficial não estava em atividade tipicamente militar, mas de policiamento (e segurança pública).

CAPÍTULO III – PRODUÇÃO DE RESISTÊNCIAS NO ESTADO NOVO

de prisão. Ante sua enérgica réplica, o juiz recuou. Mas o réu foi condenado e cumpriu pena.

O Tribunal de Segurança Nacional foi realmente um Tribunal asqueroso. Até chamá-lo de tribunal é um escárnio, é uma ofensa que se tem de um órgão julgador, obrigado a ser sereno e imparcial.[664]

A previsão de que Ordem dos Advogados indicasse um patrono aos réus que não quisessem se defender ou não tivessem advogados, uma das vitórias obtidas pela Minoria Parlamentar, deu a Evandro Lins e Silva a possibilidade de exercer uma posição relevante na defesa dos presos políticos. Assim como Sobral Pinto e vários outros advogados, Evandro foi indicado por Targino Ribeiro, então presidente da instituição,[665] que sabia da sua atuação como advogado criminal e o conhecia pela formação política sabidamente liberal e socialista.[666] Como advogado de presos políticos, frequentou todos os campos de concentração do regime: quartéis, navios, Casa de Detenção, Casa de Correção, todos os cantos.[667]

---

[664] LINS E SILVA, Evandro. *O Salão dos passos perdidos*: depoimento ao CPDOC. Nova Fronteira: Ed. FGV, 1997, p. 118.

[665] A Ordem dos Advogados do Brasil foi criada em novembro de 1930, por decreto do então ministro da Justiça Oswaldo Aranha, logo após o golpe (Decreto n. 19.408). Os estatutos da advocacia foram aprovados um ano depois, após terem sido elaborados por Levi Carneiro, consultor-geral da República e presidente do IAB, então conhecido como Instituto da Ordem dos Advogados do Brasil (Decreto n. 20.784/30). Em 27 de abriu de 1963, a Lei n. 4215 revogou o decreto, ampliando a atuação da OAB na defesa das prerrogativas do advogado. Nova alteração viria apenas em 1994, com a promulgação da Lei n. 8906. Targino Ribeiro, presidente da entidade durante um duro período para as liberdades democráticas, durante a década do horror no Brasil (24/04/1935 a 31/03/1937). Bacharelou-se pela Faculdade de Direito de São Paulo em 1908, apesar de ter exercido a advocacia em Minas Gerais. Foi juiz suplente da 2ª Vara Federal após ter se fixado no Rio de Janeiro.

[666] LINS E SILVA, Evandro. *O Salão dos passos perdidos*: depoimento ao CPDOC. Nova Fronteira: Ed. FGV, 1997, p. 122.

[667] LINS E SILVA, Evandro. *O Salão dos passos perdidos*: depoimento ao CPDOC. Nova Fronteira: Ed. FGV, 1997, p. 128.

De 1936 a 1945, defendeu mais de mil presos políticos, inclusive integralistas.[668] Alegou nunca ter cobrado honorários nos processos dessa natureza. Apesar da explícita diferença que tinha com Prestes, por exemplo, Evandro via nos militantes a justa idealização por um governo melhor para o miserável povo do país.

> Nunca cobrei honorários, porque eu partia do seguinte princípio, que sigo até hoje: o crime político, diz o grande Francesco Carrara, no seu *Tratado de Direito Penal*, não é assunto de Direito Penal, é história. Sempre achei que os presos políticos estavam ali por uma questão de ideias e procuravam, certa ou erradamente, a melhoria das condições de vida do povo. Mas eram idealistas, românticos, achavam que iam mudar o Brasil melhor, iam estabelecer a igualdade social, iam estabelecer um regime socialista, capaz de atender às necessidades do povo brasileiro.[669]

A concepção de Evandro Lins e Silva da luta social, da função do advogado e da importância da defesa criminal, indiscutivelmente, coloca-o no lado contrário ao dos juristas colaboracionistas do autoritarismo penal no Brasil. A história dos embates que travou no Tribunal de Segurança Nacional, inclusive, se confunde com a resistência dos juristas parlamentares que integravam a Frente

---

[668] "Apesar da minha fama de esquerdista eu era um profissional em que, sem imodéstia, se depositava confiança" Idem. Em outra passagem, Evandro registrou que "o tratamento dado aos integralistas pelo tribunal era muito menos severo, embora eles tivessem em grande número, condenados" (LINS E SILVA, Evandro. *O Salão dos passos perdidos*: depoimento ao CPDOC. Nova Fronteira: Ed. FGV, 1997, p. 161).

[669] LINS E SILVA, Evandro. *O Salão dos passos perdidos*: depoimento ao CPDOC. Nova Fronteira: Ed. FGV, 1997, p. 147. O fato de Evandro não cobrar honorários dos presos políticos não significa que deixava de receber pelo seu trabalho em todos os processos em trâmite no Tribunal de Segurança Nacional. O próprio jurista costumava situar a sua ascensão profissional (com mudança para um escritório mais amplo e atuação em defesa de empresários) à ampliação da competência do TSN para o julgamento de crimes contra a economia popular.

CAPÍTULO III – PRODUÇÃO DE RESISTÊNCIAS NO ESTADO NOVO

Pró-Liberdades Populares. Considerava-se um dos discípulos de João Mangabeira, de quem incorporou conselhos e diretrizes, além de auxiliar na formulação e distribuição dos *habeas corpus* impetrados em favor dos presos políticos.[670] Muitas impetrações assinadas por João Mangabeira, Abel Chermont, Domingos Vellasco, Abguar Bastos e Octavio da Silveira, único não advogado, mas médico, foram redigidos por ele. Contou que se deslocava ao escritório do Dr. João que, lá, escolhia quem assinaria a peça. A ele não era autorizado fazê-lo, porque, não tendo imunidade parlamentar, acabaria preso. "resultado: eles todos foram presos, e eu não fui, porque não havia nenhum *habeas corpus* assinado por mim".[671]

O Tribunal de Segurança Nacional funcionava na Avenida Oswaldo Cruz, n. 124, e foi erguido em cima das instalações de um colégio. Fechou-se uma escola para que, no seu lugar, se instalasse esse tribunal espúrio.[672] Quem se recusasse a comparecer, era ouvido dentro da Casa de Correção. O primeiro acusado, pessoalmente defendido por Evandro Lins e Silva no Tribunal de Segurança Nacional, foi o tenente-aviador Benedito de Carvalho, envolvido

---

[670] LINS E SILVA, Evandro. *Arca de guardados*: vultos e momentos nos caminhos da vida. Rio de Janeiro: Civilização Brasileira, 1995, p. 35.

[671] LINS E SILVA, Evandro. *O Salão dos passos perdidos*: depoimento ao CPDOC. Nova Fronteira: Ed. FGV, 1997, p. 123.

[672] LINS E SILVA, Evandro. *O Salão dos passos perdidos*: depoimento ao CPDOC. Nova Fronteira: Ed. FGV, 1997, p. 148. Tratava-se da Escola Barth, erguida no começo do século XX. O comerciante suíço Alberto Barth, ao morrer em 1907, como prova de gratidão ao país que o acolheu, deixou em testamento a doação de 150.00 francos suíços para a construção de uma escola no então Distrito Federal. Ela foi inaugurada na administração do prefeito Souza Aguiar (1906-1909), na Av. Beira Mar, atualmente Av. Oswaldo Cruz, n. 124, no Flamengo. Em 1936, um decreto do presidente Getúlio Vargas transformou o prédio no Tribunal de Segurança Nacional. Com o fim da Segunda Guerra Mundial e a queda da ditadura de Vargas, o prédio voltou a funcionar como escola. O local está tombado pelo Poder Público estadual do Rio de Janeiro (Decreto n. 9414, de 21 de junho de 1990). Disponível em: http://www0.rio.rj.gov.br/sme/crep/escolas/escolas_tombadas/em_alberto_barth.htm. Acessado em: 01.01.2019.

em um episódio de luta armada na Escola de Aviação na cidade do Rio de Janeiro.[673] Naquele que ficou conhecido como o Processo n. 01 do tribunal de exceção deflagrado contra os "cabeças" da revolução e demais acusados, Evandro chegou a defender Álvaro Francisco de Souza e o próprio Benedito de Carvalho. Depois do julgamento em primeira instância, assumiu a defesa também de Honório de Freitas Guimarães, Agildo Barata, Sócrates Gonçalves da Silva, Dani de Medeiros Filho, Demarco Reis etc.

Em sua grande maioria, os processos políticos eram repletos de falhas, além da fragilidade das provas produzidas. A exigência de uma imputação corretamente deduzida, com descrição completa de todas as suas circunstâncias, nunca se verificava: "fulano de tal faz parte de uma célula comunista. Classificação do delito: artigo tal da Lei de Segurança Nacional. Não precisava dizer mais na-da".[674] Como muitos acusados não pretendiam deixar de assumir a própria participação em atos contra o regime, a saída frequentemente passava por conferir um caráter idealístico às condutas, sem relevância penal: "a Revolução Francesa era muito invocada

---

[673] Evandro conta que os comunistas tinham, como padrão de comportamento, levantar os punhos cerrados para o ar. Essa manifestação gerava muita preocupação da polícia especial e dos juízes, que a viam como forma de contestar a autoridade do Tribunal. Benedito burlou a exigência que lhe foi dirigida de abster-se de qualquer protesto. Em certo momento da audiência, virou-se ao juiz e disse: como o senhor sabe, agora, na França da Frente Popular, "todos, quando se reúnem, fazem esse gesto". E fez... (LINS E SILVA, Evandro. *O Salão dos passos perdidos*: depoimento ao CPDOC. Nova Fronteira: Ed. FGV, 1997, p. 148). Esse gesto foi repetido por ativistas de esquerda, acusados de organização criminosa pelo Ministério Público do Estado do Rio de Janeiro nos autos do processo a que me referi em "Questões prévias", espécie de capítulo inaugural do trabalho. Por terem levantado o punho cerrado como símbolo dos ideais comunistas, vários dos acusados foram novamente denunciados, dessa vez, por desacato. O próprio juiz, Dr. Flavio Itabaiana, determinou a remessa dos autos ao órgão de persecução para que tomasse as providências cabíveis, diante do que entendeu ser uma tentativa de desrespeitar o Poder Judiciário fluminense.

[674] LINS E SILVA, Evandro. *O Salão dos passos perdidos*: depoimento ao CPDOC. Nova Fronteira: Ed. FGV, 1997, p. 151.

CAPÍTULO III – PRODUÇÃO DE RESISTÊNCIAS NO ESTADO NOVO

também como parâmetro para mostrar que essas pessoas muitas vezes saem das cadeias para as estátuas. Eu me lembro que usei muito essa expressão". De qualquer forma, sem embargo das deficiências da acusação, não era fácil a absolvição, já que a defesa era completamente cerceada.[675]

> Vou contar um episódio que é característico desse cerceamento da defesa. Havia um processo com muitos réus, muitos acusados, e com 30 advogados. É impossível rememorar todos, mas eram Sobral Pinto, Mario Bulhões Pedreira, Jorge Severiano Ribeiro, o velho Evaristo de Moraes, Pena e Costa, Bartolomeu Anacleto, Jamil Féres... Dizia a lei que regulava o processo que o advogado tinha direito a 30 minutos para a defesa. No dia do julgamento, o presidente do Tribunal fez o seguinte: são 30 minutos, são 30 advogados, logo, cada advogado tem direito a um minuto! Pedimos a suspensão dos trabalhos, nos reunimos, e três advogados fizeram a defesa. Cada um falou dez minutos.

Para quem esteve lá dentro, como Evandro Lins e Silva, a impressão era a de que o processo não passava de uma farsa malfeita. Inquéritos pouco instruídos, tocados por gente sem experiência, diretamente dos quartéis. Os juízes, apesar da previsão de oralidade do procedimento, já traziam as sentenças escritas de casa, sacavam do bolso e liam.[676] A "prova" para a condenação, em regra, baseava-se na palavra do corréu. Se alguém confessasse que era marxista, seguramente seria condenado.

---

[675] LINS E SILVA, Evandro. *O Salão dos passos perdidos*: depoimento ao CPDOC. Nova Fronteira: Ed. FGV, 1997, p. 150. Na visão de Evandro, quando a pessoa não devia ser condenada, sequer era denunciada ou, quando muito, já era colocada em liberdade pela própria polícia, ainda na fase preliminar.

[676] Evandro lembra que, certa vez, o velho Evaristo de Moraes defendeu um cliente, e o próprio juiz tirou a sentença do bolso, convencido da procedência dos argumentos que só depois ele apresentou. Rasgou aquela e fez outra (LINS E SILVA, Evandro. *O Salão dos passos perdidos*: depoimento ao CPDOC. Nova Fronteira: Ed. FGV, 1997, p. 153).

Esse era o quadro. Mas nele também se contavam vitórias contra o arbítrio. Uma que marcou Evandro Lins e Silva e que, de fato, teve forte implicações no jogo de forças, ocorreu no caso envolvendo um professor da Escola de Engenharia chamado João Filipe Sampaio Lacerda, condenado a um ano de prisão. Foi nesse processo que Evandro alegou a possibilidade jurídica do *sursis* para os crimes políticos.[677] O Tribunal de Segurança naturalmente não acolheu a tese, mas, em *habeas corpus* para o Supremo Tribunal Federal, o direito foi reconhecido.[678]

Com a decretação do Estado Novo, enquanto Nelson Hungria e demais juristas eram escolhidos pelo ministro da Justiça Francisco Campos, Evandro Lins e Silva saía do Rio de Janeiro para buscar refúgio em São Paulo.[679] Temia seriamente ser vítima

---

[677] No item destinado a tratar das "Insurgências democráticas na academia: o saber dos juristas a serviço das liberdades", o texto de Evandro Lins, em que defende a incidência do *sursis* nos crimes políticos, será retomado.

[678] Curiosamente, Sobral Pinto era contra a tese, por entender que o *sursis* só se aplicaria a quem estivesse disposto a mudar suas ideias, o que não se via no caso dos criminosos políticos. Pediu que o pai de um cliente seu, que fora posto em liberdade em razão da tese vitoriosa de Evandro, fosse ao seu encontro e pagasse os honorários que lhe eram devidos. Evandro Lins e Silva conta que mandou o pai de volta, mandando-lhe pagar os honorários ao Dr. Sobral Pinto, advogado da causa (LINS E SILVA, Evandro. *O Salão dos passos perdidos*: depoimento ao CPDOC. Nova Fronteira: Ed. FGV, 1997, p. 167).

[679] Evandro Lins e Silva contou que, em certa ocasião, após o julgamento dos "cabeças do levante" aliancista de novembro de 1935, em que defendeu vários acusados, foi muito vigiado pela polícia. No dia do julgamento, inclusive, houve um incidente. Evandro estava no primeiro andar da sala de sessões do Supremo Tribunal Militar, e, de repente, ouviu-se do térreo um grito lancinante. Quando Luís Carlos Prestes entrou no Tribunal, vinha com a boca sangrando. Dirigiu-se ao general Andrade Neves, um dos membros, e disse: "acabei de ser agredido por esses vermes da Polícia Especial, que me retiraram as notas que eu trazia para a minha defesa. (...) O sangue que me corre da boca é o sangue da revolução!!!" Sobral Pinto, que chegara atrasado à sessão, perguntou a Evandro o que havia sucedido. Evandro naturalmente lhe explicou o episódio, quando, de repente, alguém lhe toca pelos ombros: "— O senhor está preso, estava comentando sobre o incidente e foi proibido qualquer comentário sobre ele". Diante disso, ponderou que estava apenas

CAPÍTULO III – PRODUÇÃO DE RESISTÊNCIAS NO ESTADO NOVO

de uma violência, de uma prisão: "ligava o telefone para casa – eu era solteiro – para saber se havia alguma coisa. Não houve nada durante algum tempo, e resolvi voltar. Fui esquecido".[680]

O fato dá bom exemplo do caminho seguido por juristas colaboracionistas e juristas em resistência ao autoritarismo no Brasil. Para os primeiros, os gabinetes da República, posteriormente, cargos no Poder Judiciário. Para os segundos, trincheiras dos tribunais, último bastião em defesa dos inconformados com o regime, dos exilados, dos inimigos políticos, perseguidos e vítimas dos governos arbitrários.

---

comunicando um fato ao advogado, mas, ainda assim, ouviu: "— Não, o senhor tem que me acompanhar, vamos para a Delegacia de Ordem Política e Social". Irresignado, o velho Evandro Lins e Silva vaticinou: "— Não admito que ninguém me dê ordem aqui! Só cumpro ordem do presidente do Tribunal!" Ao final, a prisão não foi efetivada, mas Evandro registrou que o tal homem, que queria lhe prender, por muitas vezes, o vigiava quando saía de casa (LINS E SILVA, Evandro. *O Salão dos passos perdidos*: depoimento ao CPDOC. Nova Fronteira: Ed. FGV, 1997, pp. 163/164).

[680] LINS E SILVA, Evandro. *O Salão dos passos perdidos*: depoimento ao CPDOC. Nova Fronteira: Ed. FGV, 1997, p. 128.

CAPÍTULO IV

TENSÕES EM TORNO DA REFORMA DA LEGISLAÇÃO CRIMINAL (1938/1941)

Os Códigos Penal e Processual Penal aparecerão, no contexto aflitivo da década do horror (1935/1945), como os principais pilares da compilação jurídica do regime. O redesenho institucional do Estado brasileiro, em direção à consolidação de um Estado forte, intervencionista e antiliberal, obedeceu a um processo contínuo de implosão das instituições democráticas, que se inicia com a legislação da repressão política, em 1935, e deságua no Código de Processo Penal, em 1941.

A reforma integral do sistema de justiça criminal, com suas novas codificações, obedeceu, de forma fiel e absoluta, ao vetor ideológico e político-criminal que girava a máquina das persecuções políticas: ideologia da defesa social e da segurança nacional; submissão dos direitos e garantias individuais à retórica da salvação do Estado e da sociedade; fragilização dos direitos de defesa; centralização autoritária do poder exercido pelo magistrado, modelo de valorização da prova favorável ao arbítrio das decisões etc.

No despontar dos anos 1940, mesmo após a decretação sucessiva de estados emergenciais, as detenções em massa, a imposição de nova Constituição, o fechamento do Congresso, a aprovação de medidas de exceção e a instituição de todo um tribunal para julgamento de presos políticos, a retórica oficial do governo mantinha-se na linha inaugurada no início da década de 1930, que as leis penais do país eram lenientes e não passavam de "favores liberais aos criminosos".[681] Havia muitos juristas acadêmicos colaboracionistas do regime que, nessa condição, forneciam os fundamentos teóricos necessários à legitimação do arranjo político-institucional autoritário que se pretendia implementar. Por outro lado, em menor número, juristas em resistência à fascistização absoluta do sistema de justiça no país reagiram aos conceitos e programas voltados à criação de uma ciência penal e processual penal influenciada pelas matrizes do Estado nacional e autoritário. No mínimo, intervieram para denunciar as inconstitucionalidades do Tribunal de Segurança Nacional e garantir as liberdades públicas e direitos individuais no país.

No campo da crítica científica, entretanto, há sutilezas e especificidades que precisam ser percebidas. As tensões entre posições teóricas, em alguns casos, são menos explícitas e agressivas que o verificado nos debates parlamentares. A análise da dicotomia entre *colaboracionismo* e *resistência*, no campo dogmático e dos debates acadêmicos no Brasil, está atravessada por dificuldades decorrentes da grande adesão de juristas ao método técnico-jurídico, logo, busca

---

[681] Nas palavras de Francisco Campos: "as nossas leis vigentes do processo penal asseguram aos réus, ainda que colhidos em flagrante ou confundidos pela evidência das provas, um tão extenso catálogo de garantias e favores, que a repressão terá de ser deficiente, decorrendo daí um indireto estímulo à criminalidade. Urgia abolir semelhante critério de primado do interesse do indivíduo sobre o da tutela social" (CAMPOS, Francisco. *O Estado Nacional*: sua estrutura, seu conteúdo ideológico. Brasília: Senado Federal, Conselho Editorial, 2001, p. 121).

CAPÍTULO IV – TENSÕES EM TORNO DA REFORMA DA...

por alheamento entre doutrina e política.[682] Há também outros problemas relacionados à contradição entre a prática do jurista como advogado nos tribunais penais e as posições teóricas que adota como acadêmico nas discussões sobre a reforma da legislação criminal, já que o tempo era de descrédito do classicismo penal.

A retórica do *equilíbrio*, aliada à ideia de *consenso,* marca da formação social do Brasil, assumiu, no contexto das reformas institucionais do sistema de justiça, uma posição discursiva central. Serviu, objetivamente, como falácia à construção do aparato normativo do regime.[683] Isso levou juristas, genuinamente socialistas ou liberais, a defenderem noções jurídicas e criminológicas típicas da escola positiva.[684] Para tornar mais complexa a análise, há ainda os que, verdadeiramente autoritários, sustentaram um rótulo liberal a propostas influenciadas por uma epistemologia processual de contornos fascistas.

Esse fenômeno aparentemente decorre da ausência, no Brasil, de um pensamento liberal-reformista clássico a quem o pensamento

---

[682] Uma tentativa que considero frustrada, mas que, do ponto de vista analítico, torna menos explícita a adesão do jurista aos grandes temas macropolíticos.

[683] O próprio Francisco Campos, notório antiliberal, esforçava-se para suavizar a submissão do indivíduo à máquina repressiva do Estado, alimentando a ideia de que a nova organização política iria tão somente atacar os excessos e defeitos do liberalismo político clássico, mantendo o equilíbrio entre direitos individuais e o interesse da sociedade.

[684] Daí resulta a importância de compreender a história dos conceitos, sujeitos, ao longo do tempo, a disputas e interpretações que vão alterando sentido e significado. À época, por exemplo, há forte adesão dos juristas socialistas às ideias de Eurico Ferri, como se vê em Evaristo de Moraes, indubitável defensor das liberdades penais. Vale aqui a advertência de Kosellec: "no âmbito de uma possível história dos conceitos, a indagação fundamental a respeito dos processos de alteração, transformação e inovação conduz a uma estrutura profunda de significados que se mantém, recobrem-se e precipitam-se mutuamente" (KOSELLECK, Reinhart. *Futuro passado*: contribuição à semântica dos tempos históricos. Trad. Wilma Patrícia Massa e Carlos Almeida Pereira. Rio de Janeiro: Contraponto: Ed. PUC-Rio, 2006, p. 107).

da escola positiva pudesse se opor.[685] Após percorrer as Revistas Jurídicas de Direito Penal, Forense e da Faculdade de Direito da Universidade do Rio de Janeiro, entre 1933 e 1943, pode-se concluir, com o apoio de Vera Regina Pereira Andrade e Gizlene Neder, que não houve um debate genuíno entre Escolas no país.[686] Houve algum enfrentamento de posições jurídicas em torno de institutos, pouco se falou das práticas do sistema de justiça, mas, de qualquer forma, não houve um conflito propriamente dito entre defensores do legado de Carrara com os de Lombroso, Garófalo, Ferri e cia. Está claro, contudo, que determinadas opiniões jurídicas, mesmo que revestidas de um "caráter técnico", dogmático e pretensamente "neutro", oferecem indícios da adesão do jurista ao projeto jurídico de consolidação do Estado autoritário brasileiro ou, ao revés, sua repulsa.[687]

Quando se examinam as relações de força que permeiam os debates acadêmicos, é preciso, portanto, ver a *resistência* mesmo nas entrelinhas. Todas as posições que primam pelo controle do poder repressivo, crítica ao abuso das práticas judiciais ou ao inquisitorialismo na legislação processual penal importam no reconhecimento

---

[685] ANDRADE, Vera Regina Pereira de. *Ilusão de segurança jurídica*: do controle da violência à violência do controle penal. 3ª ed. Porto Alegre: Livraria do Advogado Editora, 2015. Cf. ainda NEDER, Gizlene. *Iluminismo jurídico-penal-luso-brasileiro*: obediência e submissão. Rio de Janeiro: Instituto Carioca de Criminologia/Freitas Bastos, 2000.

[686] Essa é uma "narrativa *ad hoc* produzida pelos próprios juristas, como forma de justificar as opções político-criminais fundadas na ideia de 'equilíbrio' e 'conciliação'" (PRANDO, Camila Cardoso de Mello. *O saber dos juristas e o controle penal*: o debate doutrinário na *Revista de Direito Penal* (1933-1940) e a construção da legitimidade pela defesa social. Rio de Janeiro: Revan, 2013, p. 91).

[687] Estava definitivamente em jogo a adesão do jurista ao projeto de Estado autoritário no Brasil, de onde se produzia um saber que ou incorporava seus pressupostos ideológicos (para legitimá-lo) ou se resistia a ele (para desconstruí-lo). A dicotomia entre juristas colaboracionistas do regime e juristas de resistência ao autoritarismo corresponderia a esse conflito de interesses e de posições ideológicas.

CAPÍTULO IV – TENSÕES EM TORNO DA REFORMA DA...

da importância civilizatória das garantias fundamentais e, assim, aparecem como parte da dissidência política, servindo como obstáculo às ideias centrais de qualquer regime autoritário.

4.1 Francisco Campos e a consolidação jurídica do Estado autoritário

José Carlos de Macedo Soares, então ministro das Relações Exteriores, tomou posse em 3 de junho de 1937 como ministro da Justiça, em substituição ao interino Agamenon Magalhães, que acumulava o cargo com a pasta do Trabalho desde a saída de Vicente Rao em janeiro. O ministro chegou anunciando que tinha o objetivo de estabilizar a repressão política, "humanizando a repressão ao comunismo".[688] Conta-se que se reuniu com o chefe de polícia e o comunicou do desejo de "pôr em liberdade grande número de presos políticos não processados". Filinto Müller informou que o número de presos políticos, à sua disposição, "sem processo, não atingia a 20". Terminaram soltos, contudo, por ordem de Macedo Soares, aproximadamente 500 pessoas. O episódio, conhecido como "a Macedada", causou enorme desagrado na oficialidade e preparou o ambiente para a retomada agressiva da repressão política e da reforma autoritária do sistema processual penal.[689]

Os motivos pelos quais Getúlio Vargas aquiesceu com isso deve ser de interesse maior dos historiadores. Cinco meses depois, em 5 de novembro, véspera do golpe que impôs nova Constituição e recrudesceu o sistema de justiça criminal, José Carlos de Macedo Soares alegou problemas de saúde e saiu do Ministério da Justiça. Dia 9, Francisco Luís da Silva Campos tomou posse e,

---

[688] DPL, 05.06.1937.

[689] Adalberto Corrêa, nesse momento já ex-presidente da CNRC, considerou a atividade irresponsável (DPL, 16.06.1937, p. 31.921).

ANTONIO PEDRO MELCHIOR

no dia seguinte, estava instaurado o Estado Novo.[690] Fechou-se o Congresso, aboliram-se os partidos. O processo de radicalização

---

[690] A extensa biografia de Francisco Campos, em seus aspectos centrais, foi objetivamente resumida por Diogo Malan. Do essencial, pode-se consignar o seguinte: "(...) graduou-se na Faculdade Livre de Direito de Belo Horizonte (hoje Faculdade de Direito da Universidade Federal de Minas Gerais) em 1910. Foi empossado professor substituto de Direito Constitucional na sua Faculdade de origem em 1918. Sua carreira política foi iniciada ao ser eleito deputado estadual pelo Partido Republicano Mineiro (PRM) para o termo de 1919 a 1922, tendo se destacado, na qualidade de Relator da Comissão de Constituição, Legislação e Justiça, durante os debates sobre a reforma constitucional engendrada por Artur Bernardes. De 1921 a 1926, Campos exerceu mandato de deputado federal. Sua atuação no Congresso Nacional foi caracterizada pelo discurso crítico à democracia liberal e suas instituições, ao movimento tenentista, às autonomias estadual e municipal, ao Parlamento e ao voto secreto, além da defesa da hegemonia e do fortalecimento do Poder Executivo federal. Nesse ínterim, permaneceu entremeando sua atuação parlamentar com o exercício do magistério jurídico: lecionou Filosofia do Direito e Direito Público nos anos de 1920 e 1921 e, a partir de 1924, foi nomeado professor catedrático de Filosofia do Direito, substituindo seu ex-professor Camilo Brito, função que exerceu de modo intermitente até 1930. (...) No governo provisório varguista que se sucedeu, Campos foi nomeado ministro de Estado dos Negócios, da Educação e da Saúde Pública. Nessa qualidade, promoveu importantes inovações tais como a promulgação dos estatutos das universidades brasileiras (Decreto n. 19.851/31) e da Universidade do Rio de Janeiro (Decreto n. 19.852/31), a reforma do ensino secundário e a reintrodução do ensino religioso facultativo no currículo escolar. Campos mudou-se para o Rio de Janeiro/RJ em 1932, abrindo escritório advocatício e assumindo a Cátedra de Filosofia do Direito da FND/UFRJ. Foi nomeado consultor-geral da República em 1933, tendo reformulado, a pedido de Getúlio Vargas, um substitutivo original à Constituição de 1934 para fins de transmudá-lo em projeto da futura Constituição do Estado Novo. Entre 1935 e 1937 foi secretário da Educação do Distrito Federal, também realizando profundas reformas no ensino primário. Foi igualmente responsável pelas tratativas políticas com Plínio Salgado, entregando-lhe em mãos o sobredito projeto de Constituição, visando cooptar o apoio político da Ação Integralista Brasileira (AIB) ao futuro golpe de estado varguista". Em 9 de novembro de 1937, foi nomeado ministro da Justiça. Afastado de cargos públicos, Campos foi um dos artífices dos Atos Institucionais n. 01/64 e 02/65, além de ter enviado ao presidente Castelo Branco sugestões para incorporação à futura Constituição da ditadura civil-militar de 1964. Cf. MALAN, Diogo. "Ideologia política de Francisco Campos: influência na legislação processual penal brasileira (1937-1941)". *In*: MELCHIOR, Antonio Pedro; MALAN, Diogo; SULOCKI, Victoria-Amália

CAPÍTULO IV – TENSÕES EM TORNO DA REFORMA DA...

das reformas legislativas para atender aos fundamentos do Estado autoritário ganhou novo fôlego.

Francisco Campos trouxe ao debate doutrinário e à ação administrativa pública os conceitos e programas para a constituição de um Estado nacional, antiliberal, autoritário e moderno.[691] Esses fundamentos, base do seu pensamento político e jurídico, exerceram grande impacto na legislação processual penal promulgada durante o Estado Novo, especialmente o Código de Processo Penal ainda vigente no país (Decreto-Lei n. 3.689/41) e os Decretos-Leis (n. 88/37, n. 428/38 e n. 474/38) que regulamentaram o subsistema processual penal do Tribunal de Segurança Nacional.[692]

No mesmo mês de novembro de 1937, Francisco Campos concedeu uma entrevista à imprensa, reproduzida em seu livro com o título *Diretrizes do Estado Nacional*.[693] Segundo Campos, a recodificação do Direito brasileiro deveria estar orientada a cumprir um "imperativo de salvação nacional".[694] As instituições liberais, das quais a comissão de juristas para o novo código processual penal insistirá não ter se afastado, foram consideradas responsáveis

---

de B. C. Gozdawa de. *Autoritarismo e processo penal brasileiro*. vol. 1. Rio de Janeiro: Lumen Juris, 2015, pp. 27-30.

[691] Cf. MORAES, Maria Célia. "Francisco Campos: o caminho de uma definição ideológica (anos 20 e 30)". *DADOS*: Revista de Ciências Sociais, Rio de Janeiro, vol. 35, nº 2, 1992, pp. 239-265; GRAMNSCI, Antonio. *Os intelectuais e a organização da cultura*. Trad. Carlos Nelson Coutinho. São Paulo: Círculo do Livro, [s.d.]; e MEDEIROS, Jarbas. *Ideologia autoritária no Brasil*: 1930/1945. Rio de Janeiro: Ed. Fundação Getúlio Vargas, 1972, p. 12.

[692] Quanto ao Direito Material, em 1938, promulgou-se também o Decreto n. 431, definindo-se os crimes contra a personalidade internacional, a estrutura e a segurança do Estado e contra a ordem social, extinguindo-se a aplicação do *sursis* aos crimes políticos. Ainda em 1938, promulgou-se a Lei Constitucional n. 01, responsável por instituir a pena de morte no Brasil.

[693] Cf. CAMPOS, Francisco. *O Estado Nacional*: sua estrutura, seu conteúdo ideológico. Brasília: Senado Federal, Conselho Editorial, 2001.

[694] CAMPOS, Francisco. *O Estado Nacional*: sua estrutura, seu conteúdo ideológico. Brasília: Senado Federal, Conselho Editorial, 2001, p. 39.

por deformar a racionalidade da democracia brasileira. Para ele, a única metodologia apta a impedir sua desintegração total provinha da *Técnica do Estado Totalitário*.[695] Essa *técnica*, aliada ao desprezo pelo Poder Legislativo, explica a opção de Francisco Campos por *reformas legislativas de gabinete*, tocada por técnicos especialistas. Ricardo Jacobsen resumiu a questão:

> Durante o Estado Novo, serão colocados avante todos os preconceitos contra a democracia parlamentar que compunham o pensamento de Francisco Campos. Desta forma, as legislações, a serem fabricadas por técnicos ou especialistas, subtraídas as discussões do escrutínio dos debates parlamentares por laboratórios ou fabricos legislativos, com a predominância – pressuposta – de grandes mudanças no sentido de uma melhoria técnica do processo legislativo.[696]

Inserido na malha burocrática do Estado desde cedo, seja como deputado, secretário do Poder Executivo ou professor universitário, Francisco Campos acreditava que as elites seriam as únicas capazes de dar conta da "irracionalidade da massa" e, portanto, definir o rumo das decisões políticas.[697] Para ele, o Poder

---

[695] CAMPOS, Francisco. *O Estado Nacional*: sua estrutura, seu conteúdo ideológico. Brasília: Senado Federal, Conselho Editorial, 2001, p. 30. Essa é a versão do tecnicismo jurídico brasileiro que irá inspirar a comissão de juristas para os novos Códigos Penal, Processual Penal e Civil.

[696] Ricardo Jacobsen descreve na sequência, e que serve como corroboração, as palavras do próprio Roberto Lyra, extraídas da obra *Direito Penal normativo*. Assim se referiu Lyra: "na história das codificações penais, a contribuição brasileira de 1940 figurará como a primeira a consumar-se num gabinete--oficina, com os operários em camisa. Lugar da tribuna, a mesa. A macha da elaboração não foi registrada. Nem podia ser dadas as circunstâncias de trabalho de equipe com reconsiderações e correções até a última hora". Cf. LYRA, Roberto. "Código Penal de 1940 e outros diplomas". *In*: _____. *Direito Penal normativo*. 2ª ed. Rio de Janeiro: José Konfino, 1977, p. 47.

[697] MEDEIROS, Jarbas. *Ideologia autoritária no Brasil*: 1930/1945. Rio de Janeiro: Ed. Fundação Getúlio Vargas, 1972, pp. 9 e 22.

CAPÍTULO IV – TENSÕES EM TORNO DA REFORMA DA...

Legislativo era incapaz de dar conta do caráter acentuadamente técnico da lei.[698] Dizia que a sua "incapacidade para legislar é um dado definitivamente adquirido não só pela ciência política como pela experiência das instituições representativas, em quase todos os países do mundo". Partindo dessa premissa, reivindicava a criação de um outro processo, mais capaz e adequado de legislação, que não passasse pelo Poder Legislativo, acusado por ele de servir ainda para acomodar clientelas políticas "cujos interesses gravitavam em sentido contrário ao dos interesses nacionais".[699]

O ataque ao Poder Legislativo pela ditadura varguista não é apenas uma postura teórica, típica do autoritarismo de Estado, mas uma deliberada estratégia política de contrarreação à resistência que os juristas parlamentares impuseram às medidas de exceção do governo. Para que a consolidação jurídica do regime não suportasse mais percalços, foi preciso derrubar as tribunas parlamentares, uma das principais trincheiras da resistência ao governo. A peculiaridade das lutas que precederam ao 10 de novembro de 1937 permite concluir que, para controlar a oposição, restringir as manifestações contrárias e calar as acusações de adesão ao fascismo no Brasil, era preciso manter parlamentares e juristas-deputados fora de circulação, especialmente a barulhenta minoria que compunha a Frente Parlamentar Pró-liberdades Populares. Embora sem a ela se referir diretamente, Francisco Campos não deixou de expressar os incômodos:

> A comparação do vulto e do custo da máquina com a produção mofina que resultava do seu funcionamento gerava, no espírito público, o justo sentimento de que a máquina não fora construída para o fim aparente a que se destinava, mas

---

698 A pretexto da complexidade da gestão pública, Francisco Campos postulava igualmente a limitação do sufrágio universal.

699 CAMPOS, Francisco. *O Estado Nacional*: sua estrutura, seu conteúdo ideológico. Brasília: Senado Federal, Conselho Editorial, 2001, p. 47.

para servir a outros fins (...). Esse justo sentimento público via-se, dia a dia, confirmado pelo desembaraço, com que frequentemente, nas câmaras legislativas, interesses privados, de pessoas ou de grupos, encontravam advogados pugnazes, que conseguiam sobrepô-los ao dos interesses nacionais.[700]

Campos decretou a falência da democracia de partidos por entender que eles terminavam por subordinar o interesse do Estado às competições de grupos. Os partidos foram considerados obsoletos, completamente privados de conteúdos programáticos, além de terem se transformado em simples massa de manobra, mantendo-se à sombra de ambições pessoais e de predomínio localistas. A sua substituição por uma "nova organização racional" seria a única saída disponível ao país para permitir o "desenvolvimento harmonioso dos princípios que inspiram a sua formação".[701]

A produção legislativa, em suma, devia orientar-se unicamente por critérios técnico-científicos, algo que considerava inacessível aos parlamentares.[702] Por isso, somente os indicados por ele, Francisco

---

[700] "O Poder Legislativo constituía uma das grandes peças desse formidável aparelhamento. Entretanto, não haverá duas opiniões em relação à incapacidade da peça para o fim a que se destinava. Criado para legislar, a sua função constituiu em congelar as iniciativas de legislação" (CAMPOS, Francisco. *O Estado Nacional*: sua estrutura, seu conteúdo ideológico. Brasília: Senado Federal, Conselho Editorial, 2001, p. 46).

[701] CAMPOS, Francisco. *O Estado Nacional*: sua estrutura, seu conteúdo ideológico. Brasília: Senado Federal, Conselho Editorial, 2001, p. 43. A afirmação de que os partidos não tinham conteúdo programático, pelo menos quanto aos de oposição, soa absurda, já que os membros e simpatizantes estavam sendo perseguidos justamente pelo projeto de país que defendiam ser apropriado. PCB, ANL e demais partidos socialistas sempre tiveram conteúdos programáticos bem definidos. Por outro lado, é impossível deixar de notar como o ódio aos partidos e à "velha política partidária", em geral, reassume uma posição importante nos discursos neofascistas no atual contexto contemporâneo brasileiro.

[702] MORAES, Maria Célia. "Francisco Campos: o caminho de uma definição ideológica (anos 20 e 30)". *DADOS*: Revista de Ciências Sociais, Rio de Janeiro, vol. 35, nº 2, 1992, pp. 250/251. Nas palavras de Francisco Campos:

CAPÍTULO IV – TENSÕES EM TORNO DA REFORMA DA...

Campos, sendo técnicos e não políticos, estariam em condições de reformar as instituições jurídicas brasileiras.[703] A crítica ao Poder Legislativo e aos partidos políticos, assim como a limitação ao sufrágio universal, tudo sob a justificativa da complexidade e caráter técnico das decisões, está por trás do modelo de reforma do sistema de justiça implementado no Brasil.

O chamado "método técnico-jurídico", adotado pelos juristas que compunham as comissões designadas por ele, aparece como ponto ótimo de convergência entre a defesa do *elitismo tecnocrata*[704]

"capacidade política não importa capacidade técnica, e a legislação é hoje uma técnica que exige o concurso de vários conhecimentos e de várias técnicas. Da incapacidade do Parlamento para a função legislativa resulta a falta de rendimento do seu trabalho" (CAMPOS, Francisco. "Diretrizes do Estado Nacional". *In*: _____. *O Estado Nacional*: sua estrutura, seu conteúdo ideológico. Brasília: Senado Federal, Conselho Editorial, 2001, p. 55).

[703] Marco Antonio Cabral dos Santos descreve que a ideia de *tecnocracia*, da qual resulta uma despolitização da justiça, era apenas uma das diretrizes principais do pensamento político-jurídico de Francisco Campos. As outras duas, já referidas e com ela relacionadas, diz respeito ao antiparlamentarismo e o culto à personalidade ou messianismo. A última está vinculada à defesa do líder carismático como o escolhido para frear os ímpetos irracionais da massa e satisfazer os anseios da nação (Cf. SANTOS, Marco Antonio Cabral dos. "Francisco Campos: um ideólogo para o Estado Novo". *Locus*: Revista de História, Juiz de Fora, vol. 13, nº 2, 2007, p. 46). Segundo Rogério Dultra, a crítica de Francisco Campos ao liberalismo e instituições políticas liberais, como considerava o Poder Legislativo, conduzia à ideia de que o processo decisório parlamentar não dá conta da complexidade das questões administrativas e, portanto, estaria em descompasso com a contemporaneidade (Cf. SANTOS, Rogério Dultra dos. "Francisco Campos e os fundamentos do constitucionalismo antiliberal no Brasil". *DADOS*: Revista de Ciências Sociais, Rio de Janeiro, vol. 50, nº 2, 2007, pp. 317 e ss).

[704] O elitismo pode ser entendido pela reserva do protagonismo institucional, técnico e político às elites, relegando-se às massas, irracionais, incultas e apolíticas, o papel de meras destinatárias da ação governamental (Cf. SILVA, Ricardo. *A ideologia do Estado autoritário no Brasil*. Chapecó: Argos, 2004, pp. 119 e ss). Uma das características do pensamento jurídico de Francisco Campos, conforme aponta Paulo Bonavides, é o culto formal à lei, espécie de normativismo extremado. De fato, Campos compartilhava de um certo fetichismo legal, fundado na crença de que a reforma legislativa teria um

329

e uma postura metodológica pretensamente mais científica. Nas palavras de Ricardo Jacobsen:

> O tecnicismo jurídico-penal incorporado por regimes autoritários desencadeará o fenômeno da "civilística penal", que funde procedimentos legislativos de gabinete com o necessário alheamento entre doutrina e política, que somente foi possível graças à elaboração do método "técnico-jurídico" e sua aceitação acrítica pela doutrina. No Brasil, assim como na Itália, foi graças a uma doutrina liberal-reacionária que grande parte dos dispositivos processuais foi mantido hígido, graças à sua "falta de compromisso" com a política iliberal do regime estadonovista.[705]

O tecnicismo jurídico impregnou a cultura jurídica no período da década de 1930 e 1940 em vários lugares do mundo, especialmente na Itália e na Alemanha.[706] Dele se serviram igualmente os juristas brasileiros para articular o liberalismo reacionário com os discursos fascistas, construindo um diploma legislativo

---

peso fundamental na condução do país à modernização. Para ele, contudo, todas essas leis deveriam ser produzidas por uma elite intelectual, designada pessoalmente e assim imposta, já que os parlamentares não teriam condições de deliberar tecnicamente sobre as questões. Esse pensamento, notavelmente antidemocrático e antiliberal, era ainda afrontosamente falso. Basta notar, conforme indicado, a profundidade dos debates parlamentares em torno da proposta de Lei de Segurança Nacional e Tribunal de Segurança Nacional, além do fato, evidentemente reconhecido, de que, dentre os parlamentares, a grande maioria era de juristas, muitos professores e com largo conhecimento técnico da matéria. Cf. BONAVIDES, Paulo. "Francisco Campos: o antiliberal". *In*: CAMPOS, Francisco. *Discursos parlamentares*. Brasília: Câmara dos Deputados, 1979.

[705] GLOECKNER, Ricardo Jacobsen. *Autoritarismo e processo penal*: uma genealogia das ideias autoritárias no processo penal brasileiro. vol. 1, 1ª ed. Florianópolis: Tirant Lo Blanch, 2018, p. 359.

[706] GLOECKNER, Ricardo Jacobsen. *Autoritarismo e processo penal*: uma genealogia das ideias autoritárias no processo penal brasileiro. vol. 1, 1ª ed. Florianópolis: Tirant Lo Blanch, 2018. São personagens centrais presença, na Itália, Arturo Rocco e Vincenzo Manzini, na Alemanha, Edmund Mezger.

CAPÍTULO IV – TENSÕES EM TORNO DA REFORMA DA...

pretensamente técnico e afastado das questões macropolíticas que assolavam a democracia brasileira naquele mesmo momento: prisões ilegais, persecuções políticas, torturas, abuso policial, tribunal de exceção em funcionamento etc.

> (...) o tecnicismo é que articulará a noção de código como objeto técnico com um auditório imaginado juridicamente tecnizado, isto é, em que os destinatários do texto legislativos seriam especialistas em sentido exclusivamente jurídico. Entretanto, a alienação do corpo de juristas, com a perda dos referenciais metaéticos, além da crise do classicismo penal, vinculará a experiência autoritária com o tecnicismo, o que não pode ser pensado como mero acidente histórico.[707]

Por meio do discurso tecnicista, os juristas colaboracionistas da ditadura atuaram para desvincular a produção do Código de Processo Penal das críticas dirigidas à ascensão autoritária do regime. Também puderam ajustar o recrudescimento da legislação repressiva e diminuição das garantias fundamentais à retórica mentirosa do "justo equilíbrio" entre direitos individuais e sociais.[708] Esse discurso pode ser considerado, inclusive, a característica fundamental da narrativa imprimida pelos juristas colaboracionistas e decorre, entre nós, da forte aliança entre o tecnicismo e a "concepção social do Direito". Tal concepção, marcada pela crítica ao individualismo, converge com o pensamento político antiliberal

---

[707] GLOECKNER, Ricardo Jacobsen. *Autoritarismo e processo penal*: uma genealogia das ideias autoritárias no processo penal brasileiro. vol. 1, 1ª ed. Florianópolis: Tirant Lo Blanch, 2018, p. 360.

[708] Essa postura, marcadamente presente no Projeto Rao de 1934, decorre de uma "concepção social de Direito" que, como analisado por Ricardo Jacobsen, "possuirá uma significativa performatividade no campo dos ajustes políticos e jurídicos no processo penal" (GLOECKNER, Ricardo Jacobsen. *Autoritarismo e processo penal*: uma genealogia das ideias autoritárias no processo penal brasileiro. vol. 1, 1ª ed. Florianópolis: Tirant Lo Blanch, 2018, p. 338).

que, em última análise, serviu à construção do Estado autoritário e nacional no Brasil.

A "concepção social do Direito", presente nos esforços de reformulação da legislação processual penal na década de 1930 e 1940, esteve, portanto, radicada na retórica de um "equilíbrio" entre o interesse público à repressão penal e a preservação das garantias individuais.[709] Na prática, a noção de "equilíbrio" serviu para impulsionar o "campo dos ajustes políticos e jurídicos do processo penal", permitindo que os juristas atendessem às diretrizes do regime autoritário sem abrir mão do rótulo liberal.[710] "Tecnicismo" e "concepção social do Direito" produziram, em síntese, uma espécie de cenário ideal para que os juristas assumissem o

---

[709] A "concepção social do Direito", conforme bem descrito por Ricardo Jacobsen, foi um significante marcante no projeto de Código de Processo Penal encomendado por Vicente Rao em 1934. A exigência de elaboração do novo Código de Processo Penal tinha origem na própria Constituição que, no art. 11 das Disposições Transitórias, estabeleceu o dever do governo de organizar uma comissão de juristas que, em três meses, elaborasse este e outros códigos (processo civil e comercial). A comissão que seria responsável por indicar juristas para a elaboração do Código foi composta por Antonio Bento de Faria, Plínio Casado e Luiz Barbosa da Gama Cerqueira, além do ministro da Justiça, Vicente Rao. Formaram a comissão propriamente dita Antonio Magarinos Torres, José Miranda Valverde, Mário Bulhões Pedreira, Haroldo Valadão, Astolpho Rezende, Melchíades Mário de Sá Freire, Cândido de Oliveira Filho e Carlos Maximiliano dos Santos. A indiscutível presença da "concepção social do Direito" pode ser verificada na exposição de motivos do projeto: "desde logo e antes de maior exame, permito-me invocar o princípio básico que levou os eminentes juristas autores deste trabalho a adotar as principais inovações contidas no Projeto: o caráter social do Direito domina, hoje, a consciência jurídica universal, encaminhando-a para novos rumos construtores" (Cf. GLOECKNER, Ricardo Jacobsen. *Autoritarismo e processo penal*: uma genealogia das ideias autoritárias no processo penal brasileiro. vol. 1, 1ª ed. Florianópolis: Tirant Lo Blanch, 2018, p. 338; RAO, Vicente. "Projeto de Código do Processo Penal da República dos Estados Unidos do Brasil". *Revista da Faculdade de Direito da Universidade de São Paulo*, São Paulo, vol. 34, nº 3, 1938, p. 7).

[710] GLOECKNER, Ricardo Jacobsen. *Autoritarismo e processo penal*: uma genealogia das ideias autoritárias no processo penal brasileiro. vol. 1, 1ª ed. Florianópolis: Tirant Lo Blanch, 2018, p. 338.

CAPÍTULO IV – TENSÕES EM TORNO DA REFORMA DA...

trabalho de legislação autoritária, sob a aparência de técnica e do equilíbrio entre direitos individuais e interesses sociais.[711]

Nelson Hungria, principal nome da comissão de juristas nomeada por Francisco Campos em novembro de 1937,[712] escreveu, na edição de julho/agosto/setembro de 1938, um texto em defesa do tecnicismo jurídico penal, em que reposicionava a ciência penal no marco das investigações estritamente orientadas ao estudo da legislação do Estado. O autêntico Direito Penal, para Hungria, era um objeto privilegiado dos juristas (elitismo tecnocrata), e não de sociólogos. Dizia que não é objeto da ciência penal "penetrar na essência dos fenômenos sociais", tampouco a "indagação experimental em torno ao problema da criminalidade". Para ele, era preciso extirpar, da ciência criminal, o "tedioso debate entre

---

[711] GLOECKNER, Ricardo Jacobsen. *Autoritarismo e processo penal*: uma genealogia das ideias autoritárias no processo penal brasileiro. vol. 1, 1ª ed. Florianópolis: Tirant Lo Blanch, 2018, p. 362. O anti-individualismo não foi uma ideologia exclusivamente defendida por ideólogos autoritários. No âmbito da teoria jurídica, como explica Mariana Silveira de Moraes, a preocupação com "o social" foi empregada por diversas correntes para rejeitar o individualismo liberal clássico, sem cair no que atribuíam ser um "extremismo da esquerda política" e seus projetos de transformação profunda do Estado e da sociedade. Uma linha comum às diversas "concepções sociais do Direito" é encontrada na prevalência do interesse coletivo sobre os individuais, busca por uma maior intervenção do Estado e, finalmente, crença de que as reformas sociais devem ser produzidas por meio da lei (SILVEIRA, Mariana de Moraes. "Direito, ciência do social: o lugar dos juristas nos debates do Brasil nos anos 1930 e 1940". *Estudos Históricos*, Rio de Janeiro, vol. 29, nº 58, 2016, p. 453).

[712] Narcélio de Queiroz, um dos nomeados, informou que a comissão foi formada em novembro de 1937, logo após a posse do ministro Francisco Campo. No texto em que tratou da compilação jurídica do regime, Campos registrou que pediu à comissão que se dedicasse ao novo Código de Processo Penal em janeiro, depois da entrega da nova lei do júri, ocorrida no dia 5 desse mês. Cf. CAMPOS, Francisco. "A Compilação jurídica do regime". *In*: _____. *O Estado Nacional*: sua estrutura, seu conteúdo ideológico. Brasília: Senado Federal, Conselho Editorial, 2001, pp. 141/142.

as chamadas escolas penais", relegando-a ao terreno da política criminal uma ciência que considerava "pré-jurídica".[713]

> O tecnicismo jurídico-penal é o estudo sistemático, a exposição rigorosamente técnica, do Direito Penal como realidade jurídica, isto é, o Direito Penal deduzido da legislação do Estado. Não se trata de uma escola, pois, ao contrário, é a abstração radical e definitiva das escolas no campo do Direito Penal. (...) Não comporta escolas, de vez que não pode haver diversidade de métodos na interpretação e aplicação das regras ditadas pela vontade soberana do Estado. Seu único método possível é o dedutivo, o lógico-abstrato, o técnico-jurídico.

A adesão majoritária da doutrina brasileira ao tecnicismo jurídico e ao método que lhe é correspondente seguiu, enfim, a orientação de Arturo Rocco, segundo o qual não se deve ultrapassar a experiência assinalada pelo Direito Positivo vigente.[714] Essa concepção traduz um projeto metodológico, mas igualmente político jurídico: submeter a ciência penal à finalidade de assegurar a instauração e a conservação de um determinado modelo político, econômico e social, em que a relação entre saber, norma penal e opressão não se deve verificar.

Tal perspectiva é exatamente aquela que os juristas em resistência ao autoritarismo vieram e, ainda vêm, radicalmente retificar.

---

[713] HUNGRIA, Nelson. "O tecnicismo jurídico-penal". *Revista de Direito Penal*, ano VI, vol. XXII, fasc. I, II, III, jul./ago./set. 1938, pp. 35-37.

[714] Cf. ROCCO, Arturo. *El problema y el método de la ciência del derecho penal*. Bogotá: Editorial Temis, 1999, pp. 8/9. Ricardo Jacobsen tratou com singular acuidade do largo espaço que a ideologia tecnicista encontrou no Brasil, "o que garantiu, de acordo com consistente paradigma do pensamento tecnicista, a 'universalidade' dos institutos somada à 'autodeclarada imunidade política' a despeito de quaisquer orientações extra ou meta processuais" (GLOECKNER, Ricardo Jacobsen. *Autoritarismo e processo penal*: uma genealogia das ideias autoritárias no processo penal brasileiro. vol. 1, 1ª ed. Florianópolis: Tirant Lo Blanch, 2018, p. 335).

CAPÍTULO IV – TENSÕES EM TORNO DA REFORMA DA...

O método tecnicista "considera basicamente as condições de produção das normas jurídico-processuais, dissociadas dos conflitos que afligiram a população negra e índia, escrava e liberta, e os grupos de imigrantes pobres, além das mulheres e crianças".[715]

A doutrina antiautoritária, fundada em uma epistemologia dialética, subverte esse paradigma dogmático.[716] A análise lógico formal das normas penais e processuais penais é superada por um racionalismo renovado, que se interessa em compreender *como* é utilizado o *poder* que o saber científico implica; e como é utilizado não só pelos próprios juristas, mas também por aqueles que encomendam, manipulam e aplicam os resultados das ciências, no caso do sistema de justiça criminal, o Estado e seus agentes.[717]

---

[715] PRADO, Geraldo. *Transação penal*. Coimbra: Almedina, 2015, p. 107.

[716] Para uma exata noção de paradigma, conferir a obra de KUHN, Thomas S. *A estrutura das revoluções científicas*. Trad. Beatriz Vianna Boeira e Nelson Boeira. São Paulo: Perspectiva, 2009. O conceito de epistemologia dialética pode ser encontrado na obra citada de Agostinho Ramalho Marques Neto: "para a dialética, o importante é a *relação*, tomada não exatamente no seu sentido abstrato e genérico, mas a relação concreta que efetivamente ocorre dentro do processo histórico do ato de conhecer. (...) Toda pesquisa criadora é um trabalho de *construção* de conhecimentos novos, mas uma construção ativa, engajada, e não uma simples captação passiva da realidade" (MARQUES NETO, Agostinho Ramalho. *A Ciência do Direito*. Rio de Janeiro: Renovar, 2001, p. 13).

[717] MARQUES NETO, Agostinho Ramalho. *A Ciência do Direito*. Rio de Janeiro: Renovar, 2001, p. 29. Podemos acrescentar neste ponto a observação de Hilton Ferreira Japiassu: "o que a epistemologia crítica pretende mostrar é que, uma vez que o conhecimento científico se torna cada vez mais um *poder*, é este próprio poder que irá constituir, nas sociedades industrializadas, a *significação real* da ciência" (JAPIASSU, Hilton Ferreira. *Introdução ao pensamento epistemológico*. 2ª ed. Rio de Janeiro: Francisco Alves, 1977, p. 77). A epistemologia crítica e dialética, em que a doutrina antiautoritária se apoia, interroga os investigadores e os atores do sistema criminal, exigindo que optem por duas possibilidades quanto à tomada de posição: "a) ou eles aceitam a alienação como se fosse um estado de coisas natural, continuando a estabelecer uma distinção entre a responsabilidade da *criação* e a da *utilização* do saber; b) ou então, revoltam-se contra ela, mas também contra seu estado de produtores 'neutros' de informações, passando a preocupar-se

Ao contrário do que Hungria defendeu, ou seja, uma ciência que "somente se ocupa de definições, catalogações e sistematização de conceitos no corpo das leis", os juristas em resistência ao autoritarismo abandonam a ideia segundo a qual a ciência é isenta e neutra de qualquer contaminação para acolher a concepção de uma ciência crítica, capaz de analisar as relações que ela mantém com a sociedade, bem como as orientações ou utilizações eventuais que esta sociedade poderá impor-lhe.[718]

Em síntese: é definitivamente importante reconhecer a "forte conotação política do movimento tecnicista" que, a pretexto de produzir um saber não influenciado por questões dessa natureza, construiu o edifício jurídico do Estado autoritário brasileiro, do qual o sistema de justiça criminal é o pilar central. Tem razão Ricardo Jacobsen quando insiste que não se pode, sob qualquer hipótese, aceitar a ideia de que agiram como "freio ou contrapeso ao poder", porque isso implicaria "absolvê-los no tribunal da história".[719]

As acusações de Francisco Campos às instituições políticas da democracia liberal, as quais ele dizia serem obsoletas, atentarem contra a ordem, o bem-estar social e a modernização do país, repercutiram com enorme força nos projetos de reforma dos códigos, especialmente o processual penal. O arranjo político-institucional

---

com os objetivos fundamentais da *pesquisa*, onde todo trabalho intelectual deve adquirir significação final".

[718] Essa é a conclusão a que chega JAPIASSU, Hilton Ferreira. *Introdução ao pensamento epistemológico.* 2ª ed. Rio de Janeiro: Francisco Alves, 1977, p. 76. Juristas críticos colocam em questão uma espécie de objetividade que se apresenta como racionalização de crenças ingênuas, a-históricas. Cf. MELCHIOR, Antonio Pedro. "A Teoria Crítica do processo penal". *Revista Brasileira de Ciências Criminais*, nº 128, 2017. (Dossiê Especial Criminologia e Processo Penal).

[719] GLOECKNER, Ricardo Jacobsen. *Autoritarismo e processo penal*: uma genealogia das ideias autoritárias no processo penal brasileiro. vol. 1, 1ª ed. Florianópolis: Tirant Lo Blanch, 2018, p. 361.

CAPÍTULO IV – TENSÕES EM TORNO DA REFORMA DA...

da ditadura varguista, a partir de 1937, foi, em parte, consequência da orientação ideológica do seu pensamento político e jurídico.[720]

Desde o discurso acadêmico da década de 1910, Francisco Campos sustentava que, para resolver o "problema da democracia [,] é necessário que os juristas, largamente embebidos da inspiração nacional, estejam sempre prontos a adaptar os órgãos legais da Nação à satisfação das necessidades democráticas". Para Campos, contudo, o futuro da democracia depende do futuro da autoridade. Reprimir os excessos da democracia pelo desenvolvimento da autoridade era o papel político de numerosas gerações.[721] Era preciso, em suma, inverter o conceito negativo de democracia, próprio do século XIX, e redefinir o que se entende por liberdade. A visão de Francisco Campos a respeito de democracia e liberdade coincide, na contemporaneidade, com os discursos antigarantistas em geral, os quais consideram ultrapassada a ideia que vê no poder ou no governo "o grande inimigo, cuja ação se torna necessário limitar estritamente". Tanto em um quanto em outro, a concepção de

---

[720] Cf. MALAN, Diogo. "Ideologia política de Francisco Campos: influência na legislação processual penal brasileira (1937-1941)". *In*: MELCHIOR, Antonio Pedro; MALAN, Diogo; SULOCKI, Victoria-Amália de B. C. Gozdawa de. *Autoritarismo e processo penal brasileiro*. vol. 1. Rio de Janeiro: Lumen Juris, 2015, pp. 51-77. As discussões em torno do Código Penal começaram ainda em 1934, pelo menos no âmbito das revistas jurídicas. Com o advento do Estado Novo, haverá modificações na estrutura da comissão de juristas responsáveis pelo Código, com protagonismo a ser exercido por Nelson Hungria, até então um comentador das alterações propostas. O texto que será objeto de desenvolvimento e retoques, portanto, é o de Alcântara Machado. O Código de Processo Penal conheceu articulação diversa, já que não havia, ao tempo do golpe de novembro, grandes trabalhos em andamento, salvo, sobre a reforma do júri. Todo o Código, portanto, parece atravessado pelo pensamento político de Francisco Campos, assim como as demais instituições jurídico-criminais reformadas, como a Lei de Contravenções Penais, as Leis contra a Economia Popular, a nova Lei do Júri, a Lei Orgânica do Ministério Público Federal, a nova Lei de Segurança e a reorganização do Tribunal de Segurança Nacional, a Lei das Nacionalidades, a de Atividades Políticas de Estrangeiros etc.

[721] JARBAS, Medeiros. *Ideologia autoritária no Brasil*: 1930/1945. Rio de Janeiro: Ed. Fundação Getúlio Vargas, 1972, p. 10.

democracia, costurada a partir da luta dos cidadãos contra o poder e que alimentou as cartas políticas liberais, corresponderia a um momento histórico definido e transposto, em que o indivíduo só podia ser afirmado pela negação do Estado. O problema constitucional dos novos tempos, como afirmou Campos, não seria mais o de como prender e obstar o poder,[722] mas o de garantir que o Estado exerça uma "arbitragem justa". O princípio da liberdade, da qual resulta uma declaração de limites ao poder, como pensam, não está adequado às novas exigências, porque somente submetendo a liberdade à autoridade, ao Estado forte, é possível assegurar a todos, não apenas a alguns, o "gozo da herança comum da civilização e da cultura".[723] Nas palavras do próprio ministro da Justiça:

> Um dos pontos essenciais do regime é a definição da liberdade. (...) No regime liberal organizou-se um novo feudalismo econômico e político. Somente o Estado, porém, está em condições de arbitrar ou de exercer um poder justo. Ele representa a nação e não é o instrumento dos partidos e das organizações privadas. O regime corporativo não exclui a liberdade; apenas torna justo o seu exercício. (...) Postular a liberdade é postular força. É necessário que sejam postuladas ao mesmo tempo a liberdade e a justiça, ou antes, a liberdade como exercício de um poder justo. Lacordaire resumiu numa frase lapidar a crítica do liberalismo: "em toda sociedade em que há fortes e fracos, é a liberdade que escraviza e é a lei que liberta".[724]

As disputas em torno do conceito de democracia e liberdade possuem natural impacto no âmbito do Direito Penal e Processual

---

[722] JARBAS, Medeiros. *Ideologia autoritária no Brasil*: 1930/1945. Rio de Janeiro: Ed. Fundação Getúlio Vargas, 1972, p. 57.

[723] JARBAS, Medeiros. *Ideologia autoritária no Brasil*: 1930/1945. Rio de Janeiro: Ed. Fundação Getúlio Vargas, 1972, p. 59.

[724] JARBAS, Medeiros. *Ideologia autoritária no Brasil*: 1930/1945. Rio de Janeiro: Ed. Fundação Getúlio Vargas, 1972, pp. 62/63.

CAPÍTULO IV – TENSÕES EM TORNO DA REFORMA DA...

Penal e, como tal, assumem grande importância no contexto de reformas do sistema de justiça criminal. As liberdades democráticas em matéria criminal, para os juristas em resistência ao autoritarismo, em 1930 e ainda hoje, estão indissociavelmente ligadas ao estabelecimento de limites ao poder e maximização dos direitos individuais. Na gramática autoritária, essa ideia é recusada. Os princípios liberais são desvinculados da democracia, que não precisa deles para existir.[725] Pensa-se que é possível eliminar a presunção de inocência, demais princípios e garantias fundamentais, sem abdicar de um regime democrático. O pensamento político autoritário, notadamente no campo da justiça criminal, permanece refletindo as ideias expostas por Francisco Campos, segundo o qual a democracia liberal é uma deformação, produz desordem, instabilidade e gera, exatamente, o contrário da democracia ou do ideal democrático.[726] A submissão do indivíduo ao "interesse

---

[725] "Sufrágio universal, representação direta, voto secreto e proporcional, duração rápida do mandato presidencial foram meios impróprios, senão funestos aos ideais democráticos" (CAMPOS, Francisco. "Problemas do Brasil e soluções do regime: entrevista concedida à imprensa em janeiro de 1938". *In*: _____. *O Estado Nacional*: sua estrutura, seu conteúdo ideológico. Brasília: Senado Federal, Conselho Editorial, 2001, p. 75).

[726] CAMPOS, Francisco. "Problemas do Brasil e soluções do regime: entrevista concedida à imprensa em janeiro de 1938". *In*: _____. *O Estado Nacional*: sua estrutura, seu conteúdo ideológico. Brasília: Senado Federal, Conselho Editorial, 2001, p. 80. Em alguns casos, além de negar a centralidade do sufrágio universal, o Poder Legislativo e as liberdades individuais etc., para o conceito de democracia, Francisco Campos tergiversa quanto à relevância de outras garantias fundamentais do regime democrático. Sobre os limites à irretroatividade das leis, por exemplo, declarou que "a supressão, no texto constitucional, do princípio da irretroatividade das leis não significa a adoção do princípio contrário, isto é, da retroatividade. Não é na Constituição, mas na lei civil, que esse princípio deve figurar". Campos acrescenta, contudo, que se não é caso de jogar fora o princípio da irretroatividade das leis, tal não se faz "em reverência ao mito individualista", mas por ser indispensável às relações jurídicas em geral (CAMPOS, Francisco. "Problemas do Brasil e soluções do regime: entrevista concedida à imprensa em janeiro de 1938". *In*: _____. *O Estado Nacional*: sua estrutura, seu conteúdo ideológico. Brasília: Senado Federal, Conselho Editorial, 2001, pp. 82 e 83). Deve ser ressalvado

público" aparece, cá é lá, com o mesmo formato, ora em nome da nação, ora em "nome da sociedade".

> O indivíduo soberano existe apenas no preconceito individualista. Na realidade, o indivíduo é membro da Nação e só merece o apoio do Estado quando o seu interesse não colide com o da comunhão nacional, para a defesa de cujos interesses, honra a independência, existe o Estado.[727]

Francisco Campos, no desenvolvimento da retórica autoritária, chegou ao cúmulo, surpreendentemente repristinado no Brasil do século XXI, de associar a defesa dos direitos individuais – típicos do liberalismo político – com o comunismo. Insistia que o "extenso catálogo de garantias e favores", próprio das cartas políticas liberais, era um "estímulo à criminalidade",[728] e que a liberdade a ser assegurada não é a liberdade do individualismo liberal (que conduz ao comunismo), mas a liberdade da iniciativa individual, dentro do quadro da corporação.[729]

---

que a Carta de 1937, como indica o próprio, ressalvou formalmente a irretroatividade da lei penal mais gravosa, por ser um "princípio tradicional".

[727] "No Estado-Nação, a par dos direitos individuais, são reconhecidos direitos da Nação ou do povo, que limitam os direitos ou as liberdades individuais, tomando o bem público como pressuposto obrigatório do governo. Esta, a democracia substantiva, oposto à democracia formal; este, o ideal democrático, contraposto à máquina democrática" (CAMPOS, Francisco. "Problemas do Brasil e soluções do regime: entrevista concedida à imprensa em janeiro de 1938". *In*: _____. *O Estado Nacional*: sua estrutura, seu conteúdo ideológico. Brasília: Senado Federal, Conselho Editorial, 2001, p. 83).

[728] CAMPOS, Francisco. "Síntese da reorganização nacional". *In*: _____. *O Estado Nacional*: sua estrutura, seu conteúdo ideológico. Brasília: Senado Federal, Conselho Editorial, 2001, p. 121.

[729] "Toda a dialética de Marx tem por pressuposto essa verdade: a continuação da anarquia liberal determina, como consequência necessária, a instauração final do comunismo. (...) O corporativismo mata o comunismo, como o liberalismo gera o comunismo. O corporativismo interrompe o processo de decomposição do mundo capitalista previsto por Marx como resultante da anarquia liberal. (...) O corporativismo, inimigo do comunismo e, por consequência, do

CAPÍTULO IV – TENSÕES EM TORNO DA REFORMA DA...

Campos tinha fixação na defesa intransigente da ordem e da estabilidade político-institucional, ideia que decorria da sua formação jurídica hobbesiana e positivista, como consignou Jarbas Medeiros ao tratar da ideologia autoritária no Brasil.[730] Em entrevista concedida à imprensa em abril de 1939, quando abordou o tema da reorganização nacional, o ministro da Justiça esclareceu que o projeto de Código de Processo Penal, entregue aos cuidados da comissão de juristas, tinha o objetivo de conferir maior facilidade e energia à ação repressiva do Estado e, do ponto de vista político constitucional, abolir o primado do interesse do indivíduo sobre o da tutela social.[731]

---

liberalismo, é a barreira que o mundo de hoje opõe à inundação moscovita. Inimigo do liberalismo não significa inimigo da liberdade. Há para esta lugar na organização corporativa" (CAMPOS, Francisco. "Diretrizes do Estado Nacional". *In*: _____. *O Estado Nacional*: sua estrutura, seu conteúdo ideológico. Brasília: Senado Federal, Conselho Editorial, 2001, pp. 62/63).

[730] JARBAS, Medeiros. *Ideologia autoritária no Brasil*: 1930/1945. Rio de Janeiro: Ed. Fundação Getúlio Vargas, 1972, p 9. Paulo Bonavides, na mesma linha, sustentará a influência de Hobbes nas ideias políticas e jurídicas de Francisco Campos, profundamente marcadas pelo exercício centralizador e vertical do poder político, pela fixação com a ideia de ordem, portanto, submissão de direitos individuais à noção de segurança jurídica (BONAVIDES, Paulo. "Francisco Campos: o antiliberal". *In*: CAMPOS, Francisco. *Discursos parlamentares*. Brasília: Câmara dos Deputados, 1979). A adesão de Francisco Campos ao positivismo pode ser percebida em diversas passagens, notadamente aqui: "o que se exige, em suma, é que o Direito se beneficie dos mesmos métodos de apreciação e de estudo que tornaram possíveis os rápidos progressos da Medicina, as transformações dos processos industriais e o melhoramento ou racionalização de todas as técnicas do trabalho humano. (...) é necessário que os homens transportem para o domínio jurídico (...) e utilizem, quanto ao Direito, os hábitos com que as ciências de observação e de experiência imprimiram uma nova orientação ao seu espírito" (CAMPOS, Francisco. "Síntese da reorganização nacional". *In*: _____. *O Estado Nacional*: sua estrutura, seu conteúdo ideológico. Brasília: Senado Federal, Conselho Editorial, 2001, p. 128).

[731] Cf. CAMPOS, Francisco. "Síntese da reorganização nacional". *In*: _____. *O Estado Nacional*: sua estrutura, seu conteúdo ideológico. Brasília: Senado Federal, Conselho Editorial, 2001, p. 121.

Trechos inteiros dessa entrevista foram, dois anos mais tarde, reproduzidos na *Exposição de Motivos* do Código de Processo Penal. O mesmo ocorreu com a concedida em julho do mesmo ano, a respeito da compilação jurídica do regime. Isso não significa que tenha sido ele, Francisco Campos, o genuíno autor do texto final da *Exposição*. Na Sessão Solene do Tribunal de Justiça do Estado do Rio de Janeiro, realizada em 26 de dezembro de 1991, Evandro Lins e Silva confidenciou que a *Exposição de Motivos*, tanto do Código Penal quanto do Código de Processo Penal, são de autoria de Nelson Hungria, nomeado por Campos para integrar diversas comissões de juristas, logo após a posse como ministro da Justiça, em meio ao golpe de novembro de 1937.[732]

No mesmo contexto em que Campos falava dos ajustes do novo Código de Processo Penal às diretrizes do regime, realiza-vam-se as últimas alterações no procedimento do Tribunal de Segurança Nacional, e se instituía a pena de morte no Brasil.[733] Trazer essa coincidência às claras é importante para que não se perca de vista a comunicação entre o sistema processual penal "comum" e o subsistema da repressão política. A alegação de que o código não teria se afastado das tradições liberais, como sustentou Narcélio de Queiroz, um dos membros da comissão, aparece quase como um "insulto" às posições defendidas pelo ministro que, segundo ele próprio, Narcélio, supervisionou de perto e dirigia pessoalmente os trabalhos:

---

[732] "Que fique registrada a verdade histórica, através do testemunho de um contemporâneo da elaboração dos dois diplomas, de cujos trabalhos teve notícias constante, por lavrar na mesma seara e pelo interesse cultural e profissional que os projetos lhe sugeriam e inspiravam" (Cf. LINS E SILVA, Evandro. *Arca de guardados*: vultos e momentos nos caminhos da vida. Rio de Janeiro: Civilização Brasileira, 1995, p. 99).

[733] O Decreto-Lei n. 474, de 8 de junho de 1938, será retratado em seguida. A Lei Constitucional n. 01/1938 previu que, além dos casos previstos na legislação militar para o tempo de guerra, a pena de morte seria aplicada em grande parte das tipificações referentes aos crimes políticos, também na hipótese de "homicídio cometido por motivo fútil ou com extremos de perversidade".

CAPÍTULO IV – TENSÕES EM TORNO DA REFORMA DA...

> Cumpro aqui, mais uma vez, o dever de dar meu testemunho sobre a extraordinária capacidade de trabalho e perfeita preparação técnica do ministro Campos. Durante todo o curso dos nossos trabalhos, esteve ele sempre presente, dirimindo dúvidas, sugerindo rumos, fixando posições. Pudemos assim, bem conhecer os altos critérios de sua exemplar técnica de legislador e de estadista.[734]

Apesar da preocupação de juristas como Narcélio de Queiroz em preservar uma imagem pessoal, pretensamente liberal, a orientação do Código de Processo Penal, segundo impunha Francisco Campos, era indiscutivelmente contrária. As críticas ao liberalismo, como insistentemente visto, representavam a continuidade das ideias que atravessavam os principais nomes do governo e, como tal, já estavam presentes na comissão nomeada por Vicente Rao para reformar o Código de Processo Penal, antes de Campos. Fato é que o Direito Processual Penal brasileiro foi gradativamente orientado na década de 1930, desde as primeiras modificações no subsistema processual da repressão política, para servir como espelho, como a plena expressão do Estado forte varguista. Tal processo codificatório, como explica Jacobsen, seguiu fielmente o exemplo italiano, nascido e conduzido sob o signo do processo legislativo nacionalista.[735]

---

[734] QUEIROZ, Narcélio de. "O Novo Código de Processo Penal". *Revista Forense*, Rio de Janeiro, nº 93, jan./mar. 1943, p. 457. O mesmo texto foi reproduzido em publicação do *Jornal do Commercio*. Cf. QUEIROZ, Narcélio de. "O Novo Código de Processo Penal: conferência realizada pelo juiz Narcélio de Queiroz na 'Sociedade Brasileira de Criminologia', em 11 de agosto". *Archivo Judiciario*, Jornal do Commercio, vol. LVX, jan./fev./mar. 1943, p. 85.

[735] GLOECKNER, Ricardo Jacobsen. *Autoritarismo e processo penal*: uma genealogia das ideias autoritárias no processo penal brasileiro. vol. 1, 1ª ed. Florianópolis: Tirant Lo Blanch, 2018, p. 352. A influência do pensamento jurídico italiano, apropriado pelo fascismo, no Direito Penal e Processual Penal brasileiro foi detidamente analisado por Jacobsen. Os indícios são vários e contemplam desde o número excessivo de citações a Arturo Rocco

A revisão do Código de Processo Penal, conforme registrou Francisco Campos, durou somente quatro meses.

> Logo depois de publicada a nova Lei do Júri, em janeiro de 1938, eu pedira, de fato, aos juízes Nelson Hungria, Antônio Vieira Braga e Narcélio de Queiroz, que a haviam redigido, e ao professor Cândido Mendes de Almeida, que organizassem um projeto de Código de Processo Penal.
>
> Em maio, a comissão entregou-me o trabalho, que revi e julgo uma obra à altura de servir perfeitamente ao Brasil.[736]

São falsas, portanto, qualquer tentativa de desassociar o texto final do código com as diretrizes do Estado nacional, anunciadas também por ele à imprensa logo após nomeado ministro da Justiça em novembro de 1937. Não há muitas dúvidas sobre isso, já que a atuação do ministro na formação do Código foi descrita por ele próprio, na oportunidade em que falou sobre o sistema de trabalho empregado pela comissão:

> COMO SE FAZEM AS LEIS.
>
> Ali temos uma resenha da ação legislativa de ano e meio de regime. (...) Essas leis que, se não são perfeitas, são, pelo menos, infinitamente melhores do que os escassos textos

---

e Vicenzo Manzini à incorporação do discurso antiliberal, à atenção redobrada no conceito de ação penal e ao caráter pretensamente nacionalista das reformas, além de outras similitudes.

[736] É o próprio Campos quem explica a suspensão da promulgação do Código de Processo Penal para adaptação ao Código Penal, em preparo: "ultimada a redação do projeto, como já estivesse muito adiantado o trabalho do anteprojeto de Código Penal, confiado ao Professor Alcântara Machado, achei mais conveniente que a promulgação dos dois Códigos se fizesse ao mesmo tempo. Assim, o projeto primitivo do Código de Processo terá que ser adaptado à nova lei de Direito Material" (CAMPOS, Francisco. "A Compilação jurídica do regime". *In*: _____. *O Estado Nacional*: sua estrutura, seu conteúdo ideológico. Brasília: Senado Federal, Conselho Editorial, 2001, pp. 141/142).

CAPÍTULO IV – TENSÕES EM TORNO DA REFORMA DA...

de longa gestação que nos dava o Parlamento, provém de uma ou de outra forma, da vontade do Presidente da República: ou como resultado de suas conversações com seus ministros, ou diretamente, como fruto da sua apreciação dos negócios do governo.

De posse dessa orientação, com frequência constante de notas do punho do chefe de Estado, e consultadas as fontes de informação, os órgãos de elaboração põem-se em trabalho e, em menos tempo do que levava uma Comissão da Câmara ou do Senado para dar parecer, apresentam o texto à consideração do presidente. É um sistema que foge do padrão usual; mas é um sistema que dá maior rendimento de trabalho, por um custo menor. É esta uma verdade que precisa ser dita bem claramente para o escarmento dos saudosistas e dos sebastianistas.[737]

Na entrevista de abril de 1939, Campos antecipou que o projeto abandonara o sistema da "certeza legal", substituindo-o pelo da "certeza moral" do juiz, além de lhe atribuir iniciativa probatória. Quanto ao interrogatório do acusado, uma das mais importantes dimensões da ampla defesa, advertiu que passava a ser disciplinado como "franca oportunidade de obtenção de prova". Sobre o campo das nulidades, esclareceu que, na sua visão, "o interesse da administração da justiça não pode continuar a ser sacrificado por obsoletos escrúpulos formalísticos".[738] Na de

---

[737] CAMPOS, Francisco. "Síntese da reorganização nacional". *In*: _____. *O Estado Nacional*: sua estrutura, seu conteúdo ideológico. Brasília: Senado Federal, Conselho Editorial, 2001, p. 135.

[738] CAMPOS, Francisco. "Síntese da reorganização nacional". *In*: _____. *O Estado Nacional*: sua estrutura, seu conteúdo ideológico. Brasília: Senado Federal, Conselho Editorial, 2001, p. 122. O ministro da Justiça disse ainda à imprensa que o projeto é infenso ao excessivo rigorismo formal, que dá ensejo à infindável série das nulidades processuais. Citando Rocco, adverte que "um bom Direito Processual Penal deve limitar as sanções de nulidade àquele estrito mínimo que não pode ser abstraído sem lesar legítimos e graves interesses do Estado e dos cidadãos". Sobre o Código Penal, registrou que o

julho, agora falando sobre a *compilação jurídica* em andamento, ficou ainda mais claro que o projeto de Código de Processo Penal era parte indissociável das novas diretivas do regime brasileiro: do ponto de vista macropolítico, "um poder institucional forte", do microprocessual, um juiz igualmente "investido da autoridade do Estado para realizar a parcela que lhe cabe no bem social".[739]

O Código de Processo Penal, cuja promulgação aguardou o término dos trabalhos do novo Código Penal, foi ajustado ao "propósito de uma efetiva defesa social",[740] servindo, nas palavras dele, como "garantia eficaz do direito material" à repressão dos crimes. Campos, em coro ao pensamento tecnicista, negou a influência de qualquer uma das escolas ou modelos estabelecidos, sustentando que, antes de ligar-se a credo filosófico ou ortodoxias doutrinárias, os códigos estavam inspirados por considerações de ordem prática, "em acordo aos interesses superiores do povo".[741]

---

seu princípio fundamental é o da defesa social e que "é necessário defender a comunhão social contra todos aqueles que se mostram perigosos à sua segurança" (CAMPOS, Francisco. "A Compilação jurídica do regime. *In:* _____. *O Estado Nacional*: sua estrutura, seu conteúdo ideológico. Brasília: Senado Federal, Conselho Editorial, 2001, p.124).

[739] CAMPOS, Francisco. "A Compilação jurídica do regime". *In:* _____. *O Estado Nacional*: sua estrutura, seu conteúdo ideológico. Brasília: Senado Federal, Conselho Editorial, 2001, pp. 139/140.

[740] "O Código teria forçosamente de sofrer, em suas diretrizes, a influência dos novos rumos do Direito. O indivíduo não é mais, em nossos dias, o objeto capital, e quase único, da proteção da lei e do Estado, os corpos sociais havendo-se tornado o principal sujeito de direito. Esse princípio deve preponderar na aplicação da lei penal" (CAMPOS, Francisco. "A Compilação jurídica do regime". *In:* _____. *O Estado Nacional*: sua estrutura, seu conteúdo ideológico. Brasília: Senado Federal, Conselho Editorial, 2001, p. 145).

[741] Francisco Campos refere-se ao Código Penal, mas se deve ler a citação em acordo à orientação dele próprio de que tanto este quanto o de Processo Penal visam a uma "perfeita entrosagem" (CAMPOS, Francisco. "A Compilação jurídica do regime". *In:* _____. *O Estado Nacional*: sua estrutura, seu conteúdo ideológico. Brasília: Senado Federal, Conselho Editorial, 2001, p. 144).

CAPÍTULO IV – TENSÕES EM TORNO DA REFORMA DA...

Em atenção às diretrizes do Estado nacional, tanto o Código de Processo Penal quanto o de Processo Civil foram desenhados para atender à concepção autoritária de processo, em substituição ao modelo duelístico, de predomínio das partes na construção da solução justa do caso.[742] O regime instituído em 10 de novembro de 1937, advertiu Francisco Campos, consistiu na restauração da autoridade e do caráter popular do Estado. Consequentemente, para cumprir o sentido popular do processo, entendido como instrumento de investigação da verdade, cabia ao Estado-Juiz o poder de indagá-la, "rompendo com formalismos, ficções e presunções que o chamado princípio dispositivo introduzira".

> O Estado caminha para o povo e, no sentido de garantir-lhe o gozo dos bens materiais e espirituais, assegurado na Constituição, teve que reforçar a sua autoridade, a fim de intervir de maneira eficaz em todos os domínios que viesse a revestir-se de caráter público. (...). O primeiro traço de relevo na reforma do processo haveria, pois, de ser a função que se atribui ao juiz. A direção do processo deve caber ao juiz; a este não compete apenas o papel de zelar pela observância formal das regras processuais por parte dos litigantes, mas o de intervir no processo de maneira que este atinja, pelos meios adequados, o objetivo de investigação dos fatos e descoberta da verdade. Daí a largueza dos poderes que lhe são conferidos.[743]

Para Francisco Campos, o poder do julgador de pesquisar a verdade e imiscuir-se ativamente na produção probatória decorre

---

[742] Ricardo Jacobsen antecipou o esforço analítico consistente em demonstrar a similaridade entre o Projeto Rao e o Código de Processo Penal de 1941. Cf. GLOECKNER, Ricardo Jacobsen. *Autoritarismo e processo penal*: uma genealogia das ideias autoritárias no processo penal brasileiro. vol. 1, 1ª ed. Florianópolis: Tirant Lo Blanch, 2018, pp. 342-344.

[743] GLOECKNER, Ricardo Jacobsen. *Autoritarismo e processo penal*: uma genealogia das ideias autoritárias no processo penal brasileiro. vol. 1, 1ª ed. Florianópolis: Tirant Lo Blanch, 2018, pp. 166/167 ("Sobre a restauração da autoridade e o caráter popular do Estado; "A função do Juiz na direção do processo").

do dever que recai sobre o governo, de verificar que a justiça seja feita. O messianismo, que sustentara a imagem do poder político, transferiu-se, enfim, ao contexto processual, colocando o juiz como linha de frente de uma cruzada pública contra o crime e dissidentes do regime.

4.1.1 A comissão de juristas entre a repressão política e o novo Código de Processo Penal

> *UMA OPÇÃO DE ORDEM POLÍTICA.*
> *(...) Por outro lado, o que está em discussão não é propriamente a preferência por um ou outro sistema. A escolha do sistema foi, com efeito, uma opção de ordem política, reservada por isso mesmo aos responsáveis pela direção da política do País, isto é, em última análise, ao chefe de Governo. (...)*
>
> Francisco Campos

Uma das principais coisas que se deve levar em conta no que se refere à micro-história do processo penal brasileiro é a relação que ele possui com a ordem política do Estado autoritário, sustentada, antes do código vir à tona – e depois – pelo subsistema processual penal da repressão política. Ideias e institutos processuais, construídos para satisfazer a perseguição política de pessoas e os fundamentos do Estado autoritário, infiltraram-se profundamente na teia institucional brasileira.

Essas permanências, entretanto, convivem com uma intensa tradição de lutas por liberdade e de defesa das garantias individuais. O sistema processual penal da criminalidade comum e o da repressão política são "vasos comunicantes entre si" e integram uma "verdadeira superestrutura sistêmica de controle social".[744]

---

[744] MALAN, Diogo. "Ideologia política de Francisco Campos: influência na legislação processual penal brasileira (1937-1941)". *In*: MELCHIOR, Antonio

CAPÍTULO IV – TENSÕES EM TORNO DA REFORMA DA...

Todas as histórias de sofrimento e resistência que se experimentaram no Brasil diante da repressão política entre 1935 e 1941, portanto, integram o Código de Processo Penal, ainda vigente no país depois de quase oitenta anos.

A comissão de juristas responsável pela elaboração do novo Código de Processo Penal foi indicada pelo ministro da Justiça, Francisco Campos, em novembro de 1937, imediatamente após tomar posse. Era composta por Nelson Hungria, Antonio Vieira Braga, Narcélio de Queiroz, Roberto Lyra e Cândido Mendes de Almeida. Esse projeto foi adaptado ao projeto de novo Código Penal (Projeto Alcântara Machado) por comissão formada pelas mesmas pessoas, exceto por Roberto Lyra, que saiu, e Florêncio de Abreu, integrado.[745]

É bom que se registre: a comissão foi formada no mesmo mês em que definitivamente se instaurou a ditadura no país, com fechamentos das instituições representativas e nova onda de prisões políticas. No ano de 1938, enquanto se dedicava aos trabalhos do

---

Pedro; MALAN, Diogo; SULOCKI, Victoria-Amália de B. C. Gozdawa de. *Autoritarismo e processo penal brasileiro*. vol. 1. Rio de Janeiro: Lumen Juris, 2015, p. 76.

[745] Narcélio de Queiroz informou que a comissão foi nomeada em novembro de 1937, "após ter assumido a pasta da Justiça, o professor Francisco Campos: depois de um labor intensíssimo, de reuniões quasi diárias, poude a Comissão fazer entrega do projeto ao Ministro Francisco Campos, em fins de abril de 1938". Narcélio explicou ainda que, concomitantemente ao Código de Processo Penal, a comissão organizou a nova lei do júri, "dada a urgência determinadas pelas dúvidas que surgiram em todo o país a respeito de sua manutenção, em face do silêncio da Constituição de 1937 relativamente ao assunto". Essa comissão foi composta pelos juízes Antonio Vieira Braga, Nelson Hungria e o próprio Narcélio de Queiroz, além do professor Cândido Mendes de Almeida, que substituiu, ao final dos trabalhos, o desembargador Magarinos Torres. A nova Lei do Júri (Decreto-Lei n. 167) foi promulgada em 5 de janeiro de 1938 (QUEIROZ, Narcélio de. "O Novo Código de Processo Penal: conferência realizada pelo juiz Narcélio de Queiroz na 'Sociedade Brasileira de Criminologia', em 11 de agosto". *Archivo Judiciario*, Jornal do Commercio, vol. LVX, jan./fev./mar. 1943, p. 9).

Código Penal e de Processo Penal, 3.049 pessoas foram sentenciadas pelo Tribunal de Segurança Nacional,[746] a censura oprimia a livre circulação da imprensa no país, e a polícia política, autorizada pela ditadura, agia com brutalidade e sem limites.

O ano de 1938 foi também quando o subsistema processual penal da repressão política foi mais severamente alterado. Para atender às alterações produzidas pela lei penal material (Decreto-Lei n. 431/38) que, por criar crimes, ampliou a competência do Tribunal de Segurança Nacional, foram modificados os procedimentos e regras de julgamento. O Decreto-Lei n. 428 de 16 de maio, dentre várias modificações, impôs um rito especial concentrado e sumaríssimo, com gravíssimas restrições à defesa do imputado. Testemunhas de defesa reduzidas a duas, inquirições de cinco minutos e alegações finais orais de no máximo quinze, independentemente do número de acusados ou defensores.[747] Considerava-se que o fato apurado no inquérito estava provado se o imputado não demonstrasse o contrário em juízo, o que explica a ausência de referência no texto à produção de prova testemunhal acusatória.[748] Por fim, em caso

---

[746] MARQUES, Raphael P. de P. Marques. *Repressão política e usos da Constituição no Governo Vargas (1934-1937)*. Curitiba: Editora Prismas, 2015, p. 230.

[747] O juiz, ao receber o inquérito, deveria dar vista imediata ao procurador criminal que, dentro de vinte e quatro horas, estava obrigado a proceder à classificação do crime, indicando autores, coautores, cúmplices e as penas aplicáveis (arts. 2º e 3º). O réu devia ser citado *incontinenti*, com marcação de audiência de instrução e julgamento em seguida, vinte e quatro horas após designada pelo juiz. Esse era o prazo que o parágrafo único do art. 5º concedia à defesa para ter acesso aos autos em cartório. Caso existissem vários advogados, o prazo de quinze minutos, previsto no art. 6º, seria utilizado somente por um deles (§ 3º). Cada acusado poderia arrolar duas testemunhas, ressalvado o limite total de dez, ainda que houvesse mais de cinco réus. A inquirição de cada uma das testemunhas não poderia durar mais de cinco minutos (§§ 1º e 2º, art. 6º).

[748] A acertada observação foi feita por MALAN, Diogo. "Ideologia política de Francisco Campos: influência na legislação processual penal brasileira (1937-1941)". *In*: MELCHIOR, Antonio Pedro; MALAN, Diogo; SULOCKI,

CAPÍTULO IV – TENSÕES EM TORNO DA REFORMA DA...

de absolvição, o réu era mantido preso, se assim se encontrasse, dada a previsão de recurso de ofício com efeito suspensivo.[749]

O Decreto-Lei n. 474 foi editado em 8 de junho de 1938, menos de um mês depois. Ampliou o prazo conferido ao procurador para formular a denúncia, passando-o de 24 para 48 horas. Manteve-se o número de testemunhas defensivas em duas, sem a ressalva da lei anterior, com restrição da inquirição ao tempo de quinze minutos. Ao acusado não era permitido ter mais que um advogado, que poderia falar por trinta minutos em alegações finais orais, salvo se houvesse mais de uma defesa constituída, quando o tempo cairia pela metade. No que se refere ao ônus da prova, o Decreto-Lei mantinha a assertiva – "considera-se provado, desde que não elidido por prova em contrário, o que foi apurado no inquérito" –, mas excepcionava a possibilidade do juiz, de ofício, reinquirir testemunhas que depuseram.[750]

O Código de Processo Penal, se considerarmos a menção de Francisco Campos ao prazo de criação da comissão e entrega dos trabalhos, foi sistematizado entre janeiro e maio de 1938, mesmo período das alterações nas regras sobre a repressão dos crimes contra a ordem política e social, pelos Decretos-Lei n. 428 e n. 431, de 16 e 18 de maio, respectivamente. Nessa mesma época,

---

Victoria-Amália de B. C. Gozdawa de. *Autoritarismo e processo penal brasileiro*. vol. 1. Rio de Janeiro: Lumen Juris, 2015, p. 62.

[749] "Art. 9º. Considera-se provado o que ficou apurado no inquérito, desde que não seja elidido por prova em contrário. § 1º, artigo 10º. Da sentença absolutória haverá sempre apelação *ex-officio*, com efeito suspensivo".

[750] Referências aos artigos 3º, 6º, §§ 1º e 2º, 9º. O Decreto-Lei manteve ainda a previsão de recurso de ofício para o Tribunal pleno em caso de absolvição do acusado (art. 10, § 1º) e consignava que as demais disposições processuais e regulamentares, relativas à instrução e julgamento dos crimes da competência do Tribunal de Segurança Nacional, naquilo que não fosse contrária a lei, permaneciam em vigor (art. 12). Importante registrar, por fim, o disposto no art. 8º, responsável por determinar que a autoridade deprecada, caso de crime cometido fora do Distrito Federal, igualmente observasse o disposto na lei.

foi promulgada a Lei Constitucional n. 01/38, que instituiu a pena de morte no Brasil.

A afirmação de que os membros da comissão de juristas aprovavam as medidas de exceção do governo ou eram igualmente anticomunistas soaria leviana sem um estudo aprofundado de suas mais variadas manifestações políticas. Sabe-se que alguns, logo após a aproximação com a burocracia estatal da ditadura varguista, merecidamente ou não, "evoluíram" na carreira pública, mas disso só se extrai uma sensação de oportunismo.[751] Por outro lado, apesar do apelo ao tecnicismo apolítico, a omissão em tratar-se da crítica científica à lei, ao Tribunal de Segurança Nacional ou ao modelo autoritário de processo é um dado analítico que não se pode desprezar. Como os juristas que compunham a comissão para o novo Código de Processo Penal viam a construção social do regime autoritário no país? Assumiam-se parte ativa do propósito de compilação jurídica do Estado autoritário? Essas e outras perguntas interessam à base epistemológica que fundamentou a reforma do código.

Nas publicações da *Revista de Direito Penal* do início da década de 1930, portanto, anteriores à primeira Lei de Segurança Nacional no país (1935), muito se discutiu a respeito dos códigos penais em modificação pelo mundo, notadamente no Brasil, mas relativamente pouco, muito pouco, sobre a repressão política que lhe era concomitante. Em vários locais, não apenas no Brasil, emergiam, ao lado da repressão política, propósitos reformistas da legislação penal e processual penal, orientados a adequá-los aos novos desenhos institucionais do Estado. Em 30 de janeiro de 1933, Hitler foi nomeado chanceler da Alemanha. Na Itália, há dez anos, o fascismo se embrenhava nas instituições e nos textos que disciplinavam o sistema de justiça criminal.

---

[751] Narcélio de Queiroz, então juiz pretor do Distrito Federal, foi a desembargador, nomeado por Getúlio Vargas. Nelson Hungria, por sua vez, foi nomeado ministro do Supremo Tribunal Federal por Vargas em 1951.

CAPÍTULO IV – TENSÕES EM TORNO DA REFORMA DA...

Na edição de abril de 1933 da *Revista de Direito Penal*, Narcélio de Queiroz, um dos juristas que seriam nomeados por Francisco Campos para integrar a comissão para a reforma do código processual penal, teceu comentários, pretensamente técnicos, a respeito do crime político. O artigo foi escrito um ano antes e trata de uma análise histórica do instituto e das tendências legislativas vivenciadas naquele momento. Não é uma tarefa fácil identificar os posicionamentos ideológicos dele ou de outros juristas acadêmicos, porque, como se insistiu, a adesão ao tecnicismo jurídico importava numa deliberada exclusão do elemento político dos textos pretendidamente dogmáticos. Em "Algumas notas sobre o crime político", Narcélio de Queiroz defendeu o argumento de que os crimes políticos estão sujeitos às contingências de um "momento dado da vida política" e de que existiria uma tendência de afrouxar a repressão tão logo a estabilidade do governo constituído estivesse garantida.[752] As duas experiências citadas foram a do Estado soviético e a do italiano. Quanto ao primeiro, Narcélio de Queiroz o definiu como "a mais completa subversão de todos os princípios estabelecidos", acrescentando que, para manter a criação de uma nova modalidade de ordem econômica e política, utilizaram-se de medidas extremas que pudessem proteger seu estabelecimento e consolidação. Quanto ao segundo, diz que o fascismo estabeleceu uma filosofia própria que inspirou o Direito Positivo, subordinando todos os interesses dos indivíduos e das classes às supremas necessidades do Estado. Conclusão:

> deante dessa ordem de idéas, que domina o pensamento criminalístico italiano, são bem explicáveis os rigores com

---

[752] "A maior severidade na punição dos crimes políticos vai sendo adoptada por todos os países, que, nestes últimos tempos, têm passado por alguma transformação, ora de instituição, ora de pessoas, e em todos, à medida que a segurança do novo Estado de coisas se garante, têm diminuído, e em alguns desapparecido, esse rigorismo" (QUEIROZ, Narcélio. "Algumas notas sobre o crime político". *Revista de Direito Penal*, vol. I, fasc. I, abr. 1933, pp. 120/121).

que o Estado, representado pela dictadura do partido fascista, vem tratando aquelles que perturbam a marcha para a sua consolidação definitiva.[753]

Não se sabe bem, para ser justo, se a argumentação de Narcélio visava ou não legitimar uma eventual repressão política ao vinculá-la às *necessidades do momento*. Tendo a acreditar que sim, uma vez que o recurso às vicissitudes da conjuntura, aliado ao alarmismo social, constituiu o terreno comum por que passaram todas as experiências autoritárias das décadas de 1930 e 1940. Além disso, Narcélio de Queiroz sabia que as transformações políticas que atravessavam o mundo, enquanto ele escrevia para a *Revista de Direito Penal*, estavam se refletindo diretamente no campo jurídico-penal. Diante disso, ao invés de advertir os juristas da tarefa consistente em agarrar-se ao passado em defesa do liberalismo político, fez o contrário, instou-os a libertarem-se do "supersticioso respeito a velhos preconceitos sentimentaes". Para Narcélio, os juristas deviam se colocar "como homens do presente, aptos a tirarem duras provações dos tempos que correm".[754]

Em setembro do mesmo ano de 1933, Narcélio de Queiroz escreveu, para a *Revista*, um artigo intitulado "Justiça penal e justiça social". A abordagem interessa em razão do movimento de socialização do Direito Criminal, que atravessava as discussões teóricas da época. Narcélio chega a citar Rocco, o ministro da Justiça de Mussolini, para dar o bom exemplo de um dispositivo presente no Código de Processo Penal da Itália, que estabelecia o benefício da assistência judiciária ao acusado (ressalvados os processos por contravenções puníveis com multa de até três mil liras

---

[753] QUEIROZ, Narcélio. "Algumas notas sobre o crime político". *Revista de Direito Penal*, vol. I, fasc. I, abr. 1933, p. 122.

[754] QUEIROZ, Narcélio. "Algumas notas sobre o crime político". *Revista de Direito Penal*, vol. I, fasc. I, abr. 1933, p. 123.

CAPÍTULO IV – TENSÕES EM TORNO DA REFORMA DA...

ou com prisão não superior a dez meses).[755] Narcélio de Queiroz referiu-se igualmente a Enrico Ferri, a quem expressamente atribuiu ter feito considerações semelhantes às suas. Nesse texto, o professor se posicionou ao lado de uma justiça penal atenta às causas sociais do crime, colocando-se ao lado de um "Direto justo". Criticou a seletividade penal, a maneira com que ricos e pobres são tratados na justiça criminal, e defendeu, ao fim, a exigência de estabelecer-se a assistência judiciária efetiva.[756] Não seria exagerado ponderar que a orientação dos argumentos de Narcélio parece aproximá-lo de ideias políticas à esquerda, na linha de Ferri, enquanto pensador e político do partido socialista italiano. O próprio Enrico Ferri, contudo, terminaria redigindo obras em louvor ao fascismo e de Benito Mussolini,[757] o que expressa também o caminho seguido por alguns dos seus adeptos.

Nelson Hungria Hoffbauer teve uma presença marcante nas discussões em torno das reformas institucionais da justiça criminal

---

[755] QUEIROZ, Narcélio. "Justiça penal e justiça social". *Revista de Direito Penal*, vol. II, fasc. III, set. 1933, pp. 429 e 431. O jurista não deixa de registrar que Rocco não adotou a sugestão da Comissão Parlamentar italiana, que havia redigido o artigo com referência a contravenções puníveis com multa de até quinze mil liras ou prisões de até quinze dias (não um mês). Consignou que a multa foi aumentada, tendo em vista a diminuição do valor da moeda, e o tempo de prisão, acrescido, em razão da opção pelo recrudescimento geral das penas no Código Penal.

[756] QUEIROZ, Narcélio. "Justiça penal e justiça social". *Revista de Direito Penal*, vol. II, fasc. III, set. 1933, p. 432.

[757] Ferri considerava o fascismo como expressão de um vasto desenho de renovação política e econômica, entendendo-o como uma filiação do socialismo. O fascismo, segundo ele, era *"soprattutto l affermazione della supremazia dello Stato di fronte all individualismo liberale ed anche libertário"* e representava una soluzione integrale e sistemática del conflito di classe" (FERRI, Enrico. *Il Fascismo in Italia e l'opera di B. Mussolini*. Mantova: Edizioni Paladino, 1927, pp. 85-87). Em 1929, Ferri foi condecorado com o cargo honorário de senador como reconhecimento do governo fascista de Benito Mussolini. Morreu, entretanto, antes de tomar posse. Disponível em: http://www.treccani.it/enciclopedia/enrico-ferri_(Dizionario-Biografico)/. Acessado em: 02.05.2019.

durante toda a década de 1930 e 1940.[758] Magistrado, docente de Direito Penal da Faculdade de Direito da Universidade do Rio de Janeiro e membro do conselho técnico da Sociedade Brasileira de Criminologia, Nelson Hungria enfrentou o tema da *Repressão dos delitos políticos* ainda no contexto em torno da Assembleia Nacional Constituinte de 1934. O excerto de preleção inaugural na Escola de Direito do Rio de Janeiro foi publicado no volume V da *Revista de Direito Penal*, referente a abril/maio/junho daquele ano.[759] Nesse artigo, Nelson Hungria percorreu a história da incriminação dos delitos políticos, posicionando-se de forma crítica à sua expansão. Após ponderar que a criminalização dos crimes políticos está sujeita, mais que qualquer outra, a marchas e contramarchas, concluiu que, mesmo sob a égide de governos democráticos e constitucionais, não se pode negar um fundamento estritamente jurídico para a punição do delito político: *a violação da lei da maioria.*

> Não pode ser lícito a um só ou a alguns poucos indivíduos mudarem violentamente a forma política ou de governo que a maioria dos cidadãos, mediante expresso ou tácito consenso, se quis dar a si mesma. A razão da punibilidade do delito político é direito da maioria a manutenção da ordem governamental por ela aceita e adotada.

---

[758] Nelson Hungria participou da subcomissão formada por força do Decreto n. 19.459/30 para elaborar a reforma do Estatuto Processual Penal do Distrito Federal ao lado de Astolfo de Resende, Vicente Piragibe e Cândido de Oliveira. Hungria não participou da comissão que daria ensejo ao projeto de novo Código de Processo Penal brasileiro entregue ao então ministro Vicente Rao (o art. 5º, XIX, "a", da Constituição da República de 1934, havia acabado com o modelo de pluralidade processual). Já em 1938, Nelson Hungria participa da reforma pontual do Tribunal do Júri (Decreto n. 167/38) ao lado de Narcélio Queiroz, Cândido Mendes de Almeida, Antonio Vieira Braga e Roberto Lyra. Destes, somente Lyra não participaria do novo projeto de processo penal apresentado pelo ministro da Justiça, Francisco Campos, em substituição do projeto de seu antecessor, Vicente Rao.

[759] HUNGRIA, Nelson. "A Repressão aos delitos políticos". *Revista de Direito Penal*, vol. 5, abr./maio/jun. 1934, pp. 109-115.

CAPÍTULO IV – TENSÕES EM TORNO DA REFORMA DA...

> Outra razão jurídica para a repressão penal na espécie é a que já alguém denominou de *constitucionalismo*, que é uma força específica dos Estados modernos, impondo sistemas, temas, processos e métodos jurídicos às mudanças ou reformas políticas. Todas as relações de convivência se exprimem por razões jurídicas e ação reformadora que desconhece meios jurídicos de progresso, para entregar-se à violência, é criminosa.

> Ademais, já estamos por demais escarmentados, nos dias que correm, para ainda fazermos a apologia do *direito* à *revolução*. É preciso convir com VIEIRA DE ARAUJO, que a bandeira revolucionária encobre muita carga suspeita.[760]

É importante ter em mente a posição de Nelson Hungria a respeito da legitimidade da repressão política, já que, em menos de um ano, todo o quadro institucional brasileiro terá sido ajustado a ela. Nesse momento, o jurista – ainda não cooptado pelo regime – defendeu que o Estado desse tratamento diferenciado ao preso político, uma vez que frequentemente se trata de indivíduos com "vida pregressa ilibada, verdadeiramente empolgados por um sincero idealismo e não de tarados e ambiciosos vulgares". Criticou tanto a Rússia quanto a Itália, registrando que, enquanto, no primeiro, prevê-se o fuzilamento para o preso político (pena máxima de dez anos ao criminoso comum), no segundo, também se instituiu, além da pena de morte, "outras medidas de caráter odioso, como a desnacionalização e o confisco de bens".[761]

Nelson Hungria, pouco tempo depois, liderou, como o principal nome da Comissão de Juristas, a reforma da legislação criminal levada a efeito pela ditadura varguista. Nesse texto de 1934, rejeitou, contudo, enfaticamente, "o apoio de notáveis cultores da ciência

---

[760] HUNGRIA, Nelson. "A Repressão aos delitos políticos". *Revista de Direito Penal*, vol. 5, abr./maio/jun. 1934, pp. 112/113.

[761] HUNGRIA, Nelson. "A Repressão aos delitos políticos". *Revista de Direito Penal*, vol. 5, abr./maio/jun. 1934, p. 113.

penal a esta orientação involutiva". Não poupou críticas ao próprio Eurico Ferri, admirado nos círculos acadêmicos que transitava. Escreveu que, mesmo ele, renegou a si próprio para curvar-se à vontade arbitrária do *il Duce*.[762] E terminou de maneira incisiva:

> Não e não! O imperialismo truculento de um aventureiro feliz não pode ser confundido com o *escopo do Direito*, nem pode invocar o nobre sentimento de amor à pátria para legitimar a pena de morte. Contra esse tropo laudatório ao fascismo tirânico está a bradar a memória de outro criminalista ilustre, que foi uma de suas primeiras vítimas: o infortunado MATTEOTI, cruelmente assinado pelos asseclas de Mussolini. (...) O Direito Penal não pode ser transformado em sustentáculo da tirania contra os direitos individuais e as liberdades políticas.[763]

---

[762] Hungria descreveu que Ferri afirmou, sofisticamente, que "embora não necessariamente para os crimes comuns, ainda que horríveis e repugnantes, a pena de morte pode responder às apreensões de um momento histórico para os delitos excepcionais, de aparência política, mas de conteúdo selvagemente desumano". Considerou o jurista brasileiro que a dicotomia de critérios era afrontosamente incoerente (HUNGRIA, Nelson. "A Repressão aos delitos políticos". *Revista de Direito Penal*, vol. 5, abr./maio/jun. 1934, p. 114).

[763] Giacomo Matteotti, criminalista e deputado socialista, foi morto em 10 de junho de 1924 por forças fascistas. A causa da morte teria relação com as denúncias de corrupção eleitoral envolvendo a nascente ditadura, em 6 de abril do mesmo ano. Em 3 de janeiro de 1935, Mussolini esteve no Parlamento italiano e assumiu a "responsabilidade política, histórica e moral de tudo quanto tiver acontecido" (Cf. ROMEO, Ilaria. *Delitto Matteotti, l'inizio del regime*. Disponível em: https://www.rassegna.it/articoli/delitto-matteotti-linizio-del--regime. Acessado em: 20.04.2019). Vale transcrever o trecho do discurso de Mussolini: "*Dichiaro qui, al cospetto di questa Assemblea e al cospetto di tutto il popolo italiano, cheio assumo, io solo, la responsabilità politica, morale, storica di tutto quanto è avvenuto. Se le frasi più o meno storpiate bastano per impiccare un uomo, fuori il palo e fuori la corda! Se il fascismo non è stato che olio di ricino e manganello, e non invece una passione superba della migliore gioventù italiana, a me la colpa! Se il fascismo è stato un'associazione a delinquere, io sono il capo di questa associazione a delinquere*".

CAPÍTULO IV – TENSÕES EM TORNO DA REFORMA DA...

Na edição de fevereiro/abril de 1935 da *Revista de Direito Penal*, com a Lei de Segurança Nacional já aprovada, Nelson Hungria enfrentou o tema da repressão política sob o ponto de vista dogmático. Antes de abordar tais aspectos, introduziu a análise com a observação de que o

> espírito de desconfiança do democrático-liberal leva-o a defender-se das ditaduras classistas ou partidárias, mas que, no ímpeto do seu salvamento, não vacila em romper com seus conceituaes escrupulos de liberdade pessoal e política, para adoptar o anti-individualismo militante das autocracias mais ou menos consolidadas sob o pulso inexorável de Stalin, Mussolini e Hitler.[764]

Não deixa de ser um dado que, em sua primeira manifestação a respeito da proposta da Lei de Segurança, retome a crítica aos juristas liberais da época, não sob a tônica autoritária, mas para sublinhar suas incoerências. Parece reivindicar coerência e racionalidade técnica, dois atributos que colocará a serviço da compilação jurídica criminal do próprio estatismo autoritário no Brasil.[765]

Hungria criticou os discursos em defesa da autodefesa do Estado, ponderando que sempre terminam, "aqui, ali e acolá, com o emprego do Direito Penal como clava contra os refratários ao credo

---

[764] "– sob a ameaça de duas tendências opostas – o communismo, à extrema esquerda, e o estatismo totalitário, à extrema direita, – o Estado democrático, typo *Revolução Franceza*, apega-se ao *status quo* como o caracol à sua volta (...)" (HUNGRIA, Nelson. "Lei de Segurança". *Revista de Direito Penal*, vol. 3, fev. 1935, p. 135). Há nesse artigo uma nota de rodapé esclarecendo o leito de que ele se insere em uma seção permanente da revista em que escreveria o Dr. José Pereira Lira, sócio fundador da Sociedade Brasileira de Criminologia e deputado federal pela Paraíba. Por motivos de saúde, Nelson Hungria assumiu o trabalho.

[765] Voltarei a esse ponto constantemente, pois a necessidade de afirmar-se um liberal para, em seguida, atuar pela construção jurídica de aparatos autoritários é um vetor comum a outros juristas que participaram da comissão para o Código de Processo Penal.

político oficial". Queixou-se de que nessa faina de entrincheiramento do Estado atrás de leis penais, "sacrifique-se velhos critérios de identificação do injusto criminal, para que não escape à ação repressiva as mínimas manifestações de atividade antiestatal".[766]

> O simples ato preparatório da infração política, apreciado, por vezes, sob um ponto de vista chocantemente objetivo, é por isso mesmo um crime *perfeito*. O *nundum consilium*, a simples *propaganda privada*, a singela *apologia* de processos violentos contra a ordem político-social, ainda mesmo que inócuos como a *voz clamantis in deserto*, incidem sob a ameaça penal. O puro fato da *detenção de substâncias explosivas*, sem licença da autoridade, faz presumir, *juris et jure*, o dolo específico dos crimes contra o Estado, sujeitando o detentor a severíssima punição. E assim por diante.[767]

Para Nelson Hungria, semelhante legislação, com idêntica violação aos preceitos mais basilares da técnica jurídica, só se justificaria para atender ao sentimento de indignação universal contra o anarquismo, a quem atribui aos apóstolos fazerem parte de um "rebanho no seio da mais feroz delinquência; um alarmante fenômeno de patologia social". Contra o anarquismo, todos os processos de reação, "por mais aberrantes das normais penais comuns, eram justificados".[768] O problema para Hungria não era exatamente o remédio, mas contra quem se ministrava. Não que disso resultasse qualquer proteção a comunistas, apenas que o rigor repressivo adotado contra a "propaganda anarquista", na visão dele, não poderia simplesmente estender-se a "toda e qualquer

---

[766] HUNGRIA, Nelson. "Lei de Segurança". *Revista de Direito Penal*, vol. 3, fev. 1935, p. 135.

[767] HUNGRIA, Nelson. "Lei de Segurança". *Revista de Direito Penal*, vol. 3, fev. 1935, p. 136.

[768] HUNGRIA, Nelson. "Lei de Segurança". *Revista de Direito Penal*, vol. 3, fev. 1935, p. 136.

CAPÍTULO IV – TENSÕES EM TORNO DA REFORMA DA...

hostilidade ou perigo de hostilidade a *forma* de organização política e social". A ausência de distinção entre a "propaganda terrorista do anarquismo" e a "simples exaltação ou divulgação de quaisquer ideias partidárias ou sectárias" era o que mais incomodava Nelson Hungria nos idos de 1935.[769]

Feitas as observações iniciais, realizou uma virada analítica no artigo, para, em suas palavras, deixar de lado o *aspecto reacionário* do Decreto n. 38. Segundo o jurista, seu dever era o de examinar o projeto como parte integrante do Direito constituído, "que é *o que é*, e não *o que deveria ser*". A ponderação poderia passar despercebida, mas reflete, na verdade, relevante adesão ao tecnicismo jurídico, além de expressar a matriz positivista que marca a sua formação.

Hungria examinou os principais dispositivos do projeto. Considerou, na mesma linha sustentada pela Minoria Parlamentar, equivocada a incriminação de vários atos preparatórios, ainda que praticados por um só indivíduo (art. 4º) ou relacionados a atentados por motivos doutrinários, políticos ou religiosos (art. 17, 2ª); qualificou a previsão de incitamento à luta religiosa pela violência, uma espécie criminal ignorada no nosso Direito Penal, um dispositivo "deveras estranhável" para se estar em uma lei de segurança; criticou o art. 23 por diferenciar a propaganda de processos violentos *contra a ordem política* e *contra a ordem social*, argumentando que, à parte do terrorismo anarquista, não havia razão para a distinção. Acrescentou ao tema, por outro lado, que a indistinção da propaganda em público, da propaganda

---

[769] Em certa passagem, Hungria escreve que "a nossa Lei de Segurança – Dec. n. 38, de 4 do corrente mês de abril, que, na defesa da ordem político-social entre nós dominante, não faz discriminação alguma entre os brutais discípulos de Bacunine e o 'olho de Moscou', ou o místico *sigma* de integralismo indígena. A todos confunde na sua irritação e intolerância para afirmar o seu dogma: não há ordem política, nem ordem social fora da democracia liberal, tal como é praticada em terras do Brasil" (HUNGRIA, Nelson. "Lei de Segurança". *Revista de Direito Penal*, vol. 3, fev. 1935, p. 136).

privada, permitia punir-se a difusão de uma ideia até mesmo "nas tertúlias íntimas", o que parecia ridículo.[770] Nelson Hungria criticou o recrudescimento penal de condutas que, pelo anteprojeto Sá Pereira, eram previstas somente como contravenção penal, tal como a divulgação pública e dolosa de notícias falsas, por escrito, então tratada como mera perturbação à tranquilidade pública. Quanto ao art. 20 da lei, referente ao *crime de associação com fins subversivos da ordem político-social*, esclareceu, sem maior valoração, que se tratava de cópia dos artigos 270 e 305 do Código fascista de Mussolini. Disse, porém, "que não procede a censura que lhe foi dirigida, de inconstitucionalidade, por atentatório à liberdade de associação, pois a associação, cuja liberdade a Constituição assegura, é somente aquela de fins lícitos". Finalmente, dentre outras observações, opôs-se à previsão de crime consistente em propaganda de guerra, inclusive entre Estados estrangeiros, considerando irrisório levar o "sentimento pacifista" a esse nível. A conclusão de Hungria termina de forma pouco convencional, até surpreendente:

> São estas as inovações da lei de segurança que mais de perto afetam a parte especial do nosso estatuto penal. E só nos resta pedir ao Deus das nacionalidades que se não realize o mau presságio do deputado Seabra, ao dizer da nova lei, quando ainda em projeto, que viria legalizar tropelias e violências governamentais.[771]

---

[770] HUNGRIA, Nelson. "Lei de Segurança". *Revista de Direito Penal*, vol. 3, fev. 1935, pp. 139-141.

[771] A referência é provavelmente a José Joaquim Seabra, jurista parlamentar formado pela Faculdade de Direito de Recife e eleito para a Câmara Federal da Bahia na legenda do Governador Otávio Mangabeira, que reunia a Liga de Ação Social e Política (LASP) e o Partido Republicano Democrático (PRD). Era um ferrenho opositor de Vargas. Encerrou a carreira pública com o advento do Estado Novo (Cf. COUTINHO, Amélia. "Verbete biográfico SEABRA, Jose Joaquim". *FGV-CPDOC*. Disponível em: http://www.fgv.br/CPDOC/BUSCA/dicionarios/verbete-biografico/jose-joaquim-seabra. Acessado em: 20.04.2019).

CAPÍTULO IV – TENSÕES EM TORNO DA REFORMA DA...

Na edição de julho/agosto de 1935, Nelson Hungria ainda entregou à *Revista de Direito Penal* um texto inédito sobre o "Crime de sedição".[772] O artigo expressa uma tendência do jurista diversa da conclusão acima. Para justificar a necessidade da repressão penal diante dos crimes de ação coletiva, investiu em autores que trabalham com o conceito de multidão, defendendo a postura teórica que via nas massas um movimento incontrolável, irracional, com propensão a desencadear o que há de pior nos homens.[773] Veja-se o seguinte trecho:

---

[772] HUNGRIA, Nelson. "O crime de sedição". *Revista de Direito Penal*, vol. 10, fasc. I e II, jul./ago. 1935, pp. 5-13. O texto diz respeito tanto ao artigo 5º, da Lei de Segurança Nacional, quanto ao art. 118, do Código Penal de 1890, que dispunha: "Art. 118. Constitue crime de sedição a reunião de mais de 20 pessoas, que, embora nem todas se apresentem armadas, se ajuntarem para, com arruido, violencia ou ameaças: 1º, obstar a posse de algum funccionario publico nomeado competentemente e munido de titulo legal, ou prival-o do exercicio de suas funcções; 2º, exercer algum acto de odio, ou vingança, contra algum funccionario publico, ou contra os membros das camaras do Congresso, das assembléas legislativas dos Estados ou das intendencias ou camarasmunicipaes; 3º, impedir a execução de alguma lei, decreto, regulamento, sentença do Poder Judiciario, ou ordem de autoridade legitima; 4º, embaraçar a percepção de alguma taxa, contribuição, ou tributo legitimamente imposto; 5º constranger, ou perturbar, qualquer corporação politica ou administrativa no exercicio de suas funcções: Pena – aos cabeças, de prisão cellular por tresmezes a um anno".

[773] Não era outra a opinião de Francisco Campos, conforme retratado. A eleição de Hungria dos autores que veem, nos movimentos de massa, uma "coincidência com a vida anímica dos primitivos e das crianças", "intensificação dos afetos (exagero e simplismo dos sentimentos)", "predomínio da vida imaginativa" etc., mal interpretados, justificaria a repressão pura e simples a grupos de pessoas associadas por uma ideia ou projeto político. Nelson Hungria está tratando de um tema caro a Sigmund Freud, em texto publicado em 1921 sob o título *Psicologia das massas e análise do Eu*. Parece-me que a interpretação que faz, entretanto, é enviesada. A psicologia das multidões deve servir aos democratas, ao contrário, ou seja, como instrumento à interpretação da construção social do autoritarismo e do poder exercido pelos chefes ou líderes na economia subjetiva individual. Vale, por fim, a advertência de Freud: "devemos objetar, entretanto, que não nos é fácil atribuir ao fator numérico importância suficiente para provocar por si só, na alma humana, o despertar de um novo instinto, inativo em qualquer

Os motivos populares têm sempre a pronta adesão dos piores elementos sociais. É muito justa a observação de SIGHLLE.

"Desde que surge no horizonte político alguma nuvem prenunciadora de temporal, e uma insólita animação se manifesta nas vias públicas, com os ajuntamentos e escaramuças, veem-se aparecer, aqui e ali, figuras sinistras que ninguém jamais encontrará. Todos se interrogam: donde poderiam ter saído estes indivíduos?, e como única resposta todos pensam naqueles imundos animais que surgem de seus esconderijos quando sentem, ao longe, o cheiro de um corpo em putrefação".

São indivíduos que, como diz CARLIER, em tempos de paz tratam de esconder-se ou fugir à aproximação da ronda policial, tão cedo se produz uma agitação na opinião pública, surgem arrogantes, insuflando a desordem e fomentando as sedições, de que fazem os mais cruéis e temíveis agentes.[774]

A respeito do critério de punibilidade da "multidão criminosa", Hungria posicionou-se favorável à responsabilização tanto dos "cabeças" quanto dos gregários, considerando que o contrário resultaria em criar um "incentivo para o crime". Consignou ainda que, para a ocorrência do crime de sedição, pouco importa tenha havido ou não prévio acordo entre os amotinados, já que, mesmo uma reunião pacífica, "um comício para fins legítimos pode degenerar em sedição, para efeito súbito da exaltada arenga de um demagogo".[775]

---

ocasião" (FREUD, Sigmund. "Psicologia das massas e análise do Eu". *In*: _____. *Obras Completas de Sigmund Freud, vol. IX*. Rio de Janeiro: Delta S.A, 1959, p. 8).

[774] FREUD, Sigmund. "Psicologia das massas e análise do Eu". *In*: _____. *Obras Completas de Sigmund Freud, vol. IX*. Rio de Janeiro: Delta S.A, 1959, p. 9.

[775] FREUD, Sigmund. "Psicologia das massas e análise do Eu". *In*: _____. *Obras Completas de Sigmund Freud, vol. IX*. Rio de Janeiro: Delta S.A, 1959, p. 12. Hungria conclui, ao final do texto, que o crime de sedição sempre foi considerado um delito político, independentemente de como fosse tratado na legislação penal comum. O texto "Criminalidade coletiva", do mesmo

CAPÍTULO IV – TENSÕES EM TORNO DA REFORMA DA...

O posicionamento de Nelson Hungria a respeito dos crimes de sedição, fundado em ideias então correntes na psicologia social, de que as massas são perigosas e irracionais terminará na legitimação da repressão aos movimentos de reivindicações populares (greves, manifestações etc.), concebidos como produtores de desordem e ações extremistas. Tal concepção, talvez com menos sofisticação, foi igualmente defendida por Adalberto Correa, um dos deputados governistas que estiveram à frente da comissão nacional de repressão ao comunismo. O texto de julho de 1935, portanto, redigido aproximadamente cinco meses antes da apresentação do projeto de Lei de Segurança Nacional na Câmara dos Deputados, expôs – sob o pretexto de discutir-se aspectos dogmáticos da repressão ao crime de sedição – argumentos teóricos centrais das medidas de exceção do regime.[776]

Fato é que Nelson Hungria, cooptado desde os fins de 1937 para liderar os esforços de consolidação jurídica do Estado Novo no campo do Direito Penal e processo penal, chegou no ano de 1941 abertamente convertido à ideologia autoritária. Em texto publicado nas edições de fevereiro e outubro de *Revista Forense* daquele ano, Hungria defendeu a exclusão da disciplina normativa dos crimes políticos do Código Penal, pois, segundo pensava, era preciso flexibilidade para a formulação de crimes que garantisse uma resposta punitiva rápida e drástica.[777] Além disso, fez críticas

---

autor, publicado na edição de setembro, é praticamente uma reprodução das mesmas ideias. Cf. HUNGRIA, Nelson. "Criminalidade coletiva". *Revista de Direito Penal*, vol. 10, fasc. III, set. 1935, pp. 141-147.

776 Na sua incoerente condição, a turba é fermento de egoísmo ou eclosão de altruísmo, engendra delinquentes ou plasma heróis e mártires (...). É capaz de todas as generosidades e renúncias, como de todas as torpezas e crueldades. (...). No seio da multidão, pela influência recíproca, pela imitação, pela sugestão, pelo contágio moral, nivelam-se os mais díspares indivíduos (HUNGRIA, Nelson. "O crime de sedição". *Revista de Direito Penal*, vol. 10, fasc. I e II, jul./ago. 1935, p. 7).

777 Cf. HUNGRIA, Nelson. O novo Código Penal: notas e comentários. *Revista Forense*, out. 1941, p. 281. Nas palavras de Hungria "(...) na atual fase de

violentas ao individualismo liberal, buscando fundamentar, nos interesses coletivos, a exigência de máxima severidade na punição dos condenados por crime contra a ordem política e social:

> Com o Estado Novo, já não é isso compreensível. Não é admissível, de modo algum, seja qual for a razão, política ou econômico-social, que o indivíduo se ponha em atitude negativa contra o Estado. Se o conflito se verifica e a atitude subversiva do indivíduo se estende até o domínio do Direito Penal, ofendendo interesses vitais da coletividade, interesses que são os interesses políticos do Estado, o crime por ele praticado, ao invés de merecer benevolência, deve ser reprimido com máxima severidade, com maior severidade que a empregada contra os crimes lesivos dos interesses simplesmente individuais.[778]

Nelson Hungria e Narcélio de Queiroz, conforme já se aventou, se juntariam, logo após o 10 de novembro de 1937, a Antonio Vieira Braga, Cândido Mendes de Almeida e Florêncio de Abreu, para a formar a comissão de juristas dedicada ao novo Código de Processo Penal. Narcélio, na oportunidade em que tratou do "Novo Código de Processo Penal", um dos poucos artigos escritos sobre a reforma, fez considerações sobre os trabalhos da comissão que considero dignas de nota.

---

não conformismo ou de espírito de rebeldia contra as instituições políticas ou sociais, a defesa destas, sob o ponto de vista jurídico-penal, reclama legislação especialíssima, de feitio drástico, desafeiçoada aos critérios tradicionais do direito repressivo". Como se nota, a formação discursiva do autoritarismo penal brasileiro é extremamente fluida e permite, com tranquilidade, a aplicação contemporânea das mesmas linguagens. A substituição do "não conformismo" pela "corrupção sistêmica" cumpre a mesma função operativa de legitimar a exceção e, portanto, endurecimento legal e execução de medidas heterodoxas, igualmente 'desafeiçoada dos critérios tradicionais do direito repressivo' brasileiro".

[778] HUNGRIA, Nelson. "O Direito Penal no Estado Novo". *Revista Forense*, fev. 1941, p. 14.

CAPÍTULO IV – TENSÕES EM TORNO DA REFORMA DA...

A recomendação de que o Código de Processo Penal fosse adaptado ao projeto Alcântara Machado expressa, por exemplo, um ponto sensível dos trabalhos, uma vez que, nas palavras do membro da Comissão, o Código Penal, ao contrário do de Processo, "rompeu abertamente, em diversos pontos, com o Direito anterior".[779] Nesta segunda fase dos trabalhos, contou Narcélio que tomaram parte da Comissão o desembargador Florêncio de Abreu e o professor Roberto Lyra, que substituiu o professor Candido Mendes de Almeida, falecido em 1939.[780]

A decisão de sobrestar a promulgação do Código de Processo Penal visava, portanto, adequá-lo, em absoluto, a diretrizes do Estado autoritário que, presentes no Código Penal, pudessem eventualmente lhe ter escapado. O melhor exemplo foi dado pelo próprio Narcélio ao se manifestar sobre os debates em torno da "natureza" do interrogatório e, consequentemente, dos limites de atuação do juiz criminal.

> O código penal investiu o juiz de amplo arbítrio, principalmente na fixação da pena. Todo o Código se orienta no sentido de dar ao juiz a maior responsabilidade na repressão. O Código de Processo não podia fugir a esse critério, uma vez que não mais merece consideração o argumento que se fundava na possibilidade de vir o juiz por meio de perguntas cavilosas, a criar armadilhas no interrogatório dos acusados. Tão alta é a função do juiz penal, em face da nova legislação, que argumentos dessa ordem, na crítica de dispositivos, perderam a razão de ser.[781]

---

[779] QUEIROZ, Narcélio de. "O Novo Código de Processo Penal". *Revista Forense*, Rio de Janeiro, nº 93, jan./mar. 1943, p. 11.

[780] QUEIROZ, Narcélio de. "O Novo Código de Processo Penal". *Revista Forense*, Rio de Janeiro, nº 93, jan./mar. 1943, p. 10.

[781] QUEIROZ, Narcélio de. "O Novo Código de Processo Penal". *Revista Forense*, Rio de Janeiro, nº 93, jan./mar. 1943, p. 10.

A crença no caráter messiânico do juiz penal, a quem cabe "o esclarecimento da verdade", conduziu a um desenho institucional de máximo fortalecimento do poder por ele exercido, notadamente no que diz respeito à gestão da prova e tomada de decisões, sem provocação das partes. Essa estrutura correspondia, *ipsis litteris*, ao modelo autoritário de processo, conforme preconizado pelo ministro da Justiça.

A crítica dos juristas a essa concepção, entretanto, não era desconhecida. Narcélio fez referência ao trabalho de João Monteiro quando, em referência ao Código de Processo Penal para São Paulo, "fazendo eco da condenação ao caráter inquisitorial do interrogatório", reivindicava que o "juiz deve dirigir ao acusado as perguntas contidas na lei, e só elas, de maneira a evitar que o acusado pudesse ser surpreendido com questões hábeis e viesse a confessar, sem a devida espontaneidade". Sendo o interrogatório uma peça de defesa, afirmava João Monteiro, "não devia a lei deixar brechas por onde pudesse ser transformado em elemento de acusação".[782]

O caráter autoritário da legislação processual penal é uma consequência óbvia da sua centralidade para a sustentação do regime. Semelhante concepção de interrogatório, com franca prevalência dos direitos individuais, não era bem-vinda. O modelo autoritário de processo penal, desejoso em extrair do acusado a verdade, concebe o interrogatório como meio de prova, logo, sujeita o indivíduo à engrenagem repressiva encarnada no "interesse social de distribuir a justiça".[783]

Em 1943, ano em que escreveu sobre o "Novo Código de Processo Penal", Narcélio de Queiroz provavelmente estava disposto a se defender de tão íntima adesão à ditadura varguista. O cenário

---

[782] QUEIROZ, Narcélio de. "O Novo Código de Processo Penal". *Revista Forense*, Rio de Janeiro, nº 93, jan./mar. 1943, p. 10.

[783] QUEIROZ, Narcélio de. "O Novo Código de Processo Penal". *Revista Forense*, Rio de Janeiro, nº 93, jan./mar. 1943, p. 10.

CAPÍTULO IV – TENSÕES EM TORNO DA REFORMA DA...

de esgotamento do regime animava aquela espécie de "juristas liberais" brasileiros que, omissos durante o processo de consolidação do regime autoritário (porque reprimem adversários à esquerda ou tutelam seus interesses políticos e econômicos), reaparecem com críticas ao regime e em defesa da democracia.

Ao discorrer sobre as orientações e influências da comissão, imediatamente após glorificar a "exemplar técnica de legislador e de estadista" do ministro Francisco Campos, Narcélio afirmou que a "estrutura do novo processo penal brasileiro evidencia que não nos apartamos das nossas tradições liberais". Essa afirmação, contraditória às diretrizes firmadas pelo ministro da Justiça, expressa o esforço retórico dos juristas para afastar a relação entre o trabalho técnico desenvolvido e os objetivos autoritários do regime. Esforço muito pouco efetivo. Visto de perto, a orientação ideológica do novo Código de Processo Penal, "em face da crescente socialização do direito", submetia a falácia das "mais amplas garantias de defesa" à predominante prevalência do "direito da sociedade sobre o direito do indivíduo".[784]

Em janeiro de 1941, Narcélio de Queiroz fez uma intervenção no Segundo Congresso Latino-Americano de Criminologia, ocorrido em Santiago do Chile, em que defendeu o perfil liberal do código, colocando em relevo "as garantias que nosso Direito estabelece para a defesa". Ao tratar da repressão política, resumiu-se a dizer: *por otra parte, está el Brasil perfectamente aparejado para defender-se contra la propaganda de ideas subversivas de las instituiciones politicas dominantes en América.*[785]

De fato, nenhum dos exemplos de Narcélio de Queiroz para sustentar a adesão do Brasil aos princípios democráticos – "*la nueva*

---

[784] QUEIROZ, Narcélio de. "O Novo Código de Processo Penal". *Revista Forense*, Rio de Janeiro, nº 93, jan./mar. 1943, p. 10.

[785] QUEIROZ, Narcélio de. "O Novo Código de Processo Penal". *Revista Forense*, Rio de Janeiro, nº 93, jan./mar. 1943, p. 10.

ley no se aplica a los hechos anteriores; la instruccion criminal será contraditória; nuestro Codigo Penal consagra el principio da reserva legal y nuestra legislación procesal asegura las más amplias garantias a defensa de los acusados"[786] –, se não bastasse a completa dissociação com a prática do sistema de justiça criminal "comum", existia na legislação penal e processual penal da repressão política. Essa divergência, omitida por um dos juristas da Comissão, é exemplificativa do papel que estes exerceram na legitimação das perseguições e do arbítrio institucionalizado pela polícia de Filinto Müller.

Um dos argumentos de Narcélio, para repetir, pela terceira vez seguida, que o "Código não se apartou das nossas tradições liberais", era a exclusão de "qualquer ato secreto na instrução". Com esse recurso retórico, buscou, todo instante, com esparsos exemplos, desqualificar os críticos do projeto, a quem considerava "apressados" em fazer "afirmações simplistas e categóricas" na tentativa de descobrir "um ar suspeito de antiliberalismo".[787]

As objeções de Narcélio de Queiroz contra os críticos está em sintonia com as ideias defendidas por juristas italianos, fundamentais na construção do aparato normativo do fascismo. Referiu-se a Manzini para sustentar, por exemplo, que a lei é uma "entidade autônoma, inteiramente liberta das pessoas", e, com isso, atribuir ao magistrado e ao jurista a tarefa de submeter-se estritamente ao *resultado prático* que ela visa atingir.[788] Narcélio recorreu igualmente Arturo Rocco, a fim de excluir questões de ordem social

---

[786] QUEIROZ, Narcélio de. "O Novo Código de Processo Penal". *Revista Forense*, Rio de Janeiro, nº 93, jan./mar. 1943, p. 11, nota 2.

[787] QUEIROZ, Narcélio de. "O Novo Código de Processo Penal". *Revista Forense*, Rio de Janeiro, nº 93, jan./mar. 1943, p. 11, nota 2.

[788] QUEIROZ, Narcélio de. "O Novo Código de Processo Penal". *Revista Forense*, Rio de Janeiro, nº 93, jan./mar. 1943, p. 11, nota 2.

CAPÍTULO IV – TENSÕES EM TORNO DA REFORMA DA...

ou política da chamada "atitude crítica legítima" que, para ele, restringia-se às dirigidas aos textos legais.[789]

A principal inovação do novo Código de Processo Penal, e, aparentemente, a de que mais se orgulhava Narcélio de Queiroz, era a introdução da livre apreciação da prova pelo juiz no artigo 157 do projeto. Desdobramento natural do lugar ocupado pelo magistrado no modelo processual, a liberdade na apreciação da prova surge, nas palavras do membro da Comissão, "como a mais formidável revolução no processo penal".[790] Não vem ao acaso discorrer longamente sobre os argumentos que realiza em favor desse sistema. Narcélio defende que a prova está dirigida à formação da convicção do juiz e tem como finalidade única a descoberta da verdade. Opondo-se ao sistema da prova tarifada, a quem combate por transformar a atividade decisória em "operação matemática", o jurista, crente da "boa consciência" do julgador, recusa restringir o livre convencimento do juiz, a quem atribui a função de descobrir a verdade e distribuir a justiça.

> Muito ao contrário do que possa parecer a alguns espíritos pouco avisados, não há no sistema em boa hora acolhido pela nova legislação processual do Brasil nada que importe em poder arbitrário do juiz. Tal princípio vai embeber as suas raízes nas mais puras fontes do pensamento libertário e democrático.[791]

Para sustentar sua posição, Narcélio de Queiroz percorreu desde a legislação francesa do século XVIII às leis correntes na Alemanha e Itália, todas convergentes em assegurar ao juiz ampla

---

[789] QUEIROZ, Narcélio de. "O Novo Código de Processo Penal". *Revista Forense*, Rio de Janeiro, n° 93, jan./mar. 1943, p. 12.

[790] QUEIROZ, Narcélio de. "O Novo Código de Processo Penal". *Revista Forense*, Rio de Janeiro, n° 93, jan./mar. 1943, p. 12.

[791] QUEIROZ, Narcélio de. "O Novo Código de Processo Penal". *Revista Forense*, Rio de Janeiro, n° 93, jan./mar. 1943, p. 14.

liberdade de valoração da prova. Não tratou, em uma única linha, sobre os julgamentos por *livre convicção* pelo Tribunal de Segurança Nacional cuja regra, presente no ordenamento desde 1936, demonstrava-se essencial ao controle do dissenso político, "não só por suas condenações, mas pelo discurso construtor do subversivo".[792]

O sistema da *livre convicção* foi um dispositivo extremamente útil ao procedimento de exceção destinado aos acusados por crimes políticos no Brasil. O instituto foi adaptado ao sistema processual penal comum porque era capaz de outorgar um "dinamismo rápido", "menos complexo de regras" e que favorecia, "sem prejuízo da justiça, a rapidez das decisões".[793] Raul Machado, um dos juízes do Tribunal de Segurança Nacional, já vinha sustentando isso desde 1940, e Narcélio de Queiroz sabia evidentemente disso.[794]

O argumento de que a livre convicção não conduzia ao arbítrio dos magistrados, porque submetidos ao dever de motivar as decisões, também percorreu os debates em torno do parágrafo único, art. 10, da Lei n. 244/36. Em favor do sistema, alegava-se que

---

[792] Lei n. 244/36: "Art. 10. As decisões do Tribunal serão tomadas por maioria de votos, cabendo recurso para o Supremo Tribunal Militar, sem effeito suspensivo. Paragrapho unico. Os membros do Tribunal de Segurança Nacional julgarão como juizes de facto, por livre convicção, quer o processo seja originario, quer tenha vindo de outro juízo". Cf. NUNES, Diego. "O Tribunal de Segurança Nacional e o valor da prova testemunhal: o debate sobre o princípio da livre convicção do juiz a partir do julgamento do Processo n. 1.355". *Revista Eletrônica Direito e Política*, UNIVALI, Itajaí, vol. 8, nº 2, 2º quadr. 2013.

[793] MACHADO, Raul. "Julgamento por 'livre convicção'". *Revista Forense*, Rio de Janeiro, vol. 82, nº 442, fev. 1940, p. 340.

[794] Raul Machado, auditor de guerra e juiz togado do Tribunal, era conhecido por suas ideias exóticas e ultrarreacionárias. Evandro Lins e Silva ponderou que a sua visão do comunismo era muito primária. Autor de um folheto chamado *O comunismo nas letras e nas artes do Brasil*, Raul Machado ustentava que toda forma de degeneração decorria da aproximação com o comunismo. "Chegava ao extremo de dizer que o samba era forma de degeneração da música" (LINS E SILVA, Evandro. *O Salão dos passos perdidos*: depoimento ao CPDOC. Nova Fronteira: Ed. FGV, 1997, p. 157).

CAPÍTULO IV – TENSÕES EM TORNO DA REFORMA DA...

> a lei quis apenas conferir ao juiz a faculdade de decidir, conforme o seu conhecimento, alicerçado em 'qualquer das provas' (e aí é que está a suposta 'liberdade' de convicção) a que, no inventário e exame das peças do processo, dê mais crédito e validade.[795]

Em alegações muito semelhantes às de Raul Machado, Nelson Hungria sustentou que

> a certeza moral deve provir dos fatos examinados e não apenas, como diz Manzini, dos *elementos psicológicos internos* do juiz. Julgar por livre convicção em face das provas é coisa muito diversa do que julgar, arbitrariamente, *secundum conscientiam* ou de *credulitate*. (...) Assim, não pode o juiz decidir segundo sua consciência particular, nem se abster de motivar sua sentença.[796]

O sistema da livre convicção, na prática do Tribunal de Segurança Nacional, permitia "aos juízes selecionar que provas tomar como relevantes para o caso e dentre estas as explorar nos pontos em que lhe forneçam subsídios para emanar seu juízo, deixando de lado aquelas que em sua opinião considerasse impertinente".[797] Em concreto, o sistema da livre convicção, associado às restrições impostas à defesa no campo da prova, presunções favoráveis à

---

[795] LINS E SILVA, Evandro. *O Salão dos passos perdidos*: depoimento ao CPDOC. Nova Fronteira: Ed. FGV, 1997, p. 338.

[796] HUNGRIA, Nelson. "O Projeto de Código do Processo Penal brasileiro. *Revista Forense*, Rio de Janeiro, vol. 73, fev. 1938, pp. 222/223.

[797] NUNES, Diego. "O Tribunal de Segurança Nacional e o valor da prova testemunhal: o debate sobre o princípio da livre convicção do juiz a partir do julgamento do Processo n. 1.355". *Revista Eletrônica Direito e Política*, UNIVALI, Itajaí, vol. 8, n° 2, 2° quadr. 2013, p. 854. Machado apresenta como exemplos a confissão no inquérito e o testemunho único. Ambos seriam provas idôneas se tivessem o condão de convencer o julgador, mesmo que tal confissão fosse a única prova presente nos autos ou que esse único testemunho fosse utilizado para ilidir as demais provas, não importando a sua natureza.

ANTONIO PEDRO MELCHIOR

acusação e, especialmente, formação ideológica dos juízes, basicamente instituía um modelo mais racional, da mesma forma autoritário, de controle social e político da população.

A reprodução do sistema da livre convicção, no Código de Processo Penal, de qualquer maneira, confirma a hipótese de total simbiose entre o sistema processual penal da criminalidade comum e o subsistema da repressão política.

Em "Princípios informativos do Código de Processo Penal", Florêncio de Abreu repetiu as ideias expostas por Narcélio quanto à autonomia da lei frente à intenção do legislador, acrescentando, contudo, que, na interpretação dos textos, seria preferível perquirir-se, antes, a "vontade do Estado".[798] Enfrentou o tema do livre convencimento, mas, igualmente, ignorou a sua incidência nos julgamentos do Tribunal de Segurança Nacional. Alegou que o sistema impõe ao magistrado o dever indeclinável de motivar a sentença e que isso era suficiente para evitar arbitrariedades.[799]

---

[798] ABREU, Florêncio. "Princípios informativos do Código de Processo Penal". *Revista Forense*, ano XL, vol. XCVI, fasc. 484, out. 1943, pp. 13 e 14. Ao tratar da Acusação e Defesa, Florêncio abordou questões afetas ao sistema inquisitório e acusatório, ciente de que o último surge historicamente como produto de um "incessante acréscimo das garantias individuais contra o poder social", visando resguardar "o interesse dos indivíduos colhidos nas malhas do processo criminal". Na sequência da argumentação, entretanto, o membro da comissão ponderou que o sistema inglês, exemplo privilegiado do sistema acusatório, em tudo diferenciava-se do continente europeu, peculiaridade devida à sua "formidável organização da polícia".

[799] Grande parte do texto foi dedicado à invalidade jurídica no novo processo penal, oportunidade em que defendeu o modelo adotado no Código de "aliviar o processo dos excessos do formalismo e, em consequência, reduzir ao mínimo as nulidades processuais". No texto de Florêncio de Abreu, é especialmente clara a influência da futura codificação do processo civil nas regras destinadas a disciplinar as nulidades no processo penal (ABREU, Florêncio. "Princípios informativos do Código de Processo Penal". *Revista Forense*, ano XL, vol. XCVI, fasc. 484, out. 1943, p. 16).

CAPÍTULO IV – TENSÕES EM TORNO DA REFORMA DA...

Antonio Vieira Braga, Cândido Mendes de Almeida, Roberto Lyra e Florêncio de Abreu, integrantes da Comissão nomeada por Francisco Campos para adequar o Código de Processo Penal aos fundamentos do regime, não produziram textos sobre a repressão política, pelo menos para as duas principais revistas jurídicas da época, *Forense* e *Revista de Direito Penal*, tampouco publicaram artigos relevantes sobre a impressão dos trabalhos na comissão. A omissão expressa um dado analítico relevante.

A análise do pensamento político e jurídico do ministro Francisco Campos esclarece que o projeto de construção do Estado autoritário encontrou em determinados juristas um forte acolhimento. A Comissão de juristas, a par do apelo ao tecnicismo e o esforço em rotular-se liberal, foi fundamental à compilação jurídica do autoritarismo brasileiro.

4.2 Doutrina antiautoritária no Brasil

As disputas no campo científico, como descrito por Bourdieu, determinam o jogo de forças e, consequentemente, o espaço conferido às manifestações contrárias aos interesses dos grupos que lá predominam. É possível observar, como efeito das próprias disputas internas, uma retomada do discurso liberal em matéria criminal ao final do esgotamento da ditadura, em 1945. Mais difícil, contudo, era exercer a resistência aos propósitos autoritários do governo em sua fase mais dura, que vai da aprovação da Lei de Segurança Nacional, em 1935, aos primeiros anos de funcionamento do Tribunal de Segurança Nacional, 1939/1940. Por isso, a preferência aos posicionamentos manifestados nesse período, ainda que se perca notavelmente em quantidade e qualidade.

Todas as mínimas intervenções doutrinárias dirigidas a contestar o direcionamento fascista do sistema de justiça, a sair em defesa da Constituição de 1934 e das garantias individuais são expressões, por dentro do campo científico penal, das forças em resistência ao projeto de consolidação do Estado nacional e autoritário. A simples menção aos abusos ou a preocupação com os direitos sociais da população, onde greve e luta popular são sinônimos de subversão política, indicam a adesão do jurista ao polo contramajoritário do conflito ideológico vigente no país.

4.2.1 Os debates das revistas jurídicas

Os debates protagonizados por juristas, no propósito de produzirem um saber técnico e dogmático, foram especialmente travados no âmbito das revistas jurídicas. Na década de 1930, o mercado editorial no Brasil era bastante aquecido e contava, além de artigos científicos, com a transcrição de discursos e conferências públicas, notadamente as produzidas pelo Instituto dos Advogados Brasileiros.[800] As investigações sobre as reformas institucionais da Justiça Criminal no Estado Novo, com o fim de mapear a luta política e jurídica entre juristas, têm, nas revistas, portanto, um indispensável objeto de pesquisa. Ali, os juristas não apenas eram chamados a contribuir teoricamente com o desenvolvimento de um saber específico, como também se propunham a influenciar politicamente a reforma das instituições penais.[801] Mariana de Moraes Silveira[802] definiu a relevância das revistas jurídicas do período nos seguintes termos:

> Apesar do regime ditatorial instaurado em novembro de 1937, da censura e da repressão política, essas reformas jamais foram desenvolvidas de forma unilateral pelo governo. Elas

---

[800] PRANDO, Camila Cardoso de Mello. *O saber dos juristas e o controle penal*: o debate doutrinário na *Revista de Direito Penal* (1933-1940) e a construção da legitimidade pela defesa social. Rio de Janeiro: Revan, 2013, p. 61.

[801] PRANDO, Camila Cardoso de Mello. *O saber dos juristas e o controle penal*: o debate doutrinário na *Revista de Direito Penal* (1933-1940) e a construção da legitimidade pela defesa social. Rio de Janeiro: Revan, 2013, p. 68.

[802] SILVEIRA, Mariana de Moraes. *Revistas em tempos de reformas*: pensamento jurídico, legislação e política nas páginas dos periódicos de Direito (1936-1943). Belo Horizonte: UFMG, 2013. (Dissertação de Mestrado).

CAPÍTULO IV – TENSÕES EM TORNO DA REFORMA DA...

se estabeleceram, ao contrário, em um constante (embora, por vezes, tenso) diálogo com os juristas. O próprio fato de se realizarem essas alterações nas normas se ligou a debates e reivindicações que os bacharéis em Direito já vinham desenvolvendo nos anos anteriores. As revistas jurídicas foram um dos principais espaços tanto dessa interlocução entre juristas e governo quanto de expressão e difusão de ideais reformistas no âmbito do Direito.

A análise das publicações de artigos nas revistas *Direito Penal* e *Forense*, bem como nas revistas da Faculdade de Direito da Universidade de São Paulo e da Faculdade Nacional de Direito, mais ou menos entre 1933 e 1945, associadas aos textos e entrevistas do próprio ministro da Justiça, Francisco Campos, revela uma influência bem menos expressiva da comunidade jurídica brasileira na formação dos códigos e demais instituições do sistema de justiça criminal. A afirmação de que as reformas não foram realizadas de forma unilateral conduz à falsa impressão de que o governo se abriu ao livre debate científico e social, o que já se viu não ter ocorrido: reformas de gabinete, tocada por técnicos especialistas, escolhidos a dedo pelo ministro da Justiça; um modelo de trabalho supervisionado e direcionado a atender aos fundamentos jurídicos e políticos do Estado autoritário.

De toda sorte, a análise das revistas segue sendo imprescindível para uma genealogia das ideias políticas do processo penal brasileiro, já que traduz aspectos centrais da cultura jurídica e dos juristas mais proeminentes do período. As revistas jurídicas revelam mais que um autêntico canal de produção do pensamento jurídico.[803] Evidentemente

---

803 Na Itália, Paolo Grossi justificava o uso das revistas jurídicas como fonte para compreender aspectos da cultura jurídica, salientando os seguintes aspectos: "colocar a revista em foco nos permite olhar para o macroproblema por meio de um filtro concreto; a revista põe-se como uma comunidade que opera para um fim, como um trabalho munido de um programa, finalidade, autores, em suma, um ambiente ideal para a promoção cultural; a revista se apresenta como uma comunidade de juristas imersa na experiência, um

ANTONIO PEDRO MELCHIOR

atrelados a instituições/organizações, os artigos publicados seguem uma linha editorial mais ou menos coerente e, portanto, expressam o tipo de relacionamento que os juristas pretendiam construir com os quadros burocráticos do regime.

Camila Cardoso de Mello Prando observou, por exemplo, que o editorial da *Revista de Direito Penal*, periódico fundado em 1930, quase sempre revelava a adesão dos juristas às políticas do governo. Particularmente de acordo com essa proposição, acrescento que não vi diferença significativa nas publicações da *Revista Forense* entre 1935 e 1945, tampouco na *Revista da Faculdade Nacional de Direito*, uma das mais explícitas defensoras do regime varguista.

No que diz respeito à *Revista de Direito Penal*, órgão oficial da Sociedade Brasileira de Criminologia, localizada no Distrito Federal, chega a ser agressivo o silêncio dos professores que com ela contribuíam a respeito da repressão política no Brasil. Em 1936, contudo, na edição de janeiro/fevereiro, Carlos Alberto Lucio Bittencourt, formado pela Faculdade de Direito do Rio de Janeiro e membro do Conselho Técnico da Sociedade Brasileira de Criminologia,[804] abordou o tema do "Novo Direito Penal alemão", assunto naturalmente relevante no contexto político e jurídico do período.

---

laboratório onde as dimensões prática e científica integravam-se" (GROSSI, Paolo. *La "cultura" dele riviste giuridiche italiane*: Atti del Primo Incontrodi Studio Firenze, aprile, 1983. Milano: Giufrè, 1984, pp. 15/16).

[804] BITTENCOURT, Carlos Alberto Lucio. "O novo Direito Penal alemão". *Revista de Direito Penal*, ano III, vol. XII, fasc. I e II, jan./fev. 1936, pp. 5-15. Em 1933, Carlos Alberto Bittencourt foi nomeado Juiz Pretor do Distrito Federal. Após a extinção do Estado Novo, foi um dos fundadores do Partido Trabalhista Brasileiro (maio de 1945), tendo sido eleito, cinco anos depois, para deputado federal por Minas Gerais. Lucio Bittencourt disputou outros cargos pelo PTB, além de ter sido promotor público no Distrito Federal, consultor jurídico e diretor de divisão do Departamento de Administração do Serviço Público. Além de membro da Sociedade Brasileira de Criminologia, foi diretor da *Revista Forense* e da *Gazeta de Notícias*. Cf. FGV-CPDOC. *Verbete biográfico BITTENCOURT, Carlos Alberto Lucio*. Disponível em:

CAPÍTULO IV – TENSÕES EM TORNO DA REFORMA DA...

Não se pode esquecer que 1936 seria o ano em que o Brasil conheceria as agruras do Tribunal de Segurança Nacional, criado em setembro; o ano em que a Alemanha de Hitler, chanceler há três anos, faria das Olimpíadas o grande palco da propaganda nazista; e também o ano da constituição, ao lado da Itália fascista, da aliança que aglutinaria os países do Eixo.[805]

A primeira advertência de Lucio Bittencourt é a de que a análise que propõe das inovações introduzidas no Direito Penal alemão está orientada por um "alto espírito de imparcialidade e um ânimo assaz sereno". A neutralidade, como se advertiu, surge como uma espécie de compromisso científico em nome da "ponderação e sobriedade", na linha preconizada pelo tecnicismo jurídico em voga. Chega a dizer que o *"escopo não é analisar a nova legislação tedesca, mas, somente, fazer passar diante dos olhos as inovações principais, expondo-as, sem commental-as"*.[806] Não é isso, entretanto, que se extrai das entrelinhas. Carlos Lucio Bittencourt reconheceu o vínculo indissociável entre o regime político constituído e o Direito, inclusive quanto ao conceito de crime. Afirmou que a sua variação ocorre menos em relação à moralidade média de um grupo social do que em relação à forma de governo adotada por esse grupo. A razão dessa influência, tantas vezes salientada por Francisco Campos no propósito de compilação jurídica do regime, era uma só:

> o Direito se inspira sempre nas ideias fundamentais que regem o complexo da vida do Estado. Se taes idéas abalam-se,

---

http://www.fgv.br/Cpdoc/Acervo/dicionarios/verbete-biografico/carlos-alberto-lucio-bittencourt. Acessado em: 17.05.2019.

[805] A bibliografia é evidentemente extensa. Para uma análise objetiva das circunstâncias antecedentes ao holocausto, cf., por exemplo, a página *United States Holocaust Memorial Museum*. Disponível em: https://www.ushmm.org/. Acessado em: 17.05.2019.

[806] BITTENCOURT, Carlos Alberto Lucio. "O novo Direito Penal alemão". *Revista de Direito Penal*, ano III, vol. XII, fasc. I e II, jan./fev. 1936, p. 5.

convulsionam-se, transformam-se, temos, como consequência natural, um abalo, uma convulsão, uma transformação no próprio Direito. (...) nos próprios países de regimen autoritário, há um direito sobre que repousa fundamentalmente o próprio Estado: o Direito da força.[807]

O relativismo cultural, que justifica e legitima a prática de atos atentatórios aos direitos humanos pelo mundo, definitivamente, não é uma característica própria dos juristas em resistência ao autoritarismo. Lucio Bittencourt, naquilo que interessa extrair do texto, ponderou que a Alemanha possui a sua própria "formação moral", em que o interesse do indivíduo não deve ser protegido, mas tão só o interesse da coletividade, um discurso que, como se sabe, será reproduzido na exposição de motivos do Código de Processo Penal brasileiro. O regime alemão, constata, eminentemente racista, "repousa num pacto de ferro e de sangue". Ao invés de investir contra os retrocessos civilizatórios da proposta político criminal e dogmática nazista, para o jurista mineiro,

> não podemos comprehender as suas leis, porque não podemos comprehender os princípios que a ditaram. É, por consequencia, erro crasso e rematado, querer alguém critical-as, isolando-as de seu alvéolo, furtando-as ao seu ambiente proprio. Hão de ser estudadas como um fructo do sentimento germânico e o seu julgamento importará no da propria communidade allemã.[808]

Convém lembrar, quantas vezes forem necessárias, que o texto de Carlos Lucio foi publicado nos meses subsequentes às milhares de prisões ilegais que sucederam ao levante aliancista dos fins de

---

[807] BITTENCOURT, Carlos Alberto Lucio. "O novo Direito Penal alemão". *Revista de Direito Penal*, ano III, vol. XII, fasc. I e II, jan./fev. 1936, p. 6.

[808] BITTENCOURT, Carlos Alberto Lucio. "O novo Direito Penal alemão". *Revista de Direito Penal*, ano III, vol. XII, fasc. I e II, jan./fev. 1936, p. 7.

CAPÍTULO IV – TENSÕES EM TORNO DA REFORMA DA...

1935. Enquanto Lucio Bittencourt escrevia para a *Revista de Direito Penal* que as inovações propostas abandonaram a preocupação com a "pobre alma do delinquente", apostando na severidade e dureza; enquanto ele reproduzia citações que bradavam pelo "abandono à atitude liberal", "Direito Penal como defesa do povo", Harry Berger era mantido preso embaixo de uma escadaria na Polícia Central, e Hermes Lima, Leônidas Rezende, Frederico Carpentier, Edgar Castro Rebello, tantos outros professores e cidadãos em geral eram trancafiados, sem acusação formal, e sofriam nas mãos da polícia política varguista.[809]

A abordagem do tema da analogia e retroatividade da lei no Direito Penal alemão merece destaque dada as discussões travadas no ano de 1935, no Parlamento brasileiro, a respeito da legislação de segurança nacional. Sobre isso, entretanto, Lucio Bittencourt não escreveu uma linha. Como sói acontecer com os adeptos do tecnicismo jurídico no país, contudo, chega um momento do texto em que a aderência do autor às categorias típicas do autoritarismo jurídico-penal não consegue ser sublimada. Ao tratar do tema, Carlos Lucio mostrou-se favorável tanto à analogia quanto à incidência retroativa da lei penal mais gravosa. Sua conclusão é emblemática da postura de certos juristas brasileiros diante do que ocorria na Alemanha:

> De tudo que vimos, podemos concluir facilmente que nos encontramos diante de uma doutrina *inteiramente específica*, um phenomeno legislativo *autonomo*, sem precedentes e sem ligação com qualquer outra corrente de reforma da

---

[809] Após referir-se a Karl Siegert, para quem o "delinquente se apresenta em primeira linha como um desobediente do Estado, como um inimigo do Estado, por isso deve ser combatido com severidade e dureza", Lucio Bittencourt tratou dos novos crimes e penas, com especial registro, ao emprego da *castração*, considerada por ele uma das "inovações importantes do nosso direito" (BITTENCOURT, Carlos Alberto Lucio. "O novo Direito Penal alemão". *Revista de Direito Penal*, ano III, vol. XII, fasc. I e II, jan./fev. 1936, p. 7).

legislação penal contemporanea. E, por isso mesmo, para estudal-o e comprehendel-o, deve o criminalista estudar e comprehender primeiramente o ambiente que o gerou, a palpitação e o enthusiasmo do povo alemão no grande momento histórico que está vivendo.

Mas, senhores, já pressinto a vossa pergunta: afinal, será bom ou máo o novo Direito?

Impossível responder.

Direi apenas uma coisa: todas as novidades para triumphar *devem ser exageradas*; com o tempo, postas na devida grandeza, ellas se tornam perfeitamente comprehendidas e acceitas.[810]

Astolpho Vieira de Rezende, presidente do Instituto dos Advogados Brasileiros entre 1931 e 1933, teve, no auge da repressão política no país, a desfaçatez de escrever um texto para a *Revista de Direito Penal* com o título "A Polícia em face da Justiça, na Nova Constituição". Não citou, uma única vez, o nome de Filinto Müller, chefe da polícia varguista.[811] Nenhuma palavra sobre as numerosas prisões e recolhimentos, sem nenhuma comunicação formal à Justiça, à família ou aos advogados. Nada sobre as torturas! Muito pelo contrário. Advogado e membro do Conselho Técnico da Sociedade Brasileira de Criminologia, Astolpho Rezende realizou uma conferência para discutir a atuação da polícia em face do artigo 113, n. 21, da Constituição de 1934, como se fosse possível falar em Constituição naquele contexto se não fosse para denunciar a sua mais completa destruição.[812] Defendeu que a previsão constitucional de

---

810 BITTENCOURT, Carlos Alberto Lucio. "O novo Direito Penal alemão". *Revista de Direito Penal*, ano III, vol. XII, fasc. I e II, jan./fev. 1936, p. 15.

811 Cf. REZENDE, Astolpho Vieira. "A Polícia em face da Justiça, na nova Constituição". *Revista de Direito Penal*, ano IV, vol. XIII, fasc. II, maio 1936, pp. 187-196.

812 "Art. 113. 21) Ninguém será preso senão em flagrante delito, ou por ordem escrita da autoridade competente, nos casos expressos em lei. A prisão ou detenção de qualquer pessoa será imediatamente comunicada ao Juiz competente, que a relaxará, se não for legal, e promoverá, sempre que de direito, a

CAPÍTULO IV – TENSÕES EM TORNO DA REFORMA DA...

que a prisão fosse *imediatamente* comunicada ao juiz competente era um *trop de zéle* pela liberdade individual. Para Astolpho, a norma decorria de um pensamento deformado, que via a polícia de forma pejorativa. Antecipando a crítica que Francisco Campos faria ao conceito liberal de liberdade, um ano depois, quando discorreu sobre as *Diretrizes do Estado Autoritário*, o jurista investiu contra a ideia que via no indivíduo a base constitutiva do Estado e da sociedade. Concluiu, argumentando que "ninguém tem o direito de invocar a liberdade para fazer o mal", e que a "polícia tem o dever de impedir o mau uso dessa liberdade, de diferentes maneiras, que seria longo enumerar".[813] A previsão de *imediata* comunicação ao juiz, portanto, traduz para Astolpho um "respeito exagerado à liberdade dos criminosos", e que melhor convém, enfim, outorgar à polícia meios mais flexíveis do que os que competem propriamente à Justiça.[814] Astolpho Vieira de Rezende emplacaria ainda outro texto na edição de agosto de 1936 da *Revista de Direito Penal*, em que dedicaria quase dez páginas para destilar ódio aos acusados, opor-se ao critério do *in dubio pro reo*, criticar a filosofia humanitária que transformou o criminoso em um

---

responsabilidade da autoridade coatora". A redação é praticamente a mesma dos incisos LXI e LXII, artigo 5, da atual Constituição da República de 1988. "Art. 5º. LXI – ninguém será preso senão em flagrante delito ou por ordem escrita e fundamentada de autoridade judiciária competente, salvo nos casos de transgressão militar ou crime propriamente militar, definidos em lei. LXII – a prisão de qualquer pessoa e o local onde se encontre serão comunicados imediatamente ao juiz competente e à família do preso ou à pessoa por ele indicada" (...).

[813] REZENDE, Astolpho Vieira. "A Polícia em face da Justiça, na nova Constituição". *Revista de Direito Penal*, ano IV, vol. XIII, fasc. II, maio 1936, p. 190.

[814] REZENDE, Astolpho Vieira. "A Polícia em face da Justiça, na nova Constituição". *Revista de Direito Penal*, ano IV, vol. XIII, fasc. II, maio 1936, pp. 192/193. As críticas do professor Astolpho Vieira de Rezende remetem às objeções atuais à Audiência de Custódia no processo penal brasileiro em que, por determinação da Convenção Americana de Direitos Humanos, o preso deve ser prontamente encaminhado à presença do juiz.

enfermo, uma vítima, chegando a romantismo sentimental de proclamar que o réu era coisa sagrada: *réus res sacra*, merecedor, já não da nossa benevolência, mas da nossa compaixão, da commiseração pública, como um ente desgraçado que expia no cárcere uma pena imerecida.[815]

Ainda em 1936, grande parte dos juristas que viriam a compor a comissão nomeada por Francisco Campos para o novo Código Penal e Processual Penal estaria junta na Primeira Conferência Nacional de Criminologia. Promovida pela Sociedade Brasileira de Criminologia, com instalação prevista para o dia 18 de junho de 1936, na sede do Instituto da Ordem dos Advogados no Distrito Federal, a conferência é a maior expressão da intervenção realizada pela comunidade acadêmica no âmbito das reformas legislativas da década de 1930.[816] Diz igualmente da formação dessa própria comunidade, no caso, aglutinada em torno da Sociedade Brasileira de Criminologia. A sua relação com as práticas autoritárias do governo, embora não esteja clara, pode ser considerada tendencialmente colaboracionista,[817] o que se mede pela completa ausência de crítica às medidas de exceção que o regime vinha implementado.

---

[815] "(...) E então, como no Direito Criminal reputamos necessário, em nome da defesa social, deter os exageros individualistas da escola clássica, assim também no processo penal, afirmando as garantias irrevogáveis da liberdade individual, conquistas com o systema accusatorio, julgamos necessário entre os direitos individuaes e os sociaes um equilibrio, violado pelos numerosos exageros das theorias clássicas" (REZENDE, Astolpho. "Sua Excellencia o réu". *Revista de Direito Penal*, ano IV, vol. XIV, fasc. II, ago. 1936, pp. 133-142).

[816] PRIMEIRA CONFERÊNCIA NACIONAL DE CRIMINOLOGIA. "Regulamento". *Revista de Direito Penal*, ano IV, vol. XIII, fasc. I, abr. 1936, pp. 115-120.

[817] A presença de um jurista da envergadura de Evaristo de Moraes, conhecido pelas defesas criminais e pelas críticas ao inquisitorialismo, não retira o caráter tendencialmente colaboracionista da Sociedade Brasileira de Criminologia, em especial, da *Revista de Direito Penal*. Isso também se pode dizer de Mario Bulhões Pedreira, notável advogado criminal, um dos advogados de Pedro Ernesto e, portanto, com atuação junto ao Tribunal de Segurança Nacional.

CAPÍTULO IV – TENSÕES EM TORNO DA REFORMA DA...

É ilustrativo que o então ministro da Justiça, Vicente Rao, tenha sido convidado a comparecer em uma das sessões da conferência, apenas três meses após envolver-se diretamente na prisão dos juristas parlamentares e dedicar-se ativamente na aprovação de leis atentatórias à Constituição da República de 1934.[818] Em seu discurso, pontuou a satisfação que teve ao receber o convite do presidente da Sociedade Brasileira de Criminologia, Magarinos Torres. Disse que estava feliz pela iniciativa da conferência em acentuar a necessidade de se terminarem os trabalhos do Código Penal, "já que o scenario jurídico e judiciário, não só do nosso meio ambiente, mas do mundo inteiro, está alterado e em contraste violento com o do tempo da promulgação do código".[819] A defesa do regime político e das leis de emergência ressoou no salão do Instituto da Ordem dos Advogados, mas não encontrou ali

---

[818] Consta ainda no "Regulamento" da Conferência que "o sr. presidente da República, na qualidade de presidente de honra, presidia a sessão inaugural ou subsequente a que prometeu comparecer". Tanto esse convite quanto a efetiva presença do ministro da Justiça, redator da Lei de Segurança Nacional e, àquela altura, da recente lei que instituiu o Tribunal de Segurança Nacional, soam naturalmente como colaboracionismo aos desmandos autoritários do governo. A abertura de espaços acadêmicos para o pensamento jurídico plural, frequentemente antagônico, é uma prática relevante às trocas intelectuais, portanto, desenvolvimento da doutrina. Isto não se confunde com os eventos em que a presença de uma autoridade (jurídica ou política) é realizada para fins laudatórios, mesmo que sob a justificativa de "seguir o protocolo". Parece ter sido este o caso da presença de Vicente Rao na Conferência. Ele foi convidado e participou, como ouvinte, das discussões a respeito da tese XII, em que se deliberou sobre a extinção da tipicidade em caso do casamento do suposto estuprador com a vítima.

[819] PRIMEIRA CONFERÊNCIA NACIONAL DE CRIMINOLOGIA. "Décima Primeira Sessão Ordinária, 3 de julho de 1936. Presidência do Sr. Ministro da Justiça". *Revista de Direito Penal*, ano VI, vol. XV, fasc. I a III, out./nov. 1936, pp. 145-167 (Volume consagrado à Primeira Conferência Brasileira de Criminologia). Não me parece coincidência que a presença do ministro da Justiça tenha ocorrido por ocasião das discussões sobre o *casamento após violência carnal – sursis a passionais*. Rao escrevia sobre direito de família, tendo dedicado um livro inteiro sobre o caso dos *soviets*. A sua concepção conservadora foi aparentemente atendida com a aprovação da tese, segundo a qual o casamento do ofensor com a vítima extinguia a punibilidade.

385

nenhuma resistência. O colaboracionismo da Sociedade Brasileira de Criminologia e seu estreitamento com os interesses do regime foram, inclusive, ressaltados:

> (...) a legislação penal brasileira – sabem-no os mestres e collegas, já anda a retalhos: necessidades prementes, necessidades novas, aspectos novos da vida penal e criminológica teem ditado, sucessivamente, o recurso à lei de emergência. Se ainda há pouco tivéssemos de defender a sociedade brasileira que ella adoptou, dentro das normas do velho Codigo Penal, estaríamos sem armas para a defesa.
>
> Leis de emergência tem surgido, disse eu, mas são um mal: é urgente a obra de systematização do legislador, com o apoio eficiente, com o apoio valedio e precioso dos juristas.
>
> Por todos estes motivos, a minha satisfação ao penetrar esta Casa foi sincera, porque reconheço no esforço da Conferência uma finalidade altamente patriótica, finalidade que não estranho, porque estou habituado a ver entre vós esses espetáculos de colaboração sadia com as autoridades constituídas, para bem de nossa terra.

A primeira Conferência Nacional de Criminologia foi idealizada para discutir-se o projeto de Código Penal de Virgílio de Sá Pereira, Evaristo de Moraes e Mario Bulhões Pedreira, todos eles professores da Faculdade Nacional de Direito. O seu regulamento previa, como membros efetivos, os delegados da capital federal, estados e território do Acre, especialmente designados pelas Faculdades de Direito, Medicina e Odontologia, pela Corte Suprema, Cortes de Apelação, Instituto dos Advogados etc., bem como os ministros de Estado, chefe de polícia, do Ministério Público e diretores de presídios. Membros do Conselho Técnico da Sociedade Brasileira de Criminologia também fizeram parte da conferência, com atuação preponderante, tal qual os sócios contribuintes da mesma associação. Para orientar as discussões e votações, foram organizadas teses, divididas e relatadas por diferentes juristas

CAPÍTULO IV – TENSÕES EM TORNO DA REFORMA DA...

que, ao final da sessão, eram objeto de deliberação cujo resultado passava a constar nas atas da conferência.[820]

O que importa considerar desse evento, que, como dito, tratava do Código Penal, e não do projeto de um novo Código de Processo, é a postura adotada pelos juristas que viriam a formar a comissão nomeada por Francisco Campos.[821] Alguns temas, afetos ao Código Penal, possuem grande impacto na estruturação do Código de Processo Penal e, visto de perto, dizem respeito a questões jurídicas essenciais para o subsistema processual da repressão política. A influência do positivismo criminológico, constituição de um modelo de responsabilidade penal fundado na periculosidade e, do ponto de vista político criminal, orientação para a defesa social são assuntos que terminarão, no campo do processo penal, atingindo os seus fundamentos e conformando

---

[820] A composição da mesa de abertura da sessão de instalação da Conferência é um dado relevante na análise da relação entre os juristas da Sociedade Brasileira de Criminologia e o governo de Getúlio Vargas, relação que, evidentemente, refletirá na intensidade das críticas ou apoio às medidas de exceção do regime. A Sessão de Instalação da Conferência ocorreu às 21 horas do dia 18 de junho de 1936, na sede do Instituto da Ordem dos Advogados Brasileiros, à rua Teixeira de Freitas, n. 04, para o estudo do projeto revisto de Código Criminal. O presidente da Sociedade Brasileira de Criminologia, Dr. Antonio Eugenio Magarinos Torres, ao lado do secretário, Dr. Carlos Alberto Lucio Bittencourt, abriu a sessão. Estavam presentes à mesa o capitão Garcez do Nascimento, representante do presidente da República, o ministro Carvalho Mourão, da Corte Suprema, e os Drs. Cândido Mendes de Almeida, presidente do Conselho Penitenciário, e Alberto Rego Lins, advogado e jornalista. Também estavam o Dr. Hugo Gautier, representante do ministro da Educação, e os Drs. Heitor Carrilho, médico e diretor do Manicômio Judiciário, e José Pereira Lira, secretário da Câmara dos Deputados (Cf. PRIMEIRA CONFERÊNCIA NACIONAL DE CRIMINOLOGIA. "Sessão de Instalação, 18 de junho de 1936". *Revista de Direito Penal*, ano VI, vol. XV, fasc. I a III, out./nov. 1936, p. 13).

[821] Participaram como relatores na Primeira Conferência Nacional de Criminologia: Narcélio de Queiroz, relator da tese I (conceitos de imputabilidade e responsabilidade); Roberto Lyra, relator da tese III (arbítrio do juiz na aplicação das penas e medidas de segurança); Nelson Hungria, relator da tese XIV (omissão do conceito de fé pública a respeito do falso documental).

suas regras. A importância conferida à legalidade, bem como as posições externadas a respeito da analogia, retroatividade da lei e discricionariedade do juiz, também são questões que, apesar de analisadas sob a ótica do Código Penal, falam da concepção do jurista a respeito de categorias jurídicas que, evidentemente, aparecerão de uma forma ou outra no Código de Processo Penal encomendado a eles por Francisco Campos.

Em certo momento do discurso inaugural, o presidente da conferência e da Sociedade Brasileira de Criminologia, Antonio Eugenio Magarinos Torres, fez questão de registrar sua oposição ao "fetichismo do direito individual, aqui, e o do coletivo, ali", com o que reclamava da "subversão do Direito Penal nos seus fundamentos, desautorizado nos seus princípios elementares, como sejam o da irretroatividade das leis, o do repúdio a analogia, o da responsabilidade prevenida por lei anterior definidora das figuras de crime..." Ao invés de citar o próprio Brasil, sob jugo da legislação de segurança e medidas de exceção, Magarinos citou a Rússia e a Alemanha, o que faria novamente no curso dos debates sobre a analogia em matéria criminal.[822] O presidente expressou, por fim, a dificuldade em legislar-se a "contento de todos os idealistas de credos políticos tão diversos, que se entrechocam na literatura mundial e tanto contrastam nas suas experimentações legislativas". Fixava-se ali, para fins dos trabalhos da conferência, a proposta metodológica tecnicista, fundada na retórica da "Justiça como um meio-termo ideal, em que não veja demasiadamente o indivíduo (impunidade systematica), nem exclusivamente o interesse social (que estaria na infalibilidade da pena)".[823]

---

[822] PRIMEIRA CONFERÊNCIA NACIONAL DE CRIMINOLOGIA. "Sessão de Instalação, 18 de junho de 1936". *Revista de Direito Penal*, ano VI, vol. XV, fasc. I a III, out./nov. 1936, p. 15.

[823] "É mister, antes, que o Direito e a medicina se harmonizem com a opinião pública, pelo effeito, que visam na sociedade" (PRIMEIRA CONFERÊNCIA NACIONAL DE CRIMINOLOGIA. "Sessão de Instalação, 18 de junho

CAPÍTULO IV – TENSÕES EM TORNO DA REFORMA DA...

Magarinos Torres, em 1938, se apressaria em escrever um artigo com comentários ao "Julgamento do deputado João Mangabeira", especialmente concentrado na questão do *voto de minerva*. Como detalhadamente descrito, o jurista parlamentar havia sido condenado pelo Tribunal de Segurança Nacional, com voto duplo do presidente, mas a decisão fora cassada em *habeas corpus* impetrado junto ao Supremo Tribunal Militar, que o julgou absolvido de fato. Apesar da flagrante violação aos direitos do deputado João Mangabeira, Magarinos transcreveu a íntegra de uma entrevista do procurador criminal Hymalaia Vergolino, para concluir em seguida: "não temos dúvida em reconhecer que a razão estava com o Tribunal de Segurança quanto à these do voto de desempate". A questão, não obstante estar morta para a vida judiciária, ainda "offerece subsídios interessantes à doutrina".[824] Esse é o posicionamento do presidente da Sociedade Brasileira de Criminologia a respeito de um dos mais graves episódios da vida pública e judicial brasileira.[825]

Voltando à conferência. Narcélio de Queiroz foi designado relator da Primeira Tese oficial: "*os conceitos de imputabilidade e responsabilidade e a distinção entre elles feita no projeto atendem a sciência penal contemporanea e aos interesses sociais*

---

de 1936". *Revista de Direito Penal*, ano VI, vol. XV, fasc. I a III, out./nov. 1936, p. 17).

824 TORRES, Antonio Eugenio Magarinos. "O Julgamento do Deputado João Mangabeira. Voto de desemmpate será sempre favorável ao réo – Commentario de M. Torres". *Revista de Direito Penal*, ano V, vol. XX, fasc. I, jan. 1938.

825 Não se pretende, com tais citações, ser injusto com a contribuição de Magarinos Torres, considerado por Evandro Lins e Silva como o "símbolo da sobrevivência do júri no Brasil". A deferência de Evandro com Magarinos chega ao ponto de chamá-lo de *um novo Beccaria*, aquele cujas ideias "agora movimentam o mundo contra a tirania nazifascista, que abominava". Ficam, de qualquer forma, os registros, já que não há condições de analisar o perfil político e jurídico de Magarinos Torres sem um aprofundamento de sua obra.

brasileiros?"[826] A par das conclusões de Narcélio sobre a tese, chama atenção as referências que faz ao "estado actual dos estudos de Direito Penal" e seus "conflitos mais graves com os dados da philosophia". Para ele, uma obra de reforma legislativa "não pode obedecer a abstractas cogitações philosophicas e theoricas, mas aos reaes interesses da vida coletiva, correspondendo às exigências sociaes e guardando as oportunidades e conveniências políticas". Narcélio de Queiroz, mais uma vez em reforço à retórica tecnicista, afirmou que o Código Penal não pode ser uma consagração unilateral de ideias de uma escola, mas "se fundar nos princípios pacíficos da sciência".[827] O elitismo tecnicista de Narcélio pode ser reconhecido aqui:

> Só a cultura engendra essa qualidade rara que faz o homem fugir dos enthusiasmos fáceis e só ella é capaz de furtal-o do domínio exclusivo de uma escola dando-lhes esse senso seguro com que possa construir uma obra de imparcialidade e de transigência, de renovação e prudência. Mas a cultura do legislador penal bem se vê que não é só erudição. É experiência. É capacidade de penetração psicológica. É o conhecimento exato da ambiência social.[828]

No contexto da discussão sobre a tese relatada por Narcélio de Queiroz, Nelson Hungria e Roberto Lyra expuseram suas ideias a respeito do tema da imputabilidade no Direito Penal. Do que cabe ressaltar, sobressai a constatação de Hungria de que o "projecto

---

[826] PRIMEIRA CONFERÊNCIA BRASILEIRA DE CRIMINOLOGIA. "Segunda Sessão, 20 de junho de 1936". *Revista de Direito Penal*, ano VI, vol. XV, fasc. I a III, out./nov. 1936, pp. 35-65.

[827] PRIMEIRA CONFERÊNCIA BRASILEIRA DE CRIMINOLOGIA. "Segunda Sessão, 20 de junho de 1936". *Revista de Direito Penal*, ano VI, vol. XV, fasc. I a III, out./nov. 1936, pp. 36/37.

[828] PRIMEIRA CONFERÊNCIA BRASILEIRA DE CRIMINOLOGIA. "Segunda Sessão, 20 de junho de 1936". *Revista de Direito Penal*, ano VI, vol. XV, fasc. I a III, out./nov. 1936, pp. 36/37.

CAPÍTULO IV – TENSÕES EM TORNO DA REFORMA DA...

está, todo elle, informado pelo critério racional da periculosidade", não decorrendo daí qualquer crítica a um conceito que, no âmbito processual penal, irá desdobrar-se em regras mais rígidas de prisão preventiva e, em geral, especial redução de garantias aos réus que se entendam "perigosos à sociedade".[829] Ou seja, todos os selecionados pela política criminal da ditadura. Roberto Lyra, ao tratar da distinção entre imputabilidade e responsabilidade, sublinhou que um Código Penal não pode adoptar critérios biológicos puros, essencialmente individualistas e inconstantes, "depois das conquistas da Escola positiva, quanto à responsabilidade social e à defesa social". Terminou a intervenção invocando Lombroso, a quem considerava "o maior dos médicos que illuminaram o Direito Penal".[830]

O próprio Roberto Lyra foi designado relator da terceira tese em discussão, relativa ao tema do arbítrio judicial, assunto evidentemente central tanto em sua dimensão política quanto penal e processual penal. Referindo-se à aplicação da pena e ao uso das medidas de segurança, a tese discutia se seria aconselhável, entre nós, o arbítrio do juiz. Não há dificuldades em ver ali, contudo, os fundamentos que seriam adotados no código substantivo no que se refere à concepção autoritária de processo e, consequentemente, ao caráter plenipotenciário do julgador.

> O projecto recuaria á phase individualista do Direito Penal se não consagrasse o arbítrio judicial, que é o pressuposto das mais elementares concepções do período scientífico: o

---

829 PRIMEIRA CONFERÊNCIA BRASILEIRA DE CRIMINOLOGIA. "Segunda Sessão, 20 de junho de 1936". *Revista de Direito Penal*, ano VI, vol. XV, fasc. I a III, out./nov. 1936, p. 43.

830 PRIMEIRA CONFERÊNCIA BRASILEIRA DE CRIMINOLOGIA. "Segunda Sessão, 20 de junho de 1936". *Revista de Direito Penal*, ano VI, vol. XV, fasc. I a III, out./nov. 1936, pp. 44/45. A citação vem ao encontro da sua posição, segundo o qual não era correto falar em semi-imputabilidade: "parte-se o criminoso ao meio, uma metade vae para o cárcere, a outra para o manicômio".

estado perigoso, a individualização e a indeterminação das penas, as medidas de segurança.[831]

A concepção de Roberto Lyra a respeito do papel do juiz reflete pressupostos fundamentais do modelo jurídico do Estado autoritário: crença na alta espiritualidade do magistrado, em sua sensibilidade para averiguação da verdade e distribuição da justiça; visão distorcida das garantias individuais, concebidas não para o controle do poder, mas para a proteção abusiva de criminosos.

> A expressão – arbítrio judicial – é, pois, impropria. Arbítrio há na lei, no seu apriorismo, na sua interioridade, na sua abstracção, na sua dureza. Nas mãos dos juízes, o texto deixa de ser arbitrário, humanizando-se, sensibilizando-se, adaptando-se à vida e à personalidade de cada homem. Portanto, é a lei que renuncia ao seu egoísmo e vae palpitar, ao rythmo flagrante do convívio social, através da toga. (...)
>
> Considero um equívoco o argumento relativo à ameaça que o arbítrio judicial traria aos direitos e às garantias individuaes. Ao contrario, nos processos criminaes, se alguma prerrogativa pessoal está em jogo é a da victima. Ferri já mostrou que não há direitos adquiridos para o delinquente, pois o crime não é meio de acquisição de direitos.[832]

Não é preciso relembrar o que estas palavras significavam para as pessoas cuja experiência relatei e que, como dolorosamente

---

831 Em conclusões, Roberto Lyra afirma que a conferência deve aceitar, nas linhas gerais, as normas adotadas no projeto Sá Pereira sobre arbítrio judicial. A tese relatada por Roberto Lyra terminou aprovada na conferência por dezessete votos contra cinco (PRIMEIRA CONFERÊNCIA NACIONAL DE CRIMINOLOGIA. "Sexta Sessão, 26 de junho de 1936". *Revista de Direito Penal*, ano VI, vol. XV, fasc. I a III, out./nov. 1936, pp. 87 e 114).

832 PRIMEIRA CONFERÊNCIA NACIONAL DE CRIMINOLOGIA. "Sexta Sessão, 26 de junho de 1936". *Revista de Direito Penal*, ano VI, vol. XV, fasc. I a III, out./nov. 1936, pp. 87 e 114.

CAPÍTULO IV – TENSÕES EM TORNO DA REFORMA DA...

descrito, apodreciam nos porões da Colônia Dois Rios, em Ilha Grande, e nos demais presídios administrados pelo regime como campos de concentração.[833]

A permissividade do emprego da analogia em matéria criminal também foi algo de intensas discussões no âmbito da Primeira Conferência Nacional de Criminologia. O Dr. Haeckel de Lemos foi o relator da Quinta Tese, formulada nos seguintes termos: *"o princípio constitucional, que autoriza julgamento por analogia, é applicável em matéria crime ou conviria na lei penal prevenir-se a controvérsia, como fez o projeto de código criminal?"*[834] Haeckel de Lemos defendeu, em oposição às tendências autoritárias de se outorgar maior flexibilidade ao Estado na incriminação de condutas,

---

[833] A tese II da Conferência dizia respeito à *"Classificação de Criminosos"* e foi relatada pelo jurista integralista Santiago Dantas: "é plausível a classificação dos criminosos feita nos arts. 40 e 42 do Projecto, e útil ou melhorável? E deve o tratamento penal attender a essas distinções?" O tema é relevante por várias razões, uma delas relacionada à sua repristinação na proposta idealizada pelo então ministro da Justiça do governo Jair Bolsonaro, Sergio Moro, de dificultar a soltura de "criminosos habituais, reiterados ou profissionais" (Medida n. XVI – Projeto de Lei n. 882/2019). A respeito do assunto, falou o Dr. Roberto Lyra que, apesar de criticar a indevida intervenção da medicina no Direito, pretendendo passar de ciência auxiliar para ciência básica para o estudo do crime, manifestou-se favorável à questão e congratulou o "magnífico trabalho apresentado pelo Dr. Santiago Dantas". Narcélio de Queiroz também subiu à tribuna para "louvar o relatório de Santiago Dantas" e fazer longas observações sobre "o criminoso por índole", que entende estar incoerentemente incluído no projeto. Considerou que o conceito de "tendência a delinquir", retirado do Projeto Rocco, Itália, com que se definiu o "criminoso nato", não encontrava no Brasil igual conveniência política de congraçamento de escolas, e que a hipótese, portanto, era de ver a tendência à prática de determinados atos como uma coisa autônoma e materialmente apreciável (Cf. PRIMEIRA CONFERÊNCIA NACIONAL DE CRIMINOLOGIA. "Sétima sessão, 29 de junho de 1936". *Revista de Direito Penal*, ano V, vol. XV, fasc. I a III, out./nov./dez. 1936, pp. 95-103). As discussões envolvendo o tema da classificação de criminosos atravessaram, igualmente, outras sessões da conferência).

[834] PRIMEIRA CONFERÊNCIA NACIONAL DE CRIMINOLOGIA. "Décima Sessão Ordinária, 2 de julho de 1936". *Revista de Direito Penal*, ano V, vol. XV, fasc. I a III, out./nov./dez. 1936, pp. 124-143.

uma severa restrição ao uso da analogia no Direito Penal. O assunto é importante para o contexto do período, como venho reiterando. Por ocasião da conferência, estava em vigor a Lei de Segurança, o país estava sob estado de guerra, e o Tribunal de Segurança Nacional seria criado três meses depois, em 21 de setembro de 1936, para julgar fatos anteriores à sua constituição. A analogia é matéria diretamente relacionada ao princípio da legalidade, um dos mais reconhecidos fundamentos do liberalismo político em matéria criminal, foco de ataque do movimento autoritário imprimido pelo regime. Haeckel foi, em suma, terminantemente contra o emprego da analogia no Direito Criminal.

> A actual Constituição Federal, pela qual ora nos regemos, ainda é mais clara, pois assim reza no seu artigo 113, n. 26: "Ninguem será processado, nem sentenciado, senão pela autoridade competente, em virtude de lei anterior ao facto e na forma por ella prescripta".
>
> Assim, meus illustres collegas, se niguem póde ser sentenciado, nem mesmo processado senão pela fórma prescripta em lei anterior ao fato, claro, meridianamente claro, que no sentenciar materia crime não é possível a interpretação por analogia ou paridade, porque se o facto não tiver sido anteriormente considerado crime por lei, não se poderá julgar, processar ou punir.[835]

---

[835] PRIMEIRA CONFERÊNCIA NACIONAL DE CRIMINOLOGIA. "Décima Sessão Ordinária, 2 de julho de 1936". *Revista de Direito Penal*, ano V, vol. XV, fasc. I a III, out./nov./dez. 1936, pp. 134/135. O n. 37 do artigo 113 da Constituição de 1934 previa que "nenhum juiz deixará de sentenciar por motivo de omissão na lei. Em tal caso, deverá decidir por analogia, pelos princípios geraes do direito, e por equidade". A tese discutida na conferência, em última instância, girava em torno da aplicação ou não desse princípio em matéria criminal. O art. 1º do Projeto de Código Criminal trazia a clássica formulação de que "não há crime sem lei anterior que o qualifique, nem penal sem comminação legal previamente estabelecida". Na posição do relator, Haeckel de Lemos, independentemente da redação do projeto, o item 37 do artigo 13 da Constituição só se aplicaria em matéria civil. Esta era a posição de Evaristo de Moraes, Filinto Bastos e Galdino Siqueira.

CAPÍTULO IV – TENSÕES EM TORNO DA REFORMA DA...

Não que mereça maiores considerações, mas não deixa de ser interessante a intervenção feita, logo no início da sessão, por Magarinos Torres. Após desculpar-se por falar diretamente da bancada, deixando de subir à tribuna, achou conveniente discorrer sobre o que considerava ser a "natureza socialista da nova carta constitucional". Na sua interpretação, a norma que determinava ao juiz sentenciar, sem que pudesse alegar omissão na lei – caso em que incidiria a permissão da analogia –, era uma expressão do Direito Judiciário da Rússia e da Alemanha que a autorizava expressamente: "quem nos dirá que amanhã os orientadores deste Estatuto não venham sustentar, com bons fundamentos, que ahi se autoriza a analogia em todos os ramos do Direito, inclusive o Penal?" Magarinos Torres, sobre a impossibilidade de analogia em matéria criminal, concordou com o relator Haeckel de Lemos, mas aproveitou para vociferar contra o pensamento político que via o indivíduo em posição de vantagem em face do Estado.[836]

O debate em torno da analogia é igualmente interessante pela intervenção de três dos juristas mais representativos nas reformas do sistema de justiça da época. Narcélio, Hungria e Roberto Lyra, especialmente os dois últimos, discordaram publicamente. Nelson Hungria considerou absurda qualquer pretensão de aplicar-se analogia em matéria penal, o que foi contestado por Lúcio Bittencourt e o próprio Lyra. Para o primeiro, o Código é, todo ele, informado pelo "critério sadio da periculosidade", acrescentando que "se o facto em si, se o acto violador de um princípio ethico

---

[836] "A moral ambiente não pode jamais ser definida pelo critério de um só homem, definindo-se geralmente por um meio-termo, em que os exageros individuaes se esbatem e, dependendo, pois, do accordo ou transigência de muitos. Julgo que a melhor justiça é sempre a collectiva, pondo de quarentena a de uma só cabeça. Mas é justamente na preponderância de um, ou de poucos, que se apoiam as teorias Estataes, visando o bem geral a ferro e fogo... O socialismo, na prática, é a negação de si mesmo, porque faz taboa da opinião de maioria" (PRIMEIRA CONFERÊNCIA NACIONAL DE CRIMINOLOGIA. "Décima Sessão Ordinária, 2 de julho de 1936". *Revista de Direito Penal*, ano V, vol. XV, fasc. I a III, out./nov./dez. 1936, pp. 140/141).

revela periculosidade, se esse acto demonstra tendência a delinquir, inclinação para o crime, um código informado pelo critério do estado perigoso, não pode absolutamente, deixar de punil-o".[837] Roberto Lyra foi mais longe, afirmando que não é permitido à lei penal, anacrônica ao seu tempo, deixar de acompanhar a evolução dos costumes e os novos mecanismos de interesses. Acentuou, nessa linha, que a analogia é vedada pela Constituição somente para conceituar crime e cominar pena, mas liberada, em matéria penal, para todas as outras coisas. Essa posição terminava por ressalvar, como defendido por Narcélio de Queiroz pouco antes, a possibilidade de aplicação da analogia em matéria processual.[838]

4.2.1.1 Insurgências democráticas na academia: o saber dos juristas a serviço das liberdades

Na oportunidade em que tratei da perseguição aos juristas acadêmicos, trouxe à tona a prisão dos professores da Faculdade Nacional de Direito, Hermes Lima, Leônidas Rezende, Edgar Castro Rebello e Luís Frederico Carpenter. Concentrei a análise nas experiências vivenciadas por Hermes Lima, cujos textos e livros publicados no contexto mais duro da repressão, entre 1935

---

[837] PRIMEIRA CONFERÊNCIA NACIONAL DE CRIMINOLOGIA. "Décima Sessão Ordinária, 2 de julho de 1936". *Revista de Direito Penal*, ano V, vol. XV, fasc. I a III, out./nov./dez. 1936, p. 141.

[838] "O Sr. Narcélio de Queiroz (em aparte): (...) principalmente quando a aplicação da analogia da lei penal não diz respeito apenas à definição do crime: há artigos que, pela sua natureza, dizem também com o Direito Processual". Essa tese encontrou, por outro lado, a objeção de Nelson Hungria, para quem somente se admitiria, no campo do Direito Criminal, "a interpretação extensiva por compreensão". No meio do discurso de Roberto Lyra, ele e Hungria divergiram sobre o ponto. Lyra chegou a suscitar que Nelson Hungria estava sendo incoerente, já que, como juiz, havia aplicado a analogia em um caso envolvendo fiança, com o que foi retrucado de que "a fiança, só por anomalia, figura no direito substantivo" (PRIMEIRA CONFERÊNCIA NACIONAL DE CRIMINOLOGIA. "Décima Sessão Ordinária, 2 de julho de 1936". *Revista de Direito Penal*, ano V, vol. XV, fasc. I a III, out./nov./dez. 1936, pp. 141 e 143).

CAPÍTULO IV – TENSÕES EM TORNO DA REFORMA DA...

e 1937, demonstram o seu esforço na defesa de temas muito caros à resistência democrática. Como visto, Hermes tratou, em *Problemas do nosso tempo*,[839] do "dilema ideológico que reverberava na Faculdade", fez crítica duras ao "mantra do Deus-Pátria-Família", abordou o "problema do nacionalismo" e defendeu, como poucos fizeram, a liberdade de cátedra. Em *Notas à vida brasileira*, passou a limpo o processo de formação institucional do Brasil,[840] além de escrever milhares de artigos em jornais, desde "o que significam as liberdades democráticas" às questões envolvendo "a posição dos intelectuais" diante do fascismo.

O professor Edgar Castro Rebello passou pelas mesmas agruras de Hermes Lima nos campos de concentração do regime varguista. Assim como os demais catedráticos da Faculdade Nacional de Direito, expulsos das salas de aula em 1937, foi perseguido pelo pensamento social e humanístico que professava. Dele vale algumas palavras, em reforço à micro-história das lutas por liberdade entre juristas acadêmicos.

Castro Rebello também se arriscou como advogado de inúmeros presos políticos. Evandro Lins e Silva disse ter assistido à primorosa defesa do estudante de medicina Hílio Mana por volta de 1932 ou 1934, acusado de homicídio de um policial, ocorrida no entrechoque de uma reunião política. Ao homicídio foi conferido um caráter subversivo pela Procuradoria Criminal. Nesse julgamento, o salão do júri estava lotado de estudantes que, calorosamente, aplaudiram a absolvição do colega.[841]

A congregação da Faculdade Nacional de Direito, à época, ainda segundo Evandro, era verdadeiramente liderada por ele. Marxista,

---

[839] LIMA, Hermes. *Problemas do nosso tempo*. São Paulo: Companhia Editora Nacional, 1935.

[840] LIMA, Hermes. *Notas à vida brasileira*. São Paulo: Editora Brasiliense, 1945.

[841] LIMA, Hermes. *Notas à vida brasileira*. São Paulo: Editora Brasiliense, 1945, p. 141.

pessoa de notável cultura, Castro Rebello era carinhosamente conhecido pelos amigos como um "moinho humano cheio de antenas". Não seria exagerado dizer que tinha amor físico pelos livros.[842]

Evandro Lins e Silva conta uma história interessante sobre Edgar Castro Rebello, a qual também diz sobre as disputas internas na Faculdade Nacional de Direito. Segundo Evandro, Castro Rebello empenhou-se em interferir no concurso da cátedra de Introdução à Ciência do Direito, para evitar que entrasse nos quadros da Nacional um professor com tendências fascistas. No concurso para a cadeira de Economia Política, em que saiu vitorioso Leônidas Rezende, um dos que serão presos em 1936 com o próprio Rebello, teria atuado para derrotar Alceu Amoroso Lima, conhecido católico, a quem se atribuía a pecha de simpatizante do integralismo. É de Evandro a lembrança de que a intervenção acintosa de Castro Rebelo causou mal-estar no ambiente universitário. Ele teria sido acusado de "acolitar e apadrinhar o ingresso de professores esquerdistas na Faculdade", acusação que soa, francamente, familiar na atual conjuntura. A denúncia não teve maior impacto na vida acadêmica de Edgar Castro Rebelo já que, indiscutivelmente, tratava-se de um homem cuja posição na faculdade não decorria de favores, mas sobretudo da dedicação ao magistério e tempo integral à melhoria das condições do ensino jurídico. No segundo concurso, Carlos Lacerda, à época aluno da faculdade, articulou um movimento de estudantes contrários a Alceu Amoroso Lima, também conhecido pelo pseudônimo de Tristão de Ataíde. Lacerda os convocou para lotar uma pequena sala da congregação, ainda no prédio da Rua do Catete, onde a prova seria realizada. Sob o seu comando, hostilizaram violentamente o candidato, "vaiando e

---

[842] LINS E SILVA, Evandro Lins. "Castro Rebello: moinho humano cheio de antenas". *In*: _____. *Arca de guardados*: vultos e momentos nos caminhos da vida. Rio de Janeiro: Civilização Brasileira, 1995, pp. 137 e 138. Na definição que dele fez Hermes Lima, Castro Rebello não era "apenas um leitor, mas um estudioso. Ele não apenas lê livros. Ele estuda nos livros. Não se contente em ver os fatos e acontecimentos, quer interpretá-los".

aplaudindo as objeções mais veementes dos examinadores". Com Alceu Amoroso massacrado, venceu Hermes Lima, por quem Evandro, em seu depoimento pessoal, diz não se arrepender de ter torcido: "ele representava, naquela época, as ideias mais afinadas com os nossos sentimentos"

Professor de inúmeras cátedras, Edgar Castro Rebello despertava o interesse dos alunos para temas considerados heréticos para a ciência oficial do seu tempo. Pagou com destemor na defesa das próprias ideias e foi vítima das violências do regime contra a liberdade de cátedra.

> Os professores amargaram no cárcere mais de um ano sem liberdade, sem serem sequer ouvidos. Que aconteceu aos violadores da lei, aos que prenderam inocentes? Nada. Continuaram impunes, a zombar dos protestos e da inteligência de seus contemporâneos. Mas hoje sofrem a condenação do julgamento da história, como o que estamos fazendo aqui, neste ato de reverência e de reconhecimento ao valor, à superioridade e à grandeza de Castro Rebello, mestre autêntico, cuja memória atravessará os tempos.[843]

É difícil encontrar, em qualquer lugar que seja, críticas claras aos tecnocratas e ao tecnicismo jurídico em geral. Este é um dos temas mais caros à reforma da justiça criminal no Brasil e orientou, do ponto de vista epistemológico, o aparelhamento do discurso oficial, apolítico e pretensamente técnico. Edgar Castro Rebello, genuíno representante da academia contramajoritária, via no tecnicismo um instrumento para esterilizar o Direito da política, da vida. O descrédito dado à filosofia, sociologia e à criminologia conduziria a ciência penal brasileira a uma etapa

---

[843] LINS E SILVA, Evandro Lins. "Castro Rebello: moinho humano cheio de antenas". *In*: _____. *Arca de guardados*: vultos e momentos nos caminhos da vida. Rio de Janeiro: Civilização Brasileira, 1995, p. 139.

ultrapassada de sua "evolução", agora disfarçada sob o manto da técnica. Em suas palavras:

> Entre outras coisas, nesse descrédito armado, sem razão, à criminologia, em nome de um tecnicismo jurídico tendente a isolar da vida o sistema de repressão do crime, com consequência imediata de esterilizar o Direito em que assenta, constrangendo-a a uma volta mal disfarçada a fases superadas de sua evolução.[844]

Em posição diametralmente oposta à dos tecnicistas – basta lembrar o texto de Nelson Hungria sobre isso[845] –, Castro Rebello defendia que "o Direto não se esgota nos Códigos" e que é preciso procurar sempre suas causas reais, buscando-as nas próprias contradições da vida social.[846]

Luiz Frederico Sauerbronn Carpenter, igualmente advogado e professor, como referido, também foi preso a bordo do navio-presídio Pedro I, acusado de instigar, intelectualmente, os levantes contra Vargas. O atual diretório acadêmico da Faculdade de Direito da Universidade do Estado do Rio de Janeiro leva o seu nome: Centro Acadêmico Luiz Carpenter (CALC).[847]

---

[844] Apesar dos textos elogiosos a Nelson Hungria, principal defensor do tecnicismo jurídico, Evandro Lins e Silva concorda com as críticas de Castro Rebello, inclusive, dizendo que procura convocar suas palavras contra os "tecnocratas do Direito Penal" (LINS E SILVA, Evandro Lins. "Castro Rebello: moinho humano cheio de antenas". *In*: _____. *Arca de guardados*: vultos e momentos nos caminhos da vida. Rio de Janeiro: Civilização Brasileira, 1995, p. 141).

[845] HUNGRIA, Nelson. "O tecnicismo jurídico-penal". *Revista de Direito Penal*, ano VI, vol. XXII, fasc. I, II, III, jul./ago./set. 1938, p. 142

[846] LINS E SILVA, Evandro Lins. "Castro Rebello: moinho humano cheio de antenas". *In*: _____. *Arca de guardados*: vultos e momentos nos caminhos da vida. Rio de Janeiro: Civilização Brasileira, 1995, p. 141.

[847] SANGLARD, Pedro Elias Erthal. "Luiz Carpenter". *Revista da Associação Brasileira de Pesquisadores de História e Genealogia*, São Paulo, n° 2, 1995, pp. 87-90.

CAPÍTULO IV – TENSÕES EM TORNO DA REFORMA DA...

Enquanto professor de Direito Judiciário e de Direito Civil da Faculdade Nacional de Direito, Carpenter publicou, em 1935, na *Revista Jurídica* da universidade, um texto chamado "Revisão criminal – rehabilitação do condenado – indenização ao rehabilitado",[848] em que teceu críticas históricas ao Direito Penal brasileiro, sem, contudo, examinar a situação política a que estava submetido. Em 1944, já reintegrado à cátedra, proferiu, na oração de abertura dos cursos da Faculdade Nacional, um discurso contundente em que abordava os conflitos entre *liberdade* e *dever* no contexto do marxismo e das filosofias autoritárias do nazismo.[849]

O desvelamento das insurgências democráticas na academia brasileira entre 1935 e 1945 não poderia deixar de considerar, nesse tumultuado contexto, o trabalho publicado pelo jurista Jurandyr Amarante. Lembre-se que, em dia 18 de maio de 1938, a ditadura varguista promulgou o Decreto-Lei n. 431, que redefinia os crimes contra a estrutura e a segurança do Estado e contra a ordem social. O artigo 2º da lei estabeleceu a pena de morte para larga quantidade de delitos, abusando da formulação aberta dos tipos penais. O item 8, por exemplo, autorizava a pena de morte de quem praticasse ato de "devastação, saque, incêndio, depredação ou quaisquer destinados a suscitar terror, com o fim de atentar contra a segurança do Estado e a estrutura das instituições".

Jurandyr Amarante escreveu uma obra chamada simplesmente de *Pena de morte*, apresentado-a à academia jurídica brasileira justamente em 1938, por ocasião do concurso à livre-docência de

---

[848] CARPENTER, Luiz Frederico. "Revisão criminal – rehabilitação do condenado – indenização ao rehabilitado". *Revista Jurídica*, Rio de Janeiro, vol. 3, 1935, pp. 101-110.

[849] CARPENTER, Luiz Frederico. "Oração de abertura dos cursos de 1944". *Revista Jurídica*, Rio de Janeiro, vol. 8, 1944, pp. 9/10 e 15. Nesse texto, Luiz Carpenter defendeu que a democracia deve se valer de conceitos marxistas para o desenvolvimento de uma efetiva democracia social que possa "reconciliar a liberdade e direitos do indivíduo com os deveres exigidos de nós para o bem-estar geral".

Direito Penal da Faculdade Nacional de Direito da Universidade do Brasil. Na apresentação, sentindo-se instado a defender a escolha de um tema "que todo mundo sabe", Jurandyr citou a "influência das notícias que chegam da Europa acerca dos frequentes fusilamentos russos", além da leitura do documentário de Adolfo Coelho, dando conta da decapitação a machado da jovem e famosa datilografa Natzaner, acusada de espionagem pelo governo do Reich. Finalmente, para justificar a abordagem, fez referência aos acontecimentos que atravessavam o país:

> (...) não sabemos explicar bem por que o velho, velhíssimo e sempre novo e sempre atual tema da pena de morte veio aninhar-se em nosso espírito. (...) talvez ainda a forte sacudidela imprimida nos nervos do nosso pacato povo, sacudidela imprimida nos nervos do nosso pacato povo, sacudidela mesclada de espanto com a notícia, também sensacional, de que a pena de morte se achava estabelecida no Brasil, com o advento da Carta de 10 de novembro do ano próximo findo![850]

Apesar de importante foco de resistência democrática, o que se extrai da análise dos exemplares publicados pela *Revista da Faculdade Nacional de Direito* entre 1937 e 1942 é o alto grau de intimidação que o regime varguista impunha ao ambiente universitário. Somente a partir dos dois últimos anos do governo, 1944 e 1945, as críticas acadêmicas se tornaram mais intensas.[851] Pela relevância histórica do movimento, clara demonstração de decadência do regime varguista, vale o registro do manifesto assinado

---

[850] AMARANTE, Jurandyr. *Pena de morte*. Rio de Janeiro: Livraria H. Antunes, 1938, p. XI.

[851] Em 1941, por exemplo, a *Revista Jurídica* da FND publicara um discurso de paraninfo de Getúlio Vargas. Cf. VARGAS, Getúlio. "Discurso de Paraninfo". *Revista Jurídica*, Rio de Janeiro, vol. 6, 1941, pp. 187-192.

CAPÍTULO IV – TENSÕES EM TORNO DA REFORMA DA...

por 16 professores da Faculdade Nacional de Direito em que se posicionavam duramente pelo fim da ditadura:[852]

> 1. No difícil instante de transição política que está sendo vivido pelo povo brasileiro, e em que os esforços se unem para fazer emergir da ditadura uma ordem democrática nacional, os professores de Direito da Universidade do Brasil julgam-se no dever de romper o silêncio que envolve o labor universitário, para trazer a público a contribuição sincera da sua meditação sobre os problemas que assoberbam a consciência jurídica do país.
>
> A este momento de transição e de crise fomos reduzidos pelo antagonismo em que se colocaram, e cada vez mais se extremaram o tipo de governo imposto ao país em 1937 e os sentimentos e idéias de que se formara aquela consciência jurídica. Um ideal estranho de Estado estranho à nossa compreensão do poder público, uma mística da autoridade pessoal incompatível com o nosso senso humanístico, uma passividade popular inconciliável com a nossa formação libertária, divorciavam e contrapunham a nação brasileira e o Estado que sôbre ela implantou o golpe revolucionário de 1937.
>
> Dêsse divórcio entre a nação e o Estado nasceu a incoerência aparente de nossa participação no conflito mundial: pois embora o tipo ideológico de Estado nos impelisse para a facção totalitária, a nação reagiu vitoriosamente sob a armadura política, e impôs a aliança com as democracias unidas. Dêsse divórcio, também, gerou-se e fomentou-se a presente crise de Estado, para cuja superação o govêrno não dispõe, como dentro em pouco veremos, de meios jurídicos idôneos.

Para os professores da Faculdade Nacional de Direito, se a Constituição da República da 10 de novembro de 1937 era

---

[852] Manifesto aprovado em sessão da Congregação em 2 de março de 1945 (CUNHA, Oscar Francisco da *et al*. "Manifesto dos Professores da Faculdade Nacional de Direito". *Revista Jurídica*, Rio de Janeiro, vol. 8, 1945, p. 223).

ilegítima, igualmente assim deveriam ser consideradas todas as leis produzidas sob sua égide.[853] A democratização do país, segundo defendiam, urgia o restabelecimento da independência entre os Poderes e a demarcação da amplitude de cada um, de forma a que se anulasse, de uma vez por todas, as instituições antidemocráticas erguidas pelo governo Vargas. Em sua conclusão, o manifesto pedia a imediata *"instauração de uma democracia verdadeira, escoimada de fascismo prático ou teórico"*, além da *"convocação de uma assembleia com o pleno exercício do poder constituinte"*. Por fim, os professores signatários lamentaram que

> à sua voz não se possam juntar, neste instante, as dos colegas despedidos das cátedras por motivo de opinião: – no corpo moral que é congregação de professores, eles jamais deixaram de ter o seu assento, e aos cargos públicos, que perderam, os próprios tribunais já decidiram que hão ser reconduzidos.
>
> O dever de hoje pesa mais que todos na consciência ao povo brasileiro, o de preservar o país da desordem em que o afogará, cedo ou tarde, a mistificação constitucional, determinou este pronunciamento coletivo, com que os professores da Faculdade Nacional de Direito esperam ter contribuído para que a República se restabeleça na dignidade no gôzo dos regimes livres.[854]

---

[853] CUNHA, Oscar Francisco da *et al*. "Manifesto dos Professores da Faculdade Nacional de Direito". *Revista Jurídica*, Rio de Janeiro, vol. 8, 1945.

[854] CUNHA, Oscar Francisco da *et al*. "Manifesto dos Professores da Faculdade Nacional de Direito". *Revista Jurídica*, Rio de Janeiro, vol. 8, 1945, p. 233. Assinaram o manifesto os seguintes professores: Oscar Francisco da Cunha, Arnoldo Medeiros da Fonseca, Artur Cumplido de Santana, Alcino de Paula Salazar, Benjamim Moraes Filho, Demóstenes Madureira de Pinho, Francisco Clementino de San Tiago Dantas, Francisco Oscar Penteado Stevenson, Joaquim Pimenta, José Bonifácio Olinda de Andrada, José Carlos de Matos Peixoto, José Ferreira de Souza, José Cândido Sampaio de Lacerda, Haroldo Teixeira Valladão, Hélio de Souza Gomes e Lineu de Albuquerque Melo. Rio de Janeiro, em 2 de março de 1945.

CAPÍTULO IV – TENSÕES EM TORNO DA REFORMA DA...

A Faculdade de Direito da Universidade de São Paulo também foi *locus* de insurgências democráticas no período mais difícil do Estado Novo e que, portanto, não podem se manter em silêncio. É o exemplo de Antonio de Sampaio Dória. Apesar do papel como educador e da responsabilidade pela ampla reforma do ensino paulista na década de 1920, Sampaio Dória tornou-se menos conhecido do que suas intervenções exigiam.[855] Não compartilhava do pensamento ideológico, por exemplo, de Edgar Castro Rebello, um notório marxista, mas foi igualmente perseguido. Então professor de Direito Constitucional da Faculdade de Direito da Universidade de São Paulo, recusou-se, após o golpe de novembro de 1937 e a imposição da nova Carta Política ao país, a ministrar aulas da matéria. Segundo se conta, fazia parte do curso um breve comentário sobre a Constituição recente, mas o professor Sampaio Dória mandou dizer que "não iria nem ler o texto":[856]

> Sob o Estado Novo, sua carreira pública é interrompida. Na Faculdade de Direito, Dória se recusa a considerar a Constituição de 1937 como objeto de estudo, definindo-a como "'carta constitucional' de um regime que representava uma ofensa à decência humana" (Santos, 1999, p. 31). Por isso, troca a cátedra de direito Constitucional pela de direito internacional privado, já que, como diz Ernesto Leme, "um

---

[855] Dória tinha uma preocupação central com as práticas pedagógicas e métodos de ensino. Seu interesse era "tornar mais completo a arte de ensinar". Criou as "Escolas de Alfabetização" e unificou as antigas "Escolas Normais", destinadas à formação de professores. A respeito do pensamento de Sampaio Dória no campo do ensino, cf., por exemplo: DORIA, Antonio Sampaio. *Como se ensina*. 1ª ed. São Paulo: Monteiro Lobato & C., 1923. HONORATO, Tony. "A Reforma Sampaio Dória: professores, poder e figurações". *Educação & Realidade*, Porto Alegre, vol. 42, nº 4, out./dez. 2017. pp. 1279-1302. Disponível em http://www.scielo.br/scielo.php?script=sci_arttext&pid=S2175-62362017000401279&lng=pt&tlng=pt. Acessado em: 09.06.2019.

[856] MARTINO, Luís Mauro. "Antonio Sampaio Dória". *HISTEDBR*. Disponível em: http://www.histedbr.fe.unicamp.br/navegando/glossario/verb_b_antonio_de_sampaio_doria.htm. Acessado em: 09.06.2019.

liberal de sua estirpe não poderia expor aos seus alunos os princípios de uma Carta fascista" (Leme, p. 77, 1965).[857]

Os reiterados posicionamentos críticos à nova Constituição foram interpretados como "manifestações contra o Estado Novo". Em janeiro de 1939, Antonio Sampaio Dória foi compulsoriamente aposentado, como ocorreu com outros professores.[858] O governo invocou o artigo 177 da Constituição de 10 de novembro que, em 16 de maio do ano anterior, havia sido reestabelecido pela Lei Constitucional n. 02. De acordo com o dispositivo, os funcionários civis e militares poderiam ser aposentados ou reformados, "a juízo exclusivo do Governo, no interesse do serviço público ou por conveniência do regime".[859]

O jurista, professor, político e pedagogo Antônio de Sampaio Dória (1883-1964) publicou textos importantes em que defendeu as instituições democráticas diante do recrudescimento das políticas repressivas do governo Vargas. Em 1935, publicou, na *Revista da Faculdade de Direito*, da Universidade de São Paulo, o texto "Democracia, liberdade e justiça".[860] Nesse artigo, Sampaio Dória definiu e justificou a necessidade de um Estado factualmente democrático e

---

[857] MARTINO, Luís Mauro. "Antonio Sampaio Dória". *HISTEDBR*. Disponível em: http://www.histedbr.fe.unicamp.br/navegando/glossario/verb_b_antonio_de_sampaio_doria.htm. Acessado em: 09.06.2019.

[858] Surpreendentemente, um dos expulsos da faculdade foi Vicente Rao, um dos mais importantes juristas colaboracionistas de Getúlio Vargas, responsável por toda a construção jurídica do aparato repressivo, inclusive, a base do Código de Processo Penal sob o qual trabalhou a comissão de juristas de Francisco Campos.

[859] Em maio de 1941, Sampaio Dória foi reintegrado à cátedra. Cf. "Art 177. Dentro do prazo de sessenta dias, a contar da data desta Constituição, poderão ser aposentados ou reformados de acordo com a legislação em vigor os funcionários civis e militares cujo afastamento se impuser, a juízo exclusivo do Governo, no interesse do serviço público ou por conveniência do regime" (vide Lei Constitucional n. 2, de 1938).

[860] DÓRIA, Antonio de Sampaio. "Democracia, liberdade e justiça". *Revista da Faculdade de Direito*, São Paulo, vol. 31, nº 4, 1935, pp. 565-583. Disponível

CAPÍTULO IV – TENSÕES EM TORNO DA REFORMA DA...

liberal, embora não exatamente "liberalista", o que configuraria um Estado que "assiste, impassível e mudo, à exploração econômica do homem pelo homem".[861] Na introdução do artigo, o jurista é mais explícito quanto ao ambiente político em que vivia:

> No curso de Direito Público, que hoje encerro, dia não houve, talvez, em que não pregasse, com a persuasão que pude a democracia, a liberdade e a justiça.
>
> Não me restringi a louvar aqui, e a condemnar alli. Entrei pelo terreno dos factos, examinando causas e effeitos, na busca da verdade. Sempre me pareceu que faltaria esta Faculdade ao seu destino histórico na civilisação do paiz, se os seus professores, na pregação diária, que lhes cumpre, do Direito, se fizessem de cegos, surdos e mudos, diante das agitações com que massas populares se entrechocam pela subversão do Poder Público entre nós. A mim especialmente, como professor de Direito Constitucional, a cegueira, a surdez e o emmudecimento seriam inexplicáveis. E me diz a consciência que não tive a fraqueza das attitudes dúbias.
>
> Mas, pregando o que de bom há na Constituição da República, e escalpellando, no brilho falso das apparencias, o absolutismo de doutrinas que a combatem, não deixei nunca de ouvir aos meus discípulos o que pensavam, as suas dúvidas, as suas opiniões.[862]

---

em: https://www.revistas.usp.br/rfdusp/article/view/65729. Acessado em: 04.06.2019.

861 DÓRIA, Antonio de Sampaio. "Democracia, liberdade e justiça". *Revista da Faculdade de Direito*, São Paulo, vol. 31, nº 4, 1935, p. 581. Disponível em: https://www.revistas.usp.br/rfdusp/article/view/65729. Acessado em: 04.06.2019.

862 DÓRIA, Antonio de Sampaio. "Democracia, liberdade e justiça". *Revista da Faculdade de Direito*, São Paulo, vol. 31, nº 4, 1935, p. 565. Disponível em: https://www.revistas.usp.br/rfdusp/article/view/65729. Acessado em: 04.06.2019

ANTONIO PEDRO MELCHIOR

No tortuoso ano de 1937, com o Tribunal de Segurança Nacional em pleno funcionamento, Antonio Sampaio Dória publicou um novo texto na revista da Faculdade do Largo São Francisco, dessa vez, dividido em três partes. Ao artigo foi dado o título de "Direito Constitucional".[863] Veja-se, em primeiro lugar, como as críticas teóricas e acadêmicas ao regime se constroem, em alguns casos, sob formas aparentemente distintas das que realizam os juristas parlamentares ou práticos (notadamente, os advogados). O problema da democracia, por que não dizer, a objeção à construção do Estado autoritário, foi abordado, na primeira parte do texto, a partir da análise das fundamentações da origem do Poder Público. Dória criticou tanto as teorias "teocráticas", por "imanentizarem mistérios da fé", quanto as "subjetivistas", cujo exemplo atribuiu a Rousseau, que se fundavam em meras ficções, como o contrato social. A respeito da posição "realista", escreveu o seguinte:

> Ora, em todos os estados, atuais e passados, o fato que impressiona desde logo, e sobreleva a tudo, é uma diferenciação entre governantes e governados.
>
> São governantes os mais fortes. Pequeno número de indivíduos impõe sua vontade aos demais. A vontade de uns, ou de alguns homens, se faz lei, a que todos obedecem. Obedecem pela força. Esta força não é só militar; pôde ser a força da tradição, a força religiosa, a força intelectual, a força econômica, e, até a força do número, como é de uso

---

[863] DÓRIA, Antonio de Sampaio. "Direito Constitucional". *Revista da Faculdade de Direito*, São Paulo, vol. 33, nº 1, 1937, pp. 95-119. Disponível em: https://www.revistas.usp.br/rfdusp/article/view/65791. Acessado em: 04.06.2019; DÓRIA, Antonio de Sampaio. "Direito Constitucional". *Revista da Faculdade de Direito*, São Paulo, vol. 33, nº 2, 1937, pp. 259-292. Disponível em: https://www.revistas.usp.br/rfdusp/issue/view/5353. Acessado em: 04.06.2019; DÓRIA, Antonio de Sampaio. "Direito Constitucional". *Revista da Faculdade de Direito*, São Paulo, vol. 33, nº 3, 1937, pp. 583-609. Disponível em: https://www.revistas.usp.br/rfdusp/issue/view/5354. Acessado em: 04.06.2019.

CAPÍTULO IV – TENSÕES EM TORNO DA REFORMA DA...

nas democracias. Mas sempre a força. E quem dela dispuzer, impõe sua vontade aos mais fracos.

A vontade dos mais fortes impondo-se aos mais fracos – eis a realidade integral, que se tem denominado poder público, ou soberania.[864]

Apoiando-se em Pierre Léon Duguit, jurista francês, Antonio Sampaio Dória investiu sobre a realidade política das nações. Sublinhou que elas surgiram de "insurreições de força, no máximo das vezes violentas e cruéis, guerras de extermínio, para implantar, sobre a ruína dos vencidos, a lei do mais forte" e que "nos tempos modernos" – eis a crítica ao governo – "o espetáculo não varia no que tem de essencial".[865]

É, ali, uma casa reinante, cuja origem lembra o cadafalso, e se tinge do sangue de inúmeras vítimas. É, acolá, uma ditadura que se instalou a mão armada, e só pelo terror se mantém. São, aqui e além, repúblicas proclamadas pela rebeldia dos quartéis. Por toda parte, o choque e o contra-choque das forças militares, para gerar e sustentar o poder dos mais fortes.[866]

Na segunda parte do texto "Direito Constitucional", Sampaio Dória dissertou sobre os princípios constitutivos e fundamentos das

---

[864] DÓRIA, Antonio de Sampaio. "Direito Constitucional". *Revista da Faculdade de Direito*, São Paulo, vol. 33, nº 1, 1937, p. 104.

[865] DÓRIA, Antonio de Sampaio. "Direito Constitucional". *Revista da Faculdade de Direito*, São Paulo, vol. 33, nº 1, 1937, pp. 106/107.

[866] DÓRIA, Antonio de Sampaio. "Direito Constitucional". *Revista da Faculdade de Direito*, São Paulo, vol. 33, nº 1, 1937, pp. 106/107 e 111/112. Sampaio Dória reconhece, entretanto, que nem todo governo se institui e mantém-se unicamente pela força. Defende, portanto, que existiriam regimes, de fato, democráticos, o que impede a aceitação integral da doutrina defendida por Duguit. Finalmente, conclui: "o fundamento natural, pois, do poder é o consentimento dos governados na sua investidura, e no seu exercício".

democracias, enfrentando os seus "benefícios e danos". Não é pouca coisa enfrentar o assunto num momento em que o conceito liberal de democracia, ao qual o professor paulista se agarra, estava sob violento ataque. Um ataque que, como aconteceu aos juristas da Faculdade Nacional de Direito em 1936, atingia tanto a mensagem quanto o mensageiro. Embora não tenha feito críticas diretas ao governo, Dória abordou os principais pontos que o programa de construção do Estado nacional e autoritário de Francisco Campos iria, meses depois, incorporar à nova Constituição: temporalidade dos mandatos executivos e legislativos; direito de associação política e partidária; incompatibilidade entre democracia e regime totalitário

Como referi, o magistério de Antonio Sampaio Dória na Faculdade de Direito da Universidade de São Paulo foi interrompido em janeiro 1939, com base no artigo 177 da CR de 1937, por "conveniência do regime".[867]

Waldemar Ferreira, outro professor aposentado compulsoriamente pelo governo em 1939, publicou um texto extremamente crítico a Getúlio Vargas na *Revista da Faculdade de Direito*, o qual merece referência. Apesar de publicado apenas em 1945, após a queda do regime, a experiência persecutória de Waldemar Ferreira justifica o registro. O título do artigo era "O crime político e a

---

867 Waldemar Ferreira e Vicente Rao também foram aposentados compulsoriamente. Em janeiro de 1939, por ter participado em manifestações contra Getúlio Vargas, Dória foi exonerado da USP em virtude do artigo 177 da Constituição de 1937, junto a seus colegas Waldemar Ferreira e Vicente Rao. Um grupo de acadêmicos organizou um jantar em homenagem aos três em repúdio, mas terminaram igualmente conduzidos a interrogatório policial. Em maio de 1941, as cátedras foram restauradas por intervenção de Sebastião Soares de Faria, Ademar de Barros e Gustavo Capanema. No ano seguinte, 1942, Dória publicou uma coleção de suas aulas sob o provocativo título de *Os direitos do homem*, reeditados em 1946 como seu *Curso de Direito Constitucional*. Com o fim do Estado Novo, retornou à carreira pública, sendo ministro da Justiça e Negócios do Interior de José Linhares e membro de delegação brasileira na oitava sessão da Assembleia Geral da ONU. Faleceu em 1964, em São Paulo.

CAPÍTULO IV – TENSÕES EM TORNO DA REFORMA DA...

forma de seu julgamento na ditadura fascista brasileira".[868] Nele, Waldemar realiza uma análise do acórdão proferido pelo Supremo Tribunal Federal no *habeas corpus* que ele próprio impetrara em favor de Armando de Sales Oliveira, Otávio Mangabeira e Paulo Nogueira Filho. Além das pesadas críticas ao procedimento e à forma de julgamento, a abordagem do tema, por si só, revela como alguns juristas acadêmicos, em resistência ao autoritarismo, se envolveram na luta política e jurídica em defesa de colegas e demais cidadãos perseguidos.

A atuação de professores nos tribunais conviveu com importantes intervenções de advogados nos debates acadêmicos. Evandro Lins e Silva, cuja experiência no Tribunal de Segurança Nacional tive a oportunidade de situar brevemente, também contribuiu à formação de uma doutrina antiautoritária no Brasil. A partir de uma abordagem teórica atravessada pela *práxis* do sistema judicial e processual penal, Evandro defendeu a possibilidade da suspensão condicional da execução da pena (*"sursis"*) nos crimes políticos, o que gerou forte impacto.

Membro do Conselho Técnico da Sociedade Brasileira de Criminologia, Evandro Lins e Silva abordou o tema no duríssimo ano de 1938, mesmo em que alterada a lei que disciplinava o TSN e instituía a pena de morte no país. Também foi o ano em que a comissão de juristas nomeada por Francisco Campos entregou diversos diplomas legislativos ao ministro, inclusive, o novo Código de Processo Penal, como reiteradamente faço questão de advertir. Evandro Lins e Silva conseguiu "encaixar", na *Revista de Direito Penal* publicada no segundo semestre, um texto que se iniciava

---

[868] A introdução do texto já permite extrair o que o jurista pensava do período: *"assim foi, como não podia deixar de ser, na ditadura fascista instaurada no Brasil em 1937, por movimento branco das forças armadas, e por elas mesmas encerrada, sem gota de sangue, em 1945"* (FERREIRA, Waldemar. "O crime político e a forma de seu julgamento na ditadura fascista brasileira". *Revista da Faculdade de Direito*, São Paulo, vol. 40, 1945, p. 29. Disponível em: https://www.revistas.usp.br/rfdusp/article/view/66039. Acessado em: 04.06.2019).

com a citação de Fioretti, para quem "a discussão sobre o delito político, quando se está possuído por paixões políticas, é coisa absolutamente impossível".[869]

Antes de chegar ao *sursis*, Evandro Lins e Silva descontrói a própria ideia de crime político, concebendo-a como um dispositivo a serviço do poder constituído, altamente maleável e em permanente expansão. Considera que não é possível situar os chamados "delinquentes políticos" em face da ciência criminal e que "tudo quanto se queira construir nesse terreno não terá nunca alicérceres científicos: ou não passará de puro empirismo ou trará o sêlo do partidarismo que o criou".[870] Não é dispensável observar que Evandro funda suas ideias em Carrara, autor "sumido" das revistas jurídicas do momento, em especial, da *Revista de Direito Penal da Sociedade Brasileira de Criminologia*. Para ele, Carrara, "no seu monumental 'Programa'", já havia definido o problema das "conclusões definitivas sobre a denominada criminalidade política".

> A exposição dos delitos políticos não pode ser, portanto, mais que uma história; e como simples história era inútil que eu lhe consagrasse outro volume, quando é matéria da qual estão cheias as bibliotecas. Como doutrina filosófica, convenci-me de que o Direito Penal é impotente; que ele nunca será o árbitro da sorte de um homem ao qual aplaude uma parte e impreca

---

[869] "É questão política e todo o mundo leva a discussão ao secreto desejo de encontrar confirmada, suas próprias tendências políticas". Tratou-se de uma conferência, publicada sob a forma de artigo. Cf. LINS E SILVA, Evandro. "O '*sursis*' e o crime político". *Revista de Direito Penal*, vol. XXIII, fasc. I a III, out./dez. 1938, pp. 17/18.

[870] "É preciso não esquecer que a punição do crime político depende do seu insucesso. O revolucionário vitorioso é herói, derrotado é bandido. A história está cheia de exemplos, a começar pela figura singular de Napoleão, o **scelerado corso**, que se transformou **em cem dias, no salvador da humanidade**" (LINS E SILVA, Evandro. "O '*sursis*' e o crime político". *Revista de Direito Penal*, vol. XXIII, fasc. I a III, out./dez. 1938, pp. 17/18, grifos no original).

CAPÍTULO IV – TENSÕES EM TORNO DA REFORMA DA...

outra, sem que a chamada razão punitiva possa estabelecer a verdade entre aquele aplauso e aquelas imprecações.

Direi a última palavra: convenci-me, desgraçadamente, de que política e justiça não nasceram irmãs e de que, em matéria de delitos contra a segurança do Estado – interna e externa – não existe Direito Penal filosófico. Por isso, como na aplicação prática impõe sempre silêncio ao criminalista, assim, no campo da teoria, mostra-lhe a inutilidade de suas especulações e lhe aconselha a calar.[871]

A hipótese defendida por Evandro Lins e Silva, a partir destes pressupostos, é que o instituto do *sursis* aplica-se aos "delinquentes políticos, com maior razão do que aos criminosos comuns". Citou os próprios criminólogos positivistas, como Garófalo e Ferri, para construir a tese de que não há justificativa para colocá-los em situação de desvantagem, para qualquer efeito, sobretudo na obtenção de benefícios legais. O argumento geral, que segundo Evandro era reconhecido pelos positivistas, passava pela impossibilidade de se reconhecerem causas antropológicas ou físicas, recaindo exclusivamente sobre as causas sociais o fundamento do delito. Disso resultava a formação de uma criminalidade orientada por uma "vontade altruística" que, mesmo Garófalo, reconheceria gozar de "maior simpatia". O critério positivista, de acordo com a tese, no caso da delinquência política, não conferiria maior desvalor à gravidade do crime ou seus motivos, mas, sim, na relação entre crime e a personalidade do réu.[872] Conclusão de Evandro Lins e Silva: "é inegável a aplicação de todos os favores legais

---

[871] A citação de Carrara por Evandro Lins e Silva não veio acompanhada de referências mais precisas (LINS E SILVA, Evandro. "O '*sursis*' e o crime político". *Revista de Direito Penal*, vol. XXIII, fasc. I a III, out./dez. 1938, pp. 17/18).

[872] LINS E SILVA, Evandro. "O '*sursis*' e o crime político". *Revista de Direito Penal*, vol. XXIII, fasc. I a III, out./dez. 1938, p. 19.

aos condenados por crimes políticos desde que eles preencham os requisitos impostos pela legislação".[873]

Como doutrinador, o memorável advogado defendeu como ninguém que o *sursis* era uma medida essencial para evitar-se "as funestas consequências do contágio da prisão". Usou da retórica para sustentar que os códigos estrangeiros, em sua maioria, não faziam restrições ao *sursis* para os criminosos políticos, à exceção de alguns que, sob regime totalitário, "não devem permitir concessões aos adversários do governo":

> E, claro que não vamos admitir que o comunismo ou o fascismo debatam sequer um tema desta natureza. O Código Penal Soviético limita em 10 anos o máximo da pena para os criminosos comuns, mas reserva o fuzilamento para os crimes políticos. Também a Itália restabeleceu a pena de morte para os delinquentes políticos, além da decretação de outras medidas de caráter odioso, como a desnacionalização dos acusados, confisco de seus bens e recusa do direito de asilo.[874]

A tese da incidência do *sursis* era a seguinte: embora o recente Decreto-Lei n. 431 de 18 de maio de 1938 o tivesse suprimido para os crimes políticos, inúmeros processos pendentes de julgamento no Tribunal de Segurança Nacional tratavam de crimes cometidos sob a égide da lei anterior, qual seja a Lei n. 38, de 4 de abril de 1935. Essa lei, conquanto tivesse derrogado várias disposições do Direito comum, não se referiu ao instituto do *sursis*, que permaneceria regido pelo Decreto n. 16.588 de 1924. Tal diploma enumerava as exceções para sua concessão, sem que também fossem incluídos os delitos políticos. Para Evandro Lins e Silva, portanto,

---

[873] LINS E SILVA, Evandro. "O '*sursis*' e o crime político". *Revista de Direito Penal*, vol. XXIII, fasc. I a III, out./dez. 1938, p. 19.

[874] LINS E SILVA, Evandro. "O '*sursis*' e o crime político". *Revista de Direito Penal*, vol. XXIII, fasc. I a III, out./dez. 1938, pp. 20/21.

CAPÍTULO IV – TENSÕES EM TORNO DA REFORMA DA...

a Lei n. 38/35 "não quis excluir os condenados por delitos nela previstos dos benefícios da suspensão da execução da pena", logo, sua incidência deveria ser observada nos processos cujo julgamento envolva um crime cometido sob sua vigência.[875]

Ao mesmo tempo que dava conferências e publicava artigos sobre a incidência do *sursis* nos crimes políticos, Evandro levou o assunto às Cortes do país, por meio de petições de *habeas corpus*. Como ele próprio contou em depoimento a Marly Motta e Verena Alberti, essa discussão foi sustentada na defesa de João Filipe Sampaio Lacerda, professor da Escola de Engenharia, condenado a um ano de prisão pelo Tribunal de Segurança Nacional. O *Habeas Corpus n.* 26.875 foi o primeiro em que se discutiu o assunto no Supremo Tribunal Federal e foi concedido pelos votos dos ministros Plínio Casado (relator), Otávio Kelly, Laudo de Camargo e Carvalho Mourão e contra o voto do ministro Costa Manso.[876]

---

[875] Para Evandro, prova a argumentação o fato da nova lei (Decreto n. 431/38) ter expressamente vedado o benefício (LINS E SILVA, Evandro. "O *'sursis'* e o crime político". *Revista de Direito Penal*, vol. XXIII, fasc. I a III, out./ dez. 1938, pp. 20/21).

[876] Sobral Pinto era contra a tese, por entender que o *sursis* só se aplicaria a quem estive disposto a mudar suas ideias, o que não se via no caso dos criminosos políticos. Pediu que o pai de um cliente seu, que fora posto em liberdade em razão da tese vitoriosa de Evandro, fosse ao seu encontro e pagasse os honorários que lhe eram devidos. Evandro Lins e Silva conta que mandou o pai de volta, mandando-lhe pagar os honorários ao Dr. Sobral Pinto, advogado da causa. A referência de que este foi o primeiro *habeas corpus* em que se discutiu a tese é da redação da Revista de Direito Penal (LINS E SILVA, Evandro. "O *'sursis'* e o crime político". *Revista de Direito Penal*, vol. XXIII, fasc. I a III, out./dez. 1938, p. 24).

CONSIDERAÇÕES FINAIS

TEMPOS DIFÍCEIS NO BRASIL DO SÉCULO XXI

(...) ao lado dessa atividade que, no campo da inteligência, consiste em examinar as instituições e os principios em que as instituições se apoiam, existe a atividade que não quer mudanças e possue horror ás transformações. Esse horror origina-se de que transformar a sociedade significa fatalmente descollocar interesses, transferil-os de posição, eliminar privilégios legaes e sociaes.

Hermes Lima

"Nem Kafka pensou que uma sucessão de arbitrariedades pudesse levar a algo tão brutal". Foi dessa forma que o jurista e professor Lédio Rosa de Andrade[877] definiu a morte de Luiz Carlos Cancellier de Olivo, seu amigo Cal desde os 9 anos de idade, preso pela Polícia Federal na manhã de 14 de setembro de 2017, no contexto da

---

[877] Reconhecido pelas posições progressistas em defesa dos direitos sociais, o ex-desembargador do Tribunal de Justiça do Estado de Santa Cataria e professor da Universidade Federal de Santa Catarina, faleceu no dia 29 de janeiro de 2019.

chamada Operação Ouvidos Moucos. Junto ao corpo de Cancellier, jogado ao chão de um shopping em Florianópolis, após cair em suicídio, havia um bilhete que dizia: "minha morte foi decretada no dia do meu afastamento da universidade".

Reitor da Universidade Federal de Santa Catarina, Luiz Carlos Cancellier não suportou a humilhação de ser injustamente perseguido e preso pelas agências repressivas brasileiras. A autoridade policial que conduziu a investigação, Erika Mialik Marena, o descreveu como o "chefe da organização criminosa que desviou R$ 80 milhões na universidade", embora sequer o tivesse ouvido no procedimento. Depois se conferiu que esse valor se referia ao total dos repasses entre 2008 e 2016 para o programa de ensino a distância da universidade. Massacrado na imprensa e afastado do cargo por decisão judicial, "Cancellier foi algemado e levado a um presídio de segurança máxima, onde permaneceu detido por 30 horas. Foi solto após um *habeas corpus*, mas continuou proibido de entrar na universidade".[878] O relatório final da Polícia Federal, publicado *post mortem*, com mais de 800 páginas, esclareceu que não havia qualquer indício de participação do reitor nas condutas investigadas.[879]

---

[878] FILHO, João. "'Polícia Federal – a lei é para todos'. Só que não". *The Intercept*, 12 maio 2019. Disponível em: https://theintercept.com/2018/05/12/policia-federal-a-lei-e-para-todos-so-que-nao/. Acessado em: 13.07.2019.

[879] Foi aberta uma sindicância contra a delegada Erika Mialik Marena pelos abusos cometidos pela operação. Ela foi inocentada em um processo em que se reputa suspeito, notadamente porque o responsável pela elaboração do parecer que a eximiu de responsabilidade, delegado Luiz Carlos Korff, era seu assessor em contatos com a imprensa (disponível em: https://www1.folha.uol.com.br/poder/2018/02/1954885-assessor-produziu-parecer-para--eximir-delegada-da-pf-em-sindicancia.shtml. Acessado em: 13.07.2019). Nesse mês de julho de 2019, o sítio *Conjur* publicou notícia informando que o Ministério Público Federal ajuizou denúncia contra Mikhail Vieira Cancellier, filho do reitor que se suicidou. A acusação narra atos de corrupção, mas, segundo a reportagem, não apresenta indícios concretos de ilegalidade (MARTINES, Fernando. "MPF denuncia filho de reitor que se suicidou sem provar o que ele fez de ilegal". *Conjur*, 12 jul. 2019. Disponível

CONSIDERAÇÕES FINAIS – TEMPOS DIFÍCEIS NO BRASIL DO SÉCULO XXI

As mortes de juristas e educadores como Luiz Carlos Cancellier e Anísio Teixeira, esta descrita na introdução deste livro, apesar das diferenças de contexto e causa, são representativas dos abusos e consequências que o sistema de justiça(mento) criminal é capaz de causar. O ataque às liberdades, a mesma que conduziu à perseguição e à prisão de juristas acadêmicos como Hermes Lima e Edgar Castro Rebello na década de 1930, é um *sinthoma* do autoritarismo, embrenhado nas instituições brasileiras, especialmente as encarregadas de executar a política criminal.[880]

O sistema de justiça penal reflete, de forma sensível, a opção por modelos distintos de Estado e pensamento, como o autoritário e o democrático, e o fato de que a invocação de emergências justificadoras de Estados ou de medidas de exceção não é recente, nem novidade no contexto brasileiro ou mesmo latino-americano.[881] O rosto tradicional dos inimigos sociais e políticos do Estado brasileiro segue sendo, em sua maioria, jovem, pobre e preto. De igual modo, o uso político de processos criminais no Brasil, no cenário deflagrado pela Operação Lava Jato, serviu e tem servido para alimentar projetos pessoais de poder.

O processo e julgamento de inimigos políticos caracteriza-se pela suspensão do Direito, responsável por deixar em aberto o emprego de métodos heterodoxos, para não dizer, abertamente ilegais de persecução criminal. Em qualquer hipótese, como insistiu Pedro

---

em https://www.conjur.com.br/2019-jul-12/mpf-denuncia-filho-reitor-suicidou-apontar-ele-fez. Acessado em: 14.07.2019).

[880] O que Lacan chamou de *sinthoma*, conforme a ortografia antiga restituída por ele, é, em termos próprios, o nome do incurável. Cf. MILLER, Jacques-Alain. *Perspectivas dos escritos e outros escritos de Lacan*. Trad. Vera Avellar Ribeiro. Rio de Janeiro: Zahar, 2011, p. 11. Tratei da categoria psicanalítica *sinthoma* na investigação dos fenômenos jurídicos, notadamente processuais penais, na seguinte obra: MELCHIOR, Antonio Pedro. *O juiz e a prova*: o *sinthoma* político do processo penal. Curitiba: Juruá, 2013.

[881] ZAFFARONI, Eugenio Raúl. *O inimigo no Direito Penal*. Trad. Sérgio Lamarão. Rio de Janeiro: Revan, 2007.

Serrano e Leonardo Isaac Yarochewsky, converte-se o imputado em ser desprovido de efetiva proteção política ou jurídica.[882]

Os megaprocessos penais contemporâneos lembram, com singular proximidade, as grandes operações policiais para prender opositores no início do século passado, tratadas neste trabalho. Jornalistas, advogados, professores etc., milhares de pessoas identificadas como "comunistas" ou, simplesmente, "esquerdistas", conheceram as masmorras do regime varguista.[883] O Processo n. 01 do Tribunal de Segurança Nacional, por exemplo, movido contra dezenas de pessoas acusadas de se envolverem no levante aliancista de novembro de 1935, segue como paradigma do uso de procedimentos jurídicos com fins políticos no Brasil do século XXI: acusações mal formuladas, ausência de provas acusatórias, em alguns casos, com a falsificação de documentos e indução de testemunhas; admissão de provas obtidas ilicitamente para condenar imputados; uso indiscriminado de prisões preventivas como instrumento de coerção, alimentando uma *política de confissões* e delações.[884]

---

[882] SERRANO, Pedro Estevam Alves Pinto. *Autoritarismo e golpes na América Latina*: breve ensaio sobre jurisdição e exceção. São Paulo: Alameda, 2016, p. 70. Nas palavras de Leonardo Isaac: "ao defender *"métodos especiais de investigações"*, *"medidas judiciais fortes"* e *"remédios excepcionais"* para combater o crime, notadamente, a corrupção, o juiz Federal Sérgio Moro está, sem qualquer cerimônia, a defender o "estado de exceção" e o aniquilamento do "inimigo", elegido pelo soberano nos moldes de Carl Schmitt e Günther Jakobs" (YAROCHEWSKY, Leonardo Isaac. *Ensaio sobre um judiciário que mergulha na exceção*. Disponível em: http://www.justificando.com/2016/10/04/ensaio-sobre-um-judiciario-que-mergulha-na--excecao/. Acessado em: 14.07.2019).

[883] Muitos empresários também foram perseguidos no Tribunal de Segurança Nacional, notadamente após a ampliação da competência para julgamento dos delitos contra a economia popular, o "crime de colarinho branco" da época.

[884] No caso de Luiz Inácio Lula da Silva, "a certeza de condenação era fato", em outras palavras, um desfecho "nada surpreendente" do processo criminal conduzido por um juiz parcial, que abdicou de critérios racionais de avaliação da prova para adotar "práticas processuais no mínimo altamente discutíveis" (PRADO, Geraldo. "Apresentação". *In*: PRONER, Caroline *et*

CONSIDERAÇÕES FINAIS – TEMPOS DIFÍCEIS NO BRASIL DO SÉCULO XXI

A verdade é que, desde o início da República, o Estado brasileiro, atormentado por reivindicações populares dos mais diversos tipos, vem empregando violência física e arbitrária contra a população que luta por direitos sociais.[885] A larga história de criminalização ao direito de greve e da perseguição a pessoas e ideologias sensíveis à questão operária atravessa a institucionalidade brasileira.[886] O plano autoritário de remover atores políticos, perseguir partidos e constranger movimentos de reivindicação por direitos, pela via da repressão criminal, representa, em suma, nada mais que a velha "solução final" de regimes brasileiros ao problema da "questão social" e seus principais atores políticos.[887]

O objeto da história é a vida presente-passada, como insistiu Marc Bloch.[888] Este livro, embora consciente da contribuição singela à história política do processo penal, deve ser tratado como um dos instrumentos da atual luta jurídica contra a neofascistização do Estado brasileiro, colocada em prática com o lavajatismo. O contato com as experiências de militantes e juristas que enfrentaram os arbítrios da repressão política no Parlamento, na academia jurídica ou nos Tribunais do Estado Novo serve para emergir, diante

---

al. Comentários a uma sentença anunciada: o processo Lula. Bauru: Canal 6, 2017, pp. 5/6).

[885] Não confundir as lutas sociais por direitos com movimentos golpistas de abolição do regime democrático, como observado no dia 8 de janeiro de 2023, quando apoiadores do ex-presidente Jair Bolsonaro invadiram e depredaram os prédios dos Poderes da República.

[886] Os movimentos sociais de reivindicação de direitos provocam grandes distúrbios no "modo dominante de configuração da subjetividade" e, consequentemente, "no projeto político cultural dominante da classe média". (PRADO, Geraldo *et al.* "Aspectos contemporâneos da criminalização dos movimentos sociais no Brasil". *Revista Brasileira de Ciências Criminais*: Edição Especial do 20º Seminário Internacional do IBCCRIM, São Paulo, ano 23, nº 112, jan./mar. 2015).

[887] KITTRIE, Orde F. *Lawfare*: law as a weapon of war. Nova York: Oxford University Press, 2016, pp. 4/5.

[888] Cf. BLOCH, Marc. *Apologia da História ou o ofício do historiador*. Pref. Jacques Le Goff. Trad. André Telles. Rio de Janeiro: Zahar, 2001.

dos problemas do nosso tempo, um conjunto de linhas de ação ou, ainda, oportunidades políticas de consolidação da democracia no sistema de justiça criminal contemporâneo.

Como penso, entretanto, o surgimento de uma nova compreensão do sistema de justiça penal é inseparável de uma nova compreensão do mundo e da experiência política necessária para alterar o estado de coisas. Todas essas questões estão além das pretensões deste trabalho, mas, de qualquer forma, o inserem – do ponto de vista da produção de saber – na dimensão de uma teoria crítica, igualmente inclusa no seio de outros processos políticos, culturais, sociais e econômicos de emancipação do povo brasileiro.

Em suma, a hipótese que movimenta este livro é a de que as condições históricas que desencadearam as lutas democráticas em face do autoritarismo entre 1935 e 1945 estão presentes, especialmente quando considerado o legado de Jair Bolsonaro na presidência da república do Brasil: reforma autoritária do Estado brasileiro, proliferação de medidas de exceção, regressismo no âmbito cultural e dos "costumes", endurecimento da repressão, da lei penal e processual penal, anti-intelectualismo, ataque à liberdade de cátedra e aos demais direitos individuais. Objetivamente, a respeito do que se tratou nesta obra, é possível indicar as seguintes conclusões:

1. Nenhum outro campo é tão maleável e insuscetível de controle do que o da denominada "proteção do Estado" e dos seus interesses. A análise do processo histórico de incriminação de condutas consideradas atentatórias à ordem política e social expressa a flexibilidade com que é capaz de atingir os mais diversos adversários de um governo (ou *stablishment*);

2. A resistência da Minoria Parlamentar contra a aprovação da Lei de Segurança Nacional, de decretos emergenciais e do Tribunal de Segurança Nacional apresenta um conjunto de linhas de ação relevantes aos embates legislativos contemporâneos em defesa das liberdades democráticas, como a necessidade de criação

CONSIDERAÇÕES FINAIS – TEMPOS DIFÍCEIS NO BRASIL DO SÉCULO XXI

de blocos suprapartidários, o emprego de técnicas regimentais e outros recursos.

3. A consolidação jurídica do Estado autoritário brasileiro lançou mão dos principais juristas acadêmicos do país que, de bom grado, contribuíram em comissões formadas para alterar e recrudescer a legislação. O tecnicismo jurídico foi o discurso que adotaram para, a pretexto de um saber apolítico e estritamente técnico, construir o aparato normativo autoritário do sistema de justiça criminal brasileiro. A esse propósito, associou-se o apelo a uma concepção social do Direito e à retórica do equilíbrio entre direitos individuais e interesse público.

4. A análise da atuação da academia jurídica em resistência às reformas legislativas no Estado Novo apresentou um quadro diverso das lutas no Parlamento e no Poder Judiciário. As conformações e disputas do campo científico, condicionam, com singular intensidade, os espaços de intervenção democrática. Ainda assim, não faltaram insurgências antiautoritárias na doutrina durante a ditadura, o que serve de orientação e exemplo de novas práticas no presente.

5. No âmbito das lutas travadas contra o autoritarismo no sistema de justiça propriamente dito, aprendeu-se, com a atuação de Sobral Pinto, Evandro Lins e Silva, João Mangabeira e outros, o valor da persistência na interposição de todas as medidas necessárias para submeter juízes aos mandamentos constitucionais ou princípios civilizatórios: dezenas de *habeas corpus* seguidos, cartas às autoridades, à imprensa, artigos em revistas jurídicas etc. A larga tradição dos advogados criminais contra as ditaduras e contra o funcionamento autoritário do sistema de justiça não permitiu, entretanto, que todos os envolvidos fossem retratados. Jorge Severiano Ribeiro, João da Costa Pinho, Romeiro Neto, Mário Bulhões Pedreira, assim como as contribuições de Evaristo de Moraes e o seu impacto na formação de um magnífico repertório democrático de luta contra as injustiças sociais, deixaram

de ser contemplados nesse primeiro momento. Não pude dar conta dessas grandezas.

Finalmente, é importante considerar que a construção desta obra é um projeto inacabado. Quando ela foi concebida, Jair Messias Bolsonaro, o "presidente que amava torturadores", governava o país. O desvelamento da *"memória bruta dos combates"*, portanto, dos repertórios empregados pela afirmação das garantias individuais, precisa ser permanente revisitado diante dos problemas do tempo presente de cada época.

A condição histórica determina a formulação teórica dos instrumentos capazes de produzir novas práxis. Como insistiu Jason Stanley, o sofrimento de estranhos pode cristalizar a estrutura do fascismo, mas pode também desencadear empatia se outra lente for colocada no lugar.[889] Um livro sobre os *juristas em resistência ao autoritarismo no Brasil* ocupa precisamente esta função: contribuir para uma *política de justa memória* no país e, portanto, servir como nova lente, que mobiliza toda gente a se integrar nessa "comunidade afetiva", definida, em diferentes séculos, pela comum defesa das liberdades democráticas e pela recusa ao autoritarismo no sistema de justiça brasileiro.

---

[889] STANLEY, Jason. *Como funciona o fascismo*: a política do "nós" e "eles". Trad. Bruno Alexander. 1ª ed. Porto Alegre: L&PM, 2018, p. 18.

BIBLIOGRAFIA

ABREU, Florêncio. "Princípios informativos do Código de Processo Penal". *Revista Forense*, ano XL, vol. XCVI, fasc. 484, out. 1943.

AGAMBEN, Giorgio. *Estado de exceção*. Trad. Iraci D. Poleti. São Paulo: Boitempo, 2004.

AGÊNCIA SENADO. "Fortalecimento da Polícia Federal começou no governo Lula, afirma Angela Portela". *Senado Notícias*, 24 ago. 2011. Disponível em: https://www12.senado.leg.br/noticias/materias/2011/08/24/fortalecimento-da-policia-federal-comecou-no-governo-lula-afirma-angela-portela. Acessado em: 27.01.2019.

AGUILAR FERNÁNDEZ, Paloma. *Los debates sobre la memoria histórica*. Disponível em: https://www.academia.edu/9740546/LOS_DEBATES_SOBRE_LA_MEMORIA_HIST%C3%93RICA. Acessado em: 12.12.2017.

_____. *Políticas de la memoria y memoria de la política*. Madrid: Alianza Editorial, 2008.

ALBERTO, Diego. "Maurice Halbwachs y los marcos sociales de la memoria (1925). Defensa y actualización del legado durkheimniano: de la memoria bergsoniana a la memória coletiva". *X Jornadas de Sociologia*, Facultad de Ciencias Sociales, Universidad de Buenos Aires, Buenos Aires, 2013. Disponível em: http://cdsa.aacademica.org/000-038/660.pdf. Acessado em: 04.09.2017.

ALMEIDA, Cândido Mendes de. *Cadastro Penitenciário e Estatístico Criminal do Brasil*. Rio de Janeiro: Imprensa Nacional, 1937.

ALONSO, Ângela. *Flores, votos e balas*: o movimento abolicionista brasileiro (1868-88). 1ª ed. São Paulo: Companhia das Letras, 2015.

_____. *Ideias em movimento*: a geração 1870 na crise do Brasil-Império. São Paulo: Paz e Terra, 2002.

ALVAREZ, Marco Cesar. *Bacharéis, criminologistas e juristas no Brasil*: saber jurídico e escola penal no Brasil. São Paulo: Método, 2003.

AMARANTE, Jurandyr. *Pena de morte*. Rio de Janeiro: Livraria H. Antunes, 1938.

AMENDOLA, Giovanni. *La democrazia italiana contro il fascismo*: 1922-1924. Nápoles: Ricciardi, 1960.

ANDRADE, Vera Regina Pereira de. *Ilusão de segurança jurídica*: do controle da violência à violência do controle penal. 3ª ed. Porto Alegre: Livraria do Advogado Editora, 2015.

ANTONACI, Giovanna de Abreu. "Remoendo o passado: livro de memórias de militantes esquerdistas na Era Vargas". *XXVII Simpósio Nacional de História*, Natal, 22-26 jul. 2013. Disponível em: http://www.snh2013.anpuh.org/resources/anais/27/1364667536_ARQUIVO_Anpuh2013.Remoendoopassado.pdf. Acessado em: 27.03.2019.

ARANGIO-RUIZ, Vincenzo. *Storia del Diritto Romano*. Roma: Jovene, 1984.

ARENDT, Hannah. *Origens do totalitarismo*. Trad. Roberto Raposo. São Paulo: Companhia das Letras, 2006.

BARATA, Agildo. *Vida de um revolucionário (memórias)*. Rio de Janeiro: Editora Melso, 1978.

BARATTA, Alessandro. *Criminologia crítica e crítica ao Direito Penal*. Trad. Juarez Cirino dos Santos. 3ª ed. Rio de janeiro: Revan/ICC, 2002.

BARRETO, Carlos Xavier Paes. "A philosophia deve ser banida do Direito Penal?" *Revista de Direito Penal*, vol. XVI, fasc. III, mar. 1937.

BARROSO, Luis Roberto. "A superação da ideologia da Segurança Nacional e a tipificação dos crimes contra o Estado Democrático de Direito". *Revista de Estudos Criminais*, nº 9, 2003.

BATISTA, Nilo. *Introdução crítica ao Direito Penal brasileiro*. 11ª ed. Rio de Janeiro: Revan, 2007.

_____. *Matrizes ibéricas do sistema penal brasileiro*. 2ª ed. Rio de Janeiro: Revan/ICC, 2002.

BIBLIOGRAFIA

BATISTA, Vera Malagutti. *O medo na cidade do Rio de Janeiro*. Rio de Janeiro: Revan, 2007.

BAYÓN, Juan Carlos. "Democracia y derechos: problemas del constitucionalismo". *In*: CARBONELL, Miguel; JARAMILLO, Leonardo García (Coord.). *El Canon neoconstitucional*. Madrid: Editorial Trotta, 2010.

BECCARIA, Cesare. *Tratado de los delitos y de las penas*. Buenos Aires: Editorial Heliasta S.R.L., 1993.

BECKER, Howard. *Outsiders*: estudos de sociologia do desvio. Trad. Maria Luiza Borges. Rio de Janeiro: Jorge Zahar, 2008.

BELARDELLI, Giovanni. "La crisi della democrazia in Italia e la natura del fascismo". *Il Pensiero Politico*: Revista di Storia delle Idee Politiche e Sociali, Florença, Leo S. Olschki, 2015, ano XLVIII, n° 1-2, 2015.

BENJAMIN, Walter. "Sobre o conceito de história". *In*: _____. *Obras escolhidas*. vol. 1, 7ª ed. São Paulo: Brasiliense, 1994.

_____. "Crítica à violência, crítica ao poder". *In*: _____. *Documentos de cultura, documentos de barbárie*: escritos escolhidos. São Paulo: Cultrix/EdUSP, 1986.

BERGSON, Henri. *Matéria e memória*: ensaio sobre a relação do corpo com o espírito. Trad. Paulo Neves. São Paulo: Martins Fontes, 1999.

BERMEO, Nancy. "Democracy and the lessons of dictatorship". *Comparative Politics*, vol. 24, n° 3, 1992.

BINDER, Alberto. *Derecho Procesal Penal*: herméutica procesal penal. 1ª ed., tomo 1. Buenos Aires: Ad-Hoc, 2013.

BITTENCOURT, Carlos Alberto Lucio. "O novo Direito Penal alemão". *Revista de Direito Penal*, ano III, vol. XII, fasc. I e II, jan./fev. 1936.

BLOCH, Marc. *Apologia da História ou o ofício do historiador*. Pref. Jacques Le Goff. Trad. André Telles. Rio de Janeiro: Zahar, 2001.

BOBBIO, Norberto. *Do fascismo à democracia*: os regimes, as ideologias, os personagens e as culturas políticas. Rio de Janeiro: Elsevier, 2007.

BONAVIDES, Paulo. "Francisco Campos: o antiliberal". *In*: CAMPOS, Francisco. *Discursos parlamentares*. Brasília: Câmara dos Deputados, 1979.

BOUDON, Raymond. *The analysis of ideology*. Nova York: Sage, 1997.

BOURDIEU, Pierre. "La representación política: elementos para una teoría del campo político". Trad. David Velasco. Disponível em: https://davidvelasco.files.wordpress.com/2009/01/la-representacion-politica.pdf. Acessado em: 14.02.2018.

_____. "La Représentation politique". *Actes de la Recherche en Sciences Sociales*, n° 36-37, 1982.

BRASIL. "Presidente (1931-1944: Getúlio Vargas)". *Discursos selecionados do Presidente Getúlio Vargas*. Brasília: FUNAG, 2009.

BURKE, Peter. *A Escola dos Annales, 1929-1989*: a Revolução Francesa da historiografia. São Paulo: Fundação Editora da UNESP, 1997.

_____. *A escrita da história*: novas perspectiva. São Paulo: Unesp, 2011.

_____. *O que é a história cultural?* 2ª ed. Rio de Janeiro: Zahar, 2008.

_____. *Uma história social do conhecimento*: de Gutemberg a Diderot. Rio de Janeiro: Jorge Zahar Ed., 2003.

CALAMANDREI, Piero. *Processo e democrazia*. vol. I. Napoli: Morano, 1965.

CALISSE, Carlo. *Storia del Diritto Penale italiano dal secolo VI al XIX*. Firenze: Barbera, 1895.

CAMPOS, Francisco. "A Compilação jurídica do regime". *In*: _____. *O Estado Nacional*: sua estrutura, seu conteúdo ideológico. Brasília: Senado Federal, Conselho Editorial, 2001.

_____. "Diretrizes do Estado Nacional". *In*: _____. CAMPOS, Francisco. *O Estado Nacional*: sua estrutura, seu conteúdo ideológico. Brasília: Senado Federal, Conselho Editorial, 2001.

_____. "Exposição de motivos do Projeto do Código de Processo Civil". *In*: _____. *O Estado Nacional*: sua estrutura, seu conteúdo ideológico. Brasília: Senado Federal, Conselho Editorial, 2001.

_____. "Problemas do Brasil e soluções do regime: entrevista concedida à imprensa em janeiro de 1938". *In*: _____. *O Estado Nacional*: sua estrutura, seu conteúdo ideológico. Brasília: Senado Federal, Conselho Editorial, 2001.

_____. "Síntese da reorganização nacional". *In*: _____. *O Estado Nacional*: sua estrutura, seu conteúdo ideológico. Brasília: Senado Federal, Conselho Editorial, 2001.

BIBLIOGRAFIA

_____. *O Estado Nacional*: sua estrutura, seu conteúdo ideológico. Brasília: Senado Federal, Conselho Editorial, 2001.

CANCELLI, Elizabeth. "Entre prerrogativas e regras: justiça criminal e controle político no regime Vargas (1930-1945)". *Cadernos do Tempo Presente*, nº 15, abr./maio 2014.

_____. *O mundo da violência*: a polícia da Era Vargas. Brasília: Editora Universidade de Brasília, 1993.

CANOTILHO, José Joaquim Gomes. *Constituição dirigente e vinculação do legislador*: contributo para a compreensão das normas programáticas. Coimbra: Editora Limitada, 1994.

CARDOSO, Ciro Flamarion; BRIGOLI, Héctor Pérez. *Os Métodos da História*. Rio de Janeiro: Edições Graal, 1979.

CARLSON, John; YEOMANS, Neville. "Whither Goeth the Law: humanity or barbarity". *In*: SMITH, Margaret; CROSSLEY, David (Coord). *The way out*: radical alternatives in Australia. Melbourne: Landsdown e Press, 1975.

CARONE, Edgar. *A Segunda República (1930-1937)*. São Paulo: Difusão Européia do Livro, 1974.

CARPENTER, Luiz Frederico. "Oração de abertura dos cursos de 1944". *Revista Jurídica*, Rio de Janeiro, vol. 8, 1944.

_____. "Revisão criminal – rehabilitação do condenado – indenização ao rehabilitado". *Revista Jurídica*, Rio de Janeiro, vol. 3, 1935.

CARTA CAPITAL. "O assassinato de Anísio Teixeira". *Carta Capital*, 13 jan. 2014. Disponível em: https://www.cartacapital.com.br/sociedade/o-assassinato-de-anisio-teixeira-2603/. Acessado em: 03.12.2017.

CARVALHO, Luis Gustavo G. C. de. *Processo Penal e Constituição*. 5ª ed. Lumen Juris, 2009.

CARVALHO, Salo. *Antimanual de criminologia*. Rio de Janeiro: Lumen Juris, 2008.

_____. *Penas e garantias*. Rio de Janeiro: Lumen Juris, 2013.

CASADEI, Eliza Bechara. "Maurice Halbwachs e Marc Bloch em torno do conceito de memória coletiva". *Revista Espaço Acadêmico*, nº 108, maio 2010, p. 155. Disponível em: http://eduem.uem.br/ojs/index.php/%20EspacoAcademico/article/viewFile/9678/5607. Acessado em: 10.10.2017.

CASARA, Rubens. *Interpretação retrospectiva*: sociedade brasileira e processo penal. Rio de Janeiro: Lumen Juris, 2004.

_____. *Mitologia processual penal*. São Paulo: Saraiva, 2015.

CASARA, Rubens; MELCHIOR, Antonio Pedro. *Teoria do processo penal brasileiro*: dogmática e crítica. Rio de Janeiro: Lumen Juris, 2013.

CASTELLS, Manuel. *Redes de imndignação e esperança*: movimentos sociais na era da internet. Trad. Carlos Alberto Medeiros. Rio de Janeiro: Zahar, 2013.

CERQUEIRA, Carlos Magno Nazareth. "A polícia e os direitos humanos: estratégias de ação". *Discursos Sediciosos*, Rio de janeiro: Freitas Bastos, ICC, vol. 7-9, 1999.

CHACON, Vamireh. *História das ideias socialistas no Brasil*. Rio de Janeiro: Civilização Brasileira, 1965.

CHARTIER, Roger. História intelectual e história das mentalidades: uma dupla reavaliação. *In*: _____. *A história cultural*. Rio de Janeiro: Bertrand Brasil, 1988.

CHOUKR, Fauzi Hassan. *Processo penal de emergência*. Rio de Janeiro: Lumen Juris, 2002.

CORREIO DE MANHÃ. *Nas Comissões da Câmara dos Deputados*: depuseram na Comissão de inquérito dos atos delituosos da ditadura os deputados Hermes Lima e Domingos Velasco. *Correio de Manhã*, 11 jun. 1948.

CORREIO DO POVO. "O proletário e seus falsos defensores". *Correio do Povo*, 22 mar. 1933.

_____. "Os soviets em cena". *Correio do Povo*, 6 ago. 1933.

COSTA E SILVA, Antonio J. da. "O Novo Projeto de Código Criminal". *Revista de Direito Penal*. vol. XXII, fasc. I-III, jul./set. 1938.

_____. *Código Penal dos Estados Unidos do Brasil*. São Paulo: Companhia Editora Nacional, 1930.

COSTA, Pietro. "Lo Stato totalitario: un campo semantico nella giuspubblicistica del fascismo". *Quaderni Fiorentini per la Storia del Pensiero Giurídico Moderno*, vol. 28, n° 11, 1999.

COUTINHO, Amélia. "Verbete biográfico SEABRA, Jose Joaquim". *FGV-CPDOC*. Disponível em: http://www.fgv.br/CPDOC/BUSCA/

BIBLIOGRAFIA

dicionarios/verbete-biografico/jose-joaquim-seabra. Acessado em: 20.04.2019.

CUNHA, Oscar Francisco da *et al.* "Manifesto dos Professores da Faculdade Nacional de Direito". *Revista Jurídica*, Rio de Janeiro, vol. 8, 1945.

D'ARAUJO, Maria Celina (Coord.). *Getúlio Vargas*. Brasília: Câmara dos Deputados, Edições Câmara, 2011. (Série Perfis Parlamentares, nº 62).

DAL RI JÚNIOR, Arno. *O Estado e seus inimigos*: a repressão política na história do Direito Penal. Rio de Janeiro: Revan, 2006.

DANTAS, San Tiago. *Escritos políticos*: 1929-1945. Org. Pedro Dutra. São Paulo: Singular, 2016.

DELEUZE, Gilles. "Entrevista sobre o Anti-Édipo". *In*: _____. *Conversações (1972-1990)*. Trad. Peter Pál Pelbart. São Paulo: Editora 34, 2013.

_____. "O que as crianças dizem". *In*: _____. *Crítica e Clínica*. São Paulo: Editora 34, 2012.

_____. *Mille plateaux*. Paris: Édition de Minuit, 1982.

DELEUZE, Gilles; PARNET, Claire. *Diálogos (1977)*. Lisboa: Relógio d'água, 2004.

DIAS, Sonia. "José Eduardo do Prado Kelly". *FGV-CPDOC*. Disponível em: http://www.fgv.br/cpdoc/acervo/dicionarios/verbete-biografico/jose-eduardo-do-prado-kelly. Acessado em: 01.02.2019.

DÓRIA, Antonio de Sampaio. "Democracia, liberdade e justiça". *Revista da Faculdade de Direito*, São Paulo, vol. 31, nº 4, 1935. Disponível em: https://www.revistas.usp.br/rfdusp/article/view/65729. Acessado em: 04.06.2019.

_____. "Direito Constitucional". *Revista da Faculdade de Direito*, São Paulo, vol. 33, nº 1, 1937. Disponível em: https://www.revistas.usp.br/rfdusp/article/view/65791. Acessado em: 04.06.2019.

_____. "Direito Constitucional". *Revista da Faculdade de Direito*, São Paulo, vol. 33, nº 2, 1937. Disponível em: https://www.revistas.usp.br/rfdusp/issue/view/5353. Acessado em: 04.06.2019.

_____. "Direito Constitucional". *Revista da Faculdade de Direito*, São Paulo, vol. 33, nº 3, 1937. Disponível em: https://www.revistas.usp.br/rfdusp/issue/view/5354. Acessado em: 04.06.2019.

_____. *Como se ensina*. 1ª ed. São Paulo: Monteiro Lobato & C., 1923.

DORNELLES, João Ricardo W.; GRAZIANO SOBRINHO, Sérgio. "Os três de Porto Alegre: o Estado de exceção, o Direito Penal do inimigo e a criminalização da política. *In*: PRONER, Caroline *et al. Comentários a uma sentença anunciada*: o processo Lula. Bauru: Canal 6, 2017.

DURKHEIM, Émile. *El suicídio*. Buenos Aires: Akal, 1998 [1897].

DURKHEIM, Émile. *O Socialismo*: definição e origens. A Doutrina Saint-Simoniana. Trad. Sandra Guimarães. São Paulo: EDIPRO, 2016.

DURKHEIM, Émile; MAUSS, Marcel. "Sobre algunas formas primitivas de clasificación" [1903]. *In*: DURKEHEIM, Émile. *Clasificaciones primitivas y otros ensayos de antropología positiva*. Barcelona: Ariel, 1996.

DUVIGNAUD, Jean. "Prefácio". *In*: HALBWACHS, Maurice. *Memória coletiva*. Trad. Beatriz Sidou. São Paulo: Centauro, 2003.

EAGLETON, Terry. *Ideologia*: uma introdução. São Paulo: Universidade Estadual Paulista/Boitempo, 1997.

FAORO, Raimundo. *Os donos do poder*: formação do patronato político brasileiro. Porto Alegre: Globo, 1973.

FAYE, Jean Pierre. *Los Lenguajes totalitarios*: critica de la rázon y de la economía narrativa. Madrid: Taurus, 1974.

FERRAJOLI, Luigi. *Garantismo*: uma discussão sobre Direito e democracia. Rio de Janeiro: Lumen Juris, 2012.

FERREIRA, Waldemar. "O crime político e a forma de seu julgamento na ditadura fascista brasileira". *Revista da Faculdade de Direito*, São Paulo, vol. 40, 1945, p. 29. Disponível em: https://www.revistas.usp.br/rfdusp/article/view/66039. Acessado em: 04.06.2019.

FERRER Y GUARDIA, Ferrer. *La Escuela Moderna*. Barcelona: Ed. Solidaridad, 1912.

FERRI, Enrico. *Il Fascismo in Italia e l'opera di B. Mussolini*. Mantova: Edizioni Paladino, 1927.

FGV-CPDOC. *Verbete biográfico BARROS, Rego*. Disponível em: http://www.fgv.br/cpdoc/acervo/dicionarios/verbete-biografico/sebastiao-do-rego-barros. Acessado em: 18.04.2019.

_____. *Verbete biográfico BITTENCOURT, Carlos Alberto Lucio*. Disponível em: http://www.fgv.br/Cpdoc/Acervo/dicionarios/verbete-biografico/carlos-alberto-lucio-bittencourt. Acessado em: 17.05.2019.

BIBLIOGRAFIA

_____. *Verbete biográfico BRAGA, Antonio Pereira*. Disponível em: http://www.fgv.br/Cpdoc/Acervo/dicionarios/verbete-biografico/braga-antonio-pereira. Acessado em: 18.04.2019.

_____. *Verbete biográfico GABEIRA, Gilberto*. Disponível em: http://www.fgv.br/cpdoc/acervo/dicionarios/verbete-biografico/gabeira-gilberto. Acessado em: 17.02.2019.

_____. *Verbete biográfico MANGABEIRA, Francisco*. Disponível em: http://www.fgv.br/cpdoc/acervo/dicionarios/verbete-biografico/manga-beira-francisco. Acessado em: 04.01.2019.

_____. *Verbete biográfico TOLEDO, Vasco Carvalho de*. Disponível em: http://www.fgv.br/cpdoc/acervo/dicionarios/verbete-biografico/toledo-vasco-carvalho-de. Acessado em: 21.01.2019.

_____. *Verbete biográfico VERGARA, Pedro*. Disponível em: http://www.fgv.br/cpdoc/acervo/dicionarios/verbete-biografico/pedro-leao-fernandes-espinosa-vergara. Acessado em: 10.03.2019.

FILHO, João. "'Polícia Federal – a lei é para todos'. Só que não". *The Intercept*, 12 maio 2019. Disponível em: https://theintercept.com/2018/05/12/policia-federal-a-lei-e-para-todos-so-que-nao/. Acessado em: 13.07.2019.

FOUCAULT, Michel. *Segurança, população e território*. São Paulo: Martins Fontes, 2008.

_____. *Vigiar e punir*. 36ª ed. Petrópolis: Vozes, 2009.

FRAGOSO, Christiano Falk. *Autoritarismo e sistema penal*. Rio de Janeiro: Lumen Juris, 2015.

FRAGOSO, Heleno Cláudio. *Terrorismo e criminalidade política*. Rio de Janeiro: Forense, 1981.

FRASER, Ronald. *Recuérdalo tú y recuérdalo a otros*: historia oral de la Guerra Civil Española. Barcelona: Editora Planeta, 2016.

FREEDEN, Michael. *Ideology*: a very short introduction. Nova York: Oxford University Press, 2003.

FRENCH, John D. "Proclamando leis, metendo o pau e lutando por direitos: a questão social como caso de polícia (1920-1964)". *In*: LARA, Silvia Honold; MENDONÇA, Joseli Maria Nunes. *Direitos e Justiça no Brasil*: ensaios de história social. Campinas: Unicamp, 2006.

FREUD, Sigmund. "O mal-estar na civilização/Por que a Guerra?" *In*: _____. *O mal-estar na civilização*: novas conferências introdutórias à Psicanálise e outros textos (1930-1936). São Paulo: Companhia das Letras, 2010.

_____. "Psicologia das massas e análise do Eu". *In*: _____. *Obras Completas de Sigmund Freud, vol. IX*. Rio de Janeiro: Delta S.A, 1959.

_____. "Recordar, repetir e elaborar (novas recomendações sobre a técnica da psicanálise II)". *In*: _____. *O Caso Schreber*: artigos sobre técnica e outros trabalhos (1911-1913). Rio de Janeiro: Imago, 2006.

GADOTTI, Moacir. *História das ideias pedagógicas*. 8ª ed. São Paulo: Ática, 2008.

GALBRAITH, John Kenneth. *The Anatomy of power*. Boston: Houghton Mifflin, 1983.

GARCIA, Daniela. "Moro parabeniza Lula pela atuação de seu governo no combate à corrupção". *UOL*, 12 jul. 2017. Disponível em: https://noticias.uol.com.br/politica/ultimas-noticias/2017/07/12/moro-parabeniza-lula-pela-atuacao-de-seu-governo-no-combate-a-corrupcao.htm. Acessado em: 01.02.2019.

GARRIDO, Mario. "División de los delitos". *In*: ACUÑA, Jean Pierre Matus (Coord.). *Beccaria 250 años después*. Montevidéu: Editorial Bdef, 2011.

GAUER, Ruth M. Chittó; SAAVEDRA, Giovani Agostini; GAUER, Gabriel J. Chittó. *Memória, punição e justiça*: uma abordagem interdisciplinar. Porto Alegre: Livraria do Advogado, 2011.

GINZBURG, Carlo. *Relações de força*: história, retórica, prova. São Paulo: Cia. das Letras, 2002.

_____. "Sinais: raízes de um paradigma indiciário". *In*: _____. *Mitos, emblemas e sinais*. São Paulo: Cia das Letras, 1990.

GLOECKNER, Ricardo Jacobsen. *Autoritarismo e processo penal*: uma genealogia das ideias autoritárias no processo penal brasileiro. vol. 1, 1ª ed. Florianópolis: Tirant Lo Blanch, 2018.

GODOY, Arnaldo Sampaio de Moraes. *A história do Direito entre foices, martelos e togas*: Brasil 1935-1965. Olga Prestes, Genny Gleiser, Ernesto Gattai, João Cabral de Melo Neto, Francisco Julião, Carlos Heitor Cony e Miguel Arraes no Supremo Tribunal Federal. São Paulo: Quartier Latin, 2008.

GOHN, Maria da Gloria. *Teoria dos Movimentos Sociais*: paradigmas clássicos e contemporâneos. 10ª ed. São Paulo: Editora Loyola, 1997.

BIBLIOGRAFIA

GOMES, Ângela Maria de Castro. "Confronto e compromisso no processo de constitucionalização (1930-1935)". *In*: FAUSTO, Boris (Coord.). *O Brasil Republicano*. 9ª ed. Rio de Janeiro: Bertrand Brasil, 2007. ("História Geral da Civilização Brasileira", tomo 3, vol. 10).

GONZÁLEZ, José Calvo. *Derecho y narración*: materiales para una teoría y crítica narrativista del derecho. Barcelona: Editorial Ariel S.A., 1996.

_____. *El discurso de los hechos*: narrativismo en la interpretación operativa. Madrid: Tecnos, 1993.

GOULART, Silvana. *Sob a verdade oficial*: ideologia, propaganda e censura no Estado Novo. São Paulo: Marco Zero, 1990.

GRAMNSCI, Antonio. *Cadernos do cárcere*. Ed. e trad. Carlos Nelson Coutinho. Rio de Janeiro. Civilização Brasileira, 1999.

_____. *Os intelectuais e a organização da cultura*. Trad. Carlos Nelson Coutinho. São Paulo: Círculo do Livro, [s.d.].

GROSSI, Paolo. *La "cultura" dele riviste giuridiche italiane*: Atti del Primo Incontrodi Studio Firenze, aprile, 1983. Milano: Giufrè, 1984.

GRUPPO LAICO DI RICERCA. "La determinazione di um liberale: Giovanni Amendola". *Gruppo Laico di Ricerca*, 6 abr. 2017. Disponível em https://www.gruppolaico.it/2017/04/06/la-determinazione-di-un-liberale-giovanni-amendola/. Acessado em: 21.06.2019.

GUATTARI, Félix. *Revolução molecular*: pulsações políticas do desejo. São Paulo: Editora Brasiliense, 1981.

HALBWACHS, Maurice. *Los marcos sociales de la memoria*. Barcelona: Anthropos Editorial, 2004.

HALE, Charles. "Political and social ideas". *In*: BETHEL, Leslie (Coord.). *Brazil-Empire and Republic 1822-1930*. Cambridge: Cambridge University Press, 1989.

HAMBLOCH, Ernest. *Sua Majestade, o Presidente do Brasil*: um estudo do Brasil constitucional (1889-1934). Trad. Leda Boechat. Brasília: Senado Federal, 2000.

HILTON, Stanley. *A Rebelião vermelha*. Rio de Janeiro: Record, 1986.

HONORATO, Tony. "A Reforma Sampaio Dória: professores, poder e figurações". *Educação & Realidade*, Porto Alegre, vol. 42, nº 4, out./dez. 2017. Disponível em http://www.scielo.br/scielo.php?script=sci_

arttext&pid=S2175-6236201700040127 9&lng=pt&tlng=pt. Acessado em: 09.06.2019.

HOWELL, T. B. *A complete collection of State trials and proceedings for high treason and other crimes and misdemanors*: from the earliest period to the year 1783. Londres: [s.n.], 1818.

HUNGRIA, Nelson. "A Repressão aos delitos políticos". *Revista de Direito Penal*, vol. 5, abr./maio/jun. 1934.

_____. "Criminalidade coletiva". *Revista de Direito Penal*, vol. 10, fasc. III, set. 1935.

_____. "O crime de sedição". *Revista de Direito Penal*, vol. 10, fasc. I e II, jul./ago. 1935.

_____. "O Direito Penal no Estado Novo". *Revista Forense*, fev. 1941.

_____. "O Projeto de Código do Processo Penal brasileiro. *Revista Forense*, Rio de Janeiro, vol. 73, fev. 1938.

_____. "O tecnicismo jurídico-penal". *Revista de Direito Penal*, ano VI, vol. XXII, fasc. I, II, III, jul./ago./set. 1938.

JAKOBS, Günter; MELIÁ, Manuel Cancio. *Direito Penal do Inimigo*: noções e críticas. Org. e trad. André Luis Callegari e Nereu José Giacomolli. 2ª ed. Porto Alegre: Livraria do Advogado, 2007.

JAPIASSU, Hilton Ferreira. *Introdução ao pensamento epistemológico*. 2ª ed. Rio de Janeiro: Francisco Alves, 1977.

JERVIS, Robert. *Perception and misperception in international politics*. Princeton: Princeton University Press, 1976.

JUNIOR, João Feres; JASMIN, Marcelo. *História dos conceitos*: diálogos transatlânticos. Rio de Janeiro: Editora PUC-Rio; Ed. Loyola; IUPERJ, 2007.

KARAM, Maria Lúcia (Coord.). *Globalização, sistema penal e ameaças ao Estado Democrático de Direito*. Rio de Janeiro: Lumen Juris, 2005.

KIRCHHEIMER, Otto. *Justicia política*: empleo del procedimiento legal para fines políticos. Trad. R. Quijano. [S.l.]: UTHEA, 1968.

KITTRIE, Orde F. *Lawfare*: law as a weapon of war. Nova York: Oxford University Press, 2016.

KORNIS, Monica. "Minoria Parlamentar". *FGV-CPDOC*. Disponível em: http://www.fgv.br/cpdoc/acervo/dicionarios/verbete-tematico/oposicoes-coligadas. Acessado em: 02.02.2019.

BIBLIOGRAFIA

_____. "Verbete temático Centro Dom Vital". *FGV-CPDOC*. Disponível em: http://www.fgv.br/Cpdoc/Acervo/dicionarios/verbete-tematico/centro-dom-vital. Acessado em: 24.05.2019.

KORYBKO, Andrew. *Guerras híbridas*: das revoluções coloridas aos golpes. São Paulo: Edição Popular, 2019.

KOSELLECK, Reinhart. *Futuro passado*: contribuição à semântica dos tempos históricos. Trad. Wilma Patrícia Massa e Carlos Almeida Pereira. Rio de Janeiro: Contraponto: Ed. PUC-Rio, 2006.

KUHN, Thomas S. *A estrutura das revoluções científicas*. Trad. Beatriz Vianna Boeira e Nelson Boeira. São Paulo: Perspectiva, 2009.

LACAN, Jacques. *O Seminário* – Livro 17: o avesso da Psicanálise (1969-1970). Texto estabelecido por Jacques-Alain Miller. Trad. Ari Roitman. Rio de Janeiro: Jorge Zahar, 1992.

LACERDA, Fernando Hildeo Lochida. *Processo penal de exceção*. São Paulo: Faculdade de Direito – PUC-SP, 2018. (Tese de Doutorado).

LAMARÃO, Sérgio. "Grupo Parlamentar Pró-Liberdades Populares". *FGV-CPDOC*. Disponível em: http://www.fgv.br/cpdoc/acervo/dicionarios/verbete-tematico/grupo-parlamentar-pro-liberdades-populares. Acessado em: 17.02.2019.

LAVABRE, Marie-Claire. "Maurice Halbwachs et la sociologie de la mémoire", *Raison Présente*, out. 1998.

_____. "Maurice Halbwachs y la sociologia de la memoria". *Historizar el pasado vivo en America Latina*. Disponível em: http://www.historizarelpasadovivo.cl/downloads/lavabre.pdf. Acessado em: 10.11.2017.

LE GOFF, Jacques. *História e memória*. vol. 2. Trad. Ruy Oliveira. Lisboa: Edições 70.

LEVI, Giovanni. Sobre a micro-história. *In*: BURKE, Peter (Coord.). *A escrita da história*: novas perspectivas. São Paulo: Unesp, 2011.

LEVI, Primo. *A assimetria e a vida*: artigos e ensaios. Trad. Ivone Benedetti. 1ª ed. São Paulo: Editora Unesp, 2016.

_____. *Os Afogados e os sobreviventes*: os delitos, os castigos, as penas, as impunidades. Trad. Luiz Sérgio Henriques. 3ª ed. Rio de Janeiro: Paz & Terra, 2016.

LIMA, Hermes. *Lições da crise*. Rio de Janeiro: J. Olympio, 1954.

_____. *Notas à vida brasileira*. São Paulo: Editora Brasiliense, 1945.

_____. *Problemas do nosso tempo*. São Paulo: Companhia Editora Nacional, 1935.

_____. *Travessia*: memórias. Rio de Janeiro: J. Olympio, 1974.

LINS E SILVA, Evandro. "O *'sursis'* e o crime político". *Revista de Direito Penal*, vol. XXIII, fasc. I a III, out./dez. 1938.

_____. *Arca de guardados*: vultos e momentos nos caminhos da vida. Rio de Janeiro: Civilização Brasileira, 1995.

_____. *O Salão dos passos perdidos*: depoimento ao CPDOC. Nova Fronteira: Ed. FGV, 1997.

LOCKE, John. *Ensaio acerca do conhecimento humano*. Trad. Anoar Aiex. São Paulo: Editora Nova Cultural. 1999.

LODI, Ricardo. "A condenação de Lula: o maior caso de *lawfare* do Brasil". *In*: PRONER, Caroline *et al*. *Comentários a uma sentença anunciada*: o processo Lula. Bauru: Canal 6, 2017.

LÖWI, Michael. *Walter Benjamin*: aviso de incêndio. Uma leitura das teses "Sobre o conceito de História". São Paulo: Boitempo, 2005.

LUKES, Steven. *Émile Durkheim*: su vida y su obra. Estudio histórico-crítico. Trad. Alberto Cardín Garay e Isabel Martínez. Madrid: Centro de Investigaciones Sociologicas, 1984.

LYRA, Roberto. "Código Penal de 1940 e outros diplomas". *In*: _____. *Direito Penal normativo*. 2ª ed. Rio de Janeiro: José Konfino, 1977.

MACHADO, Alcântara. "Para a história da reforma penal brasileira". *Revista de Direito Penal*, vol. VIII, mar./abr. 1941.

MACHADO, Raul. "Julgamento por 'livre convicção'". *Revista Forense*, Rio de Janeiro, vol. 82, nº 442, fev. 1940.

MAGALHÃES, Juliana N. *A formação do conceito de direitos humanos*. 1ª ed. Curitiba: Juruá, 2013.

MALAN, Diogo. "Ideologia política de Francisco Campos: influência na legislação processual penal brasileira (1937-1941)". *In*: MELCHIOR, Antonio Pedro; MALAN, Diogo; SULOCKI, Victoria-Amalia de B. C. Gozdawa de. *Autoritarismo e processo penal brasileiro*. vol. 1. Rio de Janeiro: Lumen Juris, 2015.

BIBLIOGRAFIA

MALIM, Mauro. "Verbete biográfico BERNARDES, Artur". *FGV-CPDOC*. Disponível em: https://atlas.fgv.br/verbetes/artur-bernardes. Acessado em: 28.05.2019.

MANNHEIN, Karl. *Essays on the sociology of culture*: collected works. Londres/Nova York: Routledge, 1997.

MANZINI, Vicenzo. *Tratado de Derecho Procesal Penal*. tomo I. Buenos Aires: Librería El Foro S.A., 1949.

MARAT, Jean-Paul. *Plan de législation criminelle*. Paris: Rochette, 1790.

MARAVALL, José Maria. *Los resultados de la democracia*. Madrid: Alianza Editorial, 1995.

MARCUSE, Herberth. *Eros e civilização*: uma interpretação filosófica do pensamento de Freud. Rio de Janeiro: Zahar Editores, 1975.

MARQUES NETO, Agostinho Ramalho. *A Ciência do Direito*. Rio de Janeiro: Renovar, 2001.

MARQUES, Raphael P. de P. Marques. *Repressão política e usos da Constituição no Governo Vargas (1934-1937)*. Curitiba: Editora Prismas, 2015.

MARTÍN, Irene. *Significados y orígenes del interés por la política em dos nuevas democracias*: España y Grecia. Madrid: Centro de Estudios Avanzados del Instituto Juan March, 2004.

MARTINES, Fernando. "MPF denuncia filho de reitor que se suicidou sem provar o que ele fez de ilegal". *Conjur*, 12 jul. 2019. Disponível em https://www.conjur.com.br/2019-jul-12/mpf-denuncia-filho-reitor-suicidou-apontar-ele-fez. Acessado em: 14.07.2019.

MARTINO, Luís Mauro. "Antonio Sampaio Dória". *HISTEDBR*. Disponível em http://www.histedbr.fe.unicamp.br/navegando/glossario/verb_b_antonio_de_sampaio_doria.htm. Acessado em: 09.06.2019.

MARTINS, Rui Cunha. *A Hora dos cadáveres adiados*: corrupção, expectativa e processo penal. São Paulo: Atlas, 2013.

_____. *O ponto cego no Direito*. The Brazilian Lessons. Rio de Janeiro: Lumen Juris, 2011.

MAYER, Jorge Miguel. "Henrique Smith Bayma". *In*: PAULA, Christiane Jalles de; LATTMAN-WELTMAN, Fernando (Coord.). *Dicionário histórico-biográfico brasileiro pós-30*. 3ª ed. Rio de Janeiro: FGV,

2010. Disponível em: https://www.fgv.br/cpdoc/acervo/dicionarios/verbete-biografico/henrique-smith-bayma. Acessado em: 08.01.2019.

MEDEIROS, Jarbas. *Ideologia autoritária no Brasil*: 1930/1945. Rio de Janeiro: Ed. Fundação Getúlio Vargas, 1972.

MELCHIOR, Antonio Pedro. "A Teoria Crítica do processo penal". Revista Brasileira de Ciências Criminais, nº 128, 2017.

_____. *O juiz e a prova*: o *sinthoma* político do processo penal. Curitiba: Juruá, 2013.

MEZGER, Edmund; GRISPIGNI, Filippo. *La Reforma Penal Nacional-Socialista*. Buenos Aires: EDIAR, 2009.

MILLER, Jacques-Alain. *Perspectivas dos escritos e outros escritos de Lacan*. Trad. Veral Avellar Ribeiro. Rio de Janeiro: Zahar, 2011.

MOMMSEN, Theodor. *Derecho Penal Romano*. Bogotá: Temis, 1999.

MONTESQUIEU, Charles de Secodant, Baron de. *O espírito das leis*. Trad. Cristina Murachco. São Paulo: Martins Fontes,1996.

MORAES, Maria Célia. "Francisco Campos: o caminho de uma definição ideológica (anos 20 e 30)". *DADOS*: Revista de Ciências Sociais, Rio de Janeiro, vol. 35, nº 2, 1992.

MOREIRA, Regina da Luz. "João Neves da Fontoura". *FGV-CPDOC*. Disponível em: http://www.fgv.br/cpdoc/acervo/dicionarios/verbete-biografico/fontoura-joao-neves-da. Acessado em: 31.03.2019.

_____. "Verbete biográfico MANGABEIRA, João". *FGV-CPDOC*. Disponível em: https://cpdoc.fgv.br/sites/default/files/verbetes/primeira-republica/MANGABEIRA,%20Jo%C3%A3o.pdf. Acessado em: 04.01.2019.

NAMER, Gérard. "Posfacio". *In*: HALBWACHS, Maurice. *Los marcos sociales de la memoria*. Barcelona: Anthropos Editorial, 2004.

NEDER, Gizlene. *Iluminismo jurídico-penal-luso-brasileiro*: obediência e submissão. Rio de Janeiro: Instituto Carioca de Criminologia/Freitas Bastos, 2000.

NEGRI, Antonio. *O poder constituinte*: ensaio sobre as alternativas da modernidade. Trad. Adriano Pilatti. 2ª ed. Rio de Janeiro: Lamparina, 2015.

NIETZSCHE, Friedrich. *Consideraciones intempestivas*: 1873-1876. Buenos Aires: Alianza, 2002.

BIBLIOGRAFIA

NORA, Pierre. *Pierre Nora en les lieux de mémoire*. Trad. Laura Masello. Montevideo: Ediciones Trilce, 2008.

NOVICK, Peter. *The Holocaust in American life*. Boston: A Mariner Book, 2000.

NUNES, Diego. "O Tribunal de Segurança Nacional e o valor da prova testemunhal: o debate sobre o princípio da livre convicção do juiz a partir do julgamento do Processo n. 1.355". *Revista Eletrônica Direito e Política*, UNIVALI, Itajaí, vol. 8, nº 2, 2º quadr. 2013.

O ANTAGONISTA. *Pente-fino de Bolsonaro para identificar os petistas*. Disponível em: https://www.oantagonista.com/brasil/pente-fino-de-bolsonaro-para-identificar-os-petistas/. Acessado em: 28 mar. 2019

PANDOLFI, Dulce. "Os anos 30: a incerteza do regime". *In*: FERREIRA, Jorge; DELGADO, Lucília de Almeida Neves (Coord.). *O Brasil republicano*: o tempo do nacional estatismo – do início da década de 30 ao apogeu do Estado Novo. vol. 2. Rio de Janeiro: Civilização Brasileira, 2003.

PANDOLFI, Dulce; GRYNSZPAN, Mario. *Da revolução de 30 ao golpe de 1937*: a depuração das elites. Rio de Janeiro: Centro de Pesquisa e Documentação de História Contemporânea do Brasil, 1987.

PASSOS, Vital Francisco dos. "O juiz e a Justiça no Estado Novo e na sociologia". *Revista de Direito Penal*, ano V, vol. XX, fasc. III, mar. 1938.

PAYNE, Stanley G. *Fascism:* comparison and definition. Madison: University of Wisconsin Press, 1980.

PÉCAUT, Daniel. *Os intelectuais e a política no Brasil* (entre o povo e a nação). São Paulo: Ática, 1995.

PEIXOTO, Alzira Vargas do Amaral. *Getúlio Vargas, meu pai*. Rio de Janeiro, Porto Alegre, São Paulo: Ed. Globo, 1963.

PEREIRA, Anthony. *Ditadura e repressão*: o autoritarismo e o Estado de Direito no Brasil, no Chile e na Argentina. São Paulo: Paz e Terra, 2010.

PÉREZ CEPEDA, Ana Isabel. "El paradigma de la seguridad en la globalización: Guerra, enemigos y orden penal". *El Derecho Penal frente a la inseguridad global*, Albacete: Bomarzo, 2002.

PETERSEN, Jens. "La nascita del concetto di 'Stato totalitário' in Italia". *Annali dell'Instituto Storico Ítalo-Germanico in Trento*, I, 1975.

PIERANGELLI, José Henrique. *Processo penal*: evolução histórica e fontes legislativas. Bauru: Jalovi, 1983.

PINHEIRO, Paulo Sérgio. *A Revolução mundial e o Brasil*: 1922-1935. São Paulo: Companhia das Letras, 1991.

PINTO, Heráclito Sobral. *Por que defendo os comunistas*. Belo Horizonte: Universidade Católica de Minas Gerais, 1979.

PINTO, Herondino Pereira. *Nos subterrâneos do Estado Novo*. Rio de Janeiro: Editora Germinal, 1950.

PINTO, Jaime Nogueira. *Ideologia e razão de Estado*: uma história do Poder. Lisboa: Civilização Editora, 2013.

POCOCK, John. *Cidadania, historiografia e res publica*: contextos do pensamento político. Coimbra: Almedina, 1924.

POLLAK, Michael. *Memoria, olvido, silencio*: la producción social de identidades frente a situaciones límite. Trad. Christian Gebauer, Renata Oliveira Rufino e Mariana Tello. Buenos Aires: Ediciones Al Margen, 2006.

PRADO, Geraldo *et al.* "Aspectos contemporâneos da criminalização dos movimentos sociais no Brasil". *Revista Brasileira de Ciências Criminais*: Edição Especial do 20º Seminário Internacional do IBCCRIM, São Paulo, ano 23, nº 112, jan./mar. 2015.

_____. "Apresentação". *In*: PRONER, Caroline *et al. Comentários a uma sentença anunciada*: o processo Lula. Bauru: Canal 6, 2017.

_____. "Crônicas da Reforma do Código de Processo Penal brasileiro que se inscreve na disputa política pelo sentido e função da Justiça Criminal". *In*: _____. *Em torno da jurisdição*. Rio de Janeiro: Lumen Juris, 2010.

_____. *Prova penal e sistema de controles epistêmicos*: a quebra da cadeia de custódia das provas obtidas por meios ilícitos. São Paulo: Marcial Pons, 2014.

_____. *Transação penal*. Coimbra: Almedina, 2015.

PRADO, Maria Emilia (Coord.). *Intelectuais e ação política*. Rio de Janeiro: Revan, 2011.

PRANDO, Camila Cardoso de Mello. *O saber dos juristas e o controle penal*: o debate doutrinário na *Revista de Direito Penal* (1933-1940) e a construção da legitimidade pela defesa social. Rio de Janeiro: Revan, 2013.

BIBLIOGRAFIA

PRESTES, Anita Leocádia. "70 anos da Aliança Nacional Libertadora". *Estudos Ibero-Americanos*, PUC/RS, vol 30, nº 1, jul. 2005.

PRIMEIRA CONFERÊNCIA NACIONAL DE CRIMINOLOGIA. *Revista de Direito Penal*, ano IV, vol. XIII, fasc. I, abr. 1936 (Volume consagrado à Primeira Conferência Brasileira de Criminologia).

PRONER, Caroline; STROZAKE, Ney. "Frente Brasil Juristas pela Democracia em Defesa do Devido Processo Legal". *In*: PRONER, Caroline; CITTADINO, Gisele; RICOBOM, Gisele; DORNELLES, João Ricardo (Coord.). *Comentários a uma sentença anunciada*: o processo Lula. Bauru: Canal 6, 2017.

QUEIROZ, Narcélio de. "O Novo Código de Processo Penal: conferência realizada pelo juiz Narcélio de Queiroz na 'Sociedade Brasileira de Criminologia', em 11 de agosto". *Archivo Judiciario*, Jornal do Commercio, vol. LVX, jan./fev./mar. 1943.

_____. "O Novo Código de Processo Penal". *Revista Forense*, Rio de Janeiro, nº 93, jan./mar. 1943.

_____. "Algumas notas sobre o crime político". *Revista de Direito Penal*, vol. I, fasc. I, abr. 1933.

_____. "Justiça penal e justiça social". *Revista de Direito Penal*, vol. II, fasc. III, set. 1933.

RAMOS, Graciliano. *Memórias do cárcere*. vol. II. Rio de Janeiro: Record, 2008.

RAO, Vicente. *Conferência pronunciada no Instituto da Ordem dos Advogados Brasileiros*. Rio de Janeiro, 21 set. 1929. Disponível em: http://www.revistas.usp.br/rfdsp/article/download/65241/67846. Acessado em: 24.01. 2019.

_____. *Direito de Família dos Soviets*. São Paulo: Nacional, 1931.

_____. "Projeto de Código do Processo Penal da República dos Estados Unidos do Brasil". *Revista da Faculdade de Direito da Universidade de São Paulo*, São Paulo, vol. 34, nº 3, 1938.

_____. *Vicente Rao*: depoimento (1976). Entrevistadora: Maria Victoria de Mesquita Benevides. Rio de Janeiro: FGV/CPDOC – História Oral, 1979.

REVISTA FÓRUM. *Novo Chanceler de Bolsonaro já demite funcionários antes de assumir o cargo: diversos diplomatas descrevem clima no Itamaraty como sendo de 'caça às "bruxas" e "incerteza"*. Disponível em: https://www.revistaforum.com.br/novo-chanceler-de-bolsonaro-ja-demite-funcionarios-antes-de-assumir-cargo/. Acessado em: 28.03.2019.

REZENDE, Astolpho Vieira. "A Polícia em face da Justiça, na nova Constituição". *Revista de Direito Penal*, ano IV, vol. XIII, fasc. II, maio 1936.

_____. "Sua Excellencia o réu". *Revista de Direito Penal*, ano IV, vol. XIV, fasc. II, ago. 1936.

RICOUER, Paul. *A memória, a história, o esquecimento*. Trad. Alain François *et al*. Campinas: Editora Unicamp, 2007.

_____. *La lectura del tiempo pasado*: memoria y olvido. Trad. Gabriel Aranzueque. Madri: Arrecife, 1999.

RIVERO, Jean; MOUTOUH, Hugues. *Liberdades públicas*. São Paulo: Martins Fontes, 2006.

ROCCO, Arturo. *El problema y el método de la ciência del derecho penal*. Bogotá: Editorial Temis, 1999.

RODRIGUES, Éder Bonfim. "Estado pós-democrático, *lawfare* e a decisão do TRF-4 contra o ex-presidente Luiz Inácio Lula da Silva". *In*: PRONER, Caroline *et al*. *Comentários a uma sentença anunciada*: o processo Lula. Bauru: Canal 6, 2017.

ROMEO, Ilaria. *Delitto Matteotti, l'inizio del regime*. Disponível em: https://www.rassegna.it/articoli/delitto-matteotti-linizio-del-regime. Acessado em: 20.04.2019.

ROSA, Othelo. "A onda vermelha". *Correio do Povo*, 2 abr. 1931.

ROSE, Robert S. *Uma das coisas esquecidas*: Getúlio Vargas e controle social no Brasil – 1930-1954. Trad. Anna Olga de Barros Barreto. São Paulo: Companhia das Letras, 2001.

ROUSSO, Henry. "Vichy, Le Grand Fossé". *Vingtième Siècle*: Revue d'histoire, 1985. Disponível em: http://www.persee.fr/doc/xxs_0294-1759_1985_num_5_1_1115. Acessado em: 14.02.2018.

_____. *The Vichy Syndrome*: history and memory in France since 1944. Cambridge: Harvard University Press, 1991.

SAFÓN, Ramón. *O racionalismo combatente de Francisco Ferrer Guardia*. São Paulo: Imaginário, 2003.

BIBLIOGRAFIA

SANGLARD, Pedro Elias Erthal. "Luiz Carpenter". *Revista da Associação Brasileira de Pesquisadores de História e Genealogia*, São Paulo, nº 2, 1995.

SANTOS, Marco Antonio Cabral dos. "Francisco Campos: um ideólogo para o Estado Novo". *Locus*: Revista de História, Juiz de Fora, vol. 13, nº 2, 2007.

SANTOS, Myrian Sepúlveda dos. *Memória coletiva e teoria social*. São Paulo: Annablume, 2003.

SANTOS, Rogério Dultra dos. "Francisco Campos e os fundamentos do constitucionalismo antiliberal no Brasil". *DADOS*: Revista de Ciências Sociais, Rio de Janeiro, vol. 50, nº 2, 2007.

SBRICCOLLI, Mario. "Politica e giustizia in Francesco Carrara". *In*: AA.VV. *Francesco Carrara nel primo centenário della morte*: Atti del Convegno Internazionale Lucca-Pisa, 2-5 giugno 1988. Milano: Giufrè, 1991.

SCHMITT, Carl. O *conceito de político/Teoria do Partisan*. Trad. Geraldo de Carvalho. Belo Horizonte: Del Rey, 2008.

_____. *Teologia política*. Trad. Elisete Antoniuk. Belo Horizonte: Del Rey, 2006.

SERRANO, Pedro Estevam Alves Pinto. *Autoritarismo e golpes na América Latina*: breve ensaio sobre jurisdição e exceção. São Paulo: Alameda, 2016.

SILVA, Carla Luciana. *Onda vermelha*: imaginários anticomunistas brasileiros (1931-1934). Porto Alegre: EDIPUCRS, 2001.

SILVA, Hélio. *1935*: a Revolta Vermelha. São Paulo: Civilização Brasileira, 1969.

_____. *A Ameaça vermelha*: o Plano Cohen. São Paulo: Civilização Brasileira, 1980.

_____. *Todos os golpes se parecem*. São Paulo: Civilização Brasileira, 1970.

SILVA, Ricardo. *A ideologia do Estado autoritário no Brasil*. Chapecó: Argos, 2004.

SILVEIRA, Mariana de Moraes. "Direito, ciência do social: o lugar dos juristas nos debates do Brasil nos anos 1930 e 1940". *Estudos Históricos*, Rio de Janeiro, vol. 29, nº 58, 2016.

_____. *Revistas em tempos de reformas*: pensamento jurídico, legislação e política nas páginas dos periódicos de Direito (1936-1943). Belo Horizonte: UFMG, 2013.

SKINNER, Quentin. "Meaning and understanding in the history of ideas". *History and theory*, vol. 8, nº 1, 1969.

STANLEY, Jason. *Como funciona o fascismo*: a política do "nós" e "eles". Trad. Bruno Alexander. 1ª ed. Porto Alegre: L&PM, 2018.

STOPPINO, Mario. "Autoridade". *In*: BOBBIO, Norberto *et al*. *Dicionário de Política*. vol. I. Trad. J. Ferreira. Brasília: UNB, 1999.

SULOCKI, Victoria-Amália de B. C. Gozdawa. *Segurança Pública e democracia*: aspectos constitucionais das políticas públicas de segurança. Rio de Janeiro: Lumen Juris, 2007.

SWIDLER, Ann. "Culture in action: symbols and strategies". *American Sociological Review*, vol. 51, nº 02, abr. 1986.

TAVARES, Juarez. *Fundamentos de Teoria do Delito*. Florianópolis: Tirant lo Blanch, 2018.

TIBURI, Marcia. *Como conversar com um fascista*. Rio de Janeiro: Record, 2015.

TILLY, Charles. "Contentious repertoires in Great Britain, 1758-1834". *Social Science History*, vol. 17, nº 2, 1993.

TOCQUEVILLE, Alexis de. *Lembranças de 1848*: as jornadas revolucionárias em Paris. São Paulo: Companhia das Letras, 2011.

TODOROV, Tzvetan. *Los abusos de la memoria*. Barcelona: Ediciones Paidós Ibérica, 2000.

TORRES, Antonio Eugenio Magarinos. "O Julgamento do Deputado João Mangabeira. Voto de desemmpate será sempre favorável ao réo – Commentario de M. Torres". *Revista de Direito Penal*, ano V, vol. XX, fasc. I, jan. 1938.

VALENTINI, André Alexandre. *Os levantes armados de 1935 na visão do O Globo, como prática de uma campanha anticomunista*. Disponível em: http://www.uel.br/grupo-pesquisa/gepal/terceirosimposio/andrealexandre.pdf. Acessado em: 03.02.2019.

VARELLA, Flávia; MOLLO, Helena Miranda; PEREIRA, Mateus Henrique de Faria; MATA, Sérgio da (Coord.) *Tempo presente & usos do passado*. Rio de Janeiro: Editora FGV, 2012.

BIBLIOGRAFIA

VARGAS NETO, Manuel do Nascimento. "No país dos soviets". *A Federação*, 6 mar. 1931.

VARGAS, Getúlio. "Discurso de Paraninfo". *Revista Jurídica*, Rio de Janeiro, vol. 6, 1941.

_____. *Diários*: vol. I (1930-1936). São Paulo: Siciliano; Rio de Janeiro: Fundação Getúlio Vargas, 1995.

VERGARA, Pedro. "O socialismo no Uruguai". *A Federação*, 23 jun. 1931.

VIANNA, Marly de A. Gomes. "Pela democracia, pela soberania nacional". *In*: _____. (Coord.). *A insurreição da ANL em 1935*: o relatório Bellens Porto. Rio de Janeiro: Revan, 2015.

WACQÜANT, Loïc. *Punir os pobres*: a nova gestão da miséria nos Estados Unidos. Rio de Janeiro: Revan, 2003.

WERNER, W. G. "The curious career of lawfare: Case Western". *Reserve Journal of International Law*, Cleveland, vol. 43, nº 1, 2010.

WHITMAN, Walt. *Folhas de relva*. São Paulo: Iluminuras, 2008.

WILSON, John. *Pensar com conceitos*. São Paulo: Martins Fontes, 2005.

WUTHNOW, Robert. *Communities of discourse*: ideology and social structure in the Reformation, the Enlightenment, and European Socialism. Cambridge: Harvard University Press, 1993.

YAROCHEWSKY, Leonardo Isaac. *Ensaio sobre um judiciário que mergulha na exceção*. Disponível em: http://www.justificando.com/2016/10/04/ensaio-sobre-um-judiciario-que-mergulha-na-excecao/. Acessado em: 14.07.2019.

ZAFFARONI, Eugenio Raúl. "Prefácio". *In*: TAVARES, Juarez. *Fundamentos de Teoria do Delito*. Florianópolis: Tirant lo Blanch, 2018.

_____. *O inimigo no Direito Penal*. Trad. Sérgio Lamarão. Rio de Janeiro: Revan, 2007.

ZAFFARONI, Eugenio Raúl; PIERANGELI, José Henrique. *Manual de Direito Penal brasileiro*: parte geral. 8ª ed. São Paulo: Revista dos Tribunais, 2010.

ZIZEK, Slavoj. *Alguém disse totalitarismo?* São Paulo: Boitempo, 2013.

Arquivo do Senado Federal e do Supremo Tribunal Federal

DIÁRIO DO PODER LEGISLATIVO. Rio de Janeiro: Imprensa Nacional, 1934-1937. Portal eletrônico disponível em: http://imagem.camara.leg.br/diarios.asp. Acessado em: 29.03.2023.

TRIBUNAL DE SEGURANÇA NACIONAL. *Relatório dos trabalhos realizados desde a sua instalação até 31 de dezembro de 1940*. Rio de Janeiro: Imprensa Nacional, 1941.

Arquivos do Supremo Tribunal Militar

TRIBUNAL DE SEGURANÇA NACIONAL. *Autos do Processo n. 01*. Réus: Luís Carlos Prestes, Harry Berger e outros. Relator: Juiz Raul Machado, 1937.

_____. *Autos do Processo n. 01-A*. Réus: João Mangabeira, Domingos Vellasco, Abguar Bastos, Octavio da Silveira e Abel Chermont. Relator: Juiz Alberto de Lemos Bastos, 1937.

SUPREMO TRIBUNAL MILITAR. *Autos da Apelação n. 4900*. Apelantes: João Mangabeira, Octavio da Silveira e Abguar Bastos. Relator: Ministro João Vicente Bulcão Vianna, 1937.

_____. *Autos do Habeas Corpus n. 7.945*. Pacientes: João Mangabeira e Francisco Mangabeira. Relator: Ministro Cardoso de Castro, 1937.

_____. *Autos do Habeas Corpus n. 8.417*. Pacientes: João Mangabeira e Francisco Mangabeira. Relator: Ministro Cardoso de Castro, 1937.

Arquivos da Corte Suprema (1934/1937)

CORTE SUPREMA. *Autos do Habeas Corpus n. 26.067*. Impetrante: João Mangabeira e Acúrcio Torres. Pacientes: Edgard Castro Rebello, Hermes Lima, Francisco Mangabeira e outros. Coator: Presidente da República. Relator Min. Hermenegildo de Barros. Data do Julgamento: 07.02.1936.

_____. *Autos do Agravo em Habeas Corpus n. 26.067*. Recorrente: João Mangabeira e Acúrcio Torres. Pacientes: Edgard Castro Rebello, Hermes Lima, Francisco Mangabeira e outros. Coator: Presidente da

BIBLIOGRAFIA

República. Relator Min. Hermenegildo de Barros. Data do Julgamento: 19.02.1936.

_____. *Autos do Recurso em Habeas Corpus n. 26.073*. Recorrente: João Mangabeira e Acúrcio Torres. Pacientes: Edgard Castro Rebello, Hermes Lima, Francisco Mangabeira e outros. Recorrido: Juiz Federal da 2ª Vara do Distrito Federal. Relator Min. Laudo de Camarco.

_____. *Autos do Habeas Corpus n. 26.155*. Impetrante: Heitor Lima. Paciente: Olga Benário. Autoridade Coatora: Ministro da Justiça. Relator: Min. Antonio Bento de Faria. Data do Julgamento: 17.06.1936.

_____. *Autos do Habeas Corpus n. 26.178*. Impetrante: João Mangabeira. Pacientes: João Mangabeira, Domingos Vellasco, Abguar Bastos, Octavio da Silveira e Abel Chermont. Autoridade Coatora: Presidente da República e Ministro da Justiça. Relator: Min. João Martins de Carvalho Mourão.

_____. *Autos do Habeas Corpus n. 26.206*. Impetrante: João Mangabeira. Pacientes: João Mangabeira, Domingos Vellasco, Abguar Bastos, Octavio da Silveira e Abel Chermont. Autoridade Coatora: Presidente da República e Ministro da Justiça. Relator: Juiz Federal Cunha Mello. Data do Julgamento: 21.08.1936.

_____. *Autos do Habeas Corpus n. 26.243*, 1936. Impetrante: João Mangabeira. Pacientes: João Mangabeira, Domingos Vellasco, Abguar Bastos, Octavio da Silveira e Abel Chermont. Autoridade Coatora: Presidente da República e Ministro da Justiça. Relator: Min. Carlos Maximiliano. Data do Julgamento: 21.09.1936.

_____. *Autos do Habeas Corpus n. 26.254*. Impetrante: João Mangabeira. Pacientes: João Mangabeira e Francisco Mangabeira. Autoridade Coatora: Presidente da República. Relator Min. Hermenegildo de Barros. Julgamento em 02.10.1936.

Outros autos de processos judiciais

JUÍZO FEDERAL DA 1ª VARA DO DISTRITO FEDERAL. "*Habeas Corpus* impetrado por João Mangabeira em favor de Edgar de Castro Rebello, Hermes Lima, Francisco Mangabeira e outros". *Archivo Judiciário*, volume XXXVII, janeiro-março, 1936.

_____. "*Habeas Corpus* impetrado por Abel Chermont em favor de Harry Berger". *Archivo Judiciário*, volume XXXVII, janeiro-março, 1936.

TRIBUNAL REGIONAL FEDERAL DA 4ª REGIÃO. *Autos n. 0003021-32.2016.4.04.8000/RS.* Rel. Des. Federal. Rômulo Pizzolatti. Interessado: Corregedoria Regional da Justiça Federal da 4ª Região.

SUPREMO TRIBUNAL FEDERAL. *Autos do Inquérito n. 4781.* Relatoria do Min. Alexandre de Moraes. Em segredo de justiça. Andamento disponível em: http://portal.stf.jus.br/processos/detalhe.asp?incidente=5651823. Acessado em: 18.04.2019.

ANEXO

IMAGENS DA RESISTÊNCIA

Em 11 de julho de 1935, agente do governo de Getúlio Vargas retira faixas da Aliança Nacional Libertadora após ser decretado o seu fechamento (Fonte: Memorial da Democracia).

Greves de bondes e barcas em Niterói, 1935
(Fonte: Memorial da Democracia).

Público lota o Teatro Municipal do Rio de Janeiro, na cerimônia de inauguração da Universidade do Distrito Federal, fundada por Anísio Teixeira. *Careta*, 10 de agosto de 1935 (Fonte: Memorial da Democracia).

ANEXO – IMAGENS DA RESISTÊNCIA

Edgar Castro Rebello e Luiz Frederico Sauerbronn Carpenter, professores presos e expulsos da cátedra em 1936, assim como Hermes Lima e Leônidas Rezende, por ordem do regime varguista (Fontes: Instituto Histórico e Geográfico Brasileiro/Arquivos da Faculdade de Direito da UERJ).

Charge de Alfredo Storni sobre a Lei de Segurança Nacional. *Careta*, 23 de fevereiro de 1935.

Militares rebeldes da ANL no quartel do 3º Regimento de Infantaria, no Rio de Janeiro (Fonte: Memorial da Democracia).

Hermes Lima (terceiro sentado, da esquerda para a direita) (Fonte: Arquivo Nacional).

ANEXO – IMAGENS DA RESISTÊNCIA

Hermes Lima, ministro do Supremo Tribunal Federal, por ocasião do seu afastamento, logo após a decretação do Ato Institucional n. 5, em 13 de dezembro de 1968 (Fonte: Memorial da Democracia).

1 - H - 36

Diario Official

Actos do Poder Executivo
Ministerio da Educação e Saude Publica

Por decretos de 30 de Março ultimo, nos termos da emenda
n. 3 à Constituição da Republica
e tendo em vista os elementos
de convicção e prova colhidos
pela Policia, foram exonera
dos, por exercicio de actividade
subversivas das instituições po
liticas e sociaes:
Dr. Mauricio Campos de Medei
do cargo de professor cathedra
tico de clinica propedeutica m
dica da Faculdade de Medi
cina do Rio de Janeiro.
Dr Edarg Filgueiras 2 lugares
Dr Hermes Lima
Dr Edgardo de Castro Rebello
Dr Leonidas de Rezende
Dr Manoel Venancio Campos da Paz
Dr Odilon Baptista
e duas nomeações de moças

Diário Oficial. Exoneração dos professores Hermes Lima, Edgard de Castro Rebello, Leônidas Rezende e outros (Fonte: CPDOC HL c.36.04.04).

ANEXO – IMAGENS DA RESISTÊNCIA

COLEGA

Os bacharelandos de 1939 têm dois candidatos naturais ao paraninfado: Hermes Lima e Philadelpho Azevedo.

Infelizmente, não lhes é possivel eleger ambos, e isto os coloca na contingencia de opinar por um deles, tarefa das mais dificeis por se tratar dos dois mestres que contribuiram em mais alto grau para a sua formação juridica — o primeiro lançando os marcos iniciais do caminho a percorrer, assentando os alicerces do edificio a construir; o ultimo orientando esse caminho, dando os ultimos retoques nesse edificio.

E' de acentuar, porém, que enquanto Philadelpho Azevedo, cujo prestigio tanto no corpo docente como no discente desta Faculdade aumenta cada vês mais, não faltarão bacharelandos para prestar as mais significativas demonstrações de apreço, Hermes Lima perderá, com a nossa formatura, — pois fomos a ultima turma que o teve como professor, — a ultima oportunidade para a homenagem que o seu talento, a sua honestidade os seus esforços em favor do ensino e a sua dedicação ao nosso preparo profissional exigem de todos nós.

Aí tem o colega a razão da nossa iniciativa lançando a candidatura de Hermes Lima ao paraninfado da turma de 1939. Para ela pedimos o seu apoio. Todos os bacharelandos de 1939, indubitavelmente, desejam homenagear Hermes Lima e Philadelpho Azevedo: a divergencia está apenas na preferencia inevitavel entre dois nomes que se impuzeram de modo imperecivel á nossa estima e admiração, entre dois professores que, pelo seu saber e dignidade profissional, honrariam a cátedra de qualquer universidade.

FRANCISCO DE SOUZA BRASIL

MARCIO DA COSTA E SILVA

RUBENS FERRAZ

Campanha para Hermes Lima como Paraninfo da Turma de 1939
(CPDOC HL c.39.00.00).

Campanha para Hermes Lima como Paraninfo da Turma de 1939 (CPDOC HL c.39.00.00).

ANEXO – IMAGENS DA RESISTÊNCIA

As informações prestadas pelo Chefe de Policia quanto ao Dr. Hermes Lima foram as seguintes:

CMa dcf1c 1936.01.11

1a) - MEMBRO DA ALLIANÇA NACIONAL LIBERTADORA - Não é exacto. Nunca adheriu a essa organização, tendo conhecido pessoalmente o seu Presidente, Commandante Cascardo, quando preso na Casa de Detenção e seu Secretario-Geral, Commandante Sisson, á bordo do navio-presídio "Pedro I°". A Policia não poderá fornecer um documento siquer, nem mesmo colhido nos noticiarios dos jornaes, de que o Dr. Hermes Lima tenha sido membro da Allianga Nacional Libertadora. O Commandante Cascardo e o Commandante Sisson forneceram ao Dr. Hermes Lima attestado affirmando que o mesmo nunca pertenceu á Allianga Nacional Libertadora nem mesmo fez comicios nella.

2a) - PROPAGADOR DE IDÉAS SUBVERSIVAS - É uma simples phrase policial de effeito. As idéas do Dr. Hermes Lima estão nos seus artigos e, notadamente, no seu ultimo livro "PROBLEMAS DE NOSSO TEMPO". Nestes artigos e neste livro defende-se o Estado leigo, combate-se a intervenção do clero na politica, o uso politico e administrativo da religião, mostra a necessidade de defender as liberdades democraticas como estão asseguradas pela Constituição vigente e acentua-se a crise social moderna, que ninguem ignora, que todos sentem, mostrando que só o regimen democratico poderá offerecer um caminho natural, adequado e logico á evolução. Nunca nestes artigos e neste livro se pregou a violencia para a subversão das instituições politicas e sociaes.

3a) - ACTUAÇÃO EM COMICIOS - O unico comicio em que até hoje fallou no Rio de Janeiro, desde que reside nesta cidade, foi o realizado no Theatro João Caetano, sob as vistas da Policia, por iniciativa do Partido Socialista do Brasil, cujo secretario, Reis Perdigão, presidiu a assembléa. Este comicio, no qual tomaram parte diversos partidos e principalmente associações culturaes, não teve caracter partidario ou sectario e foi para protestar contra a invasão da Abyssinia pela Italia. Não falou jamais em nenhum outro comicio. Fez tres conferencias no correr do anno em tres syndicatos: no Syndicato dos Bancarios sobre o "Estado Leigo e a Constituição", conferencia publicada no seu livro já citado, "PROBLEMAS DE NOSSO TEMPO" e que, inicialmente, constituiu uma de serie de conferencias sobre a nova constituição, promovida pela Reitoria da Universidade do Rio de Janeiro e pronunciadas na Escola de Bellas Artes, como foi noticiado; outra, no Syndicato dos Radio-Telegraphistas explicando a Constituição vigente nos artigos do seu texto referentes á ordem social e politica; e a terceira, no Syndicato da Ceramica, sobre o conflicto italo-abyssinio. Numa reunião preparatoria do Congresso Juvenil, realizada na Casa dos Estudantes, pronunciou tambem um discurso combatendo o fascismo, pelas liberdades democraticas, pela applicação e respeito aos textos constitucionaes que asseguram aquellas liberdades. Esta reunião foi tão bella e tão democratica que a um rapaz integralista presente ficou assegurado o direito de contradictar os oradores e expor suas idéas, o que elle realizou pelo tempo que quiz.

4a) - RESPONSAVEL PELA PREPARAÇÃO DO AMBIENTE INDISPENSAVEL Á ECLOSÃO DO MOVIMENTO - Mas se o movimento subversivo no Rio, como no Norte, se reduziu a golpes de quartel, que responsabilidade é esta, mesmo dando de barato que o Dr. Hermes Lima tivesse, como diz a Policia, pregado idéas subversivas? O meio civil não se moveu. Não houve uma greve, um gesto de solidariedade aos sediciosos militares. Preparador do ambiente indispensavel á eclosão do movimento, onde? Nos quarteis? Nas casernas? Mas é ridiculo. Depois, a verdade é que tal accusação cae por si mesma. Quem nunca propagou idéas subversivas não póde ser responsavel por movimentos nitida e puramente militares, de que só teve noticia pelos jornaes.

5a.) - DOCUMENTO COMPROMETTEDOR - É preciso apresentar o documento para ver do que se trata. Documento do punho ou com a lettra do Dr. Hermes Lima não será absolutamente. Este documento tem ares de assombração. Visto de perto, com certeza, desapparecerá. Depois, a redacção nas informações do Chefe de Policia, concernentes ao Dr. Hermes Lima, é capciosa. Textualmente diz: "existe contra elle peça compromettedora no inquerito a cargo do Dr. Linneu Chagas de Almeida Cotta por motivo da prisão de Harry Berger e apprehensão do seu archivo". Propositadamente a redacção está confusa para fazer crer que a peça foi encontrada no archivo de Berger, quando, bem lido, o que se deprehende é que esta peça está no inquerito a cargo do Delegado Linneu, Delegado este que preside o inquerito motivado pela prisão e apprehensão

do archivo de Berger. Trata-se naturalmente de uma antiga informação da Policia quando o Dr. Hermes Lima foi preso: que o nome do Dr. Hermes Lima tinha sido encontrado numa pagta. Emfim, a coisa não deve valer nada. Mas que a Policia a apresente e não apenas a allegue.

Chama-se a attenção para o seguinte, alem do mais: os Drs. Nicanor Nascimento e Joaquim Ribeiro, estes sim, foram lideres alliancistas, fizeram comicios, tomaram parte activa na propaganda e foram, apezar disso, restituidos á liberdade. Alem destes, ha outros casos.

4

Informações prestadas pelo chefe de polícia quanto a Hermes Lima
(CPDOC – CMa dcf1c 1936.01.11 parte 4).

Trecho de carta de Hermes Lima a Nenê Lima em 11 de janeiro de 1936, em que se lê: "Conquanto tua última carta me fale de uma liberdade para muito breve, quero chamar a tua attenção para o ffacto de ter o governo nomeado uma comissão para dar parecer sobre a situação dos funccionarios presos, inclusive professores. As investigações dessa commissão visam apparelhal-a para propor ao governo, em parecer, a medida que julgar adequada a cada funccionário". Referência à Comissão Nacional de Repressão ao Comunismo (Fonte: CPDOC CMa dcf1c 1936.01.11 parte 1).

ANEXO – IMAGENS DA RESISTÊNCIA

O jovem Evandro Lins e Silva em sua formatura no ano de 1932
(Fonte: CPDOC. Evandro Lins e Silva. Arquivo Pessoal).

Evandro Lins e Silva, Roberto Lyra e outros no júri. Esq./dir., sentadas, primeiro plano, Julieta Capanema (6°), Beatriz Sophia Mineiro (7°). Esq./dir., segunda fileira, Evandro Lins e Silva (1°). Esq./dir., terceira fileira, João da Costa Pinto (1°), Clovis Dunshee de Abranches (2°). Esq./dir, sentados nas cadeiras superiores, Dr. Roberto Lyra (à esquerda), Dr. Henrique Carlos Meyer (à direita) (Fonte: CPDOC. Evandro Lins e Silva. Arquivo Pessoal).

Pessoas assistem a julgamento no Tribunal de Segurança Nacional, localizado na Av. Oswaldo Cruz, n. 124, Flamengo, Rio de Janeiro (Fonte: CPDOC).

ANEXO – IMAGENS DA RESISTÊNCIA

Os juristas parlamentares Abel Chermont ao centro, Domingos Vellasco em primeiro plano, à esquerda, e Abguar Bastos de óculos escuros (Fonte: Memorial da Democracia).

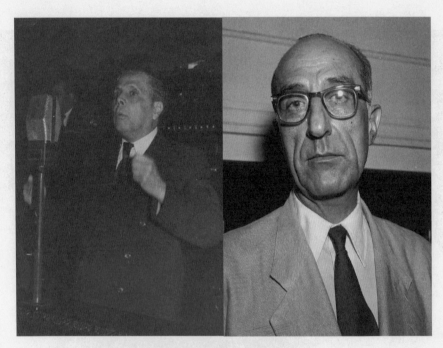

João Mangabeira discursa na Câmara dos Deputados no Rio de Janeiro, em 1947. Domingos Vellasco, também no ano de 1947, dois anos após o fechamento do Tribunal de Segurança Nacional (Fontes: Arquivo Nacional).

ANEXO – IMAGENS DA RESISTÊNCIA

Carta remetida por João Mangabeira a Yayá Mangabeira no período em que esteve preso, durante o primeiro governo Vargas, tratando de assuntos pessoais. Rio de Janeiro, 29 de março de 1936 (Fonte: CPDOC Arq. JMa 1936.03.25).

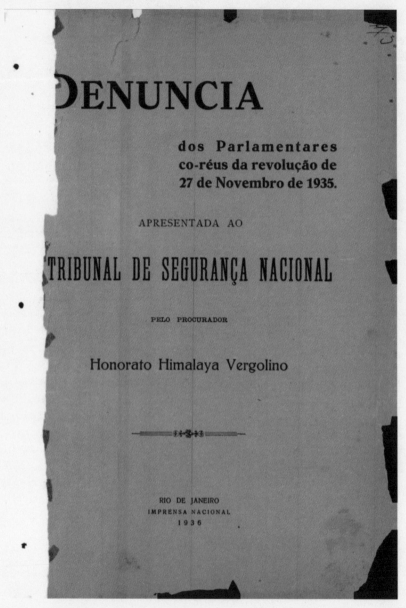

Denúncia apresentada pelo procurador criminal Honorato Himalaya Vergolino nos Autos do Processo n. 01-A em face de Octavio da Silveira e dos juristas parlamentares João Mangabeira, Abel Chermont, Domingos Vellasco e Abguar Bastos.

ANEXO – IMAGENS DA RESISTÊNCIA

O jurista parlamentar Abguar Bastos se recusou a receber a citação e preencher a ficha de qualificação, assim como João Mangabeira, Abel Chermont e Octavio da Silveira (Fonte: SUPREMO TRIBUNAL MILITAR. *Autos da Apelação n. 4900*).

Petição do deputado Octavio de Silveira em que esclarece a posição dos congressistas em "não tomar conhecimento de qualquer atual deliberação deste tribunal". Salienta que os deputados "continuam em regime de incomunicabilidade e "cerceados os direitos elementares de defesa". Rio de Janeiro, 31 de dezembro de 1936 (Fonte: SUPREMO TRIBUNAL MILITAR. *Autos da Apelação n. 4900*).

ANEXO – IMAGENS DA RESISTÊNCIA

Exmo. Sr. Alberto de Lemos Bastos, Juiz do Tribunal de Segurança Nacional

Junte-se aos autos. Quanto à primeira parte do presente requerimento não há o que deferir, à vista de meu despacho a fls 22 e certidão de fls 22 v. Quanto à segunda parte indefiro porquanto o Tribunal não tem interferência no carcere policial. Dê-se vista à parte interessada, declarando-se antônio que sua defesa perante o Tribunal não será afetada por notícias ou comentários publicados na imprensa. Em 2/1/37

Lemos Bastos

DOMINGOS NETTO DE VELLASCO, deputado federal e official reformado do Exercito, vem dizer a V.Ex., para afinal requerer, o seguinte:

que está preso e incommunicavel desde 23 de Março de 1936 e que acaba de ser denunciado pelo Dr. Procurador como incurso nas sancções dos arts. 1, 4 e 6 da Lei n. 38, de 4 de Abril de 1935, conforme o MANDADO DE CITAÇÃO que, com o devido "sciente", devolve a V.Ex.;

que está decidido a defender-se perante esse Tribunal, apesar de sua berrante inconstitucionalidade, e que, por isso mesmo, tambem restitue a V.Ex., devidamente preenchida, a FOLHA DE QUALIFICAÇÃO;

que, incommunicavel como se encontra, não lhe é possivel providenciar sobre sua defesa, de vez que só lhe consente a Policia que seja visitado por pessoas de sua familia e, de accordo com a decisão de hoje datada, pelos deputados e senadores federaes;

que, por outro lado, a censura policial não permitte a divulgação de qualquer documento ou opinião favoravel á sua defesa, ao passo que custeia a publicação de tudo quanto seja contrario ao requerente, procurando mesmo infamal-o e atiral-o á execração publica;

que, nestas condições, não haverá senão um simulacro de DEFESA, se não se assegurar ao accusado, pelo menos, a mesma regalia de que gosa o Dr. Procurador, cuja Denuncia foi publicada largamente pela imprensa;

O jurista parlamentar Domingos Vellasco adotou estratégia distinta. Após receber a citação, encaminhou esta petição ao Tribunal (Fonte: SUPREMO TRIBUNAL MILITAR. *Autos da Apelação n. 4900*).

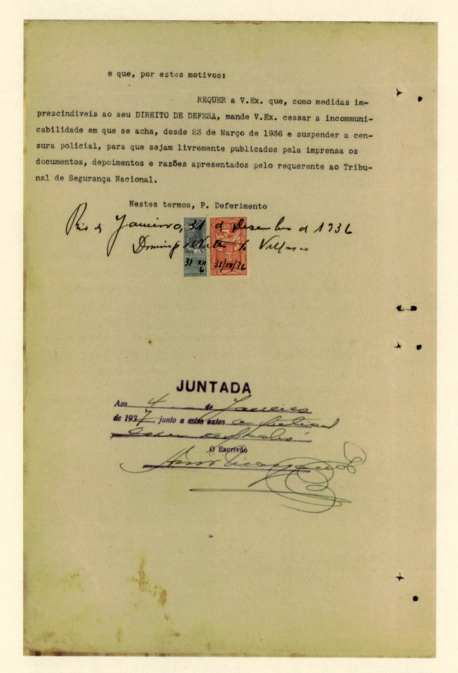

Fonte: SUPREMO TRIBUNAL MILITAR. *Autos da Apelação n. 4900*.

ANEXO – IMAGENS DA RESISTÊNCIA

Capa do jornal O *Imparcial* de 13 de maio de 1937.

Carteira da Ordem dos Advogados do Brasil de João Mangabeira. Rio de Janeiro, 24 de junho de 1935 (Fonte: CPDOC. Arq. JMa dp 1919.05.06.4).

Jovem Sobral Pinto sendo entrevistado, [s.d.] (Fonte: Acervo O *Globo*).

ANEXO – IMAGENS DA RESISTÊNCIA

Capa de SUPREMO TRIBUNAL MILITAR. *Autos do Habeas Corpus n. 8462.* Rel. Ministro Edmundo da Veiga. Impetrante: Luiz Carlos Prestes. Pacientes: Luiz Carlos Prestes e Arthur Ernest Ewert. Heráclito Sobral Pinto ingressou nestes autos cobrando o tratamento digno e humano aos seus constituídos (Fonte: Supremo Tribunal Militar).

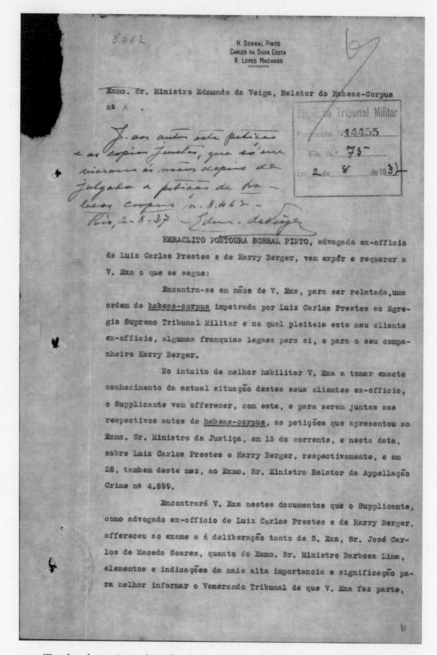

Trecho da petição de Sobral Pinto ao ministro Edmundo da Veiga, Supremo Tribunal Militar.

ANEXO – IMAGENS DA RESISTÊNCIA

Luiz Carlos Prestes perante o Tribunal de Segurança Nacional
(Fonte: Memorial da Democracia).

Arthur Ernst Ewert ou Harry Berger em julgamento no Tribunal de
Segurança Nacional (Fonte: Memorial da Democracia).

Chineses defendidos por Sobral Pinto acusados de crimes contra a segurança nacional na ditadura civil e militar inaugurada em 1964 (22 de dezembro de 1964) (Fonte: Acervo O *Globo*).

Sobral Pinto, deputado Adauto Lucio Cardoso e o grande advogado criminal Romeiro Neto. Evandro Lins e Silva foi iniciado na advocacia por Romeiro Neto, com quem trabalhou ainda jovem (Fonte: Acervo O *Globo*).

ANEXO – IMAGENS DA RESISTÊNCIA

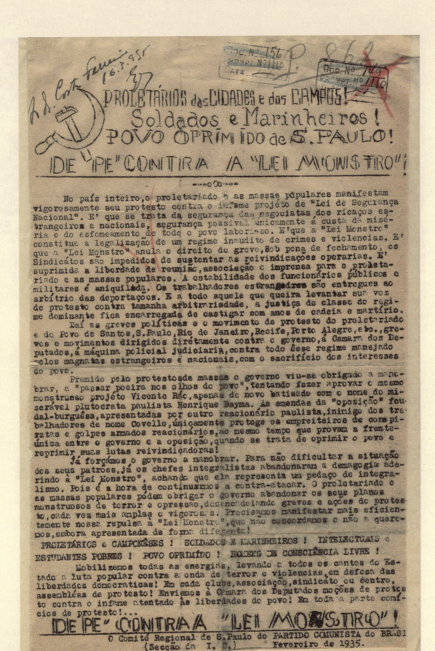

Panfleto do Partido Comunista contra a Lei de Segurança Nacional
(Fonte: Memorial da Democracia).

Macedada. Prisioneiros políticos ainda não julgados, que seriam libertados por ato do ministro da Justiça, 7 de junho de 1937 (Fonte: Memorial da Democracia).

Um soviético cumprimenta Macedo Soares na porta de um presídio de onde sai uma multidão. *Charge* de Storni publicada na revista *Careta* de 10 de julho de 1937 (Fonte: Memorial da Democracia).

ANEXO – IMAGENS DA RESISTÊNCIA

Entrada do Palácio Universitário da Universidade do Brasil, no prédio que antes abrigava o Hospício Pedro 2º, 5 de julho de 1937 (Fonte: Memorial da Democracia).

Faculdade Nacional de Direito, março de 1949 (Fonte: CPDOC).

ANTONIO PEDRO MELCHIOR

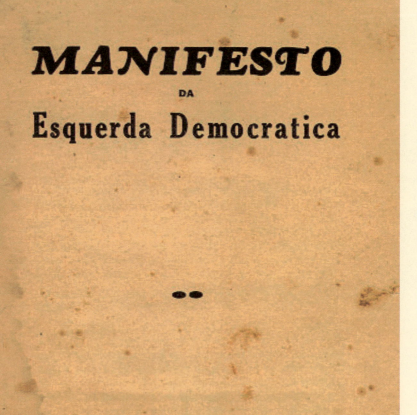

Manifesto da Esquerda Democrática, 1945
(Fonte: CPDOC).

NOTAS

NOTAS

NOTAS

NOTAS

NOTAS

NOTAS

NOTAS

A Editora Contracorrente se preocupa com todos os detalhes de suas obras! Aos curiosos, informamos que este livro foi impresso no mês de maio de 2023, em papel Pólen Natural 80g, pela Gráfica Copiart.